哲學門

第十四卷(2013年)第一册

1912

总第二十七辑 Vol.14 No.1, 2013

Beida Journal of Philosophy

CSSCI 来源期刊（集刊类）

北京大学出版社
PEKING UNIVERSITY PRESS

图书在版编目(CIP)数据

哲学门.总第27辑/王博主编.—北京:北京大学出版社,2013.7

ISBN 978-7-301-23052-7

Ⅰ.①哲…　Ⅱ.①王…　Ⅲ.①哲学-文集　Ⅳ.①B-53

中国版本图书馆CIP数据核字(2013)第195504号

书　　　名:哲学门(总第二十七辑)

著作责任者:王　博　主编

责 任 编 辑:田　炜

标 准 书 号:ISBN 978-7-301-23052-7/B·1141

出 版 发 行:北京大学出版社

地　　　址:北京市海淀区成府路205号　100871

网　　　址:http://www.pup.cn　新浪官方微博:@北京大学出版社

电 子 信 箱:pkuwsz@126.com

电　　　话:邮购部62752015　发行部62750672　出版部62754962

编辑部62750577

印　刷　者:北京大学印刷厂

经　销　者:新华书店

787mm×1092mm　16开本　26.5印张　391千字

2013年7月第1版　2013年7月第1次印刷

定　　　价:45.00元

哲學門 第十四卷(2013)第一册

目 录

论坛:春秋学研究

论 文

评　论

书　评

书　讯

Contents

Commentaries

Book Reviews

Information

哲学门(总第二十七辑)
第十四卷第一册
北京大学出版社,2013年7月

《春秋》"见之于行事"在思想传统中的意义

张素卿*

提　要:孟子说《春秋》兼具"文"、"事"与"义",董仲舒、司马迁等汉儒进而传述《春秋》明王道而"见之于行事",显见"事"与"义"非对立,可以相发明。宋儒程颐以《春秋》言"事"为穷理之要,清章学诚复从中紬绎出"因事寓理"之旨,近人徐复观进一步指出这有别于诸子百家常见的"载之空言"的系统,《春秋》"见之于行事"是一种特殊的思想表达方式。

关键词:经学　行事　董仲舒　章学诚　徐复观

自汉武帝尊儒而专立五经博士,儒家长期居于中国思想传统的主导地位,以五经为中心所衍成的经学,则是儒家思想的大宗。宋代儒者标榜理学,推尊四书,寖寖然有别子为宗之势。然而,纵使在先四书而后五经的理学思潮里,五经对思想发展仍有不可忽视的影响。经学,基本上就是以儒家经典为中心的诠释学,兼摄注疏传统和思想传统两大学术脉络。经典诠释的注疏传统,注重文献,以训诂为基础,往往针对经文作全面性的注释;思想传统的经典诠释则不然,注重大义,穷尽精微而发展为系统论述,往往从经典中拈出重要的观念或命题,阐发其内蕴。

《春秋》为五经之一,除了由《左氏》、《公羊》、《穀梁》三传发展而来的注疏传统,在思想传统里也有其影响。如《春秋》"见之于行事"的撰述特点,

* 张素卿,1963年生,台湾大学中国文学系教授。

就曾引发不少思想家论述其义蕴。孟子最早明白说出孔子作《春秋》,指出这部经典兼具"文"、"事"、"义"三个层面。自孟子首倡,汉儒祖述,董仲舒、司马迁等都颇关注《春秋》因于"行事"而非徒托"空言"的特点。针对此一特点,宋儒程颐推许《春秋》为读书穷理之要,当时学者颇从理学思维出发,强调"道"与"事"体用不离。清代章学诚延续这样的思路,倡议"古人未尝离事而言理",并细绎出"因事寓理"之旨,彰显《春秋》"见之于行事"在思想表达上的普遍性。近人徐复观继此推阐,认为这有别于《论语》、《老子》的系统,是另一种思想表达的方式。

《春秋》学的研究,通常聚焦于注疏传统,关注三传之学。这篇论文尝试在注疏传统之外,考察上述诸家之说,略探因"事"达"义"的内蕴,及其在思想传统里流衍的脉络。

一 何谓"见之于行事"

历代研读《春秋》的学者,率皆以寻绎大义为宗旨。有的学者研经绎义之际,还留意到这部经典表达义理的特点。这一节先钩稽孟子(约公元前372—前289)、董仲舒(前179—前104)、司马迁(约前145—前86)等人的传述,说明《春秋》"见之于行事"的意义。

讨论《春秋》"见之于行事",不能忽略孟子的说法。《孟子·离娄下》云:

> 王者之迹熄而《诗》亡,《诗》亡然后《春秋》作。晋之《乘》,楚之《梼杌》,鲁之《春秋》,一也。其事则齐桓、晋文,其文则史,孔子曰:"其义则丘窃取之矣。"①

孔子作《春秋》其实本于旧史。诸侯各有国史,分别言之,晋有"乘",楚有"梼杌",鲁国史书称"春秋",而《春秋》的名称乃依循后者而来。依据《国语》,晋、楚两国的史书也通称"春秋";另外,《墨子》还提及"周之春秋"、"燕

① 《孟子注疏》(据清嘉庆二十年南昌府学刊《十三经注疏》本影印),赵岐注,孙奭疏,台北:艺文印书馆,1982年,第146页。

之春秋”、“宋之春秋”、“齐之春秋”，后来甚至出现“百国春秋”的说法。可见“春秋”不仅仅是鲁史的专称，还可以作为各国史书的通称。它主要是就编年的特点命名，取四时中的“春”与“秋”来代表一年。各国的“春秋”，由史官代代相传，负责记载及保存，其性质属于官方档案，因未曾广泛流传，在秦统一六国前后，渐随政权沦亡而散佚不存。相对于古之“春秋”，《春秋》这部经典，经过孔子编修笔削，始隐而终哀，记载鲁十二公、二百四十二年的事迹，有固定的起讫和内容，随着儒家的发展而流传至今。由于《春秋》尤其注重齐桓公、晋文公等王公大人的事迹，孟子以“其事则齐桓、晋文”概括之；至于其文字，则因乎史官旧文，所以说“其文则史”；因史官之“文”，记齐桓、晋文等王公大人之“事”，其中寄托着孔子褒贬之“义”。[①] 孟子特别以称引“孔子曰”的方式来强调，意谓孔子和《春秋》的关系最紧要的还在“义”的层面。自孟子以降，《春秋》一直是儒者传承发扬的经典，而“义”则是学者寻绎、诠释的重心。

因旧史之“文”，说一代之“事”，从而寄托褒贬是非之“义”，这是《春秋》的撰述特点。孟子之说，既点出这部经典首重其“义”，也没有忽略其“文”因乎史官载记，其“义”乃借由“事”来传达。关于借“事”达“义”，汉儒有进一步的阐述，董仲舒的说法较早，也最值得注意。《春秋繁露·俞序》云：

> 仲尼之作《春秋》也，上探正天端、王公之位、万民之所欲，下明得失、起贤才，以待后圣。故引史记，理往事，正是非，见王公。史记十二公之间，皆衰世之事，故门人惑。孔子曰：“吾因其行事，而加乎王心焉。”以为见之空言，不如行事博深切明。[②]

针对“吾因其行事，而加乎王心焉”，苏舆（1874—1914）注曰：“行事，犹往事”，“此言圣人因衰世往事，加以明王致治之深心”[③]。孔子作《春秋》并非凭空撰作，而是“引史记，理往事”，故曰“因其行事”，褒贬取“义”则一本“王心”，就二百四十二年之中诸侯王公的行为事迹，辨正其是非得失。这样，“义”非“空言”，而凭借“行事”来表现，于是更加“博深切明”。司马迁在

---

① 详参拙著：《叙事与解释——左传经解研究》，台北：书林出版公司，1998年，第36—40页。

② 董仲舒撰：《春秋繁露义证》，苏舆注，钟哲点校，北京：中华书局，1992年，第158—159页。

③ 同上。

《太史公自序》里表明撰《史记》志在继《春秋》,其中特别转述董氏此一说法:

"……孔子知言之不用,道之不行也,是非二百四十二年之中,以为天下仪表;贬天子、退诸侯、讨大夫,以达王事而已矣。"子曰:"我欲载之空言,不如见之于行事之深切著明也。"夫《春秋》,上明三王之道,下辨人事之纪,别嫌疑、明是非、定犹豫、善善恶恶、贤贤贱不肖,存亡国、继绝世、补敝起废,王道之大者也。①

孟子、董仲舒和司马迁的理解大同小异,都传达出孔子作《春秋》的背景、宗旨和撰述特点。孔子鉴于世衰道微,理念无从施展,于是作《春秋》,借此书寄托理念,"以待后圣"。《春秋》上明王道,下辨人事,而是非二百四十二年之行事,然则,褒贬是非、善恶、贤不肖的对象是历史上的人事——包括天子、诸侯、大夫,这些掌握权位的王公大人的行为事迹。据往事以辨正是非,从而表现王公之善恶得失,树立人伦规范。辨正是非的判准,孟子称为"义",董氏谓之为"道",承自三代圣王治天下之大法,所以也称为"王道"。所谓"我欲载之空言,不如见之于行事之深切著明也",不仅区分"载之空言"和"见之于行事"两种表达的方式,而且有意凸显《春秋》采用后者来传达"义",有其"深切著明"的优越性。

《春秋》诚然以明"道"、辨"义"为旨归,但并非直接地陈述——所谓"载之空言",而是就人物的行为事迹予以褒贬——所谓"见之于行事"。"见之于行事"的是"义",而"事"或"行事"指的是"往事",乃过去实际发生的事迹,而这些"往事"也都是"人事",特别是齐桓、晋文等王公大人的行为活动。孔子以"义"为判准,对历史人物的行为进行褒贬,借此向后人传达理念,寄托其王道思想。董仲舒曰:

道者,所繇适于治之路也,仁义礼乐皆其具也。②

由此可以看出,董氏所谓"道",不具形上本体义,以仁义礼乐为内涵,是上承三代圣王治天下的措施或途径的概称,所以也称为"王道"。《春秋》书"春

① 司马迁:《史记》,北京:中华书局,1985年,第3297页。

② 见班固:《汉书·董仲舒传》,北京:中华书局,1987年,第2499页。

王正月"，董氏推敲经文先"春"、次"王"、次"正"的顺序，曰：

> 谨案《春秋》之文，求王道之端，得之于"正"，"正"次"王"，"王"次"春"。春者，天之所为也；正者，王之所为也。其意曰：上承天之所为，而下以正其所为，正王道之端云尔。然则王者欲有所为，宜求其端于天。天道之大者在阴阳。阳为德，阴为刑。……是故阳常居大夏而以生育长养为事，阴常居大冬而积于空虚不用之处，以此见天之任德不任刑也。①

从中细绎出"上承天之所为，而下以正其所为"的义蕴，强调王者"宜求其端于天"，进而推导出"任德不任刑"的政治主张。他认为"道之大原出于天"②，《春秋》之道，上系于天端，所以也可以说是"天道"。这样，《春秋》之"义"源于天道，而其"事"则为人事，他说："孔子作《春秋》，上揆之天道，下质诸人情。"③而后人研读经文，则当"谨案《春秋》之中，视前世已行之事，以观天人相与之际"④。他认为：

> 《春秋》记天下之得失，而见所以然之故。甚幽而明，无传而著，不可不察也。……夫泰山之为大，弗察弗见，而况微渺者乎？故案《春秋》而适往事，穷其端而视其故。⑤

不"察"则无所见，精微之义更不可不"察"，因此寻绎《春秋》应当"适往事"而深察其"所以然之故"，最后穷究于天端。而且，以回顾过往为进路，旨趣则朝向未来，他说：

> 《春秋》之道，举往以明来。是故天下有物，视《春秋》所举与同比者，精微眇存其意，通伦类以贯其理，天地之变，国家之事，粲然皆见，亡所疑矣。⑥

《春秋》述往事，用意是要让后人明了人伦规范，期待王道能实行于将来。既

---

① 班固：《汉书·董仲舒传》，第 2501—2502 页。
② 同上书，第 2518—2519 页。
③ 同上书，第 2515 页。
④ 同上书，第 2498 页。
⑤ 董仲舒撰：《春秋繁露义证》，苏舆注，钟哲点校，第 56 页。
⑥ 语见班固：《汉书·五行志》，第 1331—1332 页。

然举往事乃着眼于未来,《春秋》的旨意就不仅仅局限所记二百四十二年行事,而是“无物不在”。唯其如此,读者寻绎经义,应该比类而推,贯通其理,那么无论遇到什么事变,都可以从经典中获得启示。《春秋》文字简约,记事也属有限,然而,若能深察其“义”,连贯博通,未尝不能说这部经典的义涵粲然皆备。

这样说来,表面上经文记载的是过往的人物行事,若深观细察,则知这部经典并不限于记往事,其致治的理想指向未来,其义蕴上达于天道。董仲舒认为《春秋》贯通天人之际,司马迁也比较《春秋》和《易》的特点说:

> 《春秋》推见至隐,《易》本隐以之显。①

后人颇依循此一思路阐述两部经典的特点,虞喜(281—356)云:“《春秋》以人事通天道,是推见以至隐也。《易》以天道接人事,是本隐以之明显也。”②于慎行(1545—1607)亦谓:“《易》本隐以之显,由隐而显也,是以天道合之人事。《春秋》推见至隐,由显而隐也,是以人事本之天道。”③所谓“见”,依俞樾(1821—1907)训解,当读为“现”,义犹“显”④,指人事而言,属形而下者。相对于《周易》采取“本隐以之显”的进路来贯通天道人事,《春秋》则“推见至隐”,由人事而上通天道之微。唯其《春秋》不直接表述大道奥义,而寓之于人事褒贬,所以说“见之于行事”。表面上《春秋》只是记事之文,其实是借由显然易明的人事来传达隐微难晓的天道。

孔子“见之于行事”而作《春秋》,借此寓“义”、明“道”。“义”或“道”表现于“事”,所以研读这部经典,应当由“事”寻绎其“义”。比较而言,“义”与“事”固然有主从之别,然而,若将“义”、“事”截然二分,以为重此则轻彼,甚至推论《春秋》重“义”而不重“事”,则明显流于一偏。《春秋》“见之于行事”而深切著明,董仲舒传述孔子之语,司马迁又据以转述,由司马迁继《春秋》而撰《史记》看来,当时人所理解的《春秋》学,显然没有“事”、“义”对立而重此轻彼的倾向。后来的公羊学者,往往执持《春秋》“重义不重事”之

---

① 司马迁:《史记·司马相如列传·太史公曰》,第3073页。

② 虞喜:《志林》,见《史记索隐》引,司马迁:《史记·司马相如列传·太史公曰》,第3073页。

③ 于慎行说,见俞樾:《茶香室丛钞》,北京:中华书局,1995年,第716页。

④ 同上。

说,主要受何休的影响。[①] 如皮锡瑞(1850—1908)即执此偏见发挥其"借事明义"之旨,认为《春秋》之"事","止是借当时之事做一样子,其事之合与不合、备与不备,本所不计"[②],虽然皮氏援引董仲舒、司马迁之说加以发挥,却未尝用心理解董氏"案《春秋》而适往事"的思维,更忽略一部《史记》以实事信史继《春秋》之志,其说既非公羊家通论,恐怕也有违孔子之意。《春秋》固然"非为一代作史",其"事"何尝不能"纪实以征信"(皮氏语)! 据实事以明义,岂不是比虚设"当时之事做一样子",更能发挥"深切著明"的效用? 何休以降的公羊学者既偏执重"义"不重"事"的主张,寻绎其"义"乃不得不偏重于"文"或"辞",另外标立三科九旨等诸多条例,否则无从解经。然而,如《春秋繁露·竹林》所言:"《春秋》无通辞,从变而移",强调"辞"不可拘泥,而且,如苏舆所言:"本篇语意,正在因事而察其所以然之故也。"[③]可见董仲舒重"义"未尝轻"事",反而主张"适往事"而深察其"所以然之故"。陈澧(1810—1882)更举《公羊传》记宋伯姬事为例,指出传若不详记其事,则不足以表明伯姬之贤,无法彰显其义,所以说:"欲知其义必知其事,断断然也。"[④]这样借以达"义"之"事",乃不可或缺的凭借,并非虚设。

依董仲舒之见,《春秋》以达"义"为宗旨,研习此经固不应止于知其"事",应察往事而明大义,甚至"通伦类以贯其理",从而"推见以至隐",最终上达于天道。如苏舆所言,《春秋》"因故事以明王义,事不虚而义则博贯"[⑤]。据实事以察精微,连贯博通而类推之,则庶几可以观往而知来。

二 六经皆"史",因"事"以寓"理"

董仲舒、司马迁等人之说,主要专就《春秋》学的领域立论,指陈其独特

---

① 路新生认为何休"文致太平"之说,强化了公羊家"重义不重事"的倾向,清代常州公羊学者如庄存与、刘逢禄、康有为等推阐尤力。说详路新生:《"义"、"事"之别与今古之争及其现代学术意义》,《天津社会科学》2005 年第 1 期,第 132—138 页。公羊学者固然多持此论,然而,路氏认为董仲舒已经有"重义不重事"的理论,则有待商榷。

② 皮锡瑞:《经学通论·春秋》,北京:中华书局,1989 年,第 21—22 页。

③ 董仲舒撰:《春秋繁露义证》,苏舆注,钟哲点校,第 46—56 页。

④ 陈澧:《东塾读书记》,《陈澧集》第二册,上海:上海古籍出版社,2008 年,第 195 页。

⑤ 董仲舒撰:《春秋繁露义证》,苏舆注,钟哲点校,第 163 页。

性。虽说“道”源于天,毕竟不具形上本体义,则因人事以上察天道,不具必然性。宋代以降的儒者,依理学的系统界定“道”与“事”为体用关系,则因事寓理、即事明道乃属必然,而且,非仅《春秋》所独有,六经莫不然。这样一来,“见之于行事”就成了具有普遍性的思想表达方式。

历来儒者之所谓“道”,宋代理学家进一步拈出“理”来诠解表述,提倡格物穷理的工夫。穷理的对象包罗万有,如程颐(1033—1107)说:“穷理亦多端,或读书,讲明义理;或论古今人物,别其是非;或应接事物而处其当。皆穷理也。”[①]就读书而言,他鼓励人读《春秋》,认为:

> 学《春秋》亦善,一句是一事,是非便见于此,此亦穷理之要。……《诗》、《书》,载道之文;《春秋》,圣人之用。《诗》、《书》如药方;《春秋》如用药治病,圣人之用,全在此书,所谓“不如载之行事之深切著明”者也。但他经论其义,《春秋》因其行事是非较著,故穷理为要。[②]

五经之中,《春秋》尤为穷理之要,关键就在于“见之于行事”的特点。载道论义的经典有如药方,在具体的行事中点明其是非所在,则如同用药治病,更有切实之用。这部经典的特点启发后人就具体可经验的“事”而穷尽其“理”,所以朱熹(1130—1200)说:“《春秋》以形而下者,说上那形而上者去。”[③]在理学的体系里,“理”与“事”,一属形而上,一属形而下,乃体用关系,所以陆九渊(1139—1193)常言:“道外无事,事外无道。”[④]王守仁(1472—1529)回答弟子徐爱时,也有“事即道,道即事”之说:

> 〔徐〕爱曰:“先儒论六经,以《春秋》为史,史专记事,恐与五经事体终或稍异。”先生曰:“以事言谓之史,以道言谓之经;事即道,道即事。《春秋》亦经,五经亦史。《易》是庖牺氏之史,《书》是尧舜以下史,《诗》、《礼》、《乐》是三代史。其事同,其道同,安有所谓异?”[⑤]

由以上的问答可以看出,理学家从体用关系理解“道”与“事”的关系,所谓

---

① 程颢、程颐:《二程集》,台北:汉京文化事业公司,1983年,第188页。

② 同上书,第164页。

③ 《朱子语类》,黎靖德编,王星贤点校,北京:中华书局,1988年,第1673页。

④ 陆九渊:《象山先生全集》,台北:台湾商务印书馆,1979年,第393页。

⑤ 陈荣捷:《王阳明传习录详注集评》,台北:台湾学生书局,1983年,第37页。

"事",乃庖牺、尧舜、三代之史,这自然是指实事,并非虚设。或疑《春秋》记事为"史",王氏乃顺势发挥"《春秋》亦经,五经亦史",意谓不仅《春秋》因"事"言"道",《易》、《书》、《诗》、《礼》、《乐》莫不如此。此一说法,成为章学诚(1738—1801)"六经皆史"说的前导。

据钱锺书(1910—1998)考察,清代以前如王通、王守仁等,早有六经皆史的说法,他甚至溯源到《庄子》,认为"以六经为存迹之书,乃道家之常言。六经皆史之旨,实肇端于此"①。溯源到王守仁、王通或者《庄子》,或许有其意义,然而,六经皆史成为众所关注的重要命题,章学诚的论述尤居首要,他并由此细绎出"因事寓理"说。

章学诚所谓"六经皆史",意在强调:"古人未尝离事而言理,六经皆先王之政典也"②,他认为:"事有实据,而理无定形。故夫子之述六经,皆取先王典章,未尝离事而著理。"③依章氏之见,六经皆取自政典,都是"三代盛时典章法度见于政教行事之实"④,"皆先王得位行道,经纬世宙之迹,而非托于空言"⑤。儒家经典皆本于先王"政教行事之实",而非徒托空言,所以说六经皆"史"⑥。很显然,章氏仍沿袭宋明理学家的思维,以体用观念为论述基础。他说:

> 《易》曰:"形而上者谓之道,形而下者谓之器。"道不离器,犹影不离形。……夫子述六经以训后世,亦谓先圣先王之道不可见,六经即其器之可见者也,后人不见先王,当据可守之器而思不可见之道。故表章先王政教,与夫官司典守以示人,而不自著为说以致离器言道也。夫子自述《春秋》之所以作,则云:"我欲托之空言,不如见诸行事之深切著

① 钱锺书:《谈艺录》,香港:中华书局,1986年,第263—266页。
② 章学诚:《文史通义·易教上》,北京:中华书局,1994年,第1页。
③ 章学诚:《文史通义·经解中》,第102页。
④ 同上书,第94页。
⑤ 章学诚:《文史通义·易教上》,第3页。
⑥ 如钱穆所言,章氏所谓《六经》皆"史","所谓史,并不是指所谓历史言。章氏之意,乃谓古代《六经》皆当时政府之官书,犹之后世衙门之档案。章氏《文史通义》特有《史释》篇,即是专释他《六经》皆史的史字之特有的涵义"。钱穆:《两汉经学今古文平议·孔子与春秋》,台北:东大图书公司,1983年,第240页。

明。"则政教典章、人伦日用之外,更无别出著述之道,亦已明矣。①

根据《周易·系辞传》之"形而上者谓之道,形而下者谓之器","道"与"器"体用不离,因此,孔子取先王政典以垂教后世,则六经都属形而下之"器"而未尝离"道"。相对的,后世学者研习六经,乃得以"据可守之器而思不可见之道",盖经典或学术都属"下学之器",而"中有所以然者,皆上达之道也",因此"君子即器以明道,将以立乎其大也"②。值得注意的是,章氏引述"我欲托之空言,不如见诸行事之深切著明"一语,以"事"涵括政教典章、人伦日用,属于"器",《春秋》之"义"见之于"事",亦即不离"事"以言"理"。依章氏之见,举凡"政教典章、人伦日用"都归属于"事",则不仅历史人物实际发生的行为,还包括制度典章,"事"的含义扩大了。而且,他由"古人未尝离事而言理"演绎,"见之于行事"也不再局限于《春秋》之学,而是儒家六经的共法,甚至舍此而外别无著述之道。经由章氏推阐,"见之于行事"以表达"道"的方式,具有普遍的学术意义。

所谓"事有实据,而理无定形","理"是形而上之"道",无定形、不可见;相对的,"事"属形而下之"器",故圣人因可见之"器"以明"道",不离"事"而言"理"。章学诚将《春秋》"见之于行事"的撰述方式,推演为普遍共法,他称之为"因事寓理"。他说:

> 六艺,先王旧典,圣人即是明理,而教亦寓焉。……故道、器合,而天下无有空言义理之学也。……宋儒专门说理,天人性命理气精微,辨别渺茫,推求铢黍,能发明前人所未发矣;然离经而各自为书,至于异同之争,门户之别,后生末学,各守一典,而不能相通,于是流弊多。而六经简明易直,古人因事寓理之旨,不可得而知矣。③

六经皆"史",莫不因"事"以寓"理",具体而微地展现"道、器合"之教,准乎此,方能避免流为空言义理之学。章氏依循理学家的思维,然而,"因事寓理"之说乃有意针砭宋儒离经而"专门说理"之失。理学家一味勇于议论,好

---

① 章学诚:《文史通义·原道中》,第132页。

② 章学诚:《章学诚遗书·与朱沧湄中翰论学书》,北京:文物出版社,1985年,第84页。

③ 章学诚:《章学诚遗书·四书释理序》,第206页。

言天人性命理气等精微之道;圣人述六经,切就先王之政教典章、人伦日用,"即是明理,而教亦寓焉",反而简明易直。言下之意,著述方式或思想表达方式,不仅仅是如何表达的方法问题,还实质地关涉义理的是非、学术的得失。在《浙东学术》一文里,章氏有系统地表述他对学术上门户异同的见解,大抵援据"托之空言,不如见诸行事之深切著明"为纲领,然后从载之"空言"或见诸"行事",析辨学术流别,他批评说:"天人性命之学,不可以空言讲也。故司马迁本董氏天人性命之说,而为经世之书。儒者欲尊德性而空言义理以为功,此宋学之所以见讥于大雅也。"①宋学之失厥在"空言"义理,而门户之争即发端于此,并谓:"朱、陆异同,干戈门户,千古桎梏之府,亦千古荆棘之林也。究其所以纷纶,则惟腾空言,而不切于人事耳。"②相对的,董仲舒、司马迁未必不探究天人性命之说,不废人事,故能成就经世之学。章氏倾心的学术就是这样一种经世的"史学"③。学术流派的评议是否中肯谛当,姑且不论,此处关注的是章氏辨章学术的准绳:空言义理或切合人事。他的"史学"本于《春秋》,屡屡强调"见之于行事"的特点,并援以推演著述之道,主张"随时撰述,以究大道",他说:

> 夫道备于六经,义蕴之匿于前者,章句训诂足以发明之;事变之出于后者,六经不能言,固贵约六经之旨而随时撰述,以究大道也。④

综括六经之义蕴,而顺应时势需求,撰述后出的种种事变,从而究明大道。章学诚标榜这样一种因"事"明"道"的"史学",他说:

> 史学所以经世,固非空言著述也。且如六经,同出于孔子,先儒以为其功莫大于《春秋》,正以切合当时人事耳。后之言著述者,舍今而求古,舍人事而言性天,则吾不得而知之矣。学者不知斯义,不足以言史学也。⑤

章氏开山别创的"史学",颇异于《史记》以来以人物叙事为主的史学传统,它源于六经,以明道、经世为宗旨,撰述内容偏重学术思想的历史;虽推本六

---

① 章学诚:《文史通义校注·浙东学术》,第 523 页。
② 章学诚:《文史通义校注》,第 524 页。
③ 同上书,第 523 页。
④ 章学诚:《文史通义·原道下》,第 139 页。
⑤ 章学诚:《文史通义校注·浙东学术》,第 524 页。

经,却又有别于以章句训诂为基础的经学的注疏传统——清代乾嘉时期盛行的"汉学"属于此一传统;不仅如此,章氏上承圣人"因事寓理"之旨,也有意与空言义理的"宋学"分途别驱。章氏资取《春秋》"见之于行事"的进路,由此发展为一家之言,并据以辨章学术,评议得失。以《文史通义》为代表的章氏"史学",因应学术事变来撰述,以辨正思想是非为己任,开拓出标榜经世的学术史。

章学诚依循理学家道器论的思维,对《春秋》"见之于行事"的思想意义提供了重要的诠释,"事"与"道(理)"的关系有更具系统性的说明。他由载之"空言"或寓诸"行事"的区分,发展出"因事寓理"之说,指"见之于行事"为六经之共法,是具有普遍意义的著述之道。《文史通义》一书,切合学术事变,辨正学术源流,从而表达一己之史学思想——对"道(理)"的理解,这本身就是"因事寓理"说的一种实践。

三 就历史人物之行事启发实践的理性

如上所言,章学诚沿袭理学家的体用观推阐《春秋》"见之于行事"之旨,发展"因事寓理"说,认为舍此之外别无著述之道,并据以批判空言义理的"宋学"。然而,既说"古人未尝离事而言理",所谓"古人"是否也包括老子、孟子、荀子、韩非诸子?他们的著述属"载之空言",抑或"见之于行事"?另外,同出于孔子的《论语》,又属那一类?若将《论语》归属后者,那么,宋明理学家的"语录"记述与弟子的问答,撰述方式类似《论语》,这又岂是"空言"?诸如此类的问题,"因事寓理"说恐怕未必能圆满说明。殆有鉴于此,近代学者钱穆(1895—1990)和徐复观(1904—1982),延续章氏的思路,都因应上述问题,提供了进一步的看法。

钱穆秉承章学诚的"六经皆史"说,认为六经出于先王政典,属于"王官学",其中,《春秋》一经为孔子晚年著述,一方面"由私家而擅自依仿着写官书",上继"王官学";另一方面,私家撰述又"为此后战国新兴家学之开山"①。专就孔子之学而言,则《春秋》和《论语》又分别代表"王官学"、"百

① 钱穆:《两汉经学今古文平议·孔子与春秋》,第248页。

家言"两大学术系统,他说:

> 孔子与《春秋》,一面是承接王官学之旧传统,另一面则是开创了百家言之新风气。《论语》虽非出于孔子亲笔,但记载的多是孔子言行,后来家学著作则皆由此创其端。故我们也可以,孔子《春秋》尚是旧官学,而孔子《论语》,才是新家言。①

孔子因旧史而作《春秋》,尤为"旧官学",相对的,《论语》才是"新家言"。钱氏的用意是依"王官学"、"百家言"的对照,建立其学术史的论述架构,因此,对于《春秋》"见之于行事"并未多作阐述。倒是他以《春秋》、《论语》两部经典代表上述两大学术传统,这想法颇具启发性。

徐复观论述两汉思想史,有类似的说法。当然,钱、徐两家之说,内涵迥然不同,只是以《春秋》、《论语》代表两大系统的论述架构有类似之处,或许出自对历史的洞察,故不约而同,似同而又实异。相形之下,徐氏对《春秋》"见之于行事"作为思想表达方式的意涵,提出崭新的阐述,关于两大系统所代表的意义,也有比较具体而深入的说明。徐氏指出:

> 由先秦以及两汉,思想家表达自己的思想,概略言之,有两种方式。一种方式,或者可以说是属于《论语》、《老子》的系统。把自己的思想,主要用自己的语言表达出来,赋予概念性的说明。这是最常见的诸子百家所用的方式。另一种方式,或者可以说是属于《春秋》的系统。把自己的思想,主要用古人的言行表达出来;通过古人的言行,作自己思想得以成立的根据。这是诸子百家用作表达的一种特殊方式。②

不同于章学诚泛说"古人未尝离事而言理",对"空言"义理心存贬抑;徐复观相对客观地指出:"载之空言"和"见之于行事"是先秦两汉思想家表达思想的两种方式,思想的价值并不取决于表达方式。第一种方式以《论语》、《老子》为代表,直接将自己的思想诉之于概念性的语言。第二种方式以《春秋》为代表,不直接说出想法,而通过古人具体的言行来表达。借用现代术

---

① 钱穆:《两汉经学今古文平议 · 孔子与春秋》,第 248—249 页。

② 徐复观:《两汉思想史 · 韩诗外传的研究》,台北:学生书局,1984 年,第 1 页。

语而言,“载之空言”近乎“哲学的语言”,“见之于行事”则为“史学家的语言”[①]。比较而言,徐氏的考察没有纳入“王官学”的旧传统,纯从“百家言”立论,区分为两大系统,前者是先秦两汉诸子论述一家之言常见的方式,后者则是“特殊方式”。经由徐氏的诠解,赋予“载之空言”和“见之于行事”学术新意,尤其是使“见之于行事”作为思想表达方式,在当代思想史的研究领域里占有一席之地。

指出《春秋》“见之于行事”的系统是思想表达的“特殊方式”,徐复观显然认为在思想史上,“载之空言”才是常用的,因而也是典型的方式;“见之于行事”则退于其次,属于非常态、非典型。然而,借用钱穆的说法,章学诚从《六经》所代表的“王官学”传统立论,认为“古人未尝离事而言理”,舍“见之于行事”别无著述之道,则后者才是当然的典型。平情而论,应该承认:“王官学”以“见之于行事”为主,“百家言”则以“载之空言”为主。这两种思想表达方式并存于学术思想的历史中,不同的时代,不同的思想家,各自基于对“道”的理解来抉择其表达方式,从而显示出学术的差异。在既有的思想史论述里,《论语》、《老子》的系统的确比较受重视,而《春秋》的系统则是尚待探掘的新领域。

徐复观毕竟注意到先秦两汉诸子不只运用“载之空言”一种表达方式。依他考察,孔子作《春秋》表达其理念,这“见之于行事”的表达方式,对战国中期以后的诸子有重大的影响,如《荀子》、《韩非子》、《吕氏春秋》、《淮南子》诸书,往往兼用“抽象语言”和“具体事例”,他说:

> 如《荀子》、《吕氏春秋》等,则使抽象语言与具体事例,取得均衡的地位,而不让其偏向抽象思辨的方面发展。《韩非·解老篇》,以抽象的语言解释《老子》的思想内容;《喻老篇》,则以具体的事例晓谕《老子》思想的功用。《淮南子》多以抽象而又带有描绘性的语言阐明《老子》之所谓道;但在《道应训》中则以具体的事例陈述道的应验,这恐受韩非的影响。[②]

---

① 徐复观:《两汉思想史·韩诗外传的研究》,第2页。

② 同上书,第5页。如上文所述,《春秋》之“事”属实事,而《韩非子》、《吕氏春秋》等诸子书中的事例,有历史故事,也有虚构的寓言故事,徐复观并没有详加区分。

此外，西汉《韩诗外传》、《新序》、《说苑》、《列女传》等著作，尤其深受《春秋》体裁影响，注重具体事例。徐氏《两汉思想史》第三卷将上述诸书纳入考察，借以考论汉人的思想，无疑是由关注《春秋》的系统所开展出来的研究进路。那么，古代思想家表达其思想，又为什么不专用概念表述，而颇重视行事或故事呢？徐氏认为：

> 由周初所开始的人文精神，认为人的行为决定一切，所以偏重在行为实践上用心，不向抽象思辨方面去发展。①

周初以来的人文精神，形成中国思想的一项特质，那就是关切"人"而注重"事"，于是将察辨思维的用心导向人的行为实践。孔子作《春秋》而"见之于行事"正是继承"周文"，表现此一人文精神。徐氏阐述说：

> 孔子把他对人类的要求，不诉之于"概念性"的"空言"，而诉之于历史实践的事实，在人类历史实践事实中去启发人类的理性及人类所应遵循的最根源的"义法"。②

《春秋》"见之于行事"，不尚空言，不走思辨的路，借由二百四十二年间诸侯王公等历史人物具体践行之"事"，加以褒贬，从而启发学者的理性，呈显"人"所应遵循之"义"。褒贬，旨在正名分、正人伦，这是一种伦理的是非判断；由此判断力所开展的理性，则属实践理性。《春秋》之"义"，董仲舒说是上系天端的"天道"，宋明儒则理解为形而上的"道"，表述不同，无疑都是徐复观此处所言人类"最根源的义法"。启发根源之"义"，所以说是"深"；形诸实际践行的活动事迹，所以说是"切"；附随事实呈现，具体易晓，所以说是"著明"。然则，借由"行事"来表达义理思想，不仅可行，更有着如上所述"深切著明"的优越性。③

就注重人伦实践，启发学者之实践理性而言，徐复观认为"载之空言"诉诸概念、理论，不免造成隔阂。徐氏以为：

> 把自己的思想，凭抽象的概念，构成一种理论，直接加之于读者的

---

① 徐复观：《两汉思想史·韩诗外传的研究》，第5页。

② 徐复观：《两汉思想史·原史》，第258页。

③ 参见拙著：《叙事与解释——左传经解研究》，第83页。

> 身上;读者须通过自己的思考能力,始可与哲学家的理论相应。而相应以后,由理论落实到行为上,还有一段距离。①

相对于概念和理论需经一番思考才能落实到行为,“见之于行事”则有当下的“直接作用”,他说:

> 凭具体的历史故事以说向具体的人。此时读者不是直接听取作者的理论,而是具体的人与具体的人直接接触。读者可凭直感而不须凭思考之力,即可加以领受。并且,此时的领受,是由“历史人”的言行,直接与“现存人”的言行,两相照应,对读者可当下发生直接作用。也可以说,这是由古人行为的成效以显示人类行为的规范,不必要有很高的文化水平,便可以领受得到的。②

表现于行为的具体事迹,或许比抽象的概念或理论更直接明白,容易了解,然而,历史故事的内涵是否真的“可凭直感而不须凭思考之力”就能领会?这是想当然耳,未必如此。何况《春秋》所记之行事,或褒或贬,必须经由判断,绝非直接发生作用,学者借鉴古人行事,又岂能一味学步模仿?徐氏由不须经由思考,又延伸说:不必很高的文化水平便可领受其“义”。若是这样,孔子“见之于行事”所传达的,又岂能说是“最根源的义法”?其实,不同的思想表达方式,要求相应的思考力或理解进路,这应该不是“文化水平”高低的问题。徐氏考察《春秋》撰述方式的影响,论析“见之于行事”所反映的思想意义,有其贡献和启发,指出一条中国思想史的研究方向。但对“见之于行事”启发人类理性之谛义,实不足以惬人意,留下深入探索的空间。

四 结 语

《春秋》重“义”而“见之于行事”,如董仲舒、司马迁,与程颐、王守仁、章学诚,以及钱穆、徐复观等,他们在经学的注疏传统之外,揭举要旨,阐述内蕴,这是思想传统中的经典诠释。上述诸家皆非经学的“古文家”,其所理解

---

① 参见拙著:《叙事与解释——左传经解研究·韩诗外传的研究》,第2页。

② 同上书,第2—3页。

的《春秋》之"事",无疑都属实事,绝非虚设做一样子而已,相形之下,皮锡瑞持"今文家"立场,所谓"借事明义"纯属东汉以降公羊家的门户之见。孔子说:"我欲载之空言,不如见之于行事之深切著明也。"董仲舒正是传述此一说法的关键人物,他将《春秋》因"事"明"义"之学,发展成由人事上达天道的思想体系。章学诚则本于《春秋》"见之于行事"之旨,开出深具思想性的"史学",在他的史学思想里,"因事寓理"不再局限于《春秋》学领域,而是六经之共法,乃具普遍性的著述方式。钱穆的"学术史"论述多秉承章氏,他以《春秋》、《论语》代表"王官学"、"百家言"的传统。徐复观继之,认为这两部经典代表"见之于行事"和"载之空言"两种思想表达方式,并由此延伸其研究视野,将《韩诗外传》、《新序》、《说苑》、《列女传》等著作,纳入两汉思想史的论述领域,并指陈孔子及先秦两汉诸子关切"人"而注重"事"的思想倾向。从董仲舒到徐复观,《春秋》"见之于行事"在思想传统里的意义,可见一斑。这是经学要旨对思想传统发挥影响的一个实例。如何依循此一脉络,深入寻绎因"事"明"道"的表达方式及其意义,还有值得探索的空间。

The Meaning of the *Chunqiu* is to be Found in Behavior and Events: Tracing the History of the Concept in the History of Thought

Chang Suching

Abstract: In the *Mencius* it is stated that the *Chunqiu* is composed of writing, events and meaning. Accordingly, Dong Zhongshu, Sima Qian and other Han scholars transmitted their explanation of way of enlightened monarchy based on their interpretations of the ways that behavior and events were described in the *Chunqiu*; so it is clear that events and meaning are not seen in opposition, but as having a common origination. This can also be seen in statements by scholars from three different time periods: the Song scholar Cheng Yi; the Qing dynasty Zhan Xuecheng; and the contemporary

Xu Fuguan, who pointed out that this differed from the traditional explanation of pre-Qin scholars, that the meaning was to be found in a system of "empty words" (*kongyan*, 空言). Thus, it can be seen that the notion of *jian zhi yu xing shi* (见之于行事) is a particular mode of expressing thought. Since the Confucian emphasis on ethics is not external to the human relations of daily life, discussions of pragmatic affairs can point to abstract concepts of the Dao, which can particularly stimulate the practical rationality of individuals.

Key words: classical studies, events, Dong Zhongshu, Zhang Xuecheng, Xu Fuguan

哲学门(总第二十七辑)
第十四卷第一册
北京大学出版社,2013 年 7 月

汉代春秋学视野下的“西狩获麟”*

华　喆**

提　要:“西狩获麟”是春秋学中的重要问题,汉代学者依据不同家法,作出了不同解释。公羊学者通过五德终始学说将获麟解释为汉朝受命的祥瑞,左氏学者则提出了“修母致子”学说,试图说明汉制与《春秋》之间的关系。将刘邦建汉与孔子作《春秋》联系在一起,是汉代春秋学的一大特色,从中可以窥见春秋学者的政治倾向。

关键词:春秋学　公羊家　五德终始说　修母致子

“西狩获麟”是春秋学上一个标志性事件。公羊、穀梁二家均有《春秋》“始隐终麟”之说,[①]以鲁哀公十四年(前 481)春发生的“西狩获麟”事件作为孔子作《春秋》的结束。[②]对于这一事件,《春秋》三传记述各异,表现出了不同的思想倾向。值得注意的是,汉儒利用其五德终始学说将获麟事件塑造成对于汉德将兴的启示,将其上溯为汉朝统治合法性的源头,后来《左传》学者在此基础上又改造出来一套“修母致子”的五行感应学说。以往学者研究春秋学对此注意不够,就笔者所见,正式发表的论文仅有日人間嶋潤一

*　本文系第 51 批中国博士后科学基金资助成果,资助编号 2012M510239。

**　华喆,1981 年生,北京大学哲学系博士后。

① 参见《春秋左传正义》题疏,第 6 页;《春秋穀梁注疏》题疏,第 3 页,台湾艺文印书馆影印嘉庆二十年(1815)阮刻《十三经注疏》本。

② 学者对于“西狩获麟”作为《春秋》经文的结束存在两种说法。一种认为孔子作《春秋》,见获麟而止;另一种则认为孔子目睹获麟之后而作《春秋》。我们不去专门区分这两种说法的不同。

《兩漢に於ける'獲麟'解釋に就いて》、小林圓《'春秋公羊伝'における獲麟解釋についての試論——修母致子説を中心として——》两篇文章而已。[1] 这两篇文章也只是对《公羊传》徐彦疏等有关内容的简要介绍,没有揭示出汉儒学说的全貌。友人平澤步君曾撰有《修母致子説について——漢朝正統論から生まれた経典解釈》的学会研究报告,[2]对有关《左传》学者"修母致子"学说的形成进行了史料钩稽,用力甚深,但并未将此置于汉代春秋学发展的背景之下进行考察,故此笔者不揣鄙陋,拟就此题进行讨论,希望能在日本学者的基础上续有推进。

一 "西狩获麟"的经学意义

《春秋》鲁哀公十四年载"春,西狩获麟"。三传对此事的记载各有特色。"西狩获麟"到底意味着什么?三传记载为什么会各自不同?假如"西狩获麟"是一个真实存在的历史事件,经学家为什么会认为这一历史事件代表着《春秋》的终结?假如"西狩获麟"并不是一个历史事件,而是经学家根据自身的经学信念构造出来的观念,那么他们又是根据什么构造出这些观念来呢?要回答这些问题,我们必须先弄清"西狩获麟"包含着怎样的经学意义。

"西狩获麟"事件的核心当然是在"获麟"二字之上,获麟在经学上具有重要意义,有必要先做解析。麒麟本来是上古传说时代的珍禽异兽,经学家却对麒麟进行神圣化,为这种传说中的生物涂上了浓厚的政治色彩。《礼记·礼运》中提到:

> 故圣人作则必以天地为本,以阴阳为端,以四时为柄,以日星为纪,月以为量,鬼神以为徒,五行以为质,礼义以为器,人情以为田,**四灵**以为畜。……何谓**四灵**?麟凤龟龙谓之四灵。故龙以为畜,故鱼鲔

---

① 間嶋潤一:《兩漢に於ける'獲麟'解釋に就いて》,《漢文學會會報》第三十六號,東京教育大學漢文學會 1977 年 6 月;小林圓:《'春秋公羊伝'における獲麟解釋についての試論——修母致子説を中心として——》,《中国学研究》第 13 号,大正大学中國學研究會,1994 年 3 月。

② 平澤步:《修母致子説について——漢朝正統論から生まれた経典解釈》,2010 年中国社会文化学会研究报告。

不淰；凤以为畜，故鸟不獝；麟以为畜，故兽不**狘**；龟以为畜，故人情不失。①

经学家以龙、凤、麟、龟四种为“四灵”，四灵为畜代表着圣人教化流行，不仅仅能改变人心，还能够吸引这些珍禽来到，成为圣人治世的祥瑞。类似的想法还体现在《毛诗》中有《麟趾》一篇，毛《传》以为“麟信而应礼，以足至者也”，也认为是麒麟是感文王关雎之化而来。② 汉代儒生将麒麟、凤凰等等作为太平之象，董仲舒在其《春秋繁露·王道》认为“五帝三王之治”会出现“风雨时，嘉禾兴，凤凰麒麟游于郊”③等瑞应。所以很自然地，人们就会将四灵与圣人联系在一起，于是在《大戴礼记·曾子天圆》中又可以看到“五精”之说：

毛虫毛而后生，羽虫羽而后生，毛羽之虫，阳气之所生也。介虫介而后生，鳞虫鳞而后生，介鳞之虫，阴气之所生也。唯人为倮匈而后生也，阴阳之精也。毛虫之精曰麟，羽虫之精者曰凤，介虫之精者曰龟，鳞虫之精者曰龙，倮虫之精者曰圣人。④

这段文字将四灵与圣人对应毛、羽、鳞、介、倮五虫之精，这就使四灵与圣人之间画上了等号，四灵的活动也就与圣人的出现构成了因果关系。基于这种想法，《论语·子罕》中孔子曾经感慨道：“凤鸟不至，河不出图，吾已矣夫。”孔安国和郑玄都认为，圣人受命应当有凤鸟来降，龟龙负图，而现在这些祥瑞均不出现，所以孔子感慨自己有圣人之德而无圣人之位，这就是所谓孔子为“素王”之说的由来。⑤ 有趣的是，《大戴礼记》中的五精之四——圣人（孔子）、凤鸟、龟、龙，都在《论语·子罕》的这段记载中体现出来，却唯独没有麒麟。相对应的，就在孔子逝世之前三年的哀公十四年，《春秋》中突然出现了“西狩获麟”的记载，并且孔子就此煞笔，《春秋》一书遂告终结。这

① 《礼记正义》卷二二《礼运》，第436页。黑体系引者所为，下同。

② 《毛诗正义》卷一《麟趾》，第45页。

③ 〔清〕苏舆：《春秋繁露义证》卷四《王道》，北京：中华书局，1992年，第102、103页。

④ 《大戴礼记》卷五《曾子天圆》，四部丛刊影明袁氏嘉趣堂本。

⑤ 《论语注疏》卷九《子罕》，第78页，台湾艺文印书馆影印嘉庆二十年阮刻《十三经注疏》本。郑注参见许建平校订《敦煌经部文献合集·群经类论语之属·论语注》，北京：中华书局，2008年，第1485页。

在经学家眼中显然不能够仅仅是个巧合。“四灵”、“五精”等诸多经学上的观念汇合在一起,当然会引起经学家对“获麟”的强烈关注,对此大加发挥。所以不管哀公十四年是否真的有人在野外发现了与传说中的麒麟类似的动物,对于经学家而言,塑造麒麟与孔子的关系,也是维护孔子作为圣人形象的必要环节。

作为附经而行的三传对“西狩获麟”的解说侧重点也是各有不同。《穀梁传》仅仅诠释经文义例:“十有四年春,西狩获麟。引取之也。狩地不地,不狩也;非狩而曰狩,大获麟故大其适也。其不言‘来’,不外麟于中国也。其不言‘有’,不使麟不恒于中国也。”①对经义并无太多引申发挥。《左传》叙事最为详细:“十四年春,西狩于大野,叔孙氏之车子鉏商获麟,以为不祥,以赐虞人。仲尼观之,曰:‘麟也。’然后取之。”②基本是对获麟经过的补充,但也没有涉及获麟的政治意义。《公羊传》的文字不同于以上两家,值得我们仔细分析:

> 十有四年春,西狩获麟。何以书?记异也。何异尔?非中国之兽也。然则孰狩之?薪采者也。薪采者则微者也,曷为以狩言之?大之也。曷为大之?为获麟大之也。曷为为获麟大之?麟者,仁兽也。有王者则至,无王者则不至。有以告者曰:“有麕而角者。”孔子曰:“孰为来哉!孰为来哉!”反袂拭面,涕沾袍。颜渊死,子曰:“天丧予!”子路死,子曰:“噫!天祝予!”西狩获麟,孔子曰:“吾道穷矣!”③

对比《穀梁》、《左传》的描述,《公羊》虽然没有提到发现麒麟的地点与发现人,但由于提到了麟是仁兽,为王者而来,显然与前面提到的“四灵”、“五精”之说相应,就赋予了这段经文极强的政治意义,这是我们在《穀梁》、《左传》二家中无法看到的思想倾向。特别是《公羊》增补了孔子对于获麟事件的反应,他在感叹麟究竟是为谁而来的同时,竟然“反袂拭面,涕沾袍”,最后长叹“吾道穷矣”。对比前面提到的《论语·子罕》,孔子因凤鸟等瑞应不至而感叹“吾已矣夫”,现在麒麟既然已经出现,孔子却仍然做出这样悲伤的态

① 《春秋穀梁注疏》卷二〇,第205页。
② 《春秋左传正义》卷五九,第1031页。
③ 《春秋公羊注疏》卷二八,第355—357页。

度，实际上还是在感慨自己有德无位的“素王”身份。如果说《论语·子罕》是孔子感慨自己不得瑞应的话，《春秋》则是更进了一层，变成得瑞应而未遂其志。

实际三传的不同解说，都在试图说明孔子与“获麟”之间的联系，认为麟是因孔子而来，意图以孔子应“素王”，这才是“西狩获麟”本来含义。但是汉初公羊学者却在《公羊传》基础上做了更进一步的发挥，比如董仲舒《春秋繁露·随本消息》“（孔子）西狩获麟曰‘吾道穷’。吾道穷，三年身随而卒，阶此而观天命成败，圣人知之，有所不能救命矣”[①]，似乎认为获麟是孔子天命将终的预兆，其解说愈加神秘化。至武帝独尊儒术，公羊学大行其道之后，随着“《春秋》为汉制法”之说的流行，获麟的意义发生了变化，麟不再是为孔子而来，反而变成了为汉将兴而来，使关于“西狩获麟”的解释愈发多样起来。

二 汉代公羊学对“西狩获麟”的改造

董仲舒为汉武帝上“天人三策”之后，武帝利用儒学作为其政治统治工具，开始了“罢黜百家，独尊儒术”，其中尤以公羊学最受武帝重视。公羊学者也积极与武帝合作，利用其学术为汉朝统治服务，出现了孔子作《春秋》为汉立法之说。[②] 既然“《春秋》为汉制法”，那么“西狩获麟”也就不能再解释成孔子为“素王”之应，当然要针对形势的变化作出调整。于是两汉公羊学者开始利用五德终始学说解释“西狩获麟”，我们今天能够在何休的《春秋公羊解诂》中清晰地看到这种倾向：

> 【传】反袂拭面，涕沾袍
>
> 【解诂】袍，衣前襟也。夫子素案图录，知庶姓刘季当代周，见薪采者获麟，知为其出。何者？麟者，木精。薪采者，庶人燃火之意。此赤帝将代周，居其位，故麟为薪采者所执。西狩获之者，从东方王于西也，

---

① 苏舆：《春秋繁露义证》卷九《随本消息》，第 137 页。

② 参见陈苏镇：《〈春秋〉与“汉道”——两汉政治与政治文化研究》，北京：中华书局，2011 年，第 160—168 页。

东卯西金象也。言获者,兵戈文也。言汉姓卯金刀以兵得天下。不地者,天下异也。又先是螽虫冬踊,彗金精扫旦置新之象。夫子知其将有六国争强,纵横相灭之败,秦项驱除,积骨流血之虞,然后刘氏乃帝,深闵民之离害甚久,故豫泣也。①

何休《解诂》将孔子塑造成了一个先知的形象。麒麟不再是为孔子而来,变成了为刘邦建汉而来,孔子只是预知这个历史结果,因为悲悯世人多难而落泪。这一说法想要成立,必须解决一个关键问题,就是西狩获麟发生的时间早于刘邦建汉近三百年,该如何构筑两者之间的因果联系呢?我们从何休《解诂》可以看到,何休以麒麟为木,薪采者为火,薪采之人获麟,取象五行相生木生火之意,汉为火德,则获麟即为汉(火德)将代周(木德)之兆。这种从五行相生的角度来解析朝代更迭的方式正是所谓"五德终始"学说,以往学者对此研究已经很多,无须在此赘述。我们需要关注的是,经学家将五行与麒麟联系在一起的过程是如何完成的。

何休之所以认为麒麟为木精,有政治与学术上的双重考虑。从政治因素上来说,公羊家提出"汉家尧后"之说,以汉为火德,又根据五行相生的原理推周为木德,周汉之间的秦朝则为水德,屈居闰位,不以正统视之,所以必须把麒麟附会为五行属木,才能将西狩获麟说成是汉德将兴的瑞应。于是我们在徐彦的《春秋公羊注疏》引许慎《五经异义》之中,可以看到公羊家旧说云"麟者,木精,一角,赤目为火候,是木之子"②,取象木生火之义,以此作为汉朝代周受命的预兆。

既然麟为木精是政治需要,那么经学家就必须通过学术手段来证明麟何以为木精。我们在前面一节已经提到,《礼记·礼运》中有"四灵"之说,而在《大戴礼记·曾子天圆》一篇中又被扩大为"五精",以麟、凤、龟、蛇、圣人分别对应毛、羽、鳞、介、倮五虫。而在《礼记·月令》一篇中,毛、羽、鳞、介、倮五虫又对应了四季、五行,如果我们将《礼记·月令》中的有关五虫、五行等等对应关系与《大戴礼记·曾子天圆》的记载合并在一起的话,可以得到下表:

① 《春秋公羊注疏》卷二八,第356页。

② 同上书,第355页。

四季	春	夏	中央	秋	冬
五行	木	火	土	金	水
五官之神	句芒	祝融	后土	蓐收	玄冥
五方	东	南	中	西	北
五虫	鳞	羽	倮	毛	介
五精	龙	凤	圣人	麟	龟
阴阳	阴	阳	阴阳	阳	阴

按照这样的对应关系，麒麟为毛虫之精，毛虫应秋季，属金，似乎麒麟应当属金而非属木。但经学家们也有办法，《礼记·礼运正义》孔疏引郑玄说云：

> 金九以木八为妻，金性义，木性仁。得阳气，性似父，得阴气，性似母。麟，毛虫，得木八之气而性仁。①

这段文字的出处大概是郑玄的《驳五经异义》。所谓“金九以木八为妻”，是京房易学中的说法。木数为八，金数为九，金克木，故称以木为妻，麟为金、木所生之子。但《曾子天圆》认为毛虫是阳气所生，而推敲郑玄之意，似以麟为得阴气而生，岂不是与《曾子天圆》相悖？其实郑玄在这里说的是五行之阴阳，而非五虫之阴阳禀性。这种说法出自郑玄《易》说。据《五行大义》所引郑玄《周易·系辞》注称：

> 数若止五，则阳无匹偶，阴无配义，故合之而成数也。奇者阳唱于始，为制为度；偶者阴之本，得阳乃成。故天以一始，生水于北方，地以其六而成之，使其流润也。……天以三生木于东方，地以其八而成之。②

所谓得阴气即指木数为八，根据奇数为阳，偶数为阴的原则，故知麟得木八之阴气，与《曾子天圆》中以毛虫为阳气所生并不矛盾。郑玄在这里兜了这么大的一个圈子，就是为了给麟为木精寻找学理上的依据。由于郑玄在其求学过程中，曾经师事京兆第五元先，通京氏易，所以用京房易学的理论来

---

① 《礼记正义》卷二二《礼运》，第437页。

② 中村璋八：《五行大義校註》，东京：汲古书院，1984年，第22、23页。按《五行大义》只引郑玄，并未写明出处，今检《礼记正义·月令》引及郑玄《周易·系辞》注，与此文相近，故知所出。

说明麟为木精,大概不是郑玄首创,恐怕是西汉晚期公羊学者已有的成说。何休在作《公羊解诂》时,自然沿用了这一说法,但并未采取公羊家麟"赤目为火候"的旧说,而是强调"薪采者"是火德之象,以"麟为薪采者所执"这样的结果来说明汉火代周木是历史发展的必然,立说无疑较旧说更为平顺。

何休不取公羊旧说,其实另有深意。公羊家利用五德终始学说,将"西狩获麟"附会为汉朝受命的预兆,并不为其他《春秋》家法所承认。我们从许慎《五经异义》佚文可知,在汉宣帝甘露三年(前51)的石渠阁会议中,穀梁家的代表尹更始与刘向就对此提出了不同意见:

> 许慎谨按:公议郎尹更始、待诏刘更生等议石渠,以为吉凶不并,瑞灾不兼。今麟为周亡天下之异,则不得为瑞,以应孔子至。[①]

可见西汉中后期的公羊学家已经宣称麒麟的出现既是周王朝的衰亡之兆,又是汉德将兴的祥瑞。《开元占经》引纬书《春秋合诚图》有"苍帝将亡则麒麟见绁"[②]句,苍帝为周之感生帝,获麟为木衰火王之象,所以公羊旧说中才一边说麟为木精,一边又说"赤目为火候",这样麒麟本身就包含了木火相生的因素。可是穀梁学者却认为,一个事物不能够同时既是甲之吉兆,又是乙之凶兆,不同意公羊学的穿凿附会之说。故此何休此处弃用旧说"赤目为火候"的部分,而认为"薪采者"才是火德将兴之象,这就在一定程度上规避了穀梁学者们的质疑。同时,何休又在《解诂》中将孔子"吾道穷矣"的感叹解释为"麟者,大平之符,圣人之类,时得麟而死,此亦天告夫子将没之徵,故云尔"[③],这样薪采者所获之麟就变成了死麟,可以看作孔子命数将终的象征。这样的周纳安排,其目的是,既让孔子继续扮演预言家的角色,又让麟的出现与孔子之间仍然保持一定的关系,可以更好地弥补公羊旧说中存在的漏洞。

从"麟者,木精,一角,赤目为火候"的旧说到何休《公羊解诂》的解释,公羊家始终坚持西狩获麟是汉朝受命的异象,他们广泛使用了五行生克与

---

① 《礼记正义》卷二二《礼运》,第437页。按《左传正义》卷五九亦引此文作"今麟为周异,不得复为汉瑞,知麟应孔子而至"。

② 《开元占经》卷一〇六《兽咎征》,影印文渊阁四库全书本。

③ 《春秋公羊注疏》卷二八,第357页。

五德终始的学说来进行论证，比较积极地迎合国家的政治需要。穀梁、左氏两家学者对此并不热衷，在对西狩获麟的解释上一直与公羊家相异。然而到了东汉中期，贾逵等左氏学者为了能够将左氏学立为学官，主动转变态度，也来论证孔子作《春秋》以应汉制，却又不肯简单照搬公羊家的成说，于是一个建立在五行相生基础上，更加庞大复杂的“修母致子”学说就此诞生了。

三　左氏学者的“修母致子”学说

《左传》在《春秋》三传中出现的时间最晚，来历争议最多，而且文本也与《公羊》、《穀梁》存在较大差异。《公羊》、《穀梁》均始自鲁隐公元年，以鲁哀公十四年西狩获麟为结束。《左传》却是经文以鲁哀公十六年“夏四月己丑，孔丘卒”为结束，而传文则一直延续至鲁哀公二十七年，故此在西汉时期一直受到今文学者的质疑，甚至有“左氏不传《春秋》”之说。在经说上，左氏与公羊之间也有较大分歧，东汉贾逵专主《左传》，有“左氏义深于君父，公羊多任于权变”之说。具体到关于“西狩获麟”的解说，我们今天能够看到的最早的左氏经说，出自两汉之际的陈钦，说见《左传正义》引许慎《五经异义》：

> 奉德侯陈钦说，麟，西方毛虫金精也。孔子作《春秋》，有立言，西方兑为口，故麟来。[①]

据《汉书·儒林传》记载，陈钦是西汉末年知名学者，曾以《左传》授王莽。其子陈元《后汉书》有传，亦传其家学，在东汉初年享有盛名。《后汉书》称陈钦之学与刘歆各自名家，李贤注称其自名学为“陈氏春秋”，在当时影响力可见一斑。从陈钦对“西狩获麟”的这段解说来看，他认为麟是“西方毛虫金精”，可见也是将《礼记·月令》与《大戴礼记·曾子天圆》两篇的内容对应在一起，详见前揭列表，此处无须重复。有趣的是，他虽然提出“金精”云云，却没有套用五行学说，而是利用了《易经》里的内容。所谓“西方兑为口”，

---

① 《左传正义》卷五九，第1030页。《礼记正义》卷二二《礼运》亦引此文。

出自《周易·说卦》“兑为口”①,《说卦》亦称“兑正秋也”,正与麟为毛虫之精,四季主秋,方位属西相应。陈钦认为麒麟是应孔子作《春秋》而至,仍然坚持孔子为“素王”之说。

陈钦对“西狩获麟”的解说明显是针对公羊家“汉朝受命”说而发。西汉中期以后的公羊家鼓吹“《春秋》为汉制法”,但在穀梁、左氏两派中却看不到这样的思想倾向。据此我们大致可以推定,直到东汉中期以前,穀梁与左氏两派学者在“西狩获麟”的解释上都坚持麟为孔子而来,与公羊学者曲附时政的态度大为不同。

关键的转变发生在东汉中期的贾逵身上。建初元年(76),章帝诏贾逵入讲《左传》,贾逵趁机上奏,以为《左传》义长于公、穀二家云:

> 臣以永平中上言《左氏》与图谶合者,先帝不遗刍荛,省纳臣言,写其传诂,藏之秘书。……至光武皇帝,奋独见之明,兴立《左氏》、《穀梁》,会二家先师不晓图谶,故令中道而废。……又五经家皆无以证图谶明刘氏为尧后者,而《左氏》独有明文。五经家皆言颛顼代黄帝,而尧不得为火德。《左氏》以少昊代黄帝,即图谶所谓帝宣也。如令尧不得火,则汉不得为赤。其所发明,补益实多。②

贾逵这篇奏议代表了左氏学者思想的转变。由于长时间不能被立于学官,贾逵开始改变态度,仿效公羊家主动论证《左传》与汉朝统治相关。左氏学者作为古文经学的代表,本不信从谶纬,贾逵却对明帝、章帝提出《左传》合于谶纬,这与西汉及东汉初年《左传》经师的做法大为不同。所举“汉家尧后”之说,是西汉今文学家对刘邦世系出自做出的推定,如果按照《史记》对于上古帝王世系传承的记载,则为“黄帝(土)—颛顼(金)—帝喾(水)—尧(木)”,但是汉为火德已经确定不变,尧如果是木德,显然与“汉家尧后”之说不符。贾逵指出《左传》记载帝系在黄帝与颛顼之间增加了少昊,于是变成“黄帝(土)—少昊(金)—颛顼(水)—帝喾(木)—尧(火)”,这样尧才可以与汉一起同为火德,符合谶纬之说。对比东汉初年的古文学家如桓谭、郑

① 《周易正义》卷九,第186页。

② 《后汉书》卷三六《贾逵传》,北京:中华书局,1965年,第1237页。

兴，贾逵的学说带有明显的政治投机色彩，却也因此得到了章帝的赏识，使左氏学的政治地位大幅攀升。

贾逵的左氏学说政治投机性很强，譬如对于“西狩获麟”的解说，他既要像公羊家一样说明孔子作《春秋》是为汉立法，却又不好意思照搬公羊家的成说，还要坚持麟为孔子而至的传统旧说。于是贾逵进一步发挥五行相生的理论，提出了“修母致子”的学说。《左传正义》孔疏载：

> 说《左氏》者云：麟生于火，而游于土，中央轩辕大角之兽。孔子作《春秋》，《春秋》者，礼也，修火德以致其子，故麟来而为孔子瑞也。……贾逵、服虔、颖容等皆以为孔子自卫反鲁，考正礼乐，修《春秋》，约以周礼，三年文成致麟，麟感而至，取龙为水物，故以为修母致子之应。[①]

如果单看这段话，我们对于什么是“修母致子”，感觉多少还是有点模糊。幸好孔疏以下还有一段，两相参照，其义自见：

> 说《左氏》者以昭二十九年传云：“水官不修，故龙不至。”以水生木，故为修母致子之说。故服虔注“获麟”云：“麟，中央土兽，土为信。信，礼之子，修其母，致其子，视明礼修而麟至，思睿信立而白虎扰，言从义成而神龟在沼，听聪知正则名川出龙，貌恭性仁则凤皇来仪。”

结合两段内容可知，所谓“修母致子”，其实只是在五行相生的基础上加以变化而已。与公羊家的学说相比，左氏学者改变了麟与五行之间对应关系。公羊家结合《礼记·月令》和《大戴礼·曾子天圆》以五精对应五行，又通过京房易学将麟解为木精，左氏学者却不用二戴《礼记》中的“四灵”、“五精”之说，而是重新对五种灵兽进行排序，可以列为下表：

五行	木	火	土	金	水
五方	东	南	中	西	北
五灵	龙	凤	麟	白虎	龟
五常	仁	礼	信	义	智

① 《左传正义》卷五九，第1030页。

我们将这个表与前表对比可知,左氏学者其实是借鉴了古代天文学中的四象之说,即东方青龙、南方朱雀、西方白虎、北方玄武,再在中央补入麒麟。五灵兽所对应的仁、礼、信、义、智,则是《汉书·天文志》五星所对应的五常。按照贾逵、服虔等人的逻辑,孔子约周礼而修《春秋》,《春秋》应汉礼而当火德,由火而生土,麟为土兽,所以会从远方而至。这样解释的好处是,它既可以保持《左传》麟为孔子而来的旧说,同时也可以使《春秋》以应汉之火德,达到附会"《春秋》为汉制法"的目的。

《左传》学者提出"修母致子"说的依据在于《左传》昭公二十九年有"夫物,物有其官,官修其方……官宿其业,其物乃至。若泯弃之,物乃坻伏,郁湮不育……龙,水物也。水官弃矣,龙不生得"①的记载,龙对应东方之木,却由修水而生,可以理解为木生于水,所以修水(母)而致龙(子)。按照这个规律来推求"西狩获麟"的话,假如还照搬原来公羊家的对应关系,麟对应西方之金,金生于土,则不能借此建立《春秋》与汉制的关系,故此必须将麟挪到中央土的位置上。中央土本来对应圣人,现在被麟所取代,则金位空缺,于是借助占星术中的四象、五常对原有体系进行重构,补入西方白虎,就形成了一套更为复杂的五行感应系统。按照平泽步的考订,直至东汉末年,"修母致子"学说在蔡邕、服虔等人手中臻于大成,可以推演成下表:②

修母			致子	
五行	五常	五事	灵兽	属性
木	仁	貌	凤皇	火
火	礼	视	麟	土
土	信	思	白虎	金
金	义	言	神龟	水
水	知	听	龙	木

五种灵兽不仅对应五行、五常,又加上了属于感官的"五事",整个体系又被附加上了新的内容,像滚雪球一样变得愈发庞大起来。

① 《左传正义》卷五三,第923页。

② 参见平澤步:《修母致子説について——漢朝正統論から生まれた経典解釈》一文。

“修母致子”说自从东汉中期被提出以后，开始为左氏学者所普遍接受。从《礼记》、《左传》孔疏引用诸家之说来看，在贾逵之后，许慎、服虔、颖容等人均遵从此说。但许慎已经意识到，《左传》“修母致子”中的五灵兽之说缺少经典依据，于是在其《五经异义》中试图牵合《礼记·礼运》中的“四灵”，写道：

谨按《礼运》云麟、凤、龟、龙谓之四灵。龙，东方也。虎，西方也。凤，南方也。龟，北方也。麟，中央也。

郑玄于此有驳，称：

古者圣贤言事亦有效，三者取象天地人，四者取象四时，五者取象五行。今云麟凤龟龙谓之四灵，是则当四时明矣。虎不在灵中，空言西方虎者，麟中央，得则无近诬乎？

进而批评左氏学者以麟配土之说：

玄之闻也，《洪范》五事，二曰言。言作从，从作乂。乂，治也。言于五行属金。孔子时，周道衰亡，已有圣德，无所施用，作《春秋》以见志，其言少从，以为天下法，故应以金兽性仁之瑞，贱者获之，则知将有庶人受命而行之。受命之征已见，则于周将亡，事势然也。兴者为瑞，亡者为灾，其道则然，何吉凶不并，瑞灾不兼之有乎？如此修母致子，不若“立言”之说密也。①

从郑玄驳议的内容来看，郑玄并不赞同以“修母致子”来解释“西狩获麟”，认为左氏学者以五灵兽配五行是无稽之谈。至于郑玄对“西狩获麟”的解释，其内容虽然与何休等人微有差别，但总体来说更加接近于公羊家说。孔疏认为郑玄的意见是“修当方之事，则当方之物来应”，熊安生则引申郑义为“若人臣官修，则修母致子之应，左氏之说是也。人君修其方，则当方来应，孔子修《春秋》为素王法以立言，故西方毛虫来应”，孔疏对熊氏此说持保留态度，以为“未知然否”。由于今天我们无法看到郑玄的全部作品，郑玄也并

---

① 《礼记正义》卷二二《礼运》，第437页。

未对《春秋》三传做出注解[①],所以并不清楚郑玄对于《左传》中“水官弃矣,龙不生得”如何解释,也就无法确认郑玄是否对“修母致子”学说本身持否定态度。但从“西狩获麟”这一问题上来看,郑玄认为左氏学者糅合麟与四象而配位五行没有经书上的依据,这无疑戳中了贾逵、许慎等人的要害。

贾逵等学者以“修母致子”解释“西狩获麟”,是在汉代特有的政治文化环境下,屈从于现实政治而做出的调整,也就注定了这一学说的影响力不会延伸至东汉以后。随着汉魏嬗代,倡导“《春秋》为汉制法”的公羊学固然走向了末路,左氏学者的“修母致子”说也同样退出了历史舞台。此后西晋杜预注《左传》,只是强调获麟事件是“周道之不兴,嘉瑞之无应”,不再讨论麟为谁而来的问题。《左传》孔疏更是批评“修母致子”之说云:“麟生于火,岂其产于火乎?……麟若应孔子而来,著书无容不述,何乃经传群籍了尔不言,以其既妖且妄,故杜悉无所取。”[②]至杜预之后,左氏学者阐释“西狩获麟”,已经不再采用两汉学者那种带有神秘主义论调的解经方式,于是“修母致子”也作为曾经存在过的一种学说,只是偶尔被后世义疏学者提及,终于为后世的《春秋》学者所遗忘了。

四 结 语

以上简单梳理了汉代《春秋》学者对于“西狩获麟”的几种代表性学说。乍看上去,三传学者各执一辞,而且公羊、左氏二家均有前后两说的不同,似乎头绪繁多。其实我们可以将其归结为一点,即是否承认获麟以应汉朝受命的问题。在这一问题上,公羊家的态度最为激进,他们认为《公羊传》中“制《春秋》之义以俟后圣”的“后圣”就是指刘邦所建之汉,直接提出了“《春秋》为汉制法”,认为麟就是汉朝受命的祥瑞,其前后两说的不同只是在解经上的技术调整,没有本质分歧。但是,公羊家将自己的学说与汉朝的命运绑得太紧,导致曹魏代汉之后,公羊家从此一蹶不振,从此淡出了人们的视野。

---

① 《世说新语·文学》称郑玄注《左传》多与服虔同,故将己注尽付服氏。按郑玄经说多与服虔不同,此为六朝浮说而已,不可信据。

② 《左传正义》卷五九,第1030页。按此段文字应系孔疏抄自刘炫义疏。

所幸者，何休《解诂》一直从汉末流传下来，徐彦疏又列《十三经注疏》之中，所以我们今天尚能看到其完整的学说体系。穀梁学者对此的解释则是谨守家法，从前引《五经异义》中所载尹更始、刘向之说来看，穀梁家的学说与时政距离较远，不承认获麟为汉兴之瑞，所以在历史中的影响终归有限。左氏一方则存在前后两说的思想转折，贾逵为求立学而主动改变经说，走上了与公羊家殊途同归之路，终于也被杜预的《春秋左传集解》取而代之。可以这么说，“西狩获麟”既是个经学问题，又与汉代政治有着千丝万缕的联系。

实际上，《春秋》从其创制伊始，就与政治密切相关。在经学家的观念中，所谓“知我罪我，其在《春秋》”，“《春秋》之义行，则天下乱臣贼子惧焉”，都说明《春秋》不是单纯的历史记录，而是圣人对于兴亡治乱的独特叙述。古人将理想中的政治制度付之《周礼》，又将理想中的政治观念付之《春秋》，故此每当政治家开展政治改革时，往往以《周礼》为号召，而学者寄托其政治思想，则莫不依赖《春秋》、三传。所以春秋学在各个时代中的演变，都折射出了当时政治思想的变化。从清末至当下，公羊学又重新吸引了越来越多的学者关注，此时探析汉儒对“西狩获麟”的阐释，希望能够引发更多同行思考春秋学对于当代的意义所在。

“Kirin Captured in a Hunting Tour to the West”: Under the Perspective of Studies of *Chunqiu* in the Han Dynasty

Hua Zhe

Abstract: As a significant issue in the studies of *Chunqiu*, Kirin captured in a hunting tour to the west was interpreted in many different ways by scholars in the Han dynasty. By applying the theory of the Five Virtues, scholars of *Gongyang* (公羊) saw the kirin as a sign of Han's legitimate reign. Whereas, scholars of *Zuozhuan* (左传) managed to connect *Chunqiu* with Han's institutional system by the theory of Xiu mu Zhi zi(修母致子).

One of the great features of *Chunqiu* studies in the Han dynasty is to forge a special bond between Confucius writing *Chunqiu* and Liu Bang (刘邦) establishing Han, which gives us a glimpse of the political tendencies of the *Chunqiu* scholars.

Key words: Studies of *Chunqiu*, Scholars of *Gongyang*, Five Virtues, Xiu mu Zhi zi

哲学门(总第二十七辑)
第十四卷第一册
北京大学出版社,2013年7月

述何与申何
——论徐彦《公羊疏》对何休之“例”的阐述与发挥

郭晓东　方浩铭*

提　要:徐彦《春秋公羊传注疏》在十三经注疏中虽然名声不显,但何休之学,实赖徐氏之申述而得以传承。徐彦《公羊疏》最大的贡献是对何休所总结之《公羊》义例进行了更为系统的归纳、举证与推衍。经徐氏引申、发挥与补充,衍生了许多原本在何休那里被忽略掉的新例,使得《公羊》之条例系统不仅更为庞大,而且更为周密。

关键词:徐彦　何休　《春秋公羊传注疏》　例

《春秋》有“义”有“例”。西汉董仲舒作《春秋繁露》,其中多发明《春秋》之大义。而东汉何休作《公羊解诂》,自称“略依胡毋生《条例》”(《解诂序》),又作有《文谥例》,以阐发《公羊》之义例,从此治《公羊》之学者,莫不重视例。何休重“例”的传统经徐彦疏何休的《公羊解诂》而得以发扬光大,进而在清代常州学派刘逢禄的《公羊何氏释例》那里被推到极致,以至于“何休—刘逢禄”这一谱系几乎被视作为公羊之正脉。从另一方面看,历来对徐彦的《公羊解诂疏》多不重视,学界对该书的评价也不高,自宋开始,《崇文总目》就称之为“援证浅局”(卷二),现代学者马宗霍称其不如《五经正义》远甚①,梁启超称其“于何义一无发明”②,

---

* 郭晓东,1970年生,复旦大学哲学学院副教授。方浩铭,1989年生,复旦大学哲学学院硕士研究生。

① 马宗霍:《经学通论》,北京:中华书局,2011年,第283页。

② 梁启超《清代学术概论》说:“今《十三经注疏》本,《公羊传》虽用何注,而唐徐彦为之疏,于何义一无发明。”收入朱维铮编:《梁启超论清学史二种》,上海:复旦大学出版社,1985年,第61页。

赵伯雄先生也与梁氏持相同的见解:“徐彦的疏,也很注意对义例以及变例的解说,但他除了做一些归纳、举证的工作外,实在是鲜有发明。”①也正是这个原因,现代学者极少有注意到徐彦,相关的研究也比较少见,且更多是对徐彦本人及其时代的考证②,而鲜有对其学本身进行深入的探讨。然而,自汉之后,《公羊》式微,不绝若线,其学能最终被传承且光大者,实赖徐彦之述何之功,特别是徐氏对何休义例的阐述与推衍,使得《公羊》之“例学”灿然大备。故本文拟从“例”的角度来考察徐氏之《公羊疏》,以期对徐氏之学有更进一步的了解。

一 述何:对何氏义例的敷陈与阐释

徐彦之学本之何休,故徐氏之《公羊疏》最主要的内容便是述何,即对何氏之义例进行转述敷陈、归纳整理与举证阐释。

(一)对“三科九旨”等义例的转述与敷陈

据徐彦所说,何休著有《文谥例》一书。该书今已不传,其具体内容我们不得而知,但其大致内容,则赖徐氏之《公羊疏》而得以保存。于《公羊疏》之卷首,于“春秋公羊经传解诂隐公第一”的篇题下,徐彦以自问自答的形式,讨论了一些在他看来是理解《春秋》及《公羊传》之义法与凡例的基本原则,其中引《文谥例》曰:

问曰:《春秋说》云“《春秋》设三科九旨”,其义如何?答曰:何氏之

① 赵伯雄:《春秋学史》,济南:山东教育出版社,2004年,第340页。

② 《公羊疏》是《十三经注疏》中唯一一部不能确认其作者及其时代的作品。该书始著录于宋《崇文总目》,称其“出于近世”,又“或云徐彦撰”。董逌的《广川藏书志》称其约为唐德宗、穆宗之后的人。《四库全书总目》从董说,定徐彦为唐人。但阮元认为徐氏为六朝时人。现代学者中,潘重规《春秋公羊疏作者考》(《志林》,1940年第1期)认为《公羊疏》的作者是北魏高允,其他如段熙仲《春秋公羊学讲疏》(南京:南京师范大学出版社,2002年)、赵伯雄《春秋学史》等从传统之说,认为《公羊疏》的作者是徐彦,但同时认为徐氏是北朝时人。此外,也有许多人完全从传统的说法,认为徐彦是唐人,如简博贤《徐疏公羊述稿》(《中兴大学学报》第3期,1990年1月)、戴维《春秋学史》(长沙:湖南教育出版社,2004年)。龚鹏程先生则认为:“徐彦是否即为这本义疏的作者,固然不能确定,此书大抵仍可视为唐代之物,唯时间亦不必迟于晚唐。”(见氏著:《唐代思想》,北京:商务印书馆,2007年)不过,龚氏虽不能确定此书是否徐氏所作,但该书此节标题为“徐彦的公羊义疏”,文中亦以徐氏为论主,则默认其作者为徐彦矣。

> 意，以为三科九旨正是一物，若总言之，谓之三科，科者，段也；若析而言之，谓之九旨，旨者，意也。言三个科段之内，有此九种之意。故何氏作《文谥例》云："三科九旨者，新周故宋，以《春秋》当新王"，此一科三旨也；又云"所见异辞，所闻异辞，所传闻异辞"，二科六旨也；又"内其国而外诸夏，内诸夏而外夷狄"，是三科九旨也。

又曰：

> 问曰：《文谥例》云："此《春秋》五始、三科、九旨、七等、六辅、二类之义，以矫枉拨乱，为受命品道之端，正德之纪也。"然则三科九旨之义，已蒙前说，未审五始、六辅、二类、七等之义如何？答曰：案《文谥例》下文云："五始者，元年、春、王、正月、公即位是也。七等者，州、国、氏、人、名、字、子是也。六辅者，公辅天子，卿辅公，大夫辅卿，士辅大夫，京师辅君，诸夏辅京师是也。二类者，人事与灾异是也。"

按：三科九旨与五始、六辅、七等、二类等，可说是何休解诂《公羊》的最基本原则，也是何休所立诸例中最重要的条例，故后来刘逢禄作《春秋公羊经何氏释例》，即首列张三世例，列举了何氏十六条相关注文；次为通三统例，列举了何氏二十条相关注文。以此可见，三科九旨作为最基本的例，在何氏《解诂》中被广泛地运用。不过，这些条例虽在具体的经文诠释中被广为运用，但作为基本原则而被系统地论述，则可以说有赖于徐彦对《文谥例》的转述之功。

而何休在诠释《公羊》过程中运用这些条例时，徐氏亦广为之敷陈，如昭公三年，"北燕伯款出奔齐"。何休曰："名者，所见世著治大平，责小国详录，出奔当诛。"徐疏曰："《春秋》之义，有三世异辞，入所见之世，小国出奔而书其名，故知义然也，即庄十年'谭子奔莒'，僖五年'弘子奔黄'，十年'温子奔卫'，成十二年'周公出奔晋'之属皆不名。至于此文'北燕伯款'，下三十年冬，'徐子章禹出奔楚'之国，皆书其名是也。言出奔当诛者，谓太平之世，民皆有礼，况于诸侯，不死社稷而弃国出奔，当合诛灭矣。"按何休所立之例，小国国君出奔，所传闻、所闻世都不书，只有在所见世，所谓治著太平，故用心深刻，对小国的要求也同于大国，故录其出奔，且书名以示当诛，所以徐氏在此就对何休运用三世例作了进一步的敷陈与解说。再如，庄公六年，"齐人来归卫宝”。何休注曰:“主书者,极恶鲁犯命复贪利也。不为大恶者,纳朔本不以赂行,事毕而见谢尔。”按:其时卫侯朔得国,遣人赂齐,齐侯推功归鲁,故卫人持宝来赂鲁。何休认为,《春秋》于此虽然谴责鲁庄公之贪利,但尚不构成大恶,而所以不为大恶,何休只是就事论事地说“纳朔本不以赂行,事毕而见谢尔”,而徐疏则进一步从何氏三世例来予以解读:“所传闻之世,内大恶讳之。今此书见,故知不为大恶矣。”就此而言,徐彦对三世例的运用上,甚至可以说比何休本人都显得更加彻底。

(二)对何氏例的举证说明与归纳总结

就《春秋》而言,“例”之为“例”,首先表现为一种历史书写的书法,如属辞比事之类,故程伊川称:“《春秋》大率所书,事同则辞同,后人因谓之例。”(《程氏经说》卷四)事实上,何休所立之例,大多可以从属辞比事、事同辞同的角度去推求之,然而,何休本人没有去做这项工夫,是以徐彦对何注之疏,一项相当重要的工作就是在贯通全经的基础上,根据属辞比事的原则为何氏之例提供例证,并对与例不相符合的变例做出说明。如隐公四年,何注设例曰:“大国篡例月,小国时。”徐疏举证曰:“大国篡例月者,即此文冬十二月‘卫人立晋’;庄六年‘夏,六月,卫侯朔入于卫’;哀六年秋七月,‘齐阳生入于齐’之属是也。而庄九年夏,‘齐小白入于齐’不月者,彼注云‘不月者,移恶于鲁也’。其小国时者,即僖二十五年‘秋,楚人围陈,纳顿子于顿’,昭元年‘秋,莒去疾自齐入于莒’之属是也。”又如僖公四年,何氏设例曰:“溃例月,叛例时。”徐疏曰:“注‘溃例月’,解云:即此经书正月,文三年‘沈溃’书正月是也。成九年经云‘庚申,莒溃’,彼注云‘日者,录责中国无信,同盟不能相救,至为夷狄所溃’是也。注‘叛例时’,解云:即晋赵鞅书秋,荀寅书冬之属是也。”在《公羊疏》全书中,徐彦用了大量的笔墨对何休之例作了诸如此类的举证说明,而在这些举证说明的过程中,徐彦还对何例进行了一定程度的归纳与总结,我们于此可举若干予以说明:

凡不托始之义有四:一则见其经而不托始,即上二年彼注云“据战伐不言始,纳币不托始之类”是也。二则其大恶不可托始,即五年“初献六羽”之下,传云“始僭诸公昉于此乎?前此矣。前此,则曷为始于此?僭诸公犹可言,僭天子不可言”,彼注云“传云尔者,解不托始也”;三则省文，不假托始，即此是也；四则无可托始，即桓七年“焚咸丘”之下，注云“传不托始者，前此未有，无所托也”是也。（隐公四年疏）

凡内大夫不书氏有二义；若未命大夫亦无氏，而此与侠是也；贬者亦无氏，即无骇与翚之是也。（桓公十一年疏）

这样，通过对何氏例的举证说明与归纳总结，使得何休所立之例至少在一种归纳法的意义上获得了逻辑的合理性，从而更具有说服力。同时，这对于从事公羊学的研习者而言，正如赵伯雄先生所说的：“对于全面掌握何注还是很有帮助的。”①

（三）对何氏例意的释读

然而，对公羊家来说，“例”并不仅限于一种书法，而是试图以此书法来阐发隐寓于《春秋》经传中的微言大义，故有例，便有对例意的阐释。在何休那里即已如此，如桓公十四年，“郑伯使其弟语来盟”。何氏注曰：“莅盟、来盟例皆时。时者，从内为王义，明王者当以至信先天下。”按何休所立例，凡盟会书法，大信书时，小信书月，不信书日，而此莅盟、来盟书“时”，意谓其有大信。所谓“莅盟”，是鲁君往别国与外诸侯盟；所谓“来盟”，是外诸侯来与鲁君盟，二者皆是鲁与外诸侯之盟，此盟所以有大信，何休认为是“从内为王义”，意即从《春秋》王鲁的立场，来“明王者当以至信先天下”。再如桓公十八年，“癸巳，葬蔡桓侯”。何休注曰：“称侯者，亦夺臣子辞也。有贤弟而不能任用，反疾害之而立献舞，国几并于蛮荆，故贤季抑桓称侯，所以起其事。”按《春秋》之通例，君死下葬时往往称葬某公，而这里书“葬蔡桓侯”，是为变例。而所以有此变例，据何休的说法，蔡桓侯有贤弟蔡季不能用，而立献舞，结果于庄十年，“秋，九月，荆败蔡师于莘，以蔡侯献舞归”，故何休说“国几并于蛮荆”，是以何休对此变例的解释是“夺臣子辞”，以示对蔡桓侯的贬斥。不过，在何休的《解诂》中，诸多对例意的阐述过于简单，更多的场合则没有直接明说其立例之意，这进一步的任务就落在徐彦身上。徐彦疏何休之《解诂》，亦极重视对例意的阐释，如其于成公十五年疏中说：“言《春秋》经与传数万之字，论其科指意义实无穷，然其上下经例相须而举，其上下意义相待

① 赵伯雄：《春秋学史》，第341页。

而成。”因此,在徐疏中,就颇有对何氏未尽之意而做出的进一步解释。

襄公十三年,“秋,九月,吴子乘卒”。何氏曰:“卒皆不日,吴远于楚。”按:吴、楚于《春秋》皆为夷狄,吴子卒皆不书日,而宣十八年秋七月“甲戌,楚子旅卒”,襄公十三年“秋,九月,庚辰,楚子审卒”,则楚子卒有书日。何休对吴子卒立“卒皆不日”之例,然其意不甚明了,仅称“吴远于楚”,故徐彦发明何意曰:“凡为人宜道接而生恩,楚迩于诸夏,数会同,亲而迩近之,故书其日;吴侧海隅,而与诸夏罕接,故皆不日,以见其远也。”

隐公十一年,“冬,十有一月,壬辰,公薨”。《公羊传》曰:“《春秋》君弑贼不讨,不书葬,以为无臣子也。”何氏注曰:“道《春秋》通例,与文、武异。”然而,何以《公羊传》所立的这一所谓“《春秋》通例”与文、武不同,何休并没有作出说明,徐疏则进一步解释说:“言文、武之时,周之盛德,既无诸侯相犯,宁有臣子弑君父者?是以古典无责臣子讨贼之义。《春秋》据乱而作,时则有之,因设其法,故言与文、武异。”按徐彦之意,文、武之际,周道灿然,所以不会有“臣子弑君父”的现象,因而也就不需责成臣子有讨贼的义务。而孔子作《春秋》时,王道大坏,故孔子因其乱而设其法,是以有“《春秋》制”与周制的不同。

隐公元年,“秋,七月,天王使宰咺来归惠公仲子之赗”,《公羊传》曰:“其言来何?不及事也。”徐彦认为,据何休注,“《公羊》之例,若其奔丧会葬,不问来之早晚,及事不及事,皆言来矣”。又“若其含赗襚,及事则不言来,不及事则言来”。进而其释此例意曰:“所以如此作例者,以奔丧会葬,所以通哀序志,必有所费,容其事故稽留,不必苟责其及时也;其含赗襚之等,皆是死者所须,若其来晚则无及于事,故须作文见其早晚矣。”也就是说,在徐彦看来,奔丧与会葬,目的是生者的“通哀序志”,所以不一定要求参加者及时到来,所以不论及时不及时,都例书“来”;而含赗襚等,是助葬之物,是死者之用,若迟到则“不及事”,故须在书法上书不书“来”来表现出其来之早晚。

隐公四年,“戊申,卫州吁弑其君完”。何氏曰:“日者,从外赴辞,以贼闻例。”徐疏曰:“言从外赴辞者,谓其君被弑,此君之臣即以其日赴於天子诸侯,望天子诸侯早来救己,是以《春秋》悉皆书日,故云日者,从外赴辞也。言以贼闻例者,言以贼弑君,闻于天子诸侯,例日。”按:何氏于此就州吁弑君书日作出解释,认为这是从外赴之辞,属以贼弑君闻于天子诸侯之例而书日。但为什么此例当书日,何休并未作进一步的说明。而徐氏则指出,君被弑,君之臣于君被弑之日,即赴告于天子诸侯,这是希望天子诸侯能及时相救,所以说“从外赴辞,以贼闻例”,从而当书日。

隐公六年,何注曰:“战例,偏战日,诈战月。”但何以偏战书日而诈战书月,何氏并未明释,而徐彦则于哀九年疏释之曰:“《春秋》之义,偏战者日,诈战者月,所以然者,正疾其行诈,略之故也。”按:书日为详,书月为略,故对徐氏而言,诈战书月为略,正因为“疾其行诈”;反之,偏战书日,则属记载详尽,以褒扬其不行诈。

定公十三年,“秋,晋赵鞅入于晋阳以叛。冬,晋荀寅及士吉射入于朝歌以叛。晋赵鞅归于晋”。《公羊传》曰:“此叛也,其言归何?以地正国也。其以地正国奈何?晋赵鞅取晋阳之甲,以逐荀寅与士吉射。荀寅与士吉射者曷为者也?君侧之恶人也。此逐君侧之恶人,曷为以叛言之?无君命也。”何休曰:“无君命者,操兵乡国,故初谓之叛,后知其意欲逐君侧之恶人,故录其释兵,书归赦之,君子诛意不诛事。”按《公羊》之例,“复归者,出恶,归无恶;复入者,出无恶,入有恶。入者,出入有恶;归者,出入无恶”(桓公十五年)。以此例之,经不当书“晋赵鞅归于晋”,如徐氏所说:“然则书叛者,出入恶同,不宜书归,作出入无恶之文。”而所以书“归”者,则是明赵鞅实非叛,不过是因“无君命”而“持兵乡国”,而其目的是为了“逐君侧之恶人”。赵鞅实非叛而书“叛”,何氏以为是“诛意不诛事”。然而,对于为何要“诛意不诛事”,何休没有解说,而徐氏于襄元年的疏文中给我们作了进一步的说明:“赵鞅以采地之兵,逐君侧之恶人,以正其国,其意实善,而《春秋》必加叛文者,正以人臣之义,本无自专之道,若其许之,恐恶逆之臣,外讬兴义之兵,内有觊觎之意,是以虽为善,不得与之。”也就是说,赵鞅实非叛而书“叛”,是因为其作为臣子而自专兴兵,其用意虽善,但可能导致“恶逆之臣”以后也可能以此为借口,所谓“外讬兴义之兵,内有觊觎之意”,是以《春秋》书“叛”,其用意实为防微杜渐。

二　申何:据何注而引申推衍以成例

徐彦《公羊疏》于公羊“例学”上最大的贡献其实并不在于单纯地述何。尽管何休已经建立起了一套相当完备且具有系统性的《公羊》义例系统,但个别的地方,仍或有不够严密之处。更重要的是,何休在对《春秋》经传的注释过程中,许多场合只是以个案的方式随文注解,而未明确地把它们视为一种书法之体例。而徐彦在疏文中,则多根据何氏注释进一步加以引申、推衍和补充,从而建立起更多的新“例”。可以说,这是徐彦在公羊“例学”上的最大贡献。本文在此即略举数例加以考察:

(一) 凡《春秋》上下,公与外大夫盟,皆讳不言公

隐公元年,“三月,公及邾娄仪父盟于眛”。《公羊传》曰:“仪父者何?邾娄之君也。”何注曰:“以言‘公及’不讳,知为君也。”徐氏疏曰:

> 凡《春秋》上下,公与外大夫盟,皆讳不言公,故庄二十二年“秋七月,丙申,及齐高傒盟于防”,传云“公则曷为不言公?讳与大夫盟也”之属也。今此不没公,故知是君矣。其庄九年“公及齐大夫盟于暨”之属不没公者,皆传注分明,不烦逆说。

按:《公羊传》以仪父为邾娄之君,何休认为根据在经文书“公及”而不讳。据《春秋》书法,言某“及”某者,往往意味着双方地位相敌,今经文书“公及”,则据此可以推定仪父与隐公之地位相当,故何氏以完全仪父为邾娄之君。徐彦则在何氏注文的基础上进一步引申说,若鲁君与所盟者地位不相敌,则意味着鲁君以国君之尊而与大夫结盟,则是鲁君之耻,因而要为之讳,所以在书法上就应该没“公”不书以体现之,如庄公二十二年,“及齐高傒盟于防”,高傒为齐之大夫,庄公与之盟,则为庄公之耻,是以《公羊传》云:“公则曷为不言公?讳与大夫盟也。”据此徐氏立例曰:“凡《春秋》上下,公与外大夫盟,皆讳不言公。”

(二)《春秋》之义,会盟咸有而间隔事者,则重言诸侯

昭公十三年,“秋,公会刘子、晋侯、齐侯、宋公、卫侯、郑伯、曹伯、莒子、邾娄子、滕子、薛伯、杞伯、小邾娄子于平丘。八月,甲戌,同盟于平丘。”何注

曰:“不言刘子及诸侯者,间无异事可知矣。”徐氏疏曰:

> 《春秋》之义,会盟咸有而间隔事者,则重言诸侯,即定公四年“三月,公会刘子、晋侯”以下“于召陵,侵楚”;夏四月,“蔡公孙归姓帅师灭沈,以沈子嘉归,杀之”;“五月,公及诸侯盟于浩油”。然则彼由间有隔事,刘子不与盟,是以重出诸侯。今则间无隔事,刘子复与盟,是以不劳重出刘子及诸侯,见其可知矣。

按:何休认为,诸侯平丘之会后,到八月甲戌平丘之盟,其间没有特别可书之事,所以经文于“同盟于平丘”之前,不再书“刘子及诸侯”。而反过来,徐氏认为,如果在会盟之间尚间有隔事的话,则要重言诸侯,如他举例说,定公四年三月有召陵之会,五月诸侯盟于浩油,而此会与盟之间,则间隔有“蔡公孙归姓帅师灭沈,以沈子嘉归,杀之”之事,故于浩油之盟书“公及诸侯盟于浩油”。因此,徐氏立例曰:“《春秋》之义,会盟咸有而间隔事者,则重言诸侯。”

(三)《公羊》之义,邻国诸侯,及邻国夫人丧,皆公自会葬

昭公三年,“夏,叔弓如滕。五月,葬滕成公”。何氏《解诂》曰:“月者,襄公上葬,诸侯莫肯加礼,独滕子来会葬,故恩录之,明公当自行,不当遣大夫,失礼尤重,以责内。”徐疏曰:

> 《公羊》之义,邻国诸侯,及邻国夫人丧,皆公自会葬,故《异义》“《公羊》说”云“襄公三十年,叔弓如宋葬恭姬,议公不自行”,是也。然则凡平诸侯之葬,公犹自行,况其加礼于己者乎?故言失礼尤重,以责内也。

按:《公羊》常例,小国卒月葬日,而《春秋》“葬滕成公”书月,这是变例,故何休解释说,此前鲁襄公之葬,诸侯薄襄公之为人,而不肯加礼来参加会葬,独滕子来会葬,故书月以恩录之,以为昭公应该亲自参加滕子之葬礼。又定公十五年,“公薨于高寝”,“邾娄子来奔丧”。《公羊传》认为,“奔丧,非礼也”。何氏注曰:“礼,天子崩,诸侯奔丧、会葬;诸侯薨,有服者奔丧,无服者会葬。邾娄与鲁无服,故以非礼书。”而徐疏则在此诸说基础上,引申出一条新例:“《公羊》之义,邻国诸侯,及邻国夫人丧,皆公自会葬。”这里所以有“夫人”

者,徐氏引《五经异义》之"《公羊》说",即"襄公三十年,叔弓如宋葬恭姬,议公不自行"①,意谓夫人之葬,公亦当亲往。

(四) 鲁侯被杀,例不举地

桓公十八年,"夏,四月,丙子,公薨于齐"。何氏注曰:"地者,在外为大国所杀,于国尤危。国重,故不暇隐也。"徐疏曰:

> 鲁侯被杀,例不举地,故隐公、闵公直言薨而已。今此言齐,故如此解。

按:《春秋》鲁君共十二公,被杀而终者有隐、桓、闵三公。隐公、闵公直言薨而不书被弑之地,隐公十一年传文曰:"公薨何以不地?不忍言也。"闵公二年传文曰:"公薨何以不地?隐之也。何隐尔?弑也。"意谓是因君之被弑而隐痛不忍书地。何休以为,桓公同样是被弑,而书所薨之地,是因为在外国被杀,于国尤危,从而不暇隐痛。《公羊传》尽管分别解释了隐、闵两公薨而不地的原因,何休则解释了桓公所以书地的原因,但都不曾就此发例,而徐疏则由此设例曰:"鲁侯被杀,例不举地。"

(五)《春秋》上下,鲁女嫁为诸侯夫人者,无不书之

宣公十六年,"秋,郯伯姬来归"。何休曰:"嫁不书者,为媵也。"徐疏曰:

> 正于《春秋》上下,鲁女嫁为诸侯夫人者,无不书之,即"叔姬归于纪","伯姬归于宋"之属是也。

按:何氏仅释郯伯姬出嫁不书之原因,是其嫁与外诸侯为媵,而未对鲁女外嫁设例。而徐彦则据叔姬嫁纪、伯姬嫁宋《春秋》皆有书文,遂因而发例曰:"鲁女嫁为外诸侯夫人者,无不书之。"

(六) 凡诸侯之女嫁于诸侯者,为之期;若嫁于大夫者,则不服矣

庄公二十有七年,"春,公会杞伯姬于洮"。何注曰:"伯姬不卒者,盖不与卒于无服。"徐疏曰:

> 凡诸侯之女嫁于诸侯者,为之期;若嫁于大夫者,则不服矣。其有

---

① 按:襄公三十年"叔弓如宋,葬宋共姬"条,《春秋》经传与何氏《解诂》及徐氏疏文均未发明此意。许慎《五经异义》所引者,大概是汉时其他公羊先师的说法。

> 服者,《春秋》皆书其卒以录恩,即纪伯姬、宋伯姬之属是。若无服者则略之。今此伯姬《春秋》不记其卒者,盖以其嫁于大夫,故云"不与卒于无服"矣。

按:何休认为,杞伯姬不书卒,是因为无服而略之,然何氏未说其何以无服。徐氏则进一步认为,伯姬之所以无服而不记卒,是因为她所嫁的是大夫而非诸侯,故其区别诸侯之女嫁与诸侯者与嫁与大夫者书法之不同而立例曰:"凡诸侯之女嫁于诸侯者,为之期;若嫁于大夫者,则不服矣。"

(七)称国以放者,君自放之;称人以放,乃是大夫自相放

鲁哀公三年,"蔡人放其大夫公孙猎于吴"。何氏《解诂》曰:"称人者,恶大夫骄蹇,作威相放,当诛,故贬。"徐疏曰:

> 知是大夫者,正以《春秋》之例,君杀大夫称国,即僖七年"郑杀其大夫申侯"之属是;大夫自相杀称人,即文九年"晋人杀其大夫先都"之属是。则知称国以放者,君自放之,即宣元年"晋放其大夫胥甲父丁卫"是也;则称人以放,乃是大夫自相放,即此文是矣。

按:何氏于《解诂》中仅释"蔡人"为"蔡大夫",按《公羊》及何氏所立之例,大夫以名见,而这里称"人"者,是因为蔡大夫骄蹇,作威相放,故贬而称人,并没有对大夫被放而立例。而徐氏则根据"君杀大夫称国"、"大夫自相杀称人"之例,从而以"杀"例"放",推衍创设出这一"放例",即"称国以放者,君自放之;称人以放,乃是大夫自相放"。

(八)《春秋》之例,大夫出奔之后,即绝于大夫之位,不复书其卒

文十四年,"九月,甲申,公孙敖卒于齐"。何氏注曰:"已绝,卒之者,为后齐胁鲁归其丧,有耻,故为内讳,使若尚为大夫。"

按:文公八年,公孙敖奔莒,故何氏注"已绝",即因为其出奔而被"绝",以示公孙敖本不应该再现而书卒,而经文书卒,则是为内讳之故。[①] 根据何注,似已认为大夫出奔当绝而不复书之意,但没有明文设例,而徐氏则明确

---

① 时子叔姬嫁齐,单伯送之,而与叔姬淫通,齐人恶之,遂将公孙敖之尸置编舆中,传送而来,且胁鲁受之。鲁不得已受之,是为有耻。故再书公孙敖者,若公孙敖未绝,仍为鲁大夫而客死于他国,当迎其尸归。是为内讳。

立例曰:“《春秋》之例,大夫出奔之后,即绝于大夫之位,不复书其卒。”

(九)《春秋》之内,例不书媵

隐公七年,“春,王三月,叔姬归于纪”。何氏曰:“媵贱书者,后为嫡,终有贤行。”

按:叔姬为伯姬之媵,何休认为,是因为纪叔姬有贤行,且后来更为纪侯之嫡妻,所以其身份虽然低下,而《春秋》仍书之。何氏于此并未对书媵立例,仅是说明纪叔姬以媵之身份而得书的原因,而徐彦则据何氏之意而进一步立例曰:“《春秋》之内,例不书媵,以其贱故。”

(十)凡《春秋》之义,妾子为君者,其母得称谥

隐公元年,“秋,七月,天王使宰咺来归惠公仲子之赗”。《公羊传》曰:“仲子者何?桓之母也。”何休注曰:“以无谥也。”按何休的说法,仲子作为惠公之媵妾,其死而无谥,因而可以推定仲子为桓公的母亲。根据这一说法,桓公其时尚未成为国君,所以其母也不得称谥。徐彦则据此注释,认为若反过来,母亲有谥,那么其子即已成为国君,如文公九年冬“秦人来归僖公成风之襚”,成风为僖公之母,“成”为其谥,即僖公为君,则其母有谥。所以徐氏设例曰:“凡《春秋》之义,妾子为君者,其母得称谥,即文公九年冬‘秦人来归僖公成风之襚’是也。今桓未为君,故其母不得称谥也,是以见其不称谥,即知桓之母也。”

以上诸例,不过是徐氏推衍何休之意而设例之一端而已,并不足以尽其全部。然窥管知豹,我们可以看出,经过徐彦的引申与推衍,原本在何休那里已经颇为完备之《公羊》义例,更是辗转相生,层出不穷,从而形成了一个更加庞大细密的义例系统。

三 徐疏对何氏例意的弥缝及其与何氏之乖违

徐彦总体上是本着“疏不破注”的原则而述何与申何。因此,对于何氏之说不够周洽之处,则尽量努力予以弥缝之。

宣公十有二年,“春,葬陈灵公”。《公羊传》曰:“讨此贼者,非臣子也,何以书葬?君子辞也。楚已讨之矣,臣子虽欲讨之,而无所讨也。”何注曰:“无所复讨也,不从杀泄冶不书葬者,泄冶有罪,故从讨贼书葬,则君子辞与泄冶罪两见矣。"徐疏曰：

> 案何氏作《膏肓》，以为泄冶无罪，而此注云有罪者，其何氏两解乎？正以《春秋》之义，杀无罪大夫者，例去其葬以见之。今乃经书灵公之葬，则知泄冶有罪明矣。而《膏肓》以为无罪者，盖以谏君之人，罪之无文，而《左氏》罪之，故言无罪矣。而此何氏以为有罪者，其更有他罪乎？

按：泄冶因进谏而为陈灵公所杀，据徐彦所说，何休在《左氏膏肓》中认为泄冶无罪，是因为"谏君之人，罪之无文"，从而用以反驳《左传》的说法。而在宣公十二年中，则根据讨贼书葬之例，认为陈灵公杀泄冶而书葬，是泄冶有罪。据此，何休在这两处似乎是自相矛盾的。故徐彦出于对何氏讨贼书葬例的维护，努力为之弥缝曰："此何氏以为有罪者，其更有他罪乎？"

类似的例子见于襄公二十六年，"秋，宋公杀其世子痤"。何休曰："痤有罪，故平公书葬。"徐疏曰：

> 《春秋》之例，君杀无罪大夫及枉杀世子者，皆不书葬，以明其合绝，是以申生无罪，不书献公之葬，至昭十一年经云"叔弓如宋，葬宋平公"者，正以痤有罪故也。若隐元年"郑伯克段于鄢"，以其有罪，故去弟。痤今若有罪，仍言世子者，正以段有当国之罪重，故如其意贬去其弟，使如国君，氏上郑，所以见段之恶逆矣。今痤之罪微，不足去世子，但是合罪之科，故得存其葬矣。

按：宋公杀其世子痤，何休认为痤有罪，徐彦认为，从"《春秋》之例，君杀无罪大夫及枉杀世子者，皆不书葬"上看，昭十一年经文有"葬宋平公"之说，以此可证痤有罪。但是，痤有罪被诛而不贬去"世子"两字，徐疏则认为痤只是微罪，"不足去世子，但是合罪之科，故得存其葬矣"。显然，徐疏在这里是努力试图弥缝何氏之说。不过，若只是因微罪而被杀，则几于枉杀无异，徐氏相当重视的汉代纬书《春秋说》称《春秋》有"七缺"，其中之有一"缺"为"为父之道缺"，即"襄二十六年，宋公杀其世子痤，残虐枉杀其子，是为父之道缺"。根据这一说法，则《春秋说》也认为是"宋公残虐枉杀其子"，显然罪在宋平公而非世子痤。值得注意的是，"七缺"之说，是徐氏在《公羊疏》之卷首，与"三科九旨"、"五始"、"七等"、"六辅"、"二类"等被相提并论，可以视为是徐氏理解《公羊》及何氏注的基本原则之一,则徐氏为弥缝何说,却不自觉地已与自己认同的这些原则相违异。①

由上例可见,徐氏虽然试图对何氏例不够自洽处努力弥缝,但这种弥缝本身,已颇显出注疏之间的某种紧张。事实上,徐彦对于何注亦非完全墨守,其所引申推衍之例,及其对例意的解读上,也不免有与何氏相乖违者:

桓公六年,"蔡人杀陈佗",何休注曰:"不日不书葬者,从贱文。"徐疏曰:

> 君被外国杀者,不责臣子不讨贼,例合书葬,即桓十八年"葬我君桓公"是也。今不书日不书葬者,从贱文故也。

按:此条论陈侯淫通于蔡,而为蔡人所杀,故何休以为不书日、不书葬以贱之。从常例上说,国君被杀,《公羊传》于隐公十一年立例曰:"《春秋》君弑贼不讨,不书葬,以为无臣子也。"但徐彦认为,"君被外国杀者,不责臣子不讨贼,例合书葬",这是变例。而这一变例所以能成立,徐彦所据的是鲁桓公为齐襄所弑而书葬。然而,桓十八年"葬我君桓公",《公羊传》曰:"贼未讨,何以书葬?仇在外也。仇在外,则何以书葬?君子辞也。"何氏注曰:"时齐强鲁弱,不可立得报,故君子量力,且假使书葬。"据此,则鲁桓公在齐被杀而书葬,仅仅是"君子辞",即因为鲁之实力不如齐而无法复仇,从而可以不责臣子不讨贼,所以说"君子量力,假使书葬"。由此可见,鲁桓公书葬,不责臣子不讨贼,实不得已。按此,君被外国所杀,还是应当责臣子之不讨贼而不书葬,也就是说,徐疏所立"君被外国杀者,不责臣子不讨贼,例合书葬"之例,并不合何氏之意。

庄公三十年,"八月,癸亥,葬纪叔姬"。《公羊传》曰:"外夫人不书葬,此何以书?隐之也。何隐尔?其国亡矣,徒葬乎叔尔。"《疏》云:

> 谓不得与夫合葬,故言徒。徒者,空也。案上四年"齐侯葬纪伯姬",《传》云:"外夫人不书葬,此何以书?隐之也。何隐尔?徒葬于齐尔。"而此重发之者,正以彼则于齐,此则于叔,故重言之。

---

① 清代的何若瑶也认为,"疏与注似违矣"(《春秋公羊注疏质疑》卷下)。

按："外夫人不书葬"，此《公羊》常例，则葬纪叔姬为变例。传文本身对此变例作出解释，即因"其国亡矣，徒葬乎叔尔"而为之隐痛。然"徒葬乎叔尔"一语，何休于此未作训释，徐氏则解释为"不得与夫合葬"，并且引述了《公羊传》庄公四年"徒葬于齐尔"为证。从文本上看，庄公四年"齐侯葬纪伯姬"的传文确实与庄公三十年传文完全一样，其言曰："外夫人不书葬，此何以书？隐之也。何隐尔？其国亡矣，徒葬于齐尔。"因此，以此例彼是合适的，故何氏于庄四年注之后，于庄三十年不再复出注。但何休对庄四年的注释显然不同于徐疏："徒者，无臣子辞也。国灭无臣子，徒为齐侯所葬，故痛而书之，明鲁宜当闵伤临之。"也就是说，在何氏看来，"徒葬乎叔尔"，"非不得与夫合葬"，而是为"无臣子辞"。在此徐氏显然与何注有乖异处。

昭公元年，徐疏论大夫"去氏"之例时称：

> 知无骇入极之属，自是大恶，故去其氏；侠卒，翚、溺会齐师之属，未命大夫，正合无氏，须辟嫌故。

按：无骇、侠、翚、溺均为鲁之大夫，《春秋》隐公二年"无骇帅师入极"，隐九年"侠卒"，隐四年"翚帅师会宋公、陈侯、蔡人、卫人伐郑"，庄三年"溺会齐师伐卫"，上述诸大夫均未书氏。徐氏认为，三者之中，无骇入极，灭人之国，属于大恶，故去氏以贬之，而侠、翚、溺不书氏，则是"未命大夫，正合无氏"。这其中侠、溺两人为未命大夫，例不书氏，《公羊传》已有明文[①]，而独于翚则不然。公子翚是隐公被弑的元凶，故传文及何注都认为翚在隐公之篇不书"公子"，正合翚为隐之罪人，故当贬去氏。[②] 同时，翚又被视为是桓公之功臣，故入桓之篇即书"公子翚"。[③] 故这里徐氏称翚是未命大夫，正合无氏，与传、注之说均为乖违。[④]

---

① 《公羊传》隐公九年："侠者何？未大夫之未命者也。"《公羊传》庄公三年："溺者何？未大夫之未命者也。"

② 《公羊传》隐公四年："此公子翚也，何以不称公子？贬。曷为贬？隐之罪人也，故终隐之篇贬也。"何休曰："以终隐之篇贬，知与弑公也。"

③ 《公羊传》称"终隐之篇贬"，则意谓入桓之篇可以不贬。范宁注《穀梁》桓公三年曰："翚称公子者，桓不以为罪人也。"

④ 徐彦本人对此也有异说，其于桓十一年疏曰："凡内大夫不书氏有二义；若未命大夫亦无氏，而此与侠是也；贬者亦无氏，即无骇与翚之是也。"据此，则翚因贬而去氏，与昭元年疏文说不同。

四 小 结

总之,在公羊废坠近千年之后,徐彦之对《公羊》及何休之学的申述,使得这一专门之学不至绝绪,徐氏有功焉。经过徐彦的努力,何休之学不仅得到传承,而且得到了进一步的发展。就《公羊》之"例"而言,经徐氏之引申与发挥,衍生了许多原本在何休那里被忽略掉的新例,从而使得《公羊》之条例系统不仅更为庞大,而且更为周密,这无疑是徐彦最大的贡献。这里需要进一步指出的是,徐氏虽然推衍出许多新例,但这些新例事实上又基本上与何休原本的条例并没有太多的冲突,[1]就此而言,徐氏可谓是善述何者。当然,徐氏的疏文中,也有与何氏相乖违者,但在笔者看来,基本上还是属于个别的案例。至于有学者认为,"徐彦作疏,只是往来穿穴于经传之中,只是对经传及何注做一些表面的解释,满足于对所谓书法、义例的归纳和举证,满足于使何注表面上看起来圆通自然,而对经义、传义则很少有什么发明"[2]。由此而如梁启超所认为的那样,"于何义一无发明",此说实责之过苛。徐氏之功在于对何氏书法义例的归纳、举证、疏通与推衍,而《春秋》设"例"本身的目的就是阐发大"义",因此,故其能在"例"上述何、释何与申何,就绝不可能于何"义"无所发明。这又不得不为徐氏辩者。

---

① 龚鹏程先生认为,"徐彦论文例、义例,会区分出'《春秋》之例'和'《公羊》之例',这是与何休整体解释架构的不同",又称"这是历来读何徐二氏之书者所未尝发现的"。(见氏著:《唐代思想》,北京:商务印书馆,2007年,第169页)不过,在笔者看来,在徐彦那里,所谓"《春秋》之例"和"《公羊》之例"之间,似乎并没有太实质性上的区别。在许多情况下,徐氏往往交替使用"《春秋》之例"和"《公羊》之例"两种说法,甚至在同一条例下,徐氏有时称"《春秋》之例",有时又称"《公羊》之例",有时还有称"《春秋》之义"。如隐元年疏文曰:"《春秋》之例,若尊者之盟,则大信时,小信月,不信日",庄九年疏文曰"《公羊》之例,大信时,小信月,不信日"。又如僖二年徐疏"《公羊》之例,君弑贼不讨,不书其君葬,责臣子不讨贼,令君丧无所系矣",宣六年徐疏"《春秋》之义,君弑贼不讨,则不书葬,所以责臣子不讨贼"。诸如此类的例子,颇见于《公羊疏》中。

② 赵伯雄:《春秋学史》,第345页。

Study on the Interpretation and Development of Xu Yan's *Chunqiu Gongyang Zhuan Zhushu* to HeXiu's "Li"

Guo Xiaodong, Fang Haoming

Abstract: The most important contribution of Xu Yan's *Chunqiu Gongyang Zhuan Zhushu* is that he concluded, put to the proofs and developed the of He Xiu's theory of "Li". Through Xu Yan's extending, development and supplement, it had developed more new Li which those were ignored by He Xiu. In this way, the system of Li has not only become more huge but also more thorough.

Key words: Xu Yan, He Xiu, *Chunqiu Gongyang Zhuan Zhushu*, Li

《康有为学术著作选》

[清]康有为 撰,楼宇烈、周振甫等 点校

北京:中华书局,2010年7月第2版

《康有为学术著作选》由中华书局出版,收录了康有为重要的学术著作及年谱。现已出版的包括:《新学伪经考》(1956年3月第1版;2012年7月第2版)、《大同书》(周振甫、方渊校点,1956年8月第1版;2012年7月第2版)、《孔子改制考》(1958年9月第1版;2012年7月第2版)、《论语注》(楼宇烈整理,1984年第1版,2012年7月重印)、《孟子微·礼运注·中庸注》(楼宇烈整理,1987年9月第1版,2012年7月重印)、《长兴学记·桂学问答·万木草堂口说》(楼宇烈整理,1988年3月第1版,2012年7月重印)、《康子内外篇(外六种)》(楼宇烈整理,1988年8月第1版,2012年7月重印)、《诸天讲》(楼宇烈整理,1990年4月第1版,2012年7月重印)、《春秋董氏学》(楼宇烈整理,1990年7月第1版,2012年7月重印)、《康南海自编年谱(外二种)》(1992年9月第1版,2012年7月重印),共十种。

康有为(1858—1927),字广厦,号长素,广东南海人,人称"康南海"。近代著名政治家、思想家、社会改革家、书法家和学者。曾担任孔教会会长,故世人又称为"康圣人"。康有为一生著述甚丰,见解多有突过前人之处。

本次出版的《康有为学术著作选》多为重版或重印。《新学伪经考》、《大同书》和《孔子改制考》最早是1956—1958年间出版,《论语注》等七种书在1984—1992年间出版。它们都是康有为的代表作,很有影响,但是长期以来没有重印,市面上已极难见到。本次出版是中华书局在时隔20多年后集中重印推出,便于学者研究和收藏。(于文博)

哲学门(总第二十七辑)
第十四卷第一册
北京大学出版社,2013年7月

从"有贬无褒"到"《春秋》尊王"

——孙复《春秋尊王发微》的思想与注释手法

赵金刚*

提　要:孙复的《春秋尊王发微》可以看作是宋代春秋学的开山之作。以往对孙复的研究,对于其"有贬无褒"的注释手法评价很多,对于其本身表达的"尊王"思想也多有论述。然而,孙复的思想是否和注释手法之间有内在联系,却少有人关注。本文侧重阐释孙复《春秋尊王发微》的注释手法和其思想的内在关系,对孙复的春秋学思想的内在逻辑进行勾勒,以期展示出孙复春秋学的一些特点。本文采取的主要是"哲学史"的研究方法,而不是"经学史"的研究方法。

关键词:有贬无褒　深刻　恶　尊王

一　引言:从评价看《春秋尊王发微》之特点

胡瑗、孙复、石介在思想史上被称为"宋初三先生",其思想对宋学的展开具有深刻意义。胡瑗的思想体现在《周易口义》当中,而孙复的主要思想则体现在其春秋学著作《春秋尊王发微》当中。

关于《春秋尊王发微》,后世评价褒贬不一,兹引几家典型评论,以作分析。

首先是稍后的学者欧阳修的评价,欧阳修言:

---

* 赵金刚,1985年生,北京大学哲学系博士研究生。

先生治《春秋》,不惑传注,不为曲说乱经。其言简易,明于诸侯大夫功罪,以考时之盛衰,而推见王道之治乱,得于经之本义为多。①

在欧阳修看来,孙复的著作能够不被以往的《春秋》传注迷惑(这主要指“《春秋》三传”及其注疏),不似以往的著作那样曲说而破坏经书所要传达的原意,而是能够透过经文本身来揭示圣人所要传达的“工道”。欧阳修的评价对孙复褒扬颇多,但也不是没有根据。首先,在“不惑传注”这点上,孙复本人有自己的解释和说明,孙复在《寄范天章书二》中言:

专主王弼、韩康伯之说而求于大《易》,吾未见其能尽于大易者也。专守《左氏》、《公羊》、《穀梁》、杜预、何休、范宁之说而求于《春秋》,吾未见其能尽于《春秋》者也。专守毛苌、郑康成之说而求于《诗》,吾未见其能尽于《诗》者也。专守孔安国之说而求于《书》,吾未见其能尽于书者也。彼数子之说既不能尽于圣人之经,而可藏于太学,行于天下哉,又后之作疏者,无所发明,但委曲踵于旧之注说而已。②

可见在孙复看来,不仅要在《春秋》学上摆脱前人的束缚,在经学的方方面面,都要如此,都要直接透过经文,直达圣人之意。在这点上,孙复直接继承唐代“啖赵学派”的方法,“尽弃三传”③,依托经文展开思想叙述。皮锡瑞在《经学历史》当中有明确的说明④。其次,欧阳修认为孙复著作的内容在于明诸侯大夫功罪、考时之盛衰、推见王道治乱,这也是符合《春秋尊王发微》一书主旨的。至于“不为曲说乱经”、“得于经之本义为多”这样的评论,宋人亦有不少类似的评价,例如朱子在评价孙复时言:

---

① [清]黄宗羲原本,全祖望补修:《宋元学案》第一册,北京:中华书局,1986年,第101页。

② [宋]孙复:《寄范天章书二》,《孙明复小集》,文渊阁四库全书本。

③ 在这里需要说明的是,孙复的“尽弃三传”,并不是要完全抛弃三传,而是不主三传的一家,对三传有所辨析,有些地方接受某一家之解释,有些地方则以己意做新的解释。如《春秋尊王发微》卷五“犹三望”注,孙复分析了各家不同的解释后,选择了《公羊》的解释,而卷六“宋人杀其大夫司马,宋司城来奔”注则认为各家解释“于义皆所未安”。林毓婷在《〈春秋尊王发微〉研究》(台北:《国研所集刊第四十七号》,2003年6月)指出,孙复“尽弃三传”,实际上打开了《春秋》解释新的可能。孙复的“尽弃三传”还体现在他对经文的独特判断上,孙复并没有随意接受任意一家所提供的经文,在他看来,经文流传久远,有脱漏之处,这些影响了对经文的判断。如卷三孙复直言“此言‘我师败绩’者,羡文,盖后人传授妄有所增尔”。

④ [清]皮锡瑞:《经学历史》,北京:中华书局,1959年,第250页。

> 近时言《春秋》，皆计较利害，大义却不曾见。如唐之陆淳，本朝孙明复之徒，虽未能深于圣经，然观其推言治道，凛凛然可畏，终得圣人个意思。①

在朱子看来，孙复的研究虽然算不上十分深入，但还是“终得圣人意思”，得到了经文的本义。

对于这样的评价，亦有不少反对者，其中尤以《四库提要》的评价为代表，《提要》言：

> 复之论，上祖陆淳，而下开胡安国，谓《春秋》有贬无褒，大抵以深刻为主。晁公武《读书志》载常秩之言曰：“明复为《春秋》，犹商鞅之法，弃灰于道者有刑，步过六尺者有诛。”盖笃论也。而宋代诸儒，喜为苛议，顾相与推之，沿波不返，遂使孔庭笔削变为罗织之经。夫知《春秋》者莫如孟子，不过曰“《春秋》成而乱臣贼子惧”耳。使二百四十二年中无人非乱臣贼子，则复之说当矣。如不尽乱臣贼子，则圣人亦必有所节取。亦何至由天王以及诸侯、大夫无一人一事不加诛绝者乎？过于深求而反失《春秋》之本旨者，实自复始。虽其间辨名分，别嫌疑，于兴亡治乱之机亦时有所发明。统而核之，究所谓功不补患者也。以后来说《春秋》者，深文锻炼之学大抵用此书为根柢，故特录存之，以着履霜之渐，而具论其得失如右。②

《提要》的评价，整体上以否定为主，是要当作“反面教材”才留在“四库”当中。在“四库”馆臣看来，孙复之著作“过于深求”，反而失去了《春秋》的本旨，而这“过于深求”则体现在其注经“有贬无褒”的“深刻”态度上，孙复上至天子，下至诸侯大度，无一人无一事不加以“苛责”，其著作仿佛商鞅之法，使孔门“圣经”变为罗织罪名之书。

客观上讲，《提要》的评价还是抓住了《春秋尊王发微》的一些主要特点的。从注经手法来看，孙复的确可以看作是“有贬无褒”，且“打击面”极

---

① ［宋］朱熹：《朱子语类》第六册，［宋］黎靖德编，北京：中华书局，1988 年，第 2174 页。

② ［宋］孙复：《春秋尊王发微》提要，摛藻堂《四库全书荟要》本。孙复《春秋尊王发微》流传版本较少，然而“四库”本删改较多，尤其是在“攘夷”的内容上。本文所采用的是摛藻堂《四库全书荟要》本，基本保留了孙复著作的基本面貌。

广。孙复虽不是绝对地认为《春秋》全都是“贬”,但是所褒者少之又少,其使用“贬”、“恶”、“甚”、“疾”要远远多于“进”、“善”、“与”,很多“进”、“善”、“与”,也只是“几进”、“几善”而已。即便有时候有“善”这样的评价,也伴随着另一面的“伤”、“贬”,如卷七“冬十月楚人杀陈夏徵舒”注,孙复言:

> 此楚子杀陈夏徵舒也,其言楚人者,与楚讨也。陈夏徵舒弑其君,天子不能诛,诸侯不能讨,而楚人能之,故孔子与楚讨也。孔子与楚讨者,伤中国无人,丧乱陵迟之甚也。

在这里,楚庄王杀夏徵舒,而《春秋》经文不言“楚子”而言“楚人”,在孙复看来,是孔子表彰楚庄王能够讨伐乱臣贼子。在这个意义上,孙复认为夷狄能按照礼乐行事则可以进之。但是,孔子表彰的同时却是伤感中国“丧乱凌迟”,讽刺天子与诸侯的失职。

“有贬无褒”之“深刻”的另一个体现是,孙复大量使用“交讥”、“三讥”,即在一段注释中经常批评不同地位的对象,甚至是事件当中出现的每一个人物。如卷二“宋人执郑祭仲,突归于郑,郑忽出奔卫”注言:

> 宋人,宋公也。宋公执人权臣,废嫡立庶,以乱于郑,故夺其爵。祭仲字者,天子命大夫也。突,忽庶弟。突不正,归于郑无恶文者,恶在祭仲,为郑大臣不能死难,听宋偪胁,逐忽立突,恶之大者。况是时忽位既定,以郑之众,宋虽无道,亦未能毕制命于郑,仲能竭其忠力以距于宋,则忽安有见逐失国之事哉?故《扬之水》闵忽之无忠臣良士,终以死亡者,谓此也。嗣子既葬称子,郑庄既葬,忽不称子者,恶忽不能嗣先君,未踰年失国也,故参讥之。

孙复在一段当中讥宋公、祭仲、忽(郑昭公),突(郑厉公)也直指“不正”,本来在这一事件当中最无辜之昭公,亦被孙复视为“不能嗣先君”而恶之。我们知道,《公羊传》在解释这一事件时谈到了“经权”问题,“经权”是《春秋》学乃至儒家的一个重要问题,儒家强调“守经达权”,对经权之定义与适用多有讨论。而孙复则在此采取“废权”的态度,即取消了“权”的向度,完全从“经”的角度对人物事件进行臧否。此事件亦非其“废权”之孤证,《春秋尊王发微》中多有“废权”的体现①。这也可以看作是孙复“深刻”的一面。

孙复之“深刻”还体现在细枝末节之事亦诛，即本来一些无关紧要或很细微的事件，甚至一些经文中看起来没有明显态度的地方，孙复都要分析出“诛”的一面。如，卷三“夏公追戎于济西”注言：

> 案：僖二十六年，齐人侵我西鄙，公追齐师至于酅，弗及，先言侵，而后言追。此不言侵伐者，明不觉其来，已去而追之也。书者，讥内无戎备。

前代多褒僖公，或不作注释，而孙复则“寻根溯源”更进一步，不放过“贬”的机会，把这场“胜利”解释为讥讽鲁国内无守备。

亦如《提要》所言，孙复注《春秋》往往就像判案，如卷九“晋栾盈复入于晋，入于曲沃”注言：

> 此栾盈以曲沃之甲入晋，败而奔曲沃也。经言“栾盈复入于晋，入于曲沃”者，栾盈复入于晋，犯君当诛，曲沃大夫不可纳也，入于曲沃，明曲沃大夫纳之，当坐。

孙复在这个地方甚至直接给出了判词“当坐”，面对《春秋》多记录之历史事件，就像面对卷宗一样。

上述这些例子，我们可以看出孙复“有贬无褒”的“深刻”与“苛责”。在这个意义上，《四库提要》的把握还是比较到位的。《提要》对孙复的“有贬无褒”进行了反驳，这一反驳主要是引用《孟子》，并认为孙复“有贬无褒”若能成立，其前提是“二百四十二年中无人非乱臣贼子”。《提要》自然不能接受这一前提。

但问题是，孙复是否有这样一个前提，或者说孙复是否认为经文中记述之内容都是“乱臣贼子”的行为。其实这也引申出另外一个问题，即孙复采用的“有贬无褒”的注释手法是否与他的思想内容有所关联，这一手法是否

---

① 孙复之“废权”似亦有不一致的地方，如在《尧权论》（见《孙明复小集》）当中，强调尧让位于舜的过程中体现的“权”。但似乎也可以这样解释，在孙复看来并不是人人都有能力“行权”，只有圣人才能够把握好“权”，一般人对权的滥用，反倒会“坏经”。但是，关于孙复对“权”的总体看法，还需要进一步分析和讨论其含义。

只是出于性格上喜“苛责”而采用？是否只是手法自手法、思想自思想？《提要》并没有对这点进行解释，褒扬孙复之欧阳修与朱子也没有进一步说明，笔者接触到的评价当中对这一问题有所涉及的是北宋的王得臣，王得臣评价孙复言：

> 泰山著《春秋尊王发微》，以为凡经所书，皆变古乱常则书，故曰“《春秋》有贬无褒”，盖与穀梁子所谓“常事不书”之义同。①

在王得臣看来，孙复之所以认为“有贬无褒”，恰恰是由于其对于经书所书的内容有一个基本判断，即经书所书均为“变古乱常”之事。在笔者看来，王得臣的理解是十分恰当的。那么，还有些问题有待我们解释，即孙复的这一基本判断以及他采用的基本解释手法，是否与《春秋尊王发微》的主旨“尊王”有关，以及孙复思想之整体是否有“一以贯之”的主线贯穿？这有待于我们回到孙复的文本，对其思想进行细致的把握，如此，才有可能得到合适的答案。

二　“天下无王”：孙复对“春秋”时代之基本判断

王得臣已经提示我们，孙复使用“有贬无褒”的注释手法，是与其对经书所书内容的判断相关联的。在《春秋尊王发微》当中，孙复对“春秋”这一特殊时代有着详细的分析和判断，对这一时代，孙复有着自己的独特说明。在他看来，春秋二百四十二年的首要特征就是“天下无王”，并且其一系列思想都以“天下无王”为出发点。

（一）天下无王

在孙复那里，“天下无王”主要体现在三个方面，即无圣王、王不王、无王法。在全书之开篇，即“元年春王正月”的注释中，孙复就言道：

> 孔子之作《春秋》也，以“天下无王”而作也，非为隐公而作也。然则《春秋》之始于隐公者非他，以平王之所终也。何者？昔者幽王遇祸，平王东迁，平既不王，周道绝矣。观夫东迁之后，周室微弱，诸侯强大，

① 《宋元学案》第一册，第101页。

朝觐之礼不修，贡赋之职不奉，号令之无所束，赏罚之无所加，坏法易纪者有之，变礼乱乐者有之，弑君戕父者有之，攘国窃号者有之，征伐四出，荡然莫禁，天下之政、中国之事皆诸侯分裂之。平王庸暗，历孝逾惠莫能中兴，播荡陵迟，逮隐而死。夫生犹有可待也，死则何所为哉？故《诗》自《黍离》而降，《书》自《文侯之命》而绝，《春秋》自隐公而始也。《诗》自《黍离》而降者，天下无复有“雅”也；《书》自《文侯之命》而绝者，天下无复有诰命也；《春秋》自隐公而始者，天下无复有王也。夫欲治其末者，必先端其本，严其终者，必先正其始。元年书王，所以端本也，正月，所以正始也。其本既端，其始既正，然后以“大中之法”从而诛赏之，故曰“元年春王正月”也。隐公曷为不书即位？正也。五等之制虽曰继世，而皆请于天子。隐公承惠，天子命也，故不书即位，以见正焉。

在孙复看来，孔子之所以要作《春秋》，其前提就是“天下无王”，孔子因之而作《春秋》，与他删述《诗经》、《尚书》的基本精神是一致的，即描述这个“无雅”、“无诰命”、“无王”的特殊时代。为何说“春秋”时代“天下无王”呢？周天子不还是名义上的天下共主吗？其实，在孙复看来，那个居于天子之位的周天子只是有其位而已，并没有按照“王道”振兴“周道”，平王虽居于王位，却“不王”，此“不王”不是没有王位，而是“不能行王道”。天下无王首先就是居于王位之人不行王道，即“王不王”。《春秋尊王发微》直接叙述周天子不能按照礼乐行事而非礼的地方很多，这些地方都可以看作是“王不王”的体现。如，卷一“天王使宰咺来归惠公仲子之赗”注言：

天王使宰咺来归惠公仲子之赗，非礼也。

又如，卷六“天王使叔服来会葬”注言：

诸侯五月而葬，僖公薨至此三月，天王使叔服来会葬非礼也。

而“王不王”按照孙复看来就是王不行“王道”，进而春秋这个时代所表现出的天下无王的一个特征就是“无王法”。关于“无王法”，上引隐公“元年春王正月”之注体现得很明确，即“礼乐征伐自诸侯出”、“自大夫出”、“陪臣执国命”等乱象丛生，子弑父、臣弑君，礼乐不兴、刑罚不中。在孙复看来，缺失的王法即"大中之法",要想结束春秋之乱象,就要重新振兴"大中之法"、"端本正始"[①]。而行"大中之法"、"端本正始",依赖的则是"圣王",而春秋这个时代,恰恰是"无圣王"的时代。孙复在多处强调春秋这个时代"无圣王",如,卷二"秋大水"注言:

> 春秋之世多灾异者,圣王不作故也。

在孙复看来,春秋这个时代之所以有如此之多的灾异,其原因恰恰是"无圣王"。又如,卷三"败蔡师于莘,以蔡侯献舞归"注言:

> 荆为中国患也久矣,自方叔薄伐之后入春秋肆祸复甚,圣王不作故也。

同时,"蛮夷滑夏"亦是由于"圣王不作"。

(二)尊王之实质

从孙复对"天下无王"的叙述中,我们可以看出孙复"春秋尊王"所要尊的"王"具体指什么。赵伯雄先生在《春秋学史》中认为:

> 孙复此书的主旨,实际上已经尽见于书名。"尊王"本来就是《春秋》的大义,汉人著作中已经对此多有阐发,不过还没有把此义推到最重要的位置。孙复则把"尊王"突出到了《春秋》大义的首位,似乎《春秋》从头到尾每一字每一句都贯彻着尊王的精神,他所说的"尊王",当然是指尊天子,用今天的话来说,应当就是对中央集权体制的强调与维护。[②]

我们可以从《春秋尊王发微》中看到孙复对王以及王的权威的尊,甚至尊王连带着尊王后、王世子、王之大臣,以至于"王人"。但是,我们也应该看到,孙复尊王,尤其是在批评诸侯的时候,也直接批评天王,把天王不能够按照礼乐行事,看成是"天下无王"、天下混乱的重要原因。

孙复真正要尊的王,并不是空有其"位"的周天子,而是能够行"王道"、兴"王法"的圣王。虽然在君臣问题上,孙复多站在有位的王的立场上批评诸侯、大夫,但这一批评也是以"王法"规定的秩序为依据的,而不是以单纯

① 关于"大中之法"即孙复所强调之王法,其具体指向和内容,后文会论及。

② 赵伯雄:《春秋学史》,济南:山东教育出版社,2004年,第427—428页。

的"位"为依据。有位的王不能够行"王道",孙复亦是无情地予以批评,"讥"、"恶"这样的字眼也常使用在天子身上。孙复的尊王并不能用一般的所谓专制主义尊君来解释。他尊王所强调的是一个有秩序的世界。尊王,因为"王"这个"位"背后关涉的是"人道"。在卷二"十年春王正月"注中,孙复言:

> 此年书王者,王无十年不书也。十年无王,则人道灭矣。

孙复尊王,但他更强调这个"位"背后的"道",强调这个位关涉的职责。这点后文将详细论述。

(三)天下无王

上述两个材料已经将我们引向另外一个问题,即孙复对春秋时代"天下无王"的后果的描述。在孙复看来,"天下无王"的后果体现在各个方面,孙复所"讥"所"恶"常能体现出这些后果。

首先是内政上。这点又可分为政治行为与社会风俗德行两方面。上引"元年春王正月"注所言之乱象就是政治行为上无王之后果的体现。"天下无王"不仅导致政治上的混乱,还导致风俗的败坏、德行的缺失。如,孙复在卷一"三月公及邾仪父盟于蔑"注言:

> 盟者,乱世之事。故圣王在上,阒无闻焉。斯盖周道陵迟,众心离贰,忠信殆绝,谲诈交作,于是列国相与,始有歃血要言之事尔。凡书盟者,皆恶之也。

在孙复看来,圣王在上,社会之风俗较厚,而春秋时天下无王,导致德行败坏、风俗浇薄,正是由于没有忠信之德才有歃血为盟之事。

其次在外交上。前引材料已经体现出,在孙复看来,圣王不作才导致"蛮夷滑夏",乱华者不仅有荆楚,在孙复看来,"圣王不作,诸戎乱华"①。

同时,在孙复看来,内政与外交上的乱象,随着春秋二百四十二年的历程,"每下愈况",可以说"天下日乱,礼乐日坏"②、"夷狄日炽,中国日微"③。

---

① 《春秋尊王发微》卷一。

② 《春秋尊王发微》卷三作"天下日乱,婚礼日坏",按照孙复的思想,婚礼日坏只是礼乐日坏的一个侧面,因此上文改作"礼乐日坏"以体现其整体观点。

③ 《春秋尊王发微》卷九。

“西狩获麟”的注释可以体现出孙复对这整个时代的理解，孙复言：

> 狩未有言其所获者，此言“西狩获麟”何也？伤之也，孔子伤麟之见获与？孔子伤圣王不作，圣道遂绝，非伤麟之见获也。然则曷为绝笔于此？前此犹可言也，后此不可言也。天子失政自东迁始，诸侯失政自会溴梁始，故自隐公至于溴梁之会，天下之政、中国之事皆诸侯分裂之。自溴梁之会至于申之会，天下之政、中国之事，皆大夫专执之。自申之会至于获麟，天下之政、会盟征伐，皆吴楚迭制之。圣王宪度、礼乐衣冠、遗风旧政，盖扫地矣。周道沦胥，逮此而尽。前此犹可言者，黄池之会晋鲁在焉。后此不可言者，诸侯泯泯，制命在吴，无复天子会盟征伐之事也。是故春秋尊天子、褒齐晋，褒齐晋所以贬吴楚也。尊天子所以黜诸侯也。尊天子、黜诸侯始于隐公是也。褒齐晋、贬吴楚终于获麟是也。呜呼！其旨微哉！其旨微哉。[①]

此段孙复按照自己的理解概括了春秋时代的历程与形式。我们可以看到在孙复看来，情况的确是“每下愈况”。这一切都是由于“天下无王”。孙复在这里认为“西狩获麟”之后，已“不可言”，蛮夷已经完全主宰了中国，周道至此而绝，天下似乎已无可挽回之势[②]。孔子恰是要透过这样的“历史事实”，体现其尊王攘夷、兴圣道之思想。

面对春秋这样一个衰乱的时代，孙复经常想到的是“古昔”的黄金时代。因此，孙复经常拿这个时代和“古昔”进行对比。孙复心中的“古者”是一个有秩序的时代，而“春秋之世”则是秩序完全沦丧的时代。如，他在卷一“公子益师卒”注中言：

> 古者诸侯之大夫皆命于天子，周室既微，其制遂废。

在他看来，这样一个黄金时代美好秩序的失去，恰是由于王不王，自坏礼乐、滥用刑赏，导致无王法，而又无可以兴作的圣王。

---

① 《春秋尊王发微》卷十二。

② 关于“西狩获麟”孙复的这段注释，杨立华老师在《中国儒学史·宋元卷》中有详细的解读，在他看来，这段话表现了孙复注解的“深婉动人”，推阐了圣人的心绪。参见陈来、杨立华、杨柱才、方旭东著：《中国儒学史·宋元卷》，北京：北京大学出版社，2011 年，第 13—14 页。

（四）孔子之伤

我们上文说这一切都是孙复的判断与分析，其实在孙复看来，这些并不是他的主观想法，他只是在叙述圣人之意，表达孔子想要传达的思想。在孙复看来，孔子对春秋这个时代充满了伤痛与感伤，正是怀着这样一种情绪，孔子作春秋以正王法。从上面所引的“元年春王正月”和“西狩获麟”的注都可以看到孙复对孔子之伤感的描述。孙复笔下的圣人怀着对时代巨大的忧虑之情。

在孙复看来，他对春秋时代的解释是符合孔子对于这个时代的解释的，他常引《论语》解释春秋，引《论语》作为对春秋时代的判断。如卷一“郑人伐卫”注，孙复言：

> 孔子曰：“天下有道，则礼乐征伐自天子出；天下无道，则礼乐征伐自诸侯出。自诸侯出，盖十世希不失矣。自大夫出，五世希不失矣。”夫礼乐征伐者，天下国家之大经也，天子尸之，非诸侯可得专也。诸侯专之犹曰不可，况大夫乎？吾观隐桓之际，诸侯无小大，皆专而行之，宣成而下，大夫无内外，皆专而行之，其无王也甚矣。故孔子从而录之，正以王法，凡侵、伐、围、入、取、灭，皆诛罪也。

在孙复看来，自己对于诛罪的判断，是符合孔子的意思的。自己对春秋时代每下愈况的解释也是从孔子之意当中梳理出来的。在他看来，孔子恰是要从这一混乱的时代中，揭示出王法，揭示出理想的治理秩序。

三　再论“有贬无褒”与“深刻”

在第一部分，我们已经具体讨论了孙复“有贬无褒”带来的“深刻”问题。下面，让我们结合孙复对春秋时代的理解，再来看一下孙复的“有贬无褒”，并尝试回应我们在第一部分提出的第一个问题，即孙复的注释手法与其思想之间的关联。

在我们引用的王得臣的评价中，孙复的“有贬无褒”与其对《春秋》经的内容理解有关，即“常事不书”。这一提法是符合《春秋尊王发微》的相关内容的。这点从其对“书”“言”与“不书”“不言”的解释中可见一斑。如上引

“元年春王正月”注最后谈到隐公缘何不书“即位”时就言,“隐公曷为不书即位?正也。五等之制虽曰继世,而皆请于天子。隐公承惠,天子命也,故不书即位,以见正焉”。正是由于隐公即位是按照正常的秩序和王法,所以孔子才不在经文中写“公即位”。又如,卷一“庚戌天王崩”注,孙复言:“凡书葬者,非常也。”此外,我们还可以从《春秋尊王发微》中看见大量如下格式的注释:凡书……恶/讥/甚之也。

可见,在孙复看来,凡是《春秋》经文所写下的,都是“变古乱常”之事,甚至用“变古乱常”似乎都不足以表达孙复对这些事件的憎恶和激愤之情。与其说这些事是“变古乱常”之事,不如说这些事都是“恶”事。即在孙复看来,《春秋》经文记载的几乎都是“恶”的行为,都是孔子怀着巨大的“伤”,根据事情的实情“从而录之”的。相反,《春秋》有些地方没有按照常例记录下的事情,在孙复看来都是正常之事,都是符合礼法之事。这样,《春秋》就变成了一部孔子对“恶”的事件与逻辑充分揭示的著作,孔子用《春秋》把礼乐崩坏之恶充分展示了出来,把种种“恶”的事件与“恶”的可能,以及“恶”的逻辑的演绎都记录下来,而他记录这些事的目的,就是为了要“正王法”和揭示王法,从极端的“恶”与黑暗中反衬出治平的秩序与价值的意义。孙复的“深刻”中透着一种急切,他之所以认为《春秋》“有贬无褒”,之所以采取一种深刻的手法对待这二百四十二年的天子、诸侯、臣子,正是要强调王法与礼乐秩序。既然孔子所筛选和记录下来的都是“天下无王”的“恶行”与“恶果”,那么经文的记述自然是“有贬无褒”。也就是说孙复会接受《四库提要》所不能接受的那个前提,即“二百四十二年中无人非乱臣贼子”。只不过“四库”馆臣可能没有充分理解孙复的意思,孙复当然承认二百四十二年当中有不是乱臣贼子的人,如果都是乱臣贼子,那么孔子似乎也要归于其中,孙复当然不会这样认为。孙复承认的是,孔子在编写《春秋》时是有取舍的,正常的行为都没有记录下来,而记录下来的都是败坏纲常、礼坏乐崩之“恶”行,就春秋经文来说,经文体现的是这二百四十二年恶的行为与逻辑及其后果,其终极目的在于反衬出“王道”的价值。

在孙复看来,任何微小的事情如果不及时纠正,最终都会导致秩序的沦丧,导致长时间的社会动乱,这也是他“废权”和细微之事都要诛罪的一个重要原因。“谨始”(防微杜渐)是春秋学的传统“大义”,孙复亦强调这一点。

卷一“戊申卫州吁弑其君完”注,孙复言:

> 州吁不氏,未命也。《易》曰:“履霜坚冰,阴始凝也,驯致其道,至坚冰也。”又曰:“积善之家必有余庆,积不善之家必有余殃。臣弑其君,子弑其父,非一朝一夕之故,其所由来者渐矣,由辨之不早辨也。”斯圣人教人君御臣子,防微杜渐之深戒也。盖以臣子之恶始于微而积于渐,久而不已,遂成于弑逆之祸,如履霜而至于坚冰也。若辨之不早,则鲜不及矣。故春秋之世,臣弑其君者有之,子弑其父者有之,弟弑其兄者有之,妇弑其夫者有之,是时纪纲既绝,荡然莫禁。孔子惧万世之下乱臣贼子交轨乎天下也,故以圣王之法从而诛之。

既然任何微小的事情都可能导致极其恶劣的结果,那么就要“防微杜渐”,不能因为“恶”刚刚萌动而忽视,亦不能忽视任何一种可能导致王法败坏的逻辑可能。因此,对任何细微之事都要“辨”,都要用王法进行衡量。或许在孙复看来,他对细微之事的诛罪的注释与其他苛责,都是在阐释孔子在经文中灌注的“谨始”之意。“有贬无褒”可以看作是孙复对圣人揭示的情势的理解的一种延伸,其基础是他对春秋之世与孔子之伤的理解。

四 “王法”

上一部分,我们已经揭示出在孙复那里“有贬无褒”与他对春秋之世的基本理解、对圣人之伤的理解的逻辑关系。其实,我们亦可以看出“有贬无褒”这种注释手法与孙复所要表达的“尊王”主旨的关系。可以说孙复“有贬无褒”的注释手法与其对经文所记均为“恶”事的理解是“一而二,二而一”的有机整体。而从“天下无王”导致的结果我们也可以看出,在孙复看来,这些“恶”之所以能够显现,孔子之所以能记下这么多“礼坏乐崩”的行为,究其原因,都是“天下无王”造成的。既然无王导致了“礼坏乐崩”,导致孔子满怀忧伤地记录下如此之多需要“讥”、“贬”、“恶”的行为,那么要恢复秩序,就要“尊王”,即我们前文所讲的,用绝对的“恶”和黑暗衬托出王道的价值与意义。在孙复看来,只有尊王,才能够重建秩序。

前文我们已经解释了孙复“尊王”的具体含义,即孙复所尊的是与王这个“位”相连的“人道”、“王道”与“王法”。在孙复那里,这些概念都不是抽象的,它们有很多具体内容,这些具体内容,是孔子通过“反衬”的手法表现出来的。在《春秋尊王发微》当中,经常有这样的总结语,即“故孔子从而录之,正以王法”。如,卷五“冬,晋人执虞公”注言:

> 称人以执,恶晋侯也。五等之制,虽其国家、宫室、车旗、衣服、礼仪之有差,而天子命之。南面称孤皆诸侯也。其或有罪,方伯请于天子,命之执则执之,不得专执也。有罪犹不得专执,况无罪者乎?春秋之世,诸侯无小大,唯力是恃。力能相执则执之,无复请于天子。故孔子从而录之,正以王法。或则称侯以着其恶,或则称人以夺其爵。称侯以着其恶者,谓虽非王命,执得其罪,其罚轻,故但着其专执之恶……称人以夺其爵者,谓既非王命又执不得其罪,其罚重,故夺其爵……

孙复揭示王法的手段,就是通过把“贬”的具体原因诉说出来,用这些原因展示王法的具体内容。就像这条所展示的,孙复解释为何此处称“晋人”,是为了揭示晋侯之恶,为何晋侯是恶的呢?因为诸侯不得专执。孔子因此把这件事记录下来,并由此展示王法之正。在《春秋尊王发微》中,孙复揭示的原因,往往就是他要强调的王法的内容。正因为有这些王法需要尊,正因为这些王法时时刻刻铭刻在孙复的头脑之中,所以其注起《春秋》来就像判案,也是可以理解的。

在《春秋尊王发微》当中,孙复除了用“王法”来“断案”外,还经常使用“非礼”这样的评判。其实在孙复那里,王法、周道、王道、礼乐都是同义词,礼乐恰恰是王法、周道、王道的所指。孙复与一般儒者一样,十分重视礼乐的价值,他甚至直接将“礼乐不兴”看成是儒者的耻辱。在《儒辱》中,孙复说:

> 《礼》曰:“四郊多垒,此卿大夫之辱也。”地广大荒而不治,此亦士之辱也。噫,卿大夫以四郊多垒为辱,士以地广大荒而不治为辱,然则仁义不行、礼乐不作,儒者之辱欤?夫仁义礼乐,治世之本也,王道之所由兴,人伦之所由正,舍其本则何所为哉。[1]

---

① 《孙明复小集》。

在孙复看来,“仁义礼乐”恰是王道之具体内容,也是《春秋》所要端的本。而强调以仁义礼乐为内容的王道,强调与王道相连的王位,其最终目的还是儒家一直强调的“保民”,在孙复看来所有有“位”的人都有这一职责。如卷一“五年春,公观鱼于棠”注言:

> 观鱼非诸侯之事也。天子适诸侯,诸侯朝天子,无非事者,动必有为也。故孟子曰:“天子适诸侯曰巡狩,巡狩者,巡所守也;诸侯朝于天子曰述职,述职者,述所职也”。是故“春省耕而补不足,秋省敛而助不给”。隐公怠弃国政,春观鱼于棠,可谓非事者矣。

在孙复看来,礼乐规定了在位者的具体职能,而这些具体职能背后指向的都是与“保民”相关的政治。如何来保民,这些已经在礼乐当中得到了规定。

还需要指出的一点是,孙复的“王法”与尊王相联系的有两项重要内容,即“黜霸”与“攘夷”,这点可以说是孙复“尊王”思想的两翼,也是传统《春秋》学的重要内容。其中一段文字十分重要,即卷五“夏四月己巳晋侯齐师宋师秦师及楚人战于城濮楚师败绩”注:

> 晋文始见于经,孔子遽书爵者,与其攘外患、救中国之功不旋踵而建也。齐桓既没,楚人复张,猖狂不道,欲宗诸侯,而与宋并争。会盂、战泓以窘宋者多矣,今又围之踰年,天下诸侯莫有能与伉者。晋文奋起,春征曹、卫,夏服强楚,讨逆诸乱,以绍桓烈,自是楚人远屏不犯中国者十五年。此攘夷狄、救中国之功,可谓不旋踵而建矣。噫!东迁之后,周室既微,四夷乘之以乱中国,盗据先王之土地,戕艾先王之民人,凭陵寇虐,四海汹汹,礼乐衣冠盖扫地矣!其所由来者,非四夷之罪也,中国失道故也。是故吴楚因之交僭大号,观其蛮夷之众,斥地数千里,驱驰宋郑陈蔡之郊,诸侯望风畏栗,唯其指顾,奔走之不暇,乡非齐桓晋文继起,盟屈完于召陵,败得臣于城濮,驱之逐之惩之艾之,则中国几何不胥而夷狄矣,故召陵之盟、城濮之战,专与齐桓晋文也。孟子称“仲尼之徒无道桓文之事”,此言专与齐桓晋文者,其实伤之也。孔子伤周道之绝,与其攘夷狄救中国一时之功尔。召陵之盟、城濮之战,虽然迭胜强楚,不能绝其僭号以尊天子。使平惠以降,有能以王道兴起如宣王者,则是时,安有齐桓晋文之事哉!此孔子之深旨也。

这段文字“四库本”删去众多内容,然而这段话,尤其是“四库本”删去的内容,在《春秋尊王发微》当中的重要性是不言而喻的。首先,这段话呼应了我们前面引用的那些孙复对春秋之世的描述,尤其是“蛮夷滑夏”与诸侯攘夷的情况,可以算是孙复在这个主题上的重要总结。其次,这段话再次强调了“孔子之伤”以及所伤之内容,突出了孙复对于“圣人之意”的理解。第三,此段内容称赞了齐桓晋文攘夷之功,在孙复看来,能攘夷者与能进礼乐者一样,都是孔子所要称赞的。第四,这段话也表现了孙复“深刻”的一个侧面,即褒宗又抑,表面上这段话赞扬霸的功业,实际上却是“尊王黜霸攘夷”。霸值得称赞,是因为霸能够攘夷,霸能发挥作用恰是在王道缺失之时,霸趁机崛起,但即便如此,霸道还是比不上王道,霸道只能成就一时的攘夷狄之功,但终究还是抵挡不住夷狄的兴起。而王道确实能够长久保证中华之安宁,如果能有像宣王这样的人重兴王道,也就没有了霸者的事业。第五,孙复在这段话中还强调,夷狄之祸不是由于夷狄,而是由于中国失道,假若中国能够一直坚守王道,夷狄也就不能侵扰中国。孙复攘夷不是以消灭、占有夷狄为目的,攘夷驱之逐之则可,灭则不可,攘夷的最终目的是中国的自我保存。

这段注释,从众多侧面展现出孙复的思想与内在逻辑。我们可以看到,在孙复那里无时不尊王,无时不伤时,其对于春秋那个时代的判断,始终构成其思想逻辑展开的“底色”,成为其思想逻辑展开的起点,“有贬无褒”在孙复那里之所以是有效的,正是因为这一逻辑基础。也正是由于这一逻辑基础,由于“有贬无褒”所要反衬的那些内容,“尊王”看起来才那么急迫与重要。

五 结 语

以上,我们结合《春秋尊王发微》的文本着重分析了孙复采取的注释手法与孙复所要表达的思想的内在逻辑关系,以及孙复思想强调的一些重点。我们可以看到,在那样一种春秋情势下,孙复的“深刻”表现出的是一种“急迫”,我们能感觉到孙复对于王道急切的盼望。

还有一个问题有待解释,即为何不同的思想家会对孙复产生如此大的评价分歧?《四库提要》言“宋代诸儒,喜为苛议,顾相与推之”,难道王得臣、欧阳修、朱子对于孙复较高的评价仅仅是由于性格上喜欢苛议吗?(当然,我们也应看到,宋人对于孙复也不都是褒扬,《四库提要》所引常秩评价就更接近四库馆臣的意见。此外,叶梦得对于孙复的评价也比较低,认为他深刻且不通礼学、不达经义。[①])四库馆臣为何对《春秋尊王发微》的评价如此的低,认为其仅有反面教材的意义呢?

对于这一问题,由于材料较少,我们不一定能给出最为确切的答案,但我们可以尝试从思想史的背景、从这些评价本身来寻求答案。

首先,我们或许可以从孙复所处的那个时代来理解。[②] 孙复之时,宋兴“八十余祀”,距五代未远。宋初之人对于五代的记忆与印象是深刻的。今存孙复著作似没有对于五代的详细论述,但是孙复对于宋朝兴起所带来的新气象的赞誉以及对于在宋代复兴儒道的殷切期望是溢于言表的。我想,在孙复眼中、在王得臣等人眼中,孙复对于春秋时代的描述转换成“五代”是同样适用的。面对一个可能与春秋一样,甚至更混乱的时代,孙复与宋人之“移情”是可以想见的。当然,这可能只是一种推测,并没有直接的证据可以说明。但是两宋“尊王”“攘夷”面临的历史情势,似乎可以作为一种旁证。另外,我们可以指出的是,宋人常喜欢用“五季”这一称呼来指称“五代”,用这个称呼把五代视为最混乱的历史时代,甚至没有比它更为衰乱的时期了。而这一称呼的发明人恰是孙复的弟子石介[③]。可以想见,孙复在《春秋尊王发微》中表现出那种“急迫”与“忧虑”,是与其所处的那个时代分不开的,而宋人在面对孙复时,也许或多或少带进了他们对于“当代”的忧虑。

其次,我们可以看到,欧阳修、朱子对孙复的评价,强调孙得“圣人之意”。那么孙复所强调的“圣人之意”是什么呢?从以上的分析中我们可以看出,“王法”是孙复所要表达的“圣人之意”,而“尊王攘夷”无疑是其中的重要内容。牟润孙先生指出,虽然两宋《春秋》学各有侧重,但“尊王攘夷”

① 可以参考牟润孙先生《两宋〈春秋〉学之主流》的相关论述,在牟先生看来,对孙复的批评主要集中在过刻与不达经义两点,见氏著:《注史斋丛稿》(增订本),北京:中华书局,2009年,第76页。

② 关于孙复所处之时代,林毓婷在《〈春秋尊王发微〉研究》一文中有详细介绍。

③ [宋]石介:《徂徕集》卷十九,《宋城县夫子庙记》,影印文渊阁四库全书本。

始终是其主旨[①]。从欧阳修、朱子的著作中我们也可以看出,这点也是他们所要重点强调的。可见,宋人对于孙复的褒扬与两宋春秋学始终围绕“尊王攘夷”这一主旨展开是相关的,而“尊王攘夷”无疑与两宋的时代主题切合。

最后,关于四库馆臣的评价,牟润孙先生认为,这与四库馆臣“不喜宋儒,治考据不通义理,不重知人论世、不了解孙复所处之历史环境”[②]有关。在笔者看来,四库馆臣未见得“不通义理”,也未见得不了解孙复所处的历史环境,他们做出的评价很有可能与其自身所处的历史环境有关。清朝满族入主中原,情势已与宋人抵御异族大不相同。这一情势反映到春秋学上的结果就是,清代春秋学多强调“大一统”,而不强调“攘夷”。在《四库全书》的编纂过程中,春秋学著作当中,“攘夷”和“夷夏之辨”的内容被大量删除,《春秋尊王发微》亦不能幸免。对比摛藻堂本和文渊阁本我们就可以发现这一点[③]。由于历史情势的变化导致的春秋学主旨的不同,可能是《春秋尊王发微》褒贬不一的重要原因吧。

From “The Calligraphy” to “The Thoughts of Honoring the Emperor”: Study on Sun Fu’s Thought of *The Spring and Autumn Annals*

Zhao Jingang

Abstract: The first book on interpreting *The Spring and Autumn Annals* in Song dynasty was written by Sun Fu. We have many studies on Sun Fu’s Calligraphy and his thoughts of Honoring the Emperor, but few people pay

① 牟润孙:《注史斋丛稿》,第70页。牟润孙先生亦提示出欧阳修、朱子在“深刻”上与孙复的相似性,即欧阳修《新五代史》颇有效法孙复之意,而朱子也认为《春秋》是个“严底文字”。参见《注史斋丛稿》,第76页。

② 牟润孙:《注史斋丛稿》,第76页。

③ 摛藻堂《四库全书荟要》主要是供皇帝御览,大量内容得以保存。

attention to the relationship of them. This paper mainly focuses on the relationship of Sun Fu's Calligraphy and his thoughts of honoring the Emperor, showing the Internal Logic of his book and some features of his thought. Therefore, this paper will take the research method of "philosophy", rather than the research method of "history of classical studies".

Key words: The Calligraphy, Strict, Wickedness, Honoring the Emperor

《王应麟著作集成》

[宋]王应麟 撰,张骁飞、张三夕等 点校

北京:中华书局,2010年5月第1版

《王应麟著作集成》是"王应麟学术研究基地"与中华书局合作建立的出版项目,由国家古籍整理出版专项经费资助,致力于组织有关专家学者,对现存的王应麟著作,进行全面、系统的点校整理。目前,《王应麟著作集成》已出版《四明文献集(外2种)》(张骁飞点校,2010年5月第1版)、《汉制考·汉艺文志考证》(张三夕、杨毅点校,2011年1月第1版)、《诗考·诗地理考》(王京州、江合友点校,2011年12月第1版)、《周易郑康成注·六经天文编·通鉴答问》(郑振峰等点校,2012年5月第1版)等几种。

王应麟为南宋著名学者,他博学多才,视野开阔,著作涵括经史子集,又涉及天文地理、典章制度、文献目录等。他的学术著作,熔注疏、考辨、辑佚,融文献学、考据学、目录学于一炉。同时,他善于将考释与义理相互结合,大力提倡经世致用,被视为清代学术的先导。此次出版的《王应麟著作集成》,即对王应麟现存著作,进行全面、确切的整理,希望为探讨王应麟丰富的思想内涵奠定基础。(于文博)

哲学门(总第二十七辑)
第十四卷第一册
北京大学出版社,2013 年 7 月

宋人王晳《春秋皇纲论》初探

冯晓庭 *

提　要:本文旨在探讨宋人王晳《春秋皇纲论》所述《春秋》学说的意义与价值。除以《春秋皇纲论》所录《春秋》学说为主之外,又结合相关史料如《宋史》、《通志》、《续资治通鉴长编》、《直斋书录解题》、《玉海》、《文献通考》,以及宋至清代学者的相关评论,首先针对王晳其人及《春秋皇纲论》其书进行说明,次而针对《春秋皇纲论》所录《春秋》说的内容进行疏解,其后针对其意义与价值进行论述分析。

关键词:王晳　春秋皇纲论　春秋学　啖赵学派　宋代经学

一　前　言

《宋史 · 艺文志》录"王晳《春秋通义》十二卷,又《皇纲论》五卷"①,厕于章拱之《春秋统微》之后、丁副《春秋演圣统例》之前。参酌《宋史》体例,则王晳所处时代应该稍晚于孙复(992—1057),与刘敞(1019—1068)等人相当,是活动于宋仁宗主政时期(1023—1063)的知识分子。《宋史 · 艺文志》所展现的,为理想性的全体宋人著述,品目浩繁,因此于相关讯息不得不有所省略,所以尽管各家论述都能紧依时代先后列序,却也只能略见梗概,倘若据以针对王晳及其春秋学内蕴进行深入探究,则显然不足,如若希冀进一

---

* 冯晓庭,1967 年生,台湾嘉义大学中国文学系副教授。

① [元]脱脱等:《宋史 · 艺文志一 · 经部 · 春秋类》,台北:洪氏出版社,1975 年,第 5058 页。

步了解王晳学术面目,就必须寻绎叙述更加详密的专业载录。

相对于孙复、刘敞等春秋学名家,与王晳有关的文字记载,可以称得上是只字词组,而其中时代最早的,便是郑樵《通志》的记述:

《春秋异义解》十二卷(王晳),《春秋通义》十二卷(王晳),《皇纲论》五卷(王晳),……《春秋明例隐括图》一卷(王晳)。①

显然,除了《宋史》提及的《春秋通义》、《皇纲论》之外,王晳应该还撰写了《春秋异义解》、《春秋明例隐括图》两部《春秋》学专著。郑樵之后,陈振孙在《直斋书录解题》又如是说道:

《春秋皇纲论》五卷,《明例隐括图》一卷

太常博士王晳撰,至和中人。《馆阁书目》有《通义》十二卷,未见。②

据此,则王晳为宋仁宗至和(1054—1055)年间人物,曾官居太常博士。有宋一代记述王晳春秋学梗概的文献,则以宋末王应麟的《玉海》最为详尽:

至和中,太常博士王晳撰《春秋通义》十二卷,据《三传》、《注》、《疏》及啖、赵之学,其说通者附经文之下,缺者用己意释之。又《异义》十二卷,《皇纲论》五卷二十三篇、论辨大义例。③

归纳上述诸般纪录,可以确知:

其一,王晳于宋仁宗至和年间官至太常博士。

其二,王晳的春秋学著作计有《春秋通义》、《春秋异义》、《春秋皇纲论》、《春秋明例隐括图》四部。

其三,王晳探研《春秋》,已经能打破《三传》藩篱,择取正确适宜者为说。

---

① [宋]郑樵:《通志·艺文略第一·经类第一·春秋·传论》,台北:台湾商务印书馆影印清高宗乾隆十三年(1748)序武英殿刊本,1987年,第795页下;[宋]郑樵:《通志·艺文略第一·经类第一·春秋·图》,第760页上。

② [宋]陈振孙:《直斋书录解题·经部·春秋类》,合肥:安徽教育出版社影印清光绪九年(1883)江苏书局刊本,2002年,第8页下。

③ [宋]王应麟:《玉海·艺文志·春秋类》,台北:华文书局影印元惠宗至元【后至元】三年(1337)庆元路儒学刊本,1964年,第35页下—第36页上。

其四,王哲春秋学内涵的架构,除了传统属于"汉、唐之学"的《三传》、《注》、《疏》之外,形成于中晚唐,最终强烈影响春秋学发展的"啖赵学派"新春秋学,也是重要的元素。

其五,王哲的春秋学之所以能自成一家,中心价值与法式就是宋人解经能够拔出前修范畴的"用己意释之"——亦即"以己意说经"。

除了上述几则专业叙录之外,翻检若干零星史料,也能够略窥王哲的仕宦与生平状态:

> 天禧中,真宗已不豫,但患曹利用在西枢跋扈,丁谓在中书弄权。一日召知制诰晏殊坐、赐茶,言曹利用与太子太师丁谓与节度使,并令出。……即召翰林学士钱惟演,惟演遂救此二人……晏相尝说与王哲学士。[①]
>
> 丙子,……中散大夫、集贤校理王哲判登闻谏院,仍赴馆供职。[②]

在关于宋真宗(968—1022)与晏殊(991—1055)君臣相与的历史轶事书录中,龚鼎臣称王哲为"学士",依常理言,既然以"学士"为称,则王哲理应官至"翰林学士",四库馆臣便是据此判定王哲仕宦"不止太常博士矣"。再者,《续资治通鉴长编》记"中散大夫集贤校理王哲"在宋哲宗元祐元年(1086)十一月"判登闻谏院",设若李焘所载王哲与《春秋皇纲论》作者确为一人,那么王哲至少历仕仁宗、英宗、神宗、哲宗四朝,供职已达三十余载。至于王哲的先祖郡望,历来文献绝无载述,今据《春秋皇纲论》卷首标题,可以得知王哲出身太原(今山西太原)。

王哲春秋学专著有四,其中《春秋通义》、《春秋异义》各十二卷;由卷帙观之,似乎与《春秋》经文依鲁国十二公分卷相关;由书名观之,应该是直接诠释《春秋》经文的作品。二书流传状况不明,身处北宋的郑樵理能得睹其书;而身处北、南宋之交的陈振孙,就似乎已然未见;后世如王应麟、马端临诸家所录,大抵上应是转引,并非亲见。由于原文亡佚殆尽,二书解经与内容梗概,现下已无从查考,学者仅能就《玉海》的描述略行推想。至于《春秋

---

① [宋]龚鼎臣:《东原录》,台北:台湾商务印书馆影印清高宗乾隆三十八(1773)至四十七年(1782)文渊阁四库全书本,1983年,第27页下。

② [宋]李焘:《续资治通鉴长编·哲宗·元祐元年·十一月》,北京:中华书局,2004年,第9518页。

明例隐括图》,亦已亡佚,郑樵列于“图”之属,在功能上应该属于借图表彰、明《春秋》义例的辅助性著作。

《春秋皇纲论》原名《皇纲论》,加冠“春秋”二字,今见文献当中始于《直斋书录解题》,名称更易的缘由不明,后世的称呼也莫衷一是。由于今日流传的《春秋皇纲论》,以《通志堂经解》本与《文渊阁四库全书》本梓刊钞写行世的时代最早,而二者书名皆题“春秋皇纲论”,为谐应以下所据文本,尔后便以“《春秋皇纲论》”称之①。

《春秋皇纲论》共分五卷,历来并无异说,对于其中搜罗论述数目,则有二十三篇、二十二篇、二十一篇之别,之所以产生如是差池,是因为当中《尊王》、《战》两篇各分上、下,述者分合不一,全书内容篇章如下表所示:

卷 数	篇 名
1	孔子修《春秋》1,始隐 2,尊王上 3,尊王下 4
2	公即位 5,卿书名氏 6,称人 7
3	朝会盟 8,会盟异例 9,侵伐取灭 10,纪师 11,战上 12,战下 13
4	归入 14,会及 15,书遂 16,公至 17,郊禘 18
5	灾异 19,罪弑 20,杀大夫 21,日月例 22,传释异同 23

总括地说,《春秋皇纲论》的撰作目的,一如《四库总目》所云,“皆发明夫子笔削之旨”,换言之,王晳在书中所要表现的,是个人对于《春秋》义例或书例的观点与诠释。另一方面,王晳在铺陈论述之际,也会连带地针对前修旧说进行检讨、表达赞否。由此观之,《春秋皇纲论》不仅只讨论经书义例,还同时涵盖了王晳对于《春秋》诠释史的认识与叙述、关于自身春秋学渊源及好尚的披露。

从经典文本诠释的角度来说,《春秋》书例的彰显,不但是《春秋》学探研者解读经文的基本依据,更可能是个人义理立场独具特色的主因,所以,

① 本文征引的《春秋皇纲论》原文,全数依[宋]王晳撰,[清]徐乾学等辑,[清]纳兰成德刊:《春秋皇纲论》,台北:大通书局,1970 年 2 月影印清圣祖康熙十九年(1680)刊《通志堂经解》本,以下仅标卷、页,不再重复记录版本。

对于《春秋》书例的厘析，便成为历代学者孜孜在意的重要传统。然而，设若前修所制可以垂范，后世自然不必别出机杼、徒增纷扰。因此，研治《春秋》，无论是提出新书例，或者是重新诠释既存书例，尽管于方法学上可以说是无所增益，却是诠释基本立场以及文本认知更易创新的表征。王哲寻求《春秋》经文的构筑原则，表面上虽然仅只是春秋学“属辞比事”传统基本精神的续接，在方法上不能称得上是创新，但却蕴藏了王哲春秋学的重要基本立场与独特精神。据此而言，在《春秋通义》、《春秋异义》全般亡佚的状况下，针对《春秋皇纲论》施行探论，或者可以发现王哲春秋学的若干重要元素。从经学或者春秋学发展史的角度来说，《春秋皇纲论》讨论前修春秋学的基本立场与经说得失，不但清楚地展现了王哲春秋学的渊源与好尚，同时也凸显了新旧春秋学交递嬗变的进程，至于经说重心与学术面向的转移，则更是随处得见，检绎探研，必然得以厘清上述诸般命题。《春秋皇纲论》内蕴如是特殊，确实有必要详加关注、阐明疏释。基于以上认识，以下拟就若干命题，稍行论析，一则以厘清王哲春秋学的特色，一则以呈现《春秋皇纲论》在春秋学发展史上的意义。

二　《春秋皇纲论》论“孔子修《春秋》”

孔子据鲁史述《春秋》，向来是历代学者的共同认知，而其目的为何，则是言人人殊，莫衷一是。这些差异之所以产生，可能肇因于家法师说不同，也可能是因为时代意识与文化认知的差别，只要能够自圆其说，都足以成一家之言，作为某个时代的思想或文化表征。王哲的春秋学著作颇众，俨然已成专家，对于这个议题，自然也需要有所发挥。于是，《春秋皇纲论》便以《孔子修〈春秋〉》为议论发挥的起始：

> 昔者仲尼以圣人之才识历国应聘，而卒老不遇，知天命之不与己也。于是崇圣业，赞《易》道，定《礼》、《乐》，删《诗》、《书》。表先王之旧章，总皇极之彝训，阐君臣父子之义，原治乱兴衰之道，足以垂为世教，传之无穷。然于己之才识，则未能尽发明之也，故作《春秋》，托之行事以尽焉，则司马迁所记孔子之言曰：“我欲载之空言，不若见之行事之

深切著明也。"此仲尼修《春秋》之本意也。①

《论语 · 卫灵公》篇经文"子曰:'君子疾末世而名不称焉。'"于司马迁编写《史记 · 孔子世家》、言及孔子作《春秋》一事之际,援引扩写为:

> 子曰:"弗乎!弗乎!君子病没世而名不称焉,吾道不行矣,吾何以自见于后世哉?"乃因《史记》作《春秋》。②

在司马迁的认知当中,《春秋》经之所以成编行世,原因之一是孔子怀抱着"疾没世而名不称"的强烈意识,于是在深忧圣道不行、无以"自见于后世"的心理因素之下,便"因《(鲁)史记》作《春秋》",借此保留己身的盘才卓识,并为后世垂法示范。司马迁在《孔子世家》当中所铺陈的圣人言行,尽管存在着诸多值得推敲的阙失,但是在时间上去古未远、几乎是首部能有系统的全面叙述、撰述者学术识见、可信度高等因素的支持下,逐渐成为历来学者追迹孔子学术的重要指引。前人对于司马迁的论述认识如是,王晳亦如是,缘此,《春秋皇纲论》在以司马迁思维架构为原则的基本心态之下,如是论述道:

其一,孔子"历国应聘",终究"老"而"不遇",晚年深感"天命之不与己",于是整理《易》、《礼》、《乐》、《诗》、《书》等文献,期冀借由这些"先王旧章"、"皇极彝训",阐明"君臣父子之义"、厘析"治乱兴衰之道",并且为世人拟定能够"传之无穷"的法式教条。

其二,《易》、《礼》、《乐》、《诗》、《书》这些载录古先圣王法制事迹的经典文献,尽管"足以垂为世教,传之无穷",又是孔子亲手编排,价值与作用毋庸置疑,却早已存世,其间容或蕴藏了若干孔子的真知灼见,但毕竟不属孔子原创,难以全面展现孔子学术精髓。

其三,为了向世人显露发明"己之才识",孔子于是"作《春秋》,托之行事以尽焉"。之所以如是操作,一如《史记 · 太史公自序》所记孔子之言——"我欲载之空言,不若见之行事之深切著明也"——设若仅只是空泛地铺陈

---

① 《春秋皇纲论》,第 1 页上—第 1 页下。

② [汉]司马迁撰,[南朝宋]裴骃集解,[唐]张守节正义,[唐]司马贞索引,[日]泷川龟太郎考证:《史记会注考证》,台北:洪氏出版社,1986 年,第 82 页。

理论,那么就难免义理隐晦,易起穿凿曲解、游辞浮说之弊,于是孔子依据《鲁史记》编修《春秋》,融贯外王之才、内圣之识于针对真确历史人物行事而发的褒贬臧否当中。

王皙继承了司马迁希望所铺陈的"仲尼修《春秋》之本意",论述的角度侧重于孔子的个人意识,基本上可以视为创作心理分析,至于《春秋》经编写成帙的深层原因及功能目的,则未触及。要窥见王皙对于孔子修《春秋》的实质意义与目的有何等认知,则必须从据下列篇章着手:

> 夫经制可以定天下,则《春秋》之经制备矣;至诚可以赞元化,则《春秋》之至诚深矣。执经制,推至诚,则承天治民,统正万物,体道德而维之以礼法,本仁义而振之以权纲,尊君、与贤、旌善、黜恶,王道之权衡、太平之事业也。此仲尼之道与其才识,举见之于《春秋》矣。[①]
>
> 夫圣帝之隆,莫隆于尧舜;礼法之备,莫备乎三代;国有史官者,皆尧舜禹汤文武之令典也。史官属辞以记得失,世盛则其政美,世衰则其道微,亦礼之常也。仲尼既遭乱世,以躬负圣人才识,无以发明,故因鲁史之文,托之行事,以尽其所緼之志,以遗后世之圣贤尔。[②]

综合上述文字,可以知道,除了认定"疾没世而名不称"这个心理因素为孔子编修《春秋》的表层原因以外,《春秋皇纲论》还认为:

其一,所谓"经制",即"外王"的不勘法制,是"定天下"的典章规度;所谓"至诚",即"内圣"的不易善诚,是"赞元化"的德性涵养。倘若能够"执经制,推至诚",便得以"承天治民,统正万物",得以据"道德"为"体"而以"礼法"维系之、据"仁义"为"本"而以"权纲"提振之,于君国大事,有所施行。如是,则"尊君"、"与贤"、"旌善"、"黜恶"等诸般功业,尽皆标举隆兴,而所谓"王道之权衡"、"太平之事业",也就浑然可成。

其二,孔子所编修的《春秋》经,同时蕴藏了最为完备整齐的"经制"与"至诚",于"承天治民"之事、"统正万物"之功,最为密切,也最具裨益。所谓"仲尼之道与其才识,举见之于《春秋》矣"——孔子灌注蕴藏于《春秋》经

---

① 《春秋皇纲论》,第 1 页下—第 2 页上。

② 同上书,第 3 页下—第 4 页上。

当中的“道”与“才识”,正是持“王道之权衡”、成“太平之事业”的宏彝典训。

其三,尧舜为“圣帝之隆”,三代乃“礼法之备”,“国有史官”,书录言行,是“尧舜禹汤文武”诸圣王的善政良典。史官的任务是“属辞以记得失”;身逢盛世,则书录之事,无非美善;身处衰世,则书录之事,善隐美微;这是礼节法治的常态。孔子身居“乱世”,空具“圣人才识”,胸怀抱负,无由伸张,于是援据载录乱世之事的《鲁史记》,寄大道于笔削褒贬,托识见于人物“行事”,张布典制、构建式范,留待后世圣贤的弘扬恢廓。

很明显,在王皙的认识当中,孔子之所以作《春秋》,背景因素不止一项。司马迁所谓“君子病没世而名不称焉”,描述的仅只是孔子的表象思维,而在这个表象思维之下,则蕴藏了所谓“经制备矣”、“至诚深矣”、“王道权衡”、“太平事业”等目的深重、道理沉厚的内在思考。换言之,王皙以为,《春秋》之作,诚如司马迁所述,并非“载之空言”,而是寄“承天治民,统正万物”的章宪教训于针对历史人物言行而发的褒贬笔削之中,济世启衰、振兴王事的实质性意义,大过于虚浮想象的个人意念抒发,后世圣贤倘若有识于此,便能够“定天下”、“赞元化”,内圣外王而功业永垂。

由于充分地肯定《春秋》经在内圣外王方面的实质功能,《春秋皇纲论》对于《春秋》经编成的严谨性,也加以分析道:

> 《鲁史》常人之所为也,于圣贤文武之道必有不周,于是非得失之理必有不当,于采掇记注之间必有不经,于憎爱诬讳之际必有不实,于仁义礼法之训必有不明,于褒贬善恶之旨必有不精。故圣人裁取其文,建以法制,以成不刊之书,则圣人之才识,于是可得而观之矣。[①]

孔子依据《鲁史记》编集《春秋》,是历来学者的共同认知,即便是多闻阙疑之士,也鲜少加以驳斥。然而,《鲁史记》是一般史官所为,其智慧才识,距圣贤所禀,不可以道里计,因此,“不周”、“不当”、“不经”、“不实”、“不明”、“不精”等缺失,必定存在其中,应该是事实性极高的设想。既然《鲁史记》存在着如是的先决性缺失,那么孔子据以编修《春秋》,容或可能出现蒙受误导的情事;如此,则《春秋》经的可信度,便启人质疑。

---

① 《春秋皇纲论》,第4页上。

对于这项或许存在的疑义，王晳的响应相当坚决，认为由史官编写的《鲁史记》，固然藏纳着种种悖误，然而在编修成《春秋》的过程当中，经过孔子"裁取其文，建以法制"，已经转化为文字确当、体制严谨的"不刊之书"，是绝对可信经典文献。笔者以为，《春秋皇纲论》的叙述，不但表露了王晳对"孔子修《春秋》"一事的设想，同时也再度证实了王晳坚信《春秋》经蕴藏"圣人之才识"的理想心态；更重要的是，完美无瑕的认同意识，除了展现《春秋》经在当时的确具备现实人世全般事物发展的指导功能之外，更凸显了学者极度"尊经"的必然性，而在极度"尊经"的风气之下，彻底检视经书、重新诠释经书等学术行为，很可能于斯因应而生。

三 《春秋皇纲论》评《三传》良窳

在著录于简册之前，《三传》口传之说已经俨然左右诠释《春秋》的方向；而自从著录于简册之后，《三传》更成为研读《春秋》经的必要凭借。在师说家法壁垒分明的学术氛围之下，学者莫不奉之为圭臬，因而针对《三传》的内文与记载提出质疑以及修正，在中唐之前可以说是绝无仅有。然而，在对于《春秋》经怀抱着理想性新认识的基本态度之下，被统称为"啖赵学派"的"新春秋学"者啖助、赵匡、陆淳等人，开始发掘《三传》的缺失，并且提出相对的批判。所以，在《春秋啖赵集传纂例》一书当中，便出现《三传得失议》①一篇，专门讨论《三传》的形成及其优劣短长。王晳曾多次赞扬"啖赵学派"，于其学说颇为服膺，或许是在啖助等人引领之下，《春秋皇纲论》当中也出现检讨《三传》的篇章，这帧篇章置于全书之末，名曰《传释异同》。

《传释异同》开篇首论各"家"各"传"形成的背景：

> 仲尼修《经》之后，不久而卒，时门弟子未及讲授，是故不能具道圣人之意，厥后书遂散传，别为五家，于是异同之患起矣。②

对于有关《春秋》经的诠释之所以家数分歧一节，《春秋皇纲论》以为：

---

① ［唐］陆淳撰：《春秋集传纂例》，上海：商务印书馆，1936年，第3—4页。

② 《春秋皇纲论》，第9页上—第10页下。

其一,孔子在编修《春秋》经之际,年已耄耋,经书成帙尔后未久,孔子便即辞世,孔门弟子不及面承讲授教谕,于是无法完整正确地称述孔子灌注于《春秋》经的道理与旨趣。

其二,由于孔门弟子无法完整正确地称述孔子灌注于《春秋》经的道理与旨趣,所以言人人殊的状态便随之而生,原本内蕴一贯的《春秋》义理,在这样的情境之下离析分散,最后分化成五个不同的派别,而各是其说、互斥其非的境况与困境也就于焉肇生。

在铺陈了《春秋》经说迸散为五的缘由之后,《春秋皇纲论》接着开始分述《三传》各方面特色与优劣:

> 左氏善览旧史,兼该众说,得春秋之事迹甚备,其书虽附《经》而作,然于《经》外自成一书,故有贪惑异说,采掇过当。至于圣人微旨,颇亦疏略,而大抵有本末,盖出于一人之所撰述也。①
>
> 公、穀之学,本于议论,择取诸儒之说,系于《经》文,故虽不能详其事迹,而于圣人微旨,多所究寻,然失于曲辩赘义,鄙浅丛杂,盖出于众儒之所讲说也。②

推敲上陈文句,可以发现,王皙对于《三传》异同与优劣的见解为:

其一,《左传》的作者善于观览"旧史",并能兼收众家文献,所以载录春秋时代的史事甚为详备。《左传》虽然以《春秋》为撰作的依归,实际上却"于《经》外自成一书"——不完全受《春秋》经文的规范。所以,书中难免出现"贪惑异说,采掇过当"——惑溺沿袭"异说"、取材收录失当等缺失。

其二,除了前述若干缺失之外,《左传》于发扬剖析孔子的道理旨趣、《春秋》的微言大义一节上,则表现得疏忽简略,显然无法完整地达成通解圣经的任务。另一方面,《左传》尽管缺失不少,在体制上却"大抵有本末"——文字篇章大体上首尾完备;而如是"本末"齐备的统合一致状态,则肇因于《左传》"出于一人之所撰述"——是由个人独立编修纂述完成所致。

其三,《公羊传》与《穀梁传》的学术基础以"议论"为本,着重于《春秋》

① 《春秋皇纲论》,第 9 页上—第 10 页下。
② 同上。

义理的论辩分析，所以善于“择取诸儒之说，系于经文”。尽管不如《左传》长于人物“事迹”的表述，却能于“于圣人微旨，多所究寻”——对于孔子的道理旨趣、《春秋》的微言大义，则能多所探究，厘清发扬。

其四，“本于议论，择取诸儒之说”、“于圣人微旨，多所究寻”等基本学术性格，虽然致令《公羊传》与《穀梁传》擅能弘扬《春秋》义理微旨，却也造成二者干犯“曲辩赘义，鄙浅丛杂”等缺失；之所以会出现如是的舛驳乖违，则肇因于《公羊传》与《穀梁传》“出于众儒之所讲说”——是集结诸多学者的讲论疏解成书、渊源杂芜所致。

通过以上叙述，王皙对于《三传》良窳优缺的看法确实展现，其中的重点意见大致如下：

其一，诠释《春秋》的《三传》之所以歧异纷呈，肇因于孔子在《春秋》成帙后不久便溘然辞世，在无由受教的状态下，传《经》弟子众说纷纭，终至学说分裂、派别分立，然而这些分裂的学说，都无法完整地诠释《春秋》经文、解译《春秋》义理。

其二，由于未获孔子亲授，《三传》不但诠释重心有别，编辑的基调与构成的体系也存在着彻底的差异。《左传》着重史事著录，性质上有类于史册，又出于一人之手，所以看似首尾完整，然而却存在着无法顺畅伸张圣经义理的基本缺失。《公羊传》、《穀梁传》着重义理发扬，性质上归属于经注，虽然能够较有效率地阐释《春秋》大义，却因为渊源众多杂芜，导致学说缺乏一致性，包藏若干赘累曲说。

其三，无论是形式方面或者是编纂者方面，《三传》的基本分歧并非判定孰为高下的原因。同时，《三传》之间的优缺良窳，也并非绝对的彼是我非、我是彼非，论断其中臧否，必须要兼顾包容性与合理性。换言之，《三传》之间互有胜处，合而用之，方为治《春秋》之上策。

由于《春秋皇纲论》在面对《三传》之际，所采取的是不预设好恶、兼容并蓄、是其是而非其非的态度，那么王皙谨据历来壁垒分明的《三传》师法（家法）传统，破除其中既有的区隔与对立，试图寻得诠释《春秋》的新路径，便成为极具可能性的设想。

此外，缘着如是的态度，《春秋皇纲论》还针对汉代以来《三传》学者互不交通、囿于自家的状况进一步提出批判道：

> 自汉崇学校,《三传》迭兴,以贾谊之才、仲舒之文、向歆之学,厥犹溺于师说,不能会通,况于余哉?其专穷师学以自成一家者,则何氏、杜氏、范氏而已。何氏则诪张瞽说,杜氏则胶固《传》文,其稍自觉悟者,唯范氏尔,然不能洞达以会《经》意。[①]

很明显,尽管乐于吸纳固有学说,然而对于《三传》之间壁垒分明的看法,《春秋皇纲论》并不认同,以为:

其一,《三传》各自成家以后,门户森严,即便如"贾谊之才(《左传》)"、"仲舒之文(《公羊传》)"、"向歆之学(《穀梁传》)",也无法突破藩篱界线,会通贯一,追寻完满的《春秋》义理。

其二,历来"专穷师学以自成一家者",有如凤毛麟角,仅只何休、杜预、范宁三家。然而何休失于"诪张瞽说"——说解不实虚妄;杜氏失于"胶固《传》文"——过度执著于《左传》载录;唯有范宁"稍自觉悟",能够会通三家,但是仍然无法全般会通以寻求《春秋》义理的最完备疏解。

很明显,《春秋皇纲论》不但对于《三传》各自分立、学者各拥家法师说的传统状态不满,更认为在如是的氛围之下,《春秋》义理根本无法完整而真实地呈现。至于能够担负寻得真实完整《春秋》义理的途径,王晳所强调的"会通"与"洞达"——亦即融贯《三传》,便是最紧要的法门。《春秋皇纲论》论述如是,无怪乎王应麟会说王晳治《春秋》"据《三传》、《注》、《疏》及啖、赵之学,其说通者附经文之下"——能遍览会通诸家,择取其中该当者诠说经文。

王晳治《春秋》首重会通,一如王应麟所说,会通的真正目的是要选取"其说通者",并非全然汇集网罗、毫无择取。因此,王晳在会通《三传》之后,于《春秋皇纲论》的尾端展示了择取的原则:

其一,《春秋》经文实质上至"哀公十四年""获麟"而止,《公羊传》与《穀梁传》如是,而《左传》"于获麟以后,续《经》至孔丘卒",显属伪造,所以去而不取。

其二,《左传》有"《经》外之《传》",也就是学者惯称的"无《经》之

---

① 《春秋皇纲论》,第9页上—第10页下。

《传》",这些《传》文虽然在史事叙述的完整性上或许有存在的必要,但是于《春秋》经文无所结坿,也无关乎大义的展现,所以去之不取。

其三,《左传》说《经》,喜好"以一时言貌之恭傲"以及"卜筮巫梦之事"作为"推定祸福"的根据,而且事事"靡有不验",很明显的是"贪惑异说",非孔门大义所在,凡此诸般,应该去而不取。

其四,《左传》当中"又有广录杂乱不实之语混合其间",也当裁去不用。

其五,对于《左传》,必须抱持着"如玉之有瑕,但弃瑕而用玉,不可并弃其玉"的心态,取其可用之处,黜其督乱之处。至于《公羊》、《穀梁》"《二传》",虽然整体看来说《春秋》"大义"失当,但是对于"内有数句可用者",也应当"裁而用之"。

简单地说,面对《三传》,王晳的取用原则就是"会通"、"洞达"、"弃瑕而用玉"——融会贯通而择取其是。如是的态度,除了宣告《三传》分立的传统已经无法限制王晳甚或当时学者之外,也证实了《三传》不再是研治《春秋》的圭臬,不能通过检核考验的部分将受扬弃。既然《三传》无法承担绝对性的诠释指导责任,其中的经说当然也就不会全盘左右探沿者的解读方向。具备圭臬权威与方向指导性格的旧有"典范"失去作用,也代表了学风解放与学者个人意识的弘扬,于是王应麟所指陈的"据《三传》、《注》、《疏》及啖、赵之学,其说通者附经文之下,缺者用己意释之"等诸般现象,就出现在王晳的《春秋》学当中。

另一方面,王晳通观《三传》与诸家学说,择取其中"通者"诠释经文、发扬义理,设若旧说无合用者,则以"己意释之";这些现象,就诠释技术来说,可以称之为"以己意解经"。然而,所谓"以己意解经"的思想内涵,则植根于诠释者对经典或者文化、历史的认知,这项认知的建立,当然不可能毫无准据,尤其是施用于流传日久、体系完整、背景多元的经典之上,更不能无所规范。《春秋皇纲论》的相关讨论当中,屡次提及"《经》"字,认为解说诠释必须"会《经》意",可见王晳在面对诸多解释之际,则取判定的标准绝对与"《经》"关联甚深,这样的关联,正是对于经典绝对信任的表现,因为绝对信任,一切诠释也就必须完全贴合于经文。换言之,经说的成功与否,与经文的关联性是唯一考虑,而如是的唯一考虑,就是所谓的"回归原典"精神。《三传》之所以在王晳的春秋学当中不再具备权威性,王晳之所以能自在地择取适当学说,以《春秋》经为尊的“回归原典”思维,应该是最为重要的原因。

四 《春秋皇纲论》说《春秋》书例举隅

《春秋》教,属辞比事,连缀文字而查核其中异同,进而解构书记法则,分析笔削意义,自汉代以来一直是春秋学家积极从事的方法,即便是《三传》家法师说鼎立,属辞比事之法仍是通共之方,直至啖助诸人,仍未泯没,且其名目之众,较诸前修为盛。

王应麟说:“《(春秋)皇纲论》五卷二十三篇,论辨大义例(或标点作‘大义、例’)。”[①]不但清晰地说明了本书的内容性质——论述《春秋》大义以及书例,同时也证实了王皙在追求新的春秋学诠释之际,也同时袭用了深具传统的法式。

在《春秋》大义的疏解方面,《孔子修〈春秋〉》论孔子作《春秋》的怀抱与目的,《始隐》论《春秋》经文献择取的准绳,《尊王》论《春秋》尊王的奥义,《传释异同》论《三传》及旧传经解的失用与良窳,共计四(五)篇,其余十七(十八)篇则可归属于对《春秋》书例的标举。有关王皙对于《春秋》书立的标举诠说,以下姑举数例以见其梗概。

(一)始隐[②]

针对典籍的起始篇章发表议论、申述其中肇绪居首的意涵与作用,在经部诸书的诠释历史当中是为普遍现象,如《周易》“首《乾》、《坤》”、《尚书》“三科之条、五家之教”、《毛诗》“四始”,都是研究者乐于厘析的课题。《春秋》蕴藏了孔子垂法万代、尊王经世的最深沉关怀,在如是的前提之下,无论是字句书写,抑或是章节铺排,都定然是大义之所寄存,如此,则经文书录始于鲁隐公元年,俨然是孔子述《春秋》的最重要笔法之一。既是经书首篇,又是义例所蕴,“《春秋》‘始隐’”同时涵盖了两个必须探讨分说的重要环节,无怪乎自《三传》之学成立以来,历代学者莫不对此大发意见。或许是承受

① [宋]王应麟:《玉海·艺文志·春秋类》,第35页下—第36页上。
② 《春秋皇纲论·始隐》,第5页上—第8页上。

前人遗绪,或许是自认该当有所论述,王晳于《春秋皇纲论》首卷“孔子修《春秋》”首节之后,随即铺陈“始隐”一节。

孔子所以“约鲁史修《春秋》”,除了“孔子修《春秋》”一节所述种种之外,还有一个关乎人伦大体的动机,即“推原尧、舜之事,以明乱世之奸慝”。推敲字面,则王晳所称“推原尧、舜之事,以明乱世之奸慝”,可以清楚地区分为两个功能指向;“尧、舜之事”应是《春秋》所依据的正面典范,“乱世之奸慝”则是《春秋》批判针砭的对象。

孔子推尧、舜为表率,植因于二者“当天下之正位,粹然一任乎道,不私于己”的圣德睿识,在如斯的懿行上智之下,“尧视舜如己身,舜视禹如己身”,无私无我,公天下的盛世于焉展开,而所谓“亲亲”、“贤贤”等相对低落的价值标准,便有如老子所谓“大道”废弛后肇生的“仁义”,毫无存在的意义。禅让之世美善如此,圣王道心贯通万物天地,典册经籍颇见叙赞,《春秋皇纲论》有鉴于此,于是总结其情状道:

> 尧、舜、禹之道,一道也;尧、舜、禹之心,一心也。夫是之谓其人以万物之心为心,以天地之德为德,其于己也,无一毫之私。……故《书》首二帝,以道德之美,莫或先焉者也。①

既然尧、舜“道德之美”“莫或先焉”,那么孔子据以为正面模范,自是情理顺当。因此,《春秋》以鲁隐公能成“禅让”,在书写意识上承续尧、舜、禹“以万物之心为心,以天地之德为德,其于己也,无一毫之私”的理想范式,也就成为最为合理的表述。

(二)纪师②

《春秋》经文于各国军事行动,有书“师”之例,如:

> 《隐公四年·经》:秋,翚帅师会宋公、陈侯、蔡人、卫人伐郑。③

---

① 《春秋皇纲论·始隐》,第5页上—第8页上。

② 《春秋皇纲论·纪师》,第5页下—第6页下。

③ [周]左丘明撰,[晋]杜预集解,[唐]孔颖达正义:《左传》,台北:艺文印书馆,1985年,第14页下。[周]公羊高撰,(一说[汉]公羊寿书于竹帛,[汉]何休解诂,[北朝]徐彦疏:《公羊传》,台北:艺文印书馆,1985年,第13页上。[汉]穀梁赤撰,[晋]范宁集解,[唐]杨士勋疏:《穀梁传》,台北:艺文印书馆,1985年,第1页下—第3页上。

《襄公二十三年·经》:八月,叔孙豹帅师救晋。[①]

关于《春秋》经文记"师"书例,《春秋皇纲论》如是分析道:

> 《春秋》凡它国用师之事,书之于《经》者,皆成师以上,乃书之也。何哉?重众也。至于鲁,则虽不成师,亦书之,重内事也。《公羊》曰:"将尊帅众,称某帅师;将卑师众,称师。"此说是也。施之于内外,俱可通矣。……凡外师称人称师,各举重以言之尔,其有不系褒贬重轻则但称师,晋赵鞅"瓦"之"师"是也。内师则凡书卿而不言帅师者,不成师也,若"叔老会晋荀偃伐许"是也。不书卿而但言师者,则卑者将而师多也,若"师及齐师围郕"是也。[②]

综理上述文字,可以知道,对于《春秋》记"师"书例,王晳的认知如下:

其一,《春秋》经文凡是载录外国"用师之事",则必定是军队人数编制在定额以上[③],为了表达重视群众的思维,孔子于是以"师"为书。至于鲁国军队,就算是人数编制未达定额,为了表示对于父母之邦邦务的重视,也以"师"为书。《公羊传》说:"将尊师众,称某帅师;将卑师众,称师。"[④]是对《春秋》书"师"的正确诠释。

其二,《春秋》经文载录外国"用师之事",有"称人",有"称师",书记之所以有所歧异,是因为"各举重以言之尔"——着重的环节于何,便以之为书记的依据。至于"有不系褒贬重轻"者,"则但称师"——就书录为"〇〇师",《定公八年·经》:"公会晋师于瓦。"[⑤]便是其例。

其三,《春秋》经文载录鲁国"用师之事",倘若"书卿而不言帅师者"——只书记帅师之将而不以"〇〇帅师"为书,起因于军队的人数编制未达定额,《襄公十六年》经:"叔老会郑伯、晋荀偃、卫宁殖、宋人伐许。"[⑥]便是其例。至于"不书卿"——不书记帅师之将而仅只以"师"为书者,起因于

---

① 《左传》,第8页上。《公羊传》,第15页下。《穀梁传》,第5页下。

② 《春秋皇纲论·纪师》,第5页下—第6页下。

③ 《公羊传·隐公五年·解诂》:"师众者,满二千五百人以上也。"(《公羊传》,卷三,第2页上)根据何休的说法,军队人数达二千五百,便可称"师"。

④ 《公羊传》,第1页下—第2页上。

⑤ 《左传》,第10页下。《公羊传》,第12页下。《穀梁传》,第11页下。

⑥ 《左传》,第2页上。《公羊传》,第9页上。《穀梁传》,第1页。

“卑者将而师多”——帅师之将地位卑微，但是军队人数编制众多，《庄公八年·经》：“师及齐师围郕。”[①]便是其例。

（三）杀大夫

《春秋》经文常书“杀大夫”之事，借以遂行褒贬，如：

> 《僖公七年》经：郑杀其大夫申侯。[②]
>
> 《文公七年》经：宋人杀其大夫。[③]

关于《春秋》经文记“杀大夫”书例，《春秋皇纲论》如是分析道：

> 诸侯之义，无专杀大夫，何也？以其膺王命，执国政，爵尊禄厚，不比群吏故也。春秋之时，虽非王命之卿，然国之股肱，是亦卿也，则《春秋》凡杀大夫，皆讥之也。其被杀者，罪有轻重，不可混同。故圣人异其文以别之也。凡系之君则称君，系之君与执政则称国，杀之当则称人，贼其上则称盗。其称君以杀者，则恶其君不慈友于子弟，亏亲亲之恩也。称国以杀者，则其杀之者与其杀者，俱可责也。称人以杀者，则略之而无所讥也，盖国有典刑，当讨有罪也。称盗以杀者，则疾夫卑贱之人贼害其上也。凡此之例，皆书被杀者名氏，谨其事也。又有但称国杀大夫，而不书大夫名氏者，盖阙文也。其称人以杀，而不书大夫名氏者，以其国乱，略之也。何以知其然哉？夫称人者，非君与执政之为也，讨罪之辞也，今不书大夫名氏，则非讨罪也，虽称人以杀，而实非讨罪，故去其名氏，则善恶褒贬之归无所寄焉，直志其国乱而已。[④]

梳理上述文字，可以知道，对于《春秋》记“杀大夫”书例，王皙的认知如下：

其一，“《春秋》凡杀大夫，皆讥之也”——《春秋》凡是书记“杀大夫”，绝对蕴藏着对于该项行为与相关史事的贬抑讥刺。孔子之所以设定书例如是，原因在于“诸侯之义，无专杀大夫”——诸侯国君并不掌有处决大夫的权柄。西周盛世，大夫均受王室策命，诸侯不得私立，诸侯大夫“膺王命，执国

① 《左传》，第15页下。《公羊传》，第2页上。《穀梁传》，第13页上。
② 《左传》，第2页下。《公羊传》，第1页下。《穀梁传》，第1页下—第3页上。
③ 《左传》，第11页下。《公羊传》，第13页上。《穀梁传》，第11页上。
④ 《春秋皇纲论·杀大夫》，第5页下—第6页上。

政,爵尊禄厚",地位崇隆,与一般官吏不可同日而语,是以其生杀之权,不操之于诸侯。即便是到了春秋时代,世乱时衰,诸侯大夫已不复接受周天子策命,然而大夫执政,辅弼公室,有如国之股肱,因此,诸侯杀大夫,于义理人情,万不可通。孔子编修《春秋》,秉持着如是的历史认识,是以于"杀大夫"之事有所书记,借此严加讥贬。

其二,春秋时代"杀大夫"的史事多有所见,隐藏于当中的实质内涵也各自不同,因此孔子"异其文以别之"——在书录之际以不同的文字形式呈现其中的差异,借以凸显大义。

其三,《春秋》经文书记为某国君"杀大夫",表示该事件为国君所主导,用来蕴藏"恶其君不慈友于子弟,亏亲亲之恩"的讥贬之义。

其四,《春秋》经文书记为某国"杀大夫",表示该事件为国君与执政大夫共谋主导,用来蕴藏"其杀之者与其杀者,俱可责"的讥贬之义。

其五,《春秋》经文书记为某(国)人杀大夫,表示该事件中遭惩杀的大夫罪该受刑,其中并不蕴藏讥贬之义,而是《春秋》经文希冀借此凸显"国有典刑,当讨有罪"——大夫有罪,国法追讨的事实状态。

其六,《春秋》经文书记为盗"杀大夫",表示该事件蕴藏着以下犯上的情节,用来指责鄙夷"卑贱之人贼害其上"的恶心劣行。

其七,《春秋》通例,凡是"杀大夫",必定详录遭难大夫名氏,表示对于此类事件的重视与谨慎态度。然而,《春秋》经当中却又出现仅只书录某国"杀大夫"、某(国)人"杀大夫",而未书记其名氏的篇章。遭难大夫名氏之所以于《春秋》经文当中未见书录,因由有二:"称国杀大夫,而不书大夫名氏者,盖阙文"——仅只书记某国"杀大夫",而不书其名氏,是因为"阙文"相关文献记载有所缺失。"称人以杀,而不书大夫名氏者,以其国乱,略之也"——仅只书记某(国)人"杀大夫",而不书其名氏,是因为"其国乱,略之",遭难大夫邦国动乱,为了呈现该国局势纷乱的事实,于是孔子特意略去其名氏不加著录。

在简单地观览了《春秋皇纲论》说《春秋》书例的实质状况之后,可以发现:

其一,王皙在设定书例之后,必定详加说解,而一般为《春秋》设定书例的学者,一如时代稍早的"啖赵学派"、时代相近的刘敞,却大多习惯以简要略例的方式呈现经书义例，纵然有所疏释，也总是简明扼要，与《春秋皇纲论》的铺陈相去甚远。当然，繁与简的对照，并不一定代表优与劣的对比，然而从《春秋皇纲论》针对诸多书例极力申论辩明的态度上，却可以推知王皙试图建构完整的春秋学诠释系统的基本态度。笔者以为，正是因为这样的态度，春秋学才会在有宋一代日渐恢弘，成为众多学者寄托经世企盼的重要典籍。

其二，《春秋皇纲论》所举的书例，绝大多数并非王皙独创，而是前有所承，至于针对书例而发的诠说，也确实于旧说有所援用。所谓前修未密后出转精，承续传统、沿用旧说，倘若能够斐然成章，成一家之言，当然无损于学说的价值。然而，如是的传承与延续，却似乎与唐代卢仝所云、宋代诸儒所宗的"《春秋五传》束高阁，独抱遗《经》究终始"——"新春秋学"基本立场有所扞格。事实上，尽管王皙表现出强烈的批判旧学精神，但是《春秋皇纲论》当中会通《三传》、"汉唐注疏"的部分却所在多有，王皙一面与《三传》旧说冲突，又同时与《三传》旧说妥协，整体表现与卢仝所描述的理想状态可以说相去甚远。笔者以为，如是冲突与妥协交缠的状态，证实了所谓绝对性的"回归原典"意识，在春秋学范畴当中，着实难以完整践行。

五　结　语

《春秋皇纲论》一书仅五卷，所标义例不过二十一项，平心而论，相较于《三传》与宋代庆历以后的诸多春秋学专著，王皙的论述并不一定值得宗法或称道，然而，倘若细加推敲，仍可以自其中窥见若干与宋初经学发展历史息息相关的趣味之处：

其一，王皙论述"孔子修《春秋》"，由撰述者基本心理与著述实用性两个层面切入，一方面强化了孔子编修《春秋》经的个人人生价值因素，一方面厘清了春秋的实质功能与作用。从表象来看，两个层面历来治《春秋》者均能有所议论，而王皙所陈述的结论也未逾越前人所设，以"无甚特出"为评，似乎并无不妥。然而，从经典流传与诠释的立场与演化来说，王皙如是的论述，无疑是对于孔子与《春秋》关系的进一步联系。根据历史经验，可以知道诠释者极力系联经典文本与撰作或编修者之间的关系，除了是对经典文本可信程度的确定之外,也是诠释基本立场的宣示。在王晳的论述体系当中,《鲁史记》之所以转化而为《春秋》,全然植根于的孔子核查拟定,而孔子的理想与意志,则托付《春秋》孕发展现。换言之,《春秋》之所以具备神圣性,之所以有研读的价值而授受不息,完全是因为与孔子有所关联,正所谓"圣人裁取其文,建以法制,以成不刊之书,则圣人之才识,于是可得而观之矣"——《春秋》之于孔子,其间意义远远不及孔子之于《春秋》。"六经"或者"五经"因为孔子的存在,由一般史料文献转变成为具有神圣地位与特殊义理的经典,是历来的经学探研者不敢轻易否定的普遍概念,原本无须再行对此增辞饰文,然而王晳于书首据此加强申说,除了表现基本经典认识之外,也凸显了王晳基于尊孔而尊《春秋》的立场。兴许正因为怀抱着如是的态度与观点,《春秋皇纲论》对于所谓《春秋》在文字或形式上是否完足这类议题,显得毫不在意,而着重于孔门大义的理解、发挥以及施行。笔者以为,正由于心路历程如此,王晳方能摆脱《三传》限制,兼容并蓄,信者传信,疑者阙疑,专心致力于《春秋》文本的探研,而所谓"尊经"之事,于是乎展现。

其二,王晳极度尊崇《春秋》经,认为其中蕴藏着"承天治民,统正万物"的"经制"与"至诚"。于是,《春秋皇纲论》极力主张经过孔子"裁取其文,建以法制"的《春秋》经,是一部字句精当、体制严谨的"不刊之书",是可信度毋庸置疑的经典文献。如是完美无瑕的认同意识,除了展现《春秋》经在当时的确具备现实人世全般事物发展的指导功能之外,更凸显了学者极度"尊经"的必然性,而在极度"尊经"的风气之下,彻底检视经书、重新诠释经书等学术行为,很可能于斯因应而生。《春秋》经的绝对正确,是建构神圣地位的必要因素。《春秋》经既然具备神圣地位,那么就必须完整无缺,如此方能具备指导现实政治运作、道德行为、社会发展、文化教育的功能。追求"会通"与"洞达"的原因在于"尊经",而"尊经"的原因在于"现实功能",王晳在《春秋皇纲论》当中已然展示这样的精神,宋代学者于斯有所承续,终于开拓出"变古"创新的新经学风气。

其三,面对《三传》,王晳有所批驳,有所采信;诠释《春秋》,《春秋皇纲论》或撷取旧说,或铺陈己论。判准的原则,大致就是王晳对于《春秋》经文书法的理解与孔子笔削义理的认知,而这样的认知,又绝大多数根源自学者的新文化意识与新时代认知。在如是的态度之下,旧说已经不具备任何典范功能，仅是学者研究之际可以参酌的文献之一，不但无法充当政治运作、道德行为、社会发展的最高指导，即便是能否正确地解说经书文本，也都遭受质疑。对于王皙来说，“用己意释之”，只是个人诠释经书之际的选择与行为；对于经学发展来说，却是“汉唐注疏之学”权威崩溃、新风气与新视角即将建构的关键。另一方面，《春秋皇纲论》通过对经书的认识判别《三传》旧说，借由对经书的理解树立自身的论述，已是“回归原典”精神的展现，即使“回归原典”行为并不代表对于旧说的全面舍弃，但是这样的精神与行为，却是“新春秋学”与新经学得以发展，致令宋代学术研究展现与汉唐旧学全然不同面貌的重要原因。

其四，王应麟在《玉海·艺文部》说王皙学《春秋》，“据《三传》、《注》、《疏》及啖、赵之学，其说通者附经文之下，缺者用己意释之”，意即王皙之学，部分根源于唐代的“啖赵学派”。王皙是否真如王应麟所描述的，视“啖赵学派”的学说为治《春秋》重要依据而有所发扬，端看以下文字便可分晓：

> 啖助谓《春秋》“救周之弊，革礼之薄，以夏道为本，不全守周礼”。则褒贬善恶断以圣人之义不该之矣。赵氏谓《春秋》“大要二端而已，常典也，权制也。《春秋》据周礼，其典礼所不及者，则圣意穷其精理，以定褒贬，尊王室，正陵僭，举三纲，提五常，又言有帝王简易精淳之道”。此得《春秋》之宗指，优于数贤之说也。①

这段记载当中，“啖赵学派”诸人的学说并非关键，观察的重点应该聚集在“此得《春秋》之宗指，优于数贤之说”诸字之上，显然，关于“孔子修《春秋》”一节，王皙对于“啖赵学派”的论述最为赞同。事实上，在铺陈这段文字之前，《春秋皇纲论》业已针对历来有关“孔子修《春秋》”的议论进行全面又严苛的批判，诸般评价，可谓赞否两极，然而对于“啖赵学派”诸说，基本上表现出拳拳服膺的态度。除此之外，《春秋皇纲论》书中征引啖、赵之说不下二十次，比例之高，冠于诸家。就此而言，两者之间可能有所因循关系，应该可以肯定。总括地说，设若啖、赵与王皙之间真如王应麟所言，存在着传递沿袭的关系，那么王皙不但与孙复等同，参与了“宋代春秋学”的建构与发扬，又

① 《春秋皇纲论·孔子修〈春秋〉》，第3页上—第3页下。

承续了发轫于唐代后期、以“啖赵学派”为中心的“新春秋学”。由此观之,王晳的春秋学除了极具开拓之功以外,《春秋皇纲论》的存在,也直接证实了宋代“春秋学”部分渊源自“啖赵学派”的发展脉络。

其五,综观诸般史料可以发现,今见与王晳有关的记载文献特点有二:一是篇幅大多简短,并且文字不甚详尽;一是均非以王晳为载录的主要对象。文献如是表现,著作又多所亡失,说明了王晳为人行事、任官论学,于其活动时代可能并无足资称道、值得认可之处。然而,详览《春秋皇纲论》,却又不难发现那些理解正确、于治《春秋》有所帮助的篇章。两者之间所以产生矛盾,肇因于阅读者个人认识的歧异?抑或是时代认识的歧异?抑或是学术发展造成的歧异?都是春秋学或者经学史当中值得深究的有趣课题。

A Study of *Chunqiu Huang Gang Lun* by Wang Xi in Song Dynasty

Feng Xiaoting

Abstract: This study aims to investigate the significance and value of *Chunqiu* in the book of *Chunqiu Huang Gang Lun* written by Wang Xi. Focusing on *Chunqiu*, the study also includes other related contexts of the Classics, such as *Song Shi*, *Tong Zhi*, *Xu Zi Zhi Tong Jian Chang Bian*, *Zhi Zhai Shu Lu Jie Ti*, *Yu Hai*, *Wen Xian Tong Kao*, and other related comments proposed by the scholars from Song Dynasty to Qing Dynasty. First, the approach of this paper is to explain the contexts of the book *Chunqiu Huang Gang Lun* and the author Wang Xi, followed by the contexts of *Chunqiu* in the book of *Chunqiu Huang Gang Lun*. Finally, the significance and value of *Chunqiu* are analyzed. Four findings are proposed as follows.

Key words: Wang Xi, *Chunqiu Huang Gang Lun*, *Chunqiu*, School of Dan Zhao, the studies of Classics in Song Dynasty

哲学门(总第二十七辑)
第十四卷第一册
北京大学出版社,2013 年 7 月

中华现代性的哲学奠基与百年来的中国哲学*

沈清松**

提　要:本文关心的问题在于“中华现代性”的哲学奠基,并扣紧此一思路将百年来的中国哲学发展分为四个阶段。第一阶段,哲学作为西方现代性基础思想之引进者,最领风骚。第二阶段,哲学协助反思民族精神,虽渐退居第二线,然已开始思索中华现代性的方向。第三阶段,哲学工作者致力提出数个融合中西的哲学体系,试图为中华现代性作哲学奠基,在人文、社会科学界中实属难能可贵。现在,处于第四期后期,中国哲学面对全球化与后现代挑战,应能在跨文化与全世界脉络中继续探辟概念系统、生活世界与中华精神资源,进行批判性、合理性、顾全整体的哲学思索。

关键词:多元现代性　中华现代性　哲学奠基　百年中国哲学　哲学分期

一　引言:从哲学界定现代性

百年来的中国哲学,风起云涌,多彩多姿,不易在一篇文章里交代清楚,本文仅拟从“中华现代性”的哲学奠基这一重点切入。关于“现代性”(modernities),在今天看来应该是一个多元的概念,因着不同的历史与文化背

* 本文为 2012 年 10 月 18—19 日北大哲学系百年系庆世界华人哲学大会论文。

** 沈青松(Vincent Shen),1949 年生,加拿大多伦多大学哲学系教授。

景,世界各个传统可以有不同途径进入和发展不同模态的现代性。为此,中国与世界其他华人地区,都可以发展出中华现代性。话虽如此,现代性在人类历史中的出现,以及其后分流、变形的过程,主要的参照系统仍是西方文明自16世纪以降在欧洲发展出来的现代性范型。诚然,西方现代性兴起的历史文化与社会心理因素极其复杂,但仅就哲学言,仍可定性如下:

(一)主体哲学(philosophy of subjectivity)。西方文艺复兴针对中世纪来界定自己,崇尚人主体性的觉醒。近代哲学之父笛卡尔(R. Descartes)以一句最简明的话说出了近代精神:"我思,故我在"(*Cogito*, *ergo sum*),这话同时也宣告了近代哲学是以人的主体性为基础。古典经验主义也是自由主义的发皇,其中洛克(J. Locke)、贝克莱(G. Berkeley)、休谟(D. Hume)等肯定人是认知与自由选择的主体。此外,自然法学派宣告了人是权利的主体;近代艺术家或道德学家突显了人是艺术与道德价值的主体。可见,人作为认知、自由、权利和价值的主体,是近代文化及其科学、艺术、社会制度、政治制度的根本精神所在。康德(I. Kant)进一步赋予人的主体性以先验的哲学依据。他的三大批判分别阐述了人作为认知、道德与美感判断的先验主体性。黑格尔(G. W. F. Hegel)更把人的主体性发展成为精神,认为精神是在时间中发展的,最后甚至可达成绝对精神。即使后来祁克果(S. Kierkegaard)与马克思(K. Marx)对黑格尔多有批判,但仍离不开主体哲学的范畴。近代哲学思潮可以说是主体哲学的建立、扩充与反思。

(二)表象文化(culture of representation)。近代世界中,人以自己为主体,以自然世界为客体,并透过建构种种表象来表现自我、获取知识并控制客体世界。无论印象、概念、理论、艺术作品、民代制度,都属表象,人借以认识、表现世界并进一步控制它。"表象"有两层意思,一是"代表"之意,像科学理论、艺术作品作为世界的代表,代议士、政党作为民意的代表;一是"表演"之意,理论、作品或议会是以微型方式表演了世界的状况。总之,近代世界所创构的,不论科学、艺术与政治组织,均属表象文化。

(三)理性(rationality)。所谓理性不只是论述和思考须合乎逻辑规则,不触犯矛盾;而且有工具理性与价值理性之别,正如韦伯(M. Weber)所言,现代化就是理性化,其中工具理性(或目的理性)膨胀,价值理性萎缩。人们运用各种有效手段以达目的,心中却缺乏值得奉献的理想。哈贝马斯(J.

Habermas)也指出理性化历程迈向有规律的控制，开始于一种专业分化过程，使得科学、艺术和规范三者分立，各自获取自主性，按照本身规则来进行。[①] 此外，整体化和正当化也是理性的作用，并为此提供后设的宏大叙事。利奥塔(J. F. Lyotard)尝指出，现代之所以为现代，是因为科学、艺术等都有其后设的宏大叙事(grand récit)来证成，[②]如黑格尔所谓"精神的辩证"，狄尔泰(W. Dilthey)所谓"意义的诠释"，马克思所谓"劳动主体的解放"，启蒙运动所谓"理性主体的解放"等，把参照这些说法以使自己正当化的科学称为现代的；至于艺术，也有使其正当化的大叙述，一是"为人民而艺术"，一是"为艺术而艺术"。[③] 总之，理性除了从事有规则的活动，还给出一大套说词以作为个别理性活动的统摄，成为理性整体化的表现。

(四)宰制化(domination)。由于主体的封闭倾向，为己利而运用表象的建构性与操作性，透过理性的组织与效率，来对多元他者进行化约，不但化约了多元他者的多元性与丰富性，甚至其主体地位，使之成为获取我利、遂行我意志的工具或奴隶。就历史而言，近代以降，欧洲各强国，如英、法、荷、西、葡等，进行帝国主义的殖民扩张，横行于世界各地，包括亚洲与中国。此外，集权与独裁政体宰制各国人民；工业化历程对于人性的宰制，以及哈贝马斯所谓"系统对于生活世界的殖民"，都是现代性的宰制化的表现。用黑格尔的话说，此即所谓"主奴关系"，在其中主人宰制奴隶，奴隶只为着主子的主体性而生活。然而，究竟黑格尔提倡的"互认"关系，即你承认我是主体，我也承认你是主体，是否便能克服主奴关系，不无疑问，因为充其量"互认关系"也只是主体思想的延伸而已。

总之，西方现代性是一个立基于人的主体性，运用理性，建构各种表象体系，使主体得以掌握权力，宰制他人与他物的历史进程。对中国而言，西方现代性的发展与强大，使其自公元1840年鸦片战争以来，不断侵伐与压

① J. Habermas, "Modernity-An Incomplete Project", in H. Foster (ed.), *The Anti-Aesthetics, Essay on Postmodern Culture*, Washington: Bay Press, 1983, p. 9.

② J. F. Lyotard, *La Condition Postmoderne*, Paris: Edition de Minuit, 1979, p. 7.

③ 这点是由柏尔根(V. Burgin)在其《艺术理论的终结:批评与后现代性》中所指出的。V. Burgin, *The End of Art Theory: Criticism and Postmodernity*, Atlantic Highlands: Humanities Press International, 1986, p. 179.

迫中国。中国精英为了回应西方宰制性的挑战,自清末改革运动以降,亦转向追求西方模式的现代性,借以启蒙国人救亡图存,于是造成了西风压倒东风的局面。然而,自1928以后的十年建设,与随后的抗日战争,引起民族主义情绪逐渐高涨,转向追求中华式的现代性,恢复民族精神,重建中国哲学。1949年以后,海内外的中国哲学家们更试图建立综合中西的哲学体系为中华现代性哲学奠基。然而,由于西方19世纪70年代兴起的后现代思潮,加上19世纪80年代后期全球化加深,文化发展与哲学思潮皆有必要放在全球化的世界脉络中思考。①

有鉴于此,本文拟以现代性的探索、形成与超越为主要线索,讨论百年来中国哲学与中华现代性的哲学奠基与挑战。本文所叙述的虽是一些思潮、学派与思想家及其延续与发展之迹,但仍在相关处论及其对于前述主体性、表象、理性与宰制的看法与超越之道,以形成"中华现代性",甚至讨论超越期可能的困境与契机。兹以此为主轴,将百年来的中国哲学分为以下四个阶段,分别论述:

第一阶段:习取西方近代哲学与现代性(1912—1927)

第二阶段:民族精神与中国哲学的复兴(1928—1949)

第三阶段:中西融合体系的形成阶段(1950—1980)

第四阶段:全球化挑战与后现代反思(1981年以后)

二 第一阶段:习取西方近代哲学与现代性

自1912年之后,中国知识分子继续前此清末变法革新以来对于西方哲学的引进,并批判与解构传统中国哲学。民国的肇造,使中国对于现代性的追求,有了初步的政治制度的基础,加上1919年前后发生的五四运动,一方面使我国摆脱陈腐的封建制度、社会秩序与文化包袱,对旧秩序和价值痛加批判与解构;另一方面也试图建立以西方民主、科学为理想价值的现代性,

---

① 在此可以比较北美的中国研究典范的转移:最初,费正清(John K. Fairbank)据汤因比的挑战与回应模式研究中国,认为近代中国的变革出自对于西方挑战的回应;其次,其弟子柯保安(Paul Cohen)认为应以中国为中心研究中国。晚近,彭慕兰(Kenneth Pomeranz)则认为应放置于世界脉络中研究中国。

至于以中华文化为主体来发展出独特形态的现代性，虽于此阶段略微触及，基本上仍隐伏未发，要到下一阶段始得显化。从 1912 年开始的这一阶段，虽仍有传统中国哲学研究，然因西潮高涨时势使然而垂垂无力，在一片“打倒孔家店”的声浪中，中国哲学颇呈弱势。大体上，此一时期以热情引进并学习西方哲学为主。

清末已然启动了的第一波西方思潮的引进，以张之洞“中学为体，西学为用”为应对范式。到了 1912 年以后，哲学界第二波引进西方哲学的思潮，则不再如先前体用二元的应对模式，反而集中批判与解构传统，意欲在传统的灰烬中，借着学习西方现代性基础的哲学，用以启蒙或拯救中华文化，以兴起新国力、创造新价值。可以说，在西方现代性的强势冲击之下，中国知识分子惊魂未定，不及自省，也不及整理自家宝藏以进行外推，反而以引进西学作为洗心革面、力求侧身现代性之资藉。由于西方近代哲学无论是经验主义、理性主义、德国观念论等，皆可以说是带领、界定并深化西方现代性的思想基础所在，西方哲学之引进，可以视为借着对西方哲学的论述习取（discourse appropriation），以进入西方现代性。

首先，国学出身的梁启超在 20 世纪初曾一般性地绍介西方近代理性主义、经验主义、德国观念论等哲学学说，写作了《霍布斯学案》、《斯宾诺莎学案》、《卢梭学案》及《法理学大家孟德斯鸠之学说》、《天演学初祖达尔文之学说及其传略》、《近世文明初祖两大家（培根、笛卡尔）之学说》、《近世第一大哲康德之学说》等文章，后汇编成《西哲学说一脔》，[①]书中包括了上述九位哲学家，代表当时我国士人对于西方近代哲学论述的袭取与传播，也一般地引进了西方现代性的哲学基础论述。至于个别思潮，自 1912 年到五四前后，有以下西潮引进中国：

（一）自由主义（liberalism）：以人的自由选择与经验陶成来界定人的主体性及其形成，并着重逻辑的、科学的理性作用。就自由主义言，前此严复翻译《群己权界论》时引进了英国经验主义自由思想，将“个人自由”译转为“群己权界”论述；而梁启超亦曾介绍卢梭的平等、自由与契约论思想，也介绍了霍布斯、斯宾诺莎等人的自由主义思想。胡适所引进的自由主义，不同

① 梁启超：《西哲学说一脔》，上海：商务印书馆，1916 年。

于严复“群己权界论”,而是以个人自由选择为基础的自由主义,并重视自由的政治层面。他曾在《自由主义》一文中总结:“自由主义的第一个意义是自由,第二个意义是民主,第三个意义是容忍——容忍反对党,第四个意义是和平的渐进的改革。”①

(二)实用主义(pragmatism,胡适译为“实验主义”)。杜威(J. Dewey,1859—1952)在1919年访问中国,对中国思想界产生了直接影响。胡适、陶行知、郭秉文、张伯苓、蒋梦麟等人均曾留学哥伦比亚大学,受其影响。实用主义主张从实践经验中学习与成长,此一思想对于蔡元培、晏阳初、毛泽东等都有一定影响。方东美也于1920年在上海中华书局出版所译莫越(D. Murray)的《实验主义》。胡适尝介绍实用主义要义,引述詹姆士(W. James,1842—1910)在《实用主义》一书中所说,“要把注意之点从最先的物事移到最后的物事;从通则移到事实,从范畴移到效果”②。胡适在《介绍我自己的思想》中说:“杜威先生教我怎样思想,教我处处顾到当前的问题,教我把一切学说理想都看作待证的假设,教我处处顾到思想的结果。”③

胡适持这种科学精神与结果论(consequentialism)的态度,运用科学与逻辑方法,重构中国哲学史,其所著的《中国哲学史大纲(上册)》便是一例。同时,张申府对于罗素新实在论的引进,也特别注重科学思想与科学方法,运用逻辑分析。可以说,自由主义是从自由选择的角度来界定国人对于主体性的探索,实用主义与新实在论则是从经验、科学方法与逻辑推理的角度,界定了国人对于现代性的理性精神的追求。

(三)进化论的继续引进。前此严复1898年出版其所译赫胥黎(A. Huxley)的《天演论》(*Evolution and Ethics*),为了提醒国人自强保种,刻意忽视了赫胥黎对于伦理的强调,而以史宾塞的社会达尔文主义诠释进化论,倡言“物竞天择,适者生存”、“天演竞争,优胜劣败”的道理。到本阶段,马君武(1881—1940)翻译达尔文所著的《物种原始》,返回达尔文的生物学进化论论述。平心而论,达尔文在生物学上的科学论点与方法,虽对国人为学不

① 刘军宁主编:《北大传统与近代中国自由主义的先声》,北京:中国人事出版社,1998年,第71页。
② 詹姆士:《实验主义》,参看《胡适文存》卷二,上海:亚东图书馆,1926年,第95页。
③ 胡适:《介绍我自己的思想》,《胡适论学近著》第一集卷五,上海:商务印书馆,1937年,第630页。

无影响，但并非国人所真正关心的，反而社会达尔文主义深入人心，以生存竞争为进入现代性必须遵循的社会法则。配合前此的自由主义，一个自由竞争的社会图像于焉浮显。此时既有现代主体性与理性精神之引进，也有批判现代性的尼采思想与马克思主义之引进。

（四）尼采哲学。王国维于1905年出版的《静庵文集》已介绍叔本华与尼采，其后李石岑出版两期《民铎》介绍尼采与柏格森，并撰书《超人哲学学说》阐释尼采的思想。究其实，尼采思想实为对西方文化发展至现代性烂熟的诸多弊端的反省与批判，其中亦蕴涵了虚无主义的形而上学视野。然在初期，国人对于尼采思想的引进，是在“重新评估一切价值”的精神下，一方面解构前此的传统价值观，另一方面也鼓舞了价值创造的精神。尤其方东美于1926年出版的《科学、哲学与人生》，尤重尼采思想创造价值的意义。

（五）马克思主义。1905年朱执信在《民报》上发表《德意志革命家小传》，介绍马克思、恩格斯的生平及《共产党宣言》与其十条纲领要义，并对《资本论》作了评述。1912年，孙中山在上海发表演说，其中亦谈到马克思及《资本论》。一战使欧洲人对于科学和文化产生了危机感，梁启超的《欧游心影录》与张君劢等人开始怀疑西方科学，李大钊、陈独秀等人对资本主义宰制下的欧美民主政治也产生怀疑，开始寻找解决中国问题的新道路，并指向了阶级斗争和劳动阶级占领权力阶级地位的现实路径。俄国十月革命后，马克思主义在中国得到迅速而广泛的传播。1918年李大钊发表《法俄革命比较观》、《庶民的胜利》、《布林什维主义的胜利》等文，运用马克思主义的观点和方法分析中国与世界问题，可谓以批判资本主义现代性的马克思主义，来对抗西方现代性的弊端。

以上这些思潮的引进，虽各异其趣，然皆代表国人引进西方思潮以促使中国进入现代性并开始反思其弊端的努力，而其共同点，则表现在五四运动对民主与科学价值的积极肯定和反思，以及对传统中国哲学思想的解构与批判。

所幸，值此西风压倒东风之时，仍有致力于维护中国哲学的梁漱溟（1893—1988）、梁启超、蔡元培等人。其中，最有力量的辩护来自梁漱溟。他首次运用了比较文化哲学观点为中国哲学辩护，提出了一套中国中心论的中西文化比较哲学。梁漱溟在1921年出版的《中西文化及其哲学》一书中，认为西洋人以直觉运用理智，而中国则是以理智运用直觉，以致人与自然浑融不分,人与人之间推崇情感,甚至一切学术皆玄学化、艺术化了,如此以理智运用直觉的中国人的生活比西洋人的生活高一层。他指出,西洋文化是从身体出发,故重视人与自然界的关系,向外用力,由此解决了人类文化第一路向所要解决的问题;中国文化从心出发,关心的是与他人的关系,向内用力、反求诸己,力图超越第一路向,解决人类文化第二路向的问题。他认为,从身体出发的西洋文化只适于今天和过去,而从心出发的中国文化则适于未来。

在这一时期,对于现代性困境的反省浮现于1923年的"科学与人生观论战"。起因是当年2月14日张君劢于清华园以"人生观"为题的演讲,主张人生观是主观的、直觉的、综合的、自由意志的,出自人格的独特性,至于科学则是客观的、为逻辑与方法学所支配的、分析的、受制于因果律的,起于自然齐一性,故科学无论如何发达,终无法解决人生观问题。此一思想近乎奥伊肯(R. Eucken)的生命哲学思想,亦近于狄尔泰(W. Dilthey)以"意义理解"(Verstehen)的精神科学抗衡"因果解释"(Erklären)的自然科学,既有对现代性与启蒙运动以自然科学为代表理性的狭隘理性观的批判性反省,也有中国哲学(宋明哲学)思想的背景。惜在五四科学意识形态当道之时,不能为当时的科学主义者与全盘西化派所理解,甚至引起了地质学家丁文江的批评:"科学而不能支配人生,则科学复有何用?"并称张君劢为"玄学鬼"。论战一直持续到1924年年底,其中有支持张君劢者,如梁启超、林宰平、梁漱溟等;有支持丁文江者,如胡适、吴稚晖等。惜此一论战并未发展出对启蒙运动的深刻批判与对西方现代性困境的觉悟,遑论发展有自家特色的现代性主张。

三　第二阶段:民族精神与中国哲学的复兴

从1928年北伐完成到1937年的十年,是我国稳健从事国家现代化建设的时期。不幸的是,先前更早脱亚入欧,进入西方现代性因而国力强盛的日本,正以军国主义的形式寻求扩张,并强以推广亚洲现代化、形成大东亚共荣圈为借口,发动战争,入侵中国及亚洲各地。中国于是开始了艰苦的八年抗战。战争期间,虽然中国的现代化建设横遭破坏,然国家存亡继绝的危机唤醒了国人的民族大义。文化主体性的觉醒,使得传统哲学思想受到较多重视,对西方哲学亦注意加深研究,思使之有贡献于现代中国。由于十年建国的内在需要,加上八年抗战的外来侵略,国人逐渐强烈意识到统摄现代性所必需的文化主体性,乃重新返回中国哲学,赋予新诠,因而有以下恢复民族哲慧以图中华现代性的努力。

首先,梁漱溟不但透过比较哲学凸显中国哲慧的特性,且是推动政治社会改革运动的儒家实践者。他于 1931 年起在山东邹平县,将其哲学思想实践于乡村建设运动。他认为中国社会是以乡村为主体,而中国乡村之特色在于以伦理为本位,重人伦、情谊与义务;有职位区分而无阶级对立,适合以积极建设改良而不宜以暴力革命。1931 至 1937 年,梁推行乡村建设运动,引进科学技术与团结组织以改良农村,是以儒家精神加上科技组织、在农村中追求传统中国社会与文化现代化的实践者。梁漱溟 1988 年逝世,一直勉力维系为一独立思想家,并于 1975 年出版《人心与人生》一书,发展儒家的自由、道德与文化观点。

更追本溯源的中华哲慧探索,可见于 1939 年马一浮于四川创设的复性书院。该院刊行其所讲内容为《复性书院讲录》,并刊刻群经统类与儒林典要共二十八种三十八册。马一浮提出"六艺该摄一切学术、六艺统摄于一心"的构想,甚至欲以六艺统摄西方学术思想,换言之,欲以中华哲慧统摄西方开启的现代性。马一浮认为六艺皆是成德、穷理、尽性之教,且追溯至《尚书・洪范》,并试图将儒家思想系统化。其思想对熊十力、梁漱溟等也都有所启发。

此时既有追本溯源思以中华哲慧统摄现代性,也有将传统哲慧加以现代化之努力。在佛学研究现代化方面,欧阳竟无、吕澂等人原先于 1922 年创立支那内学院于南京,推动近代唯识宗的复兴。至 1937 年,因日军侵华,院舍及图书被毁,欧阳竟无率弟子迁蜀,于 1939 年在四川重建内学院,效法藏传与印度佛教传统,分毗昙、戒律、瑜伽、般若、涅槃等五科教学,并于 1940 年发起编印《精刻大藏经》。此外,太虚大师创办武昌佛学院,弘扬佛法与佛教哲学,提出"人生佛教",倡大智慧、大慈悲,认为人道之正乘,即大乘之始阶,是尔后人间佛教之滥觞。

此时,国民政府推动三民主义哲学,也有陈立夫挂名的唯生哲学之提出。就历史言,随后的对日抗战消耗并破坏了前此十年建国的成果,然就民族精神言,这一时期也是中国哲学精神最为昂扬之时期,兹仅述下列思想家:

(一)熊十力(1885—1968)是此时期最富原创性的哲学家。熊曾参与复性书院与支那内学院,亦曾任教于北京大学,是一位独立的思想家。熊虽亦尝深研佛学,吸纳柏格森(H. Bergson)的生命哲学与怀特海(A. N. Whitehead)的过程哲学,更溯源至《易经》生生不息的哲慧,形成新儒家哲学观点,认为体用不二、心物不二、能质不二、天人不二,宇宙在一辟一歙中不断创进,而人与天地万物同具仁心,亦可不断超越,不蔽止于人所创造的物质世界和人文建制。这是以中国哲学所讲宇宙与人性生生不息的动力克服现代性的框限与宰制。熊在这时期出版《新唯识论》语体文本和《读经示要》等书。1949年以后,继续被聘为北京大学教授,著有《原儒》、《体用论》、《明心篇》与《存斋随笔》等,力图返本于儒家的本体论与人性论。总之,熊十力面对西方现代性的冲击,是以《易经》生生不息的生命创造,重新诠释儒学,判析佛、道,与梁漱溟被尊为当代新儒家第一代,其后由弟子牟宗三、唐君毅、徐复观等人于港、台加以发展。

(二)冯友兰(1885—1990)的新理学:冯友兰企图重建中国哲学史,并建造自己的体系。冯在1931到1934年间的代表作是《中国哲学史》,主旨亦在调节西洋哲学与中国哲学。不同于胡适从自由主义与实用主义对中国哲学进行诠释,冯则是深自亲润中国哲学再结合西方逻辑分析之作。①冯称自己的哲学史是一种"批判的正统派",既要立基于正统,又要对正统进行批判。虽秉承正统却不愿落入信古之流,虽理性批评却不愿落入疑古之流。

冯友兰在1939到1946年之间的代表作是"贞元六书",他认为这系列作品不再是哲学史家"照着讲",而是哲学家"接着讲"的工作。让冯友兰津津乐道者,是抗日期间,他在西南颠沛流离作《新理学》之时,金岳霖撰写《论道》,冯友兰自谓其对金岳霖的影响是在发思古之幽情方面,而金岳霖所论

① 冯友兰曾如此比较:(一)胡适主张疑古,而冯友兰主张释古,冯友兰既不主张如传统派那样地"信古",也不主张如胡适之秉持西方现代思想来对传统进行"怀疑",冯友兰主张的是秉持新而严整的观念,来对传统进行"诠释"。(二)胡适之为学还于汉学,长于考证、训诂,而较弱于义理,而冯友兰较近于宋学,擅长对义理进行诠释。

也因“道”字而有中国味。冯氏《贞元六书》的思想体系名为“新理学”，是以“共相和殊相”、“真际和实际”等西方形上学语词重新诠释“理”、“气”等中国哲学概念，以“理”为“共相”、“真际”；以“气”为“殊相”、“实际”。从形上学体系言，“理在事先，事在理上”；然就共相与殊相的正确关系言，则是“理在事中”。尤其，他在《新事论》发挥此意，认为所谓中西文化问题不只是时代问题，而是城乡的类型问题，是关系到近代化的问题，亦即取得现代性与否的问题。西方是以社会为本位，中国则是以家为本位；这就显示出中国的殊相。他认为中国走向自由之路，即在于不断追求近代化和工业化，从以家为本位的社会，走向以社会为本位的社会。《新知言》提出一套新的哲学方法论，结合当时接受的逻辑实证论（logical positivism）与新实在论（new realism）的方法，目的在于重新阐扬中国形上学。至于《新原道》则是将中国传统哲学中的理、气、道体、大全等概念加以发挥，以阐释中国形上学“极高明而道中庸”的精神，协调形上与经验两个层面。

（三）贺麟（1902—1992）的新心学。贺麟极力强调吸取西方哲学以与中国儒家思想相互融合。他在1941年发表的《儒家思想的新开展》中认为，欲求儒家思想的新发展，在于融合吸收西洋文化的精华与长处。他主张首先吸纳西洋正宗哲学以发挥儒家之理学；其次吸纳基督教精华以充实儒家礼教；其三领略西洋艺术以发扬儒家诗教。贺麟哲学上的主张在结合黑格尔主义与陆王哲学，提出所谓“新心学”，特与冯友兰所主张的“新理学”迥异。他强调发扬陆王“心即理”的命题，心具“逻辑之心”、“逻辑主体”的意义，认为心有二义：一，心理意义的心；二，逻辑意义的心。惜贺麟此种以逻辑唯心主义结合儒家哲学和德国观念论的做法，其后为避免涉及政治，多从事译述工作，少有理论创作。所译述黑格尔、马克思及其他西洋哲学名著，如黑格尔的《小逻辑》、《精神现象学》、《哲学史讲演录》，马克思的《黑格尔辩证法和哲学一般的批判》及其博士论文《德谟克里特的自然哲学与伊壁鸠鲁的自然哲学的差别》，斯宾诺莎的《致知论》、《知性改进论》和《伦理学》等，贡献良多。

（四）朱光潜（1897—1986）的美学思想。朱光潜于1930年前往法国斯特拉斯堡大学，以《悲剧心理学》（英文撰述）博士论文获博士学位。他自己表示，一般读者认为他是克罗齐式的唯心主义，他则认为自己实在是尼采式的唯心主义信徒。朱光潜从事美学研究，并从美学角度致力于中西哲学的融合。在起初的研究阶段,他醉心于西方浪漫主义文学,康德—克罗齐的形式主义美学,尼采的阿波罗精神与狄奥尼索斯精神,以及立普斯的心理学美学,基本上强调个人情感与想象自由伸展的精神,并先后出版了《给青年的十二封信》、《悲剧心理学》、《变态心理学》、《谈美》、《文艺心理学》等。及至《诗论》出版,才提出融中西美学于一炉,思有以创造现代形态的中国美学。基本上,他是以克罗齐的"直觉"与"表现"概念和尼采的悲剧思想融合中国文学中的意象与境界之说。1948 年,朱光潜著《克罗齐哲学述评》,对康德以来的唯心论作了总检讨,并批判克罗齐的哲学。之后,朱光潜致力于融通马克思主义与中国美学。

此外,宗白华(1897—1986)留学德国学习美学与生命哲学,返国后致力于中国美学研究与教育,倡言艺术人生,思想如诗人般凝练,意境高远,然惜墨如金,作品不多,尝集结 1920 年至 1948 年作品,仿张璪《绘境》,以《艺境》为名,惜未刊。晚年复集结所撰文字为《美学散步》,是当代中国美学经典之一。

在此阶段,方东美抗战期间向全国广播《中国人生哲学》。唐君毅的《道德自我之建立》、罗家伦的《新人生观》、《新民族观》也出版了。在马克思主义方面,有艾思奇的《大众哲学》、毛泽东的《实践论》和《矛盾论》,致力于马克思主义与中国思想与具体情况的结合。在西方分析哲学方面,有金岳霖的《逻辑》、《论道》,沈有鼎的《论运算式》(*On Expressions*)、《论有穷系统》(*On Finite Systems*)、《周易卦序分析》、《论自然数》、《真理底分野》、《语言、思想与意义》等重要论文,后来集结为《沈有鼎集》,又出版《墨经的逻辑学》,显示中国人逻辑分析的才华及对中国传统经典如《易经》、《墨经》的深入研究。此外洪谦参与并研究维也纳学派逻辑实证论,张东荪翻译《柏拉图对话录六种》、柏格森的《创化论》和《物质与记忆》,阐扬康德哲学,并完成其《新哲学论丛》、《认识论》、《知识与社会》、《理性与民主》,折中西哲体系,兹不一一。

四 第三阶段:中西融合体系的形成阶段

在 1949 年之后,中国大陆奔忙于一连串的政治社会运动,所幸在台、港的哲学家潜心沉淀,建立了以下几个融合中、西的哲学思想体系,可视为融合中西哲学以为中华现代性进行哲学奠基。以下仅就本人熟悉的几个中西融合体系阐述，至于中国大陆方面的贡献，还请大陆学者另论之。

（一）方东美机体主义的融合体系。方东美（1899—1977）深治中西哲学，在西哲方面，尝自古希腊至黑格尔止，剖其哲理脉络，明其历史发展，揭其文化意趣，又以雅美诗文一一点化，著有《科学哲学与人生》、《哲学三慧》、《生命情调与美感》、《黑格尔哲学之当前难题与历史背景》等。在清晰的概念间架中，实以诗艺睿见，处处流露中国哲人风范。方东美致力于融合中西哲学而不专论现代性，但他提出一套机体哲学以批判并代替西方近代的二元论、机械主义和化约主义。专于中国哲学，方东美从形上学的进路重构中国哲学史，以英文著述 *Chinese Philosophy: Its Spirit and Its Development*（《中国哲学之精神及其发展》）、*Creativity in Man and Nature*（《生生之德》）等书，赅综儒家、道家、中华各宗大乘佛学，及宋明清三派新儒家之哲学体系。逝世后，其弟子整理其在台湾大学、辅仁大学的授课录音，出版《原始儒家道家哲学》、《中国大乘佛学》、《华严宗哲学》、《新儒家哲学十八讲》等授课录。方东美发挥中国哲学既超越又内在、既超越既内在的形上学，贯通存在与价值、天道与人性，其所谓形上学实包含存有学、宇宙论、人性论与价值论四大部分，并以此四者的系统性与统一性来整理、贯通中国哲学，形成一机体主义的体系。

方东美的哲学体系，是以美感经验为源起，并以之为融合中西之主要线索。一部廿二子，方东美只圈点《庄子·知北游》"原天地之美而达万物之理"一语，可见美感经验是其主要格调，尤其是方氏文字之美，典雅芳菲，引人入胜，足以凝聚思想，切中事理。方东美的哲学是以形上学和人性论为其两大骨干，提倡思想与存在的创新性、合理性和相摄性，架构起一套广包而旁通的哲学体系。就形上学言，方氏肯定存在的多重性与层级存在观，指出存在界由物理、生物、心理（以上属自然界）逐层上升至美感、道德、宗教（以上属超越界）。就人性论言，方氏采人性可完美之说，成立一动态发展的人性结构论，认为人可由工匠人到创作人到知识人——以上为自然人，进趋象征人到道德人到宗教人——以上为超自然人，认为存在与人性皆可由下往上发展（上回向），亦可由上往下贯注能量（下回向）。

以上人性与存在各层级，两相互动，形成诸种差别世界：物质世界、生命世界、心灵世界、艺术境界、道德境界、宗教境界，彼此亦各有上、下回向关系。存在与人性相合于其顶峰,通于深微奥妙、不可思议的境界。差别境界与不可思议境界有互动关系,诸差别境界可秉持动力,次第发展,逐渐提升,摄入不可思议境界;而不可思议境界为一切创造力之泉源,可循下回向逐一贯注于存在与人性各层次,而各差别境界复可持之以为动力,向上发展。于是形成一个不断发展、循环不息的机体宇宙观。

(二)当代新儒家的综合体系。1949 年后,钱穆、唐君毅等人由中国大陆转赴香港。1957 年由张君劢提议,唐君毅起草,与在台的牟宗三、徐复观共同联署,发表《为中国文化告世界人士宣言》,提倡中国文化运动,遂引起世人注意,称为当代新儒家第二代。其中哲学体系最完整者,首推唐、牟两位,为建立以中国人主体性为基础的现代性文化,提出以主体主义为基调的中西融合体系。牟宗三早在《认识心之批判》中便明白表示:“吾所形成者,乃是摄逻辑于‘知性主体’之‘主体主义’……主体有二:一曰知性主体,一曰道德主体。兹所言之‘认识心’即知性主体也。逻辑数学俱回归于知性主体而得其先验性与其超越之安之,而知性主体亦同逻辑数学之回归而得成为‘客观的心’。”“吾由此对于道德主体,认识乃渐确定,不可动摇。如是,上窥易、孟,下通宋明儒,确知圣教之不同于佛老者,乃在直承主体而开出,而华族文化生命之主流确有其独特之意义。”①

唐君毅(1908—1978)对西哲倾向于客观唯心论与绝对唯心论,结合以道德为基调的主体哲学,作为整理中国哲学史与融合中西哲学的主要线索。唐氏在重构中国哲学史工作中从事哲学思想的重构,作品总集为《中国哲学原论》,《原道篇》所述者为形上学之发展,偏重人之究极实现与人文世界所依据之道;《原性篇》所述者为人性论之发展;《原教篇》所论则为宋明理学之发展,亦可视为一道德哲学史。以上是“即哲学史以论哲学”之作。

在体系方面,唐君毅所著《生命存在与心灵境界》提出他对主体性的动态发展与结构层次之理论。此书在写作架构与内容上十分类似黑格尔的《精神现象学》,是以哲学人学为核心来融通人性论、形上学、知识论之作。就形上学言,唐氏以“存在”为“有生命之存在”;就知识论言,认为境为心所感通,心境相互为用。在心境互动下突显出人性不断自我实现之历程。透过

---

① 牟宗三:《认识心之批判》上册,香港:友联出版社,1956 年,第 i—vi 页。

心灵由前向后、由内而外、由下而上,区分“客观境界”、“主观境界”与“超主客观境界”,看心灵如何穿透九境而臻于实现,自谓遥契周濂溪“立人极”之学。

唐氏心灵九境的前三境确立“个体”、“概念”、“原理”之地位与内容,借以说明实体世界之构成,并在主体性内奠立科学的超越依据。中三境探讨人的“知觉”、“语言”、“道德”之形成与发展,藉以说明意义世间之构成,并在主体性内奠定人文的超越依据。最后三境,由主摄客,更超越主客对待,称为绝对主体,为立人极之最后实现。其中第一境名“归向一神境”,探讨神的问题;第二境名“我法二空境”,探讨法的问题;第三境名“天德流行境”,又名“尽性立命境”。此最后三境,初即神教境,二即佛教境,三即儒教境。唐氏之论,不但以儒统佛耶,而且在哲学上成立了儒家的宗教性。

牟宗三(1909—1995)于1949年以后重构中国哲学史之作,有《才性与玄理》专论魏晋玄学,疏解王弼注《老》、郭向注《庄》,并及老庄本义,以疏通道家之玄理玄智;《佛性与般若》三册专论南北朝隋唐之佛学,申论空宗、唯识宗、华严宗、天台宗,展现佛家空理空智,并据天台进行判教;《心体与性体》三册及第四册《从陆象山到刘蕺山》,专论宋明儒学,并上贯《论》、《孟》、《易》、《学》、《庸》,疏通周濂溪、张横渠、程明道、程伊川、胡五峰、朱熹、陆象山、王阳明、刘蕺山九人三系,申论儒学之性理性智。

在思想体系方面,牟宗三针对康德哲学予以译述、评论并融合中国哲学以建构其体系。《康德纯粹理性之批判》、《康德的道德哲学》、《康德判断力之批判》等书分别译注康德第一批判、第二批判与道德底形上学之基本原则和第三批判。《认识心之批判》,乃继早期大陆出版的《逻辑典范》,模拟并变更康德的第一批判,而赋予数学与逻辑以先验基础的先验逻辑之作。《智的直觉与中国哲学》,乃由于道家、佛家及海德格的影响而把前书的逻辑进路转为存有学进路,提出“无执的存有论”,补《心体与性体》之不足,提出“智的直觉”。《现象与物自身》一书乃综合康德哲学与中国哲学之作,亦为前述对康德之译注、引申与前述玄知玄理、空智空理、性智性理之总综合。此外,收集1949年至1959年间其“文化意识及时代悲感最为昂扬”的撰述,出版《历史哲学》、《政道与治道》、《道德的理想主义》三书,其中最终关怀民主与科学的历史奠基与先验奠基。

牟宗三以知识心为源起,主旨在融摄以儒家心学为主的中国哲学和西方的康德哲学，借以铺陈主体性的先验能力与合法性，进而将康德之“穷智以见德”经由中国哲慧转化为“尊德以摄智”，并为民主与科学奠立先验依据。他以智的直觉超越康德，以先验主义对治实证主义与形式逻辑，以对列原则对治西方宰制，以成德之教对治西方现代性；最后并以良知或自由无限心及其创生力替代基督宗教的“上帝”，并赋予其与上帝同等之地位，使得新儒家具有宗教性，一如唐君毅所为。

整体说来，当代新儒家第二代完成的体系，一方面吸取西方近代哲学论述，并非用以进行慷慨外推，而是借以返回自身，重构中国哲学史，以显明认识主体与道德主体的结构与动力。另一方面，也试图以此主体性作为民主与科学的先验依据，奠立中华现代性的心性根基。他们强调整体理性作用，提出有关心灵结构与境界的大叙述，以证成对个体与群体命运的指导作用。他们并不满足于形式逻辑规则，却要返回先验逻辑；他们不赞成工具理性膨胀，也不赞成西方的表象文化，主张返回直观的认知，如牟宗三所谓“智的直觉”；他们批判西方近代性的宰制精神，代之以“对列”的协调精神。整体说来，新儒家仍框限于现代性的主体哲学，至于如何跨越主体困境，仍有待其后继者思考。

方、唐、牟之后，劳思光发挥中国哲学的成德之教，主张走开放的思想路向，不愿形成任何封闭系统，也因此不易轻易归为哪一派。最近其弟子出版庆祝他八十华诞的论文集《万户千门任卷舒》，书名恰可用以说明：劳思光既能自由出入万户千门，不归属任一门户，且其所关心者是有关哲学门径的方法学问题。劳思光关注哲学的问题意识与语言规则，所著《中国哲学史》，认为所有哲学家或学派皆旨在追问某一根本问题，称为“基源问题”。对他而言，中国哲学的基源问题是主体性问题，并将自我境界划分为：(1)形躯我，(2)认知我，(3)情意我，(4)德性我。基本上，劳思光接受当代哲学的语言转向，注意哲学论述和语言规则，主张哲学的任务在提供超越任何界域的语言规则，他说：“哲学思维的真基础，是在对于一组不受级序限制的公设之认定。”[①]他区分引导性论述与知识性论述，认为传统中国哲学为引导性，今后

---

① 劳思光：《论非绝对主义的新基础主义》，载《四分溪论学集》，刘翠溶编，台北：允晨文化实业股份有限公司，2006年，第391页。

应注意知识性论述,兼顾道德理论、道德境界与道德教育。他区分一般性语言规则与特殊性语言规则,认为哲学既提供一般语用规则,而且提供特殊语用规则(如道德论述)。

(三)中华新士林哲学的综合体系。主要继承十六、十七世纪由利玛窦、艾儒略、庞迪我、徐光启、杨廷筠等人翻译或改写亚里士多德的著作,以及在《天主实义》、《性学粗述》、《七克》等著作中,引介亚里士多德、托马斯思想来与中国哲学交谈、会通的志向。诚如艾儒略在《西学凡》中所言:"旅人九万里远来,愿将以前诸论与同志翻以华言。试假十数年之功,当可次第译出……使东海西海群圣之学,一脉融通。此真圣明御宇,千载之一时,梯航跋涉,抱此耿衷。"[①]此一会通事业为当代台湾天主教学者所继承,并加上20世纪以来西方思潮与新士林哲学研究成果,可称为中华新士林哲学,包含吴经熊、罗光、赵雅博、项退结、李震、邬昆如等人。兹选论吴经熊与罗光如下:

吴经熊(1899—1986)是世界知名的法律哲学家,在其法律哲学著作 *Fountain of Justice*, *Cases on Jurisprudence*,《内心悦乐之源泉》及《孟子的人性论与自然法》、《我的法律哲学:在进化中的自然法》、《自然法哲学的比较研究》中,融合托马斯士林传统与孔孟儒家传统,认为儒家和托马斯哲学由存有论和人性的论架构而成的自然法观十分接近。就存有论言,吴氏认为《中庸》所言"天命之谓性,率性之谓道,修道之谓教"对应于圣托马斯所言永恒法、自然法、实证法的存在地位。按照托马斯,自然法是人类理性对于永恒法的参与,而实证法则包含对于自然法不变之原则应用于不断变迁的生活现况时之各种权宜措施。至于人性,既立基于人与天的存有学关系,复具有目的性,倾向于迈向充量实现。吴氏认为"尽心知性以至于命"的儒家目的论,正与"你们应如天父一样完美"的基督徒目的论不谋而合。在存有学与人性论的张力下,自然法既守其恒常,复趋于变易。他曾指出,自己的法律哲学,不外乎:(1)自然法是一切法律之基础;(2)自然法不是死僵地一成不变的东西,而是与时俱进的有机体。就前者言,永恒法、自然法、实证法虽各有不同却又相互连续;一如天命、人性、教化虽各有异,却仍一贯相接。就后

---

① 艾儒略:《西学凡》,载李之藻《天学初函》,台北:台湾学生书局,1965年,第59页。

者言,一与多相互融合,变与不变各得其所,正是托马斯哲学与儒家的共同优长。①

罗光(1911—2004)为天主教总主教,曾任辅仁大学校长,兼治中国哲学与士林哲学,并融二者于其形上的生命哲学。罗光原先在罗马讲授士林哲学与中国哲学,返台之后又以士林哲学的观念架构、融合中国哲学的内容与精神,著有《中国哲学思想史》九巨册,从先秦哲学一直写到民国,包含当代新儒家。又著《形上生命哲学》,自许为"自己的哲学"。

罗光的形上生命哲学,立基于士林哲学丰盈创造的存有观,以结合中国哲学生生不息的变易观。他认为宇宙万物之有,是来自创造者,创造者本身是一无限而富"创造力"的大有,其所创造的万物也是在不断变易、具有"创生力"的有物。由于天主的创造与万物的变易形成了生生不息的历程,整体存有界因而可视为一生命之历程。基于此一形上基础,罗光建立了新士林哲学的人性论与伦理学。人性论的主要概念是仁。罗光认为人得天地之心为心,故仁。人一方面要发挥其人性的生命,另一方面亦要发挥万物的生命,始能赞天地化育,与天地参。人有理智,追求真;有意志,追求善;有才情,追求美。人性可以不断创新发展,扩充自我之重重圆周,由己立立人,己达达人,到形成大同世界,到万物一体,到天人合一,经此四重圆周而实现其自性。就此而言,罗光是一开放的人文主义者。人虽可与天合一,但人不就是天。罗光主张空虚自己、观过、空虚自我意识,超越自我封限,迈向爱的圆融,这不但是他的伦理学和修养论的基本论点,也是他一生生命实践与道德修养所在。他以人与天主、与万物在爱中的圆融,来诠释并实践中国哲学中的天人合一之说。

总之,中华新士林哲学继承古希腊与中世纪哲学深厚的前现代经验,且由于超越的宗教深度与对外邦人的伦理关怀,使其不封限于主体性,而更重视交流与沟通的向度。中华新士林哲学甚早就意识到现代性主体封限的危机,为此建立既内在又超越的哲学体系,以持平立场看待实在界,发扬人性,实践爱的伦理学与谦逊虚己的修养,或也是一种超越现代性困局的契机。

最后,也让我简论一下这段时期逻辑分析与中国哲学研究的贡献。

---

① 吴经熊:《内心悦乐之泉源》,台北:东大图书有限公司,1981 年。

陈大齐（1886—1983）原先在大陆期间研究心理学与理则学，其后渐集中于理则学或名学，赴台之后转往中国名学，最后则归本于儒学研究。对理则学与名理的兴趣贯穿他一生的学术研究，并延伸到对古典儒学的研究，其分析之精，论证之明，堪称儒学研究的概念化与论证化之先驱，并因此使得儒学之所以为“学”得以奠定基础，也因此在当代儒学中具有不容忽视的地位。如美国学者柯雄文（Antonio Cua）在《道德视野与传统——中国伦理学论集》中所表示，“陈大齐的《孔子学说》是儒家伦理学概念面向的先驱之作”[①]。此外，陈大齐最早提出了一套美德论的伦理学，并从美德论立场重新诠释并吸纳了其他如义务论、快乐论等伦理学。总之，陈大齐开展了对儒学的概念分析、实践工夫与美德陶成的论述，是他对当代儒家伦理学的最大贡献。

殷海光（1919—1969）本名殷福生，抗战胜利后以“海光”为笔名，其哲学与逻辑承自金岳霖影响。原担任讲师于金陵大学，1949 年赴台任台大讲师，开设课程有：逻辑、逻辑经验论、罗素哲学、理论语义学、科学的哲学、现代符号逻辑、历史与科学等，并参加胡适、雷震、傅斯年等创办的《自由中国》杂志，为编辑之一。结合思想的自由与理性，以科学方法、个人主义、民主启蒙精神为准绳，批判时政，并在《中国文化展望》书中，结合逻辑思想、自由主义以思考中国前途。

五　第四阶段：全球化挑战与后现代反思

自 19 世纪 70 年代起，欧美兴起后现代思潮，针对西方现代性中过度强调主体性、表象文化、理性与宰制的弊端加以批判、质疑和否定，转向肯定他者、多元文化、杂音并陈与相互交谈，于 19 世纪 80 年代之后波及台、港与大陆。到了 19 世纪 80 年代后半叶，全球化的历程逐步加深，全球化论述逐渐热门，甚至吸纳了后现代论述。从此，中国哲学界面临全球化与后现代的挑战。

---

① A. Cua, *Moral Vision and Tradition: Essays in Chinese Ethics*, Washington DC: The Catholic University of America Press: 1998, p. 271.

(一)哲学研究的国际化与全球化:全球化是一极为复杂的历史历程,笔者曾从哲学观点界定"全球化"如下:全球化是"一个跨越国家与区域疆域的历史过程,以全球为范围而实现人的可普性与存在的相关性,并表现为全球自由市场、超越民族国家的政治秩序,以及全球文化的在地化"[①]。不过,在一般人、政府官员或教育机构看来,全球化往往仅仅意味着国际化。随着近三十年来世界性人口移动的快速发展,国内学者有更多机会出国研究或教授哲学,参与并组织国际会议,因此促进了哲学研究的国际化。

前此,中国哲学国际化已由"中研院"院士陈荣捷奠下基础。陈荣捷自19世纪50年代开始至90年代所作的中国哲学史与中国宗教研究与原典英译,尤其 *Source Book in Chinese Philosophy*(《中国哲学资料书》),是西方好几代学者使用、迄今不衰的教科书。最后20年,他对朱熹的研究享誉西方学界,使新儒学一时热门起来,一如其诗句"廿载孤鸣沙漠中,而今理学忽然红"所自况。

到了本阶段,是由傅伟勋、秦家懿、柯雄文、杜维明、刘述先、成中英等人,对中国哲学的国际化做出贡献,其中傅、秦、柯三位惜已作古。杜维明、刘述先、成中英被称为新儒学第三代代表,兹简述如下。

杜维明出身东海大学中文系,于1962年到美国哈佛大学深造,于飘零海外之际寻求灵根自植,于是在王阳明心学与牟宗三主体主义影响下,将《中庸》"喜怒哀乐未发之中"诠释为"君子内在自我的心灵深处,是一个人的道德主体性的核心"。以"中"为人的主体性的创造性根源,于内,人可合于天,构成一"宇宙—人文"核心;于外,可发而为济世的政治社会行动。由于侧重主体性,也因此他认为君子应"慎独",并从事"为己之学"。整体说来,杜维明的哲学仍属主体哲学的类型。

80年代以后,杜维明致力在国际社会与两岸三地推动儒学。从工业东亚与儒学创新角度论述儒学现代化,致力开展所谓"第三期儒学",并从反思西方的启蒙运动来呼应后现代思潮对西方现代性的批判。晚近他更关心全球化脉络下的中华文化,提倡文化中国与文明交谈。然其论述趋向更为广泛,不再从哲学上界定"中华性"(Chineseness),不只因为这一概念的流动

① 沈清松:《书评:麦可·哈特、涅格利〈全球统治〉》,载《哲学与文化》第361期。

性，而且因为他认为这种哲学尝试“不仅在学术思想上平淡无奇，而且在意识形态上令人反感”[①]。也因此，他转向更隐喻性的表达，如将中华文化比喻为“这棵常青树”或“一条气势磅礴流动的长河”等。[②]

刘述先早期研读西洋哲学，尤其受卡西尔(E. Cassirer)的符号形式哲学与文化哲学启发，具高度文化哲学意识，尝翻译卡西尔《论人》，并出版《文化哲学的试探》，他在南伊大博士论文写的是蒂利希(P. Tillich)的文化神学。由于在台大时受到方东美授课与熊十力《新唯识论》启发，在东海教书时受牟宗三与徐复观影响，于是在美国教书期间转回中国哲学研究，尤关心儒学现代化的问题，于1980年年初出版《中国哲学与现代化》，至2000年又出版《儒家思想意涵之现代阐释论集》；阐扬儒家万古常新及与时推移两面，是从继承儒学精义与发掘儒学创新精神来讲儒学现代化，而非以袭取西方现代性为现代化。在儒学与中国哲学研究的国际化方面，他经常在 *Philosophy East and West*, *Journal of Chinese Philosophy* 和相关百科全书发表文章，并曾担任国际中国哲学会会长。刘述先于1998年在美国出版英文著作 *Understanding Confucian Philosophy*：*Classical and Sung-Ming*，于2003年出版 *Essential of Contemporary Neo-Confucian Philosophy*，对于发展儒家哲学最有贡献的先秦、宋明与当代三个时代，作出较完整的论述。

刘述先是当代新儒家中明显由现代性转向接受后现代与全球化挑战者。然而他所理解的后现代，并不是对现代性的批判、质疑与否定，而是积极面对后现代情境，接受孔汉思(H. Kung)与史威德勒(L. Swidler)的感召，致力在多元主义架构下，从新儒家立场思考全球伦理(global ethic)与宗教对话，于2001年出版《全球伦理与宗教对话》。他创造性地诠释庄子所谓“两行”与张载和朱熹所谓“理一分殊”，作为面对多元主义挑战的中国哲学依据。

成中英原是方东美的学生，虽不被当代新儒家成员认属同门，然在国际上与中国大陆仍被认为是当代儒家第三代代表之一。成中英建立国际中国哲学会与 *Journal of Chinese Philosophy*，并致力于中国哲学的现代化，内以符

---

① Tu Weiming, *The Living Tree*: *The Changing Meaning of Being Chinese Today*, Stanford University Press, 1994, vii.

② Ibid.

合易经与中庸"时中"精神,外则实际应用于现代管理学,提出所谓"中国管理哲学",以"中国管理科学化,管理科学中国化"为宗旨,欲熔铸科学、文化、艺术,用中国传统的文化管理,来统帅西方管理制度和工具,以此形成行之有效、生生不息的管理方法,又称为C理论,在管理上凸显Control(行政管控)、Coordination(人事协调)、Centrality(决策核心)、Contingency(市场变化)、Creativity(创新生产)等诸因素。

成中英强调"时中"概念,对《易经》做本体宇宙论式阅读,认为儒家伦理不是境遇伦理学,而是时中伦理学,并将"时"解为"心时"(time-minded),"时宜"(time-fitting),"基于时"(time-based)和"价值时"(timc-valued)。[①]成中英提出所谓本体诠释学(onto-hermeneutics),着重对一文化群体的生活世界、道德价值与本体宇宙观有自觉而批判的诠释,也因此不同于文本诠释学与哲学诠释学。成中英认为诠释是一不断从主体性到主体际性以达成理解的过程,其目标在于揭露更广大的真理,也因此隶属于对于终极真理更恢弘的探索。

(二)后现代的哲学省思。19世纪80年代起,后现代对于华人学术、文化各界有广泛影响。在哲学界,除了前述杜维明对启蒙理性的反思、刘述先提出"两行"与"理一分殊"作为对应多元主义的中哲态度,台、港与大陆哲学界也出现了一些研究后现代的成果。但由于广大的中国仍在追求现代性,此类研究虽可提供对现代性弊端的反思与批判,但很难在中国开出新局。此外,也有从中国哲学基础出发试图超克后现代困境的尝试,例如笔者针对现代思潮由主体性转向他者,提出以"多元他者"(many others)概念以纠正拉康(J. Lacan)、德勒兹(G. Deleuz)、莱维纳斯(E. Levinas)、德里达(J. Derrida)等人所谓"他者"(the Other),指出"他者"概念抽离现实存在立论,且仍隐然假定了自我与他者的二元对立,人在实际存在中皆生活并成长于多元他者之间,无论儒家所言"五论"或"亲亲而仁民,仁民而爱物"、道家所谓"万物"、佛家所谓"众生",皆属多元他者。再者,针对后现代的相对主义困境,笔者发挥"恕者善推"、"推己及人"之意,主张透过语言外推、实践外

---

① 成中英:《时与时中》,载《中国哲学百科全书》,柯雄文主编,伦敦:劳特里奇出版公司,2002年,第731页。

推与本体外推，架通不同的微世界、文化世界与宗教世界，以达至彼此对话与相互了解。

值得注意的是，如何超克萨义德（E. Said）所谓“东方主义”（Orientalism），避免以西方建构的有色眼镜来看待自家哲学，甚或从西方哲学观点来了解自我，将是今后研究中国哲学的课题之一。

六　检讨与展望

原则上，哲学作为一学门，需要制度性机制来学习、成长与发展，其中包含研究与教学机构、专业学会，以及研究成果散播机制等等。就此而言，1912年北京大学于文科设立哲学门，或称中国哲学门，如今正值百年系庆，可喜可贺。其后，中国各地区，以及其他华人地区不断设立多所大学与研究单位，亦都各自设有哲学系与哲研所。值得注意的是，哲学学门发展需要制度性机制，然而哲学生命的成长，则更需要自由超脱的心灵、对个体与群体命运的系念以及终极的关怀等，与时俱进而不受制于制度性机制。就更大的历史环境来说，这些制度性机制也受到西方科学与教育的历史变迁影响。一般而言，自清末民初建立西式大学，迄今其研究与教育模式，颇受到西方几个阶段演进的影响：（一）自1870—1920年现代科学观念与分类的形成；（二）1920—1950年自然科学、社会科学、人文科学三大类课程的形成；（三）1950年代以降现代化论述的出现；（四）1980年代起后现代科学观念的形成等。

自中国设立西式大学以来，中国哲学研究多与大学制度与研究机构有关，然哲学家仍多能保持自由的哲学思索与写作，像胡适、熊十力、梁漱溟、马一浮、方东美、冯友兰、唐君毅、牟宗三等人，虽工作与大学有关，但他们的哲学思想却是自主的事业。自从第三阶段以降，由于现代化的加深，哲学思想的制度化、学院化现象更趋明显。哲学纳入了现代教育制度与学术分工之中，一方面有其专业化贡献，另一方面在活泼性、参与性、前瞻性上亦有其限制。对此，研究哲学除了作为一种知识或思想训练，更要寻思人生如何安身立命，关心个人与群体的存在意义与前景。

哲学不能只停留于概念系统的厘清与建构，且应能进行哲学思想与语言的丰富化,必须面对遽变中的生活世界,重振哲学的创造性。中国的哲学家在今天面对不断变迁的生活世界,变迁之烈远甚于任何过去时代,哲学应该成为这形成中的世界的建构性因素。在后现代主义挑战下,当前哲学有返回康德等人"大学中的哲学"之前,回到非学院式、活泼的哲学思索之趋势。今后,哲学家不但要合乎专业要求,而且要保有对生活世界与本土生命力的关切,保持哲学思想的活泼性、参与性与前瞻性。

中国哲学界今后仍然会,且有必要,继续引进西方思潮与研究成果,以及其他哲学传统,并精通其哲学论述。这也是参与哲学国际化、进入世界哲学舞台的必经之路,然而,并没有必要把他们当作自己的思想甚或代替自己思想。如果一味只跟着欧美脚步讨论他们的议题,即使在国际哲学界看来美虽美矣,然既只步随他们脚跟,至多也只能算是二三流哲学家。反之,若能加入中国哲学题材讨论,甚或抉发其中胜义,因而有所创见,则国际学界反会回头来向我们学习。

学习或研究西方哲学或其他哲学传统,目的是为了能进一步交谈,以达成哲学语言与思想的相互丰富。不同哲学的交谈应该建立在"相互外推"的基础上。详言之,在 A 和 B 的交谈中,在语言外推层面,A 应该把他主张的命题理念、价值、信仰系统转换成 B 的语言或 B 能理解的语言。同时,B 也应把自己主张的命题、理念、价值、信仰系统用 A 的语言表达或转化成 A 能理解的语言。如果翻译不过去,或转成荒谬,应自我反省而非怪罪他人。

在实践的外推层面,A 应该把自己主张的命题、真理、文化表达、价值、信仰从自己的社会、组织、实践脉络中抽出,将它重新放置于 B 的社会、组织、实践脉络中,看是否仍然可行。同时,B 也应该把自己的主张、真理、文化表达、价值、信仰等从自己的社会、组织、实践的脉络中抽出,并将它重置于 A 的社会、组织、实践脉络中,看是否仍然可行。如果行不通,应自我检讨而非怪罪对方。

最后,在本体外推的层面,A 应致力于经由实在本身的迂回,如对人、对某一社会群体、对自然或终极实在的亲身体验,进入 B 的微世界、文化世界或宗教世界。同时,B 也应该努力经由实在本身的迂回,进入 A 的微世界、文化世界或宗教世界。

七 结 论

综上所述,百年以来哲学扮演的角色屡迁,然哲学工作者皆能持守岗位,做出贡献。在第一阶段,哲学作为西方现代性基础思想之引进者,最领风骚。第二阶段,哲学协助反思民族精神,虽渐退居第二线,然已开始思索中华现代性的方向。第三阶段,哲学工作者致力提出数个融合中西的哲学体系,试图为中华现代性作哲学奠基,在人文、社会科学界中实属难能可贵。现在,处于第四期后期,中国哲学面对全球化与后现代挑战,应能在跨文化与全世界脉络中继续探辟概念系统、生活世界与中华精神资源,进行批判性、合理性、顾全整体的哲学思索。

的确,今后中国哲学必须放到世界脉络中发展,继承自家本有且也是世界重要传统之一的中国哲学,发挥与时俱进的思考力道,走入世界哲学舞台,不但要能扣紧生活世界来为中华现代性奠基,而且要能为超越现代性的困境思索前景。这其中,中国哲学最需要论述习取和相互外推的功夫。"论述习取"是一种学习、适应并擅长数种哲学语言和论述的历程,借此能将其他观念资源与理论译解为能丰富自己的语言和论述。至于相互外推,则是与其他文化或哲学彼此相互将自己的理论或论述翻译为对方可懂的语言和论述,放入对方的实践脉络,甚至透过接近实在本身以进入对方的微世界、文化世界甚或宗教世界,以达致相互理解,相互丰富。这需要不断走出自我封闭的勇气与走向多元他者的慷慨,而这正是全球化时代哲学、伦理与宗教所需的新精神。①

---

① 关于"外推"与"相互外推"的开展,参阅沈清松:《对比、外推与交谈》,台北:五南图书出版公司,2002年。又沈清松:《跨文化哲学与宗教》,台北:五南图书出版公司,2012年。及 Vincent Shen, Comparative Studies in Philosophy/Religion and Dialogue as Mutual "Strangification", in *After Appropriation*, edited by Morny Joy, Calgary: University of Calgary Press, 2012, pp. 1-24。

Philosophical Foundation of Chinese Modernity and the Development of Chinese Philosophy in Recent 100 Years

Vincent Shen

Abstract: Focusing on the problematics of Chinese modernity and its philosophical foundation, this paper divides the development of philosophy in China in recent 100 years into four peroiods. In its first period, from 1911 to 1927, philosophers in China were the most enthusiastic in introducing Western modernity and its philosophical foundations from various forms and doctrines of modern Western philosophy. This period was the most progressive and, indeed, impacted all Chinese intellectuals at the time. In its second period from 1928 to 1949, during the time of national construction and the Japanese invasion, philosophers stepped behind, serving as helpers in clarifying and articulating the Chinese spirit and Chinese subjectivity at the time of its awakening. This prepared for the philosophical foundation of a Chinese model of modernity. In the third period from 1949 to 1980, some major philosophical figures had built their philosophical systems synthesizing Western and Chinese philosophies. This was, indeed, most precious, and also unique, in comparison with other disciplines in the humanities and the social sciences. These philosophical systems could be seen as divers attempts to lay the philosophical foundation of Chinese modernity. Now, in the fourth period, philosophers in China are facing the challenges of globalization and postmodernism. Here is the big question challenging all Chinese philosophers today: how can Chinese cultural tradition find its own way to modernity and overcome the bad effects of Western modernity? This question still needs deeper philosophical reflections. Future generations of Chinese philosophers should be able to answer this question by carrying on critical and reasonable reflection on issues related to Chinese modernity and beyond.

Key words: Modernities, Chinese Modernity, Philosophical Foundation, Chinese Philosophy in Recent 100 Years, Philosophical Periodization

《穀梁古义疏》

[清]廖 平 撰,郜积意 点校

北京:中华书局,2012 年 6 月第 1 版

本书为中华书局“十三经清人注疏”中的一本。廖平(1852—1932)为清末民初重要的经学家,其学多变。据其自撰的《经学四变记》,就有初为平分今古文学、二变为尊今抑古、三变言大同、四变悟《尚书》为人学而《易》《诗》为天人之学;此外还有五变、六变之说。《穀梁古义疏》是廖平的代表作之一,初成于光绪十年,其时尚能对今古文持平议姿态。廖平之作《穀梁古义疏》,乃是由于不满范宁多采汉魏以后经说,故书中多引汉代经师之说以为“古义”,并自作疏证。因而此书与钟文烝《春秋穀梁经传补注》宗主范氏不同。

本书的点校,以民国二十一年严式诲成都《孝义家塾丛书》刻本为底本,以光绪二十六年日新书局刻本和民国十九年鸿宝书社刻本为校本。严氏本有廖平之孙廖宗泽《补疏》,点校时移于页下。全书共十一卷,前有严式诲、张预《序》及廖平《自叙》、《凡例》,后有鸿宝书社本《弁言》及严氏本《重订穀梁春秋经学外篇叙目》、《释范》、《起起穀梁废疾》。本书的点校出版,对于了解和研究汉代穀梁经说以及廖平经学思想,当有所裨益。(白辉洪)

哲学门(总第二十七辑)
第十四卷第一册
北京大学出版社,2013年7月

以天合天:庄子对世界的观照及其心灵修养意蕴

王　楷*

提　要:庄子对依靠语言和辩说表达和把握真理(道)的可能性提出了根本性的质疑,进而对知识与价值的相对性做出了深刻的揭示。然而,庄子并未因此而导向一种破坏性的结论:对真理的把握是不可能的。在庄子,知识和价值固然是相对的,然而这种相对性又是可以超越的。如何超越知识和价值的相对性而把握真理?在此,庄子不是诉诸纯粹的理论思辨,而是转向了主体自身的心灵修养,是其所谓"有真人而后有真知"。在庄子,观照世界的理想方式在于"以天合天"——以自我心灵本然之虚灵明觉观照世界,以得大千世界本然之情状。因而,作为一种心灵修养的工夫,我们要自觉地将各种成见和造作从心灵之中清除出去,以使自我心灵本然的智慧光辉得以充分地显现和发挥,这就是庄子所谓的"虚室生白"。特别地,作为战国心术思潮中的一种理论形态,不同于儒家意义的心灵修养,庄子所展开的是一种独特的非道德(unmoral)意义上的心灵修养进路。

关键词:庄子　知识　语言　价值　生命　心灵修养

关于庄子哲学中的知识问题,一直以来学者往往习惯于将其界定为一个相对主义者、一个怀疑论者、甚至一个不可知论者。凡此等等,应该说,这

* 王楷,1976年生,北京师范大学哲学与社会学学院讲师。

种看法也不是完全没有来由的。庄子哲学(特别是《齐物论》)[①]中对语言和辩说的批判非常容易让人形成这样一种印象:作为语言的批判者,庄子进而也自然是(或者“应该是”)一个知识可能性的消解者。然而,这种套用西方哲学术语的处理方式究其实不过是一种由断章取义而来的过度解释。事实上,在庄子对知识问题的理解中有破有立。仅仅看到庄子对语言的批判就径直将庄子归结为相对主义者云云,可谓是蔽于其破而不见其立,未免失察。

更重要的是,与西方哲学的情形不同,中国哲学对知识(及语言)的探究从一开始即以生命问题(安身立命)作为基本的价值关切和理论旨归,而绝少有纯粹自然科学方向的趣味。落实到庄子这里,其所以关注知识和语言问题,不过是在“仁义之途、是非之端”的淆乱和萦绕之中为自己的心灵寻求一种超脱和安顿。质言之,庄子视野中的知识问题原本就是一个生命哲学语境下的问题。[②]照陈鼓应先生所习用的讲法,庄子所寻求的者不是客观性的知识,而是主体性的智慧。故而,严格地说,无论讲庄子是或者不是怀疑论、相对主义、不可知论,都不太恰当。原因很简单,庄子对知识和语言问题的探究,与怀疑论、相对主义及不可知论等语词所源出的西方知识论语境有着根本性的分际。

一　道未始有封,言未始有常

在现代的庄学研究中,以相对主义、怀疑论或者不可知主义解释庄子的知识观,自冯友兰先生20世纪30年代首开肇端[③],已然形成了一种流行的解释模式。冯先生两卷本的《中国哲学史》即立此基调,直至晚年的《新编》不易其说。其后的学者大致不脱冯说之范围,只是在论证细节方面有不同

① 本文讨论的是庄子哲学,而非《庄子》哲学,故本文正论所及仅限于今本《庄子》内七篇,必要时则引外杂各篇以为旁证,以呈现同一思想脉络在庄子学派中的历史发展。幸留意焉!

② 委实,从今天的眼光来看,在庄子对知识和语言的探讨中,或许亦有可能从中开发出某些纯粹知识论方面的思想资源,然庄子本人原初的主旨和重心并不在此,亦毋庸赘言。

③ 冯友兰:《中国哲学史新编》,《三松堂全集》第八卷,郑州:河南人民出版社,1991年,第387—391页。

的详略侧重而已。[①]评述冯先生的庄学观并非本文的兴趣所在,亦非本文有限的篇幅所能胜任。维简洁计,在此,笔者尝试从这样两个问题入手切入对庄子知识观的探讨:其一,庄子在什么意义上认为知识是相对的?其二,在庄子,这种相对性是否可以超越,亦即我们有没有可能了解和把握到真理?

首先,我们来看第一个问题。诚如冯先生所见,在诸子学说蜂起的战国时代,一时之间人们的自信与日俱增,认为人可以借助语言和辩说来了解和把握知识近乎成为学者们的共识,而庄子则对此怀着深切的质疑,《齐物论》有云:

> 夫道未始有封,言未始有常,为是而有畛也,请言其畛:有左,有右;有伦,有义;有分,有辩;有竞,有争;此之谓八德。六合之外,圣人存而不论;六合之内,圣人论而不议。春秋经世先王之志,圣人议而不辩。故分也者,有不分也;辩也者,有不辩也。曰:何也?圣人怀之,众人辩之以相示也。故曰辩也者,有不见也。夫大道不称,大辩不言,大仁不仁,大廉不嗛,大勇不忮。道昭而不道,言辩而不及,仁常而不周,廉清而不信,勇忮而不成。五者无弃而几向方矣,故知止其所不知,至矣。

又云:

> 既使我与若辩矣,若胜我,我不若胜,若果是也?我果非也邪?我胜若,若不吾胜,我果是也?而果非也邪?其或是也,其或非也邪?其俱是也,其俱非也邪?我与若不能相知也,则人固受其黮暗。吾谁使正之?使同乎若者正之?既与若同矣,恶能正之!使同乎我者正之?既同乎我矣,恶能正之!使异乎我与若者正之?既异乎我与若矣,恶能正之!使同乎我与若者正之?既同乎我与若矣,恶能正之!然则我与若与人俱不能相知也,而待彼也邪?

此两段文字,历来为治庄子知识观的学者所反复援引。其中,第二段文字歧义较少,大体可视为对第一段文字中的"大辩不言"思想的进一步论证和发挥,旨在强调仅仅凭借单纯的辩说无以判定是非。一直以来,学者们的争论

---

① 关于庄子是非之辨的相关研究,参见谢大宁:《齐物论释(中)》,载《鹅湖月刊》总第230期,1994年。

焦点集中在第一段文字。在此段文字中,庄子直陈语言之蔽。然而,我们必须特别指出,庄子亦非笼而统之一概否定语言在认识论上的意义,而主要是着重在对“道”(真理)的把握这一层面上而立论的。在庄子,语言所以不足以成为把握和表达道的可靠的工具和途径,原因在于语言与道之间存在着一种根本的不对称性,即所谓“道未始有封,言未始有常”,道乃是一无可分际的整体和大全(“未始有封”),而语言则是随着对象乃至言说者本身的变化而变动不居(“未始有常”)。“事实上,语言文字常常带有人所赋予的目的性,因而人们一经使用语言文字,便渗入自己的意愿。这样一来,语言文字的功能又受了限制。许多的争论,并不是事实的争论(factual dispute),而仅仅是字面的争论(verbal dispute)或语言的争论(semantic dispute)。”①因此,依靠变动不居的语言表达和把握道,其间的错位与偏差的出现也是不言而喻的了,故而下文庄子“八德”之说,最终的结论是“大道不称”,“道”并非名言所能表达和把握。易言之,语言(及辩说)并不足以成为人了解和把握真理的可靠的手段和途径。

这一层意思在庄子后学那里有进一步的发挥,《庄子·田子方》云“目击而道存矣,亦不可以容声矣”,即是说对道的把握是超越于言象之外的。《庄子·秋水》又云:“可以言论者,物之粗也;可以意致者,物之精也;言之所不能论,意之所不能察致者,不期精粗焉。”在庄子,名言所及者,囿于感官经验之物(“物之粗”)的界限,而不及“物之精”,更不要说“道”了。《庄子·则阳》又云:“言而足,则终日言而尽道;言而不足,则终日言而尽物。道物之极,言默不足以载,非言非默,议其有极。”在此,凡可以名言表达者皆局限于“物”而不及“道”,“道物之极,言默不足以载”,从而否定了以名言把握“道”的可能性。

二 仁义之端,是非之涂

然而,这还只是问题的一个方面。在庄子,对真理的把握之所以是困难的,在语言(及辩说)的局限性之外,知识和价值的相对性则构成了另一个基

① 陈鼓应:《老庄新论》,北京:商务印书馆,2008 年,第 212 页。

本的原因。在庄子,较之前者(客观因),后者(主观因)显然意味着一种更为根本性的困难。《齐物论》有云:

且吾尝试问乎女:民湿寝则腰疾偏死,鰌然乎哉?木处则惴栗恂惧,猿猴然乎哉?三者孰知正处?民食刍豢,麋鹿食荐,蝍蛆甘带,鸱鸦耆鼠,四者孰知正味?猿猵狙以为雌,麋与鹿交,鰌与鱼游。毛嫱丽姬,人之所美也;鱼见之深入,鸟见之高飞,麋鹿见之决骤。四者孰知天下之正色哉?自我观之,仁义之端,是非之涂,樊然殽乱,吾恶能知其辩!

历来以相对主义解释庄子知识观的学者都会就此段文字大做文章。然而,倘若做细致的考察,则在庄子所讲的相对性之下,首先有一个事实判断与价值判断的基本分疏。即以"正味"而言,"民食刍豢"、"麋鹿食荐"、"蝍蛆甘带"、"鸱鸦耆鼠",此四者之中,单独地看,每一种情形都是明确地、清楚地,无所谓相对或者不相对的问题。——回到上文关于语言的讨论,"民食刍豢"、"麋鹿食荐"、"蝍蛆甘带"、"鸱鸦耆鼠",凡此等等,这样的表述和判断的确可以给我们某些确定的知识。这也进一步印证了庄子并非是在一般的意义上笼而统之地否定语言表述知识的功能和意义。[①] ——相对性的问题只是出现在对所谓"正味"的寻求的层面上,"刍豢"、"荐"、"带"、"鼠",凡此,究竟哪一种才是真正合理的、正当的、可取的,或者说好的饮食("正味"),在此价值判断的层面,相对性的问题出现了。在庄子,宇宙万物各有其特定的性命之情。基于这种自然的性命之情,每一事物都具有特定的所"是"、所"非"的取向。以一己之是非强加于他者固然荒谬,而在每一特定事物自然性命之外寻求一种所谓普遍的、通约性的是非标准来强求其同亦非明智。在庄子,人以刍豢为美,麋鹿以荐(草)为美,蝍蛆以带(蛇)为美,

---

① 进而言之,事实上,即使在对道的体证和把握的语境之下,语言亦非全无意义。庄子曾借女偊与南伯子葵的寓言叙述闻道的次序和途径,有云:

南伯子葵曰:"子独恶乎闻之?"

曰:"闻诸副墨之子,副墨之子闻诸洛诵之孙,洛诵之孙闻之瞻明,瞻明闻之聂许,聂许闻之需役,需役闻之於讴,於讴闻之玄冥,玄冥闻之参寥,参寥闻之疑始。"(《庄子·大宗师》)

在此,"副墨之子"、"洛诵之孙",显指文字、语言而言。在庄子,一方面,我们对道的把握不能仅仅停留在文字、语言的层面;另一方面,语言、文字显然又不失为一种我们可以借以闻道的、辅助性的媒介,尽管只是一种阶段性的、局限性的媒介。准此观之,庄子知识观视域下的语言文字问题显然并非简单的否定态度所能概括的。唯主题所限,本文不暇对此问题做单独系统的展开,以免行文过于枝蔓。

鸱鸦以鼠为美,因而任之,则"正(味)"在其中矣。正味如此,正处、正色,凡此等等,亦当作如是观。[①]

然而,在这个"仁义之端、是非之涂"的世界,能否自觉地做到因而任之则须视行为者有着一个什么样的心灵而定。质言之,知识和价值固然具有相对性,然而,这一相对性并非是不可克服的。在此,重要的不是抽象的思辨能力,而是一种独特的生命智慧,或者,照庄子的讲法,一种特定的"用心"(《庄子·德充符》)。由此,为着寻求真正的知识,在纷乱扰攘的儒墨言辩之外,庄子则另辟蹊径转向了主体自我的心灵修养,从而以虚静明觉的心灵观照万物自然之情,这就是所谓"有真人而后有真知"的问题。

三 莫若以明

在是与非的价值判断之中,"名"、"言"是不可靠的。所以如此,一方面,如前文所论,由于语言本身的局限性与知识及价值的相对性;另一方面,更重要的,则是言说者本身的"成心"所致[②]。《齐物论》云:"夫随成心而师之,谁独且无师乎?奚必知代而心自取者有之?愚者与有焉。未成乎心而有是非,是今日适越而昔至也。"立足于成心作是非判断,则其所是所非皆人为之是非,而非客观的是非之本然。而照"未成乎心而有是非,是今日适越而昔至也"的讲法,"成心"的存在似乎又是一个无可回避的普遍性的事实。然而,幸运的是,人本身是一种具有自我反省能力的存在,是放纵由"成心"而来的"自是而相非"的偏执态度来观照世界,还是自觉地克服和超越"成心"以心灵本然的虚灵明觉观照世界从而"与物为春"(《庄子·德充符》)呢?庄子选择了后者。

以"成心"论"是非",必然造成对客观是非之本然的遮蔽。庄子后学将

① 关于庄子以"因"而得"正"这一哲学思想,在庄子后学那里,我们可以看到一个形象的、反面的注脚:"昔者海鸟止于鲁郊,鲁侯御而觞之以庙,奏九韶以为乐,具太牢以为膳。鸟乃眩视忧悲,不敢食一脔,不敢饮一杯,三日而死。此以己养鸟也,非以鸟养鸟也。夫以鸟养鸟者,宜栖之深林,游之坛陆,浮之江湖,食之鳅鲦,随行列而止,逶迤而处。"(《庄子·至乐》)

② 与"成心"联系在一起的还有"机心",《庄子·天地》云:"有机械者必有机事,有机事者必有机心。机心存于胸中则纯白不备,纯白不备则神生不定,神生不定者,道之所不载也。"

此一层意思阐发得极清楚:“以道观之,物无贵贱。以物观之,自贵而相贱。”(《庄子·秋水》)抱着成心观照世界,其根本的病症就表现为“自贵而相贱”的偏执态度。照现代的哲学语言来说,这其实是自我中心主义的一种表现。美国当代哲学家托马斯·内格尔(Thomas Nagle)对这种认知中的自我中心主义作了深刻的批评,与庄子对“成心”的批评实有可会通之处。照内格尔的看法,在对世界的认知中,我们要“抵御纯粹内在观点的以自我为中心的扭曲,并纠正由于他过于独特的本性和环境方面的偶然因素所造成的眼界狭小[①]”,“我们必须走出自身,并且不从世界内的任何地点来看待世界”[②],“进而,从这里走向更大的客观性,要将这个世界看作是没有中心的,尽可能地从一种没有任何特定立场的立场(The View of Nowhere)来观照世界”[③],内格尔所谓“没有任何特定立场的立场”是否可能姑且不论,至少庄子在对“成心”的批评中并未像内格尔一样走得那么远。在庄子,人一旦自觉克服和超越了“成心”的遮蔽,则心灵原本虚灵明觉的认识能力就会得到充分的显现,这就是庄子所谓“莫若以明”的“明”[④]。庄子云:

> 物无非彼,物无非是。自彼则不见,自知则知之。故曰彼出于是,是亦因彼。彼是方生之说也,虽然,方生方死,方死方生;方可方不可,方不可方可;因是因非,因非因是。是以圣人不由,而照之于天,亦因是也。是亦彼也,彼亦是也。彼亦一是非,此亦一是非。果且有彼是乎哉?果且无彼是乎哉?彼是莫得其偶,谓之道枢。枢始得其环中,以应无穷。是亦一无穷,非亦一无穷也。故曰莫若以明。(《齐物论》)

“是以圣人不由,而照之于天,亦因是也”,郭象注云:“夫怀豁者,因天下之是非而自无是非也。故不由是非之涂而是非无患不当者,直明其天然而无所夺故也。”[⑤]此解甚当!世人以成心观物,每每固执我见以为是,而妄以人为非。如此之所是所非不过是人为之是非,而非客观是非之本然。在庄子,去

---

① 〔美〕托马斯·内格尔:《人的问题》,万以译,上海:上海译文出版社,2004年,第210页。

② 〔美〕托马斯·内格尔:《本然的观点》,贾可春译,北京:中国人民大学出版社,2010年,第67页。

③ 同上。

④ 《庄子·庚桑楚》亦将心灵这种本然的认识能力称之为“天光”,云:“宇泰定者,发乎天光。发乎天光者,人见其人,物见其物。”

⑤ 〔清〕郭庆藩:《庄子集释》,北京:中华书局,2004年,第67页。

成心之蔽,方得心灵之本然("天"),心灵一旦去蔽,则其虚灵明觉("明")自然充分显现,如此,则其所是所非为事物本然之是非,而非人为主观之是非。此处"照之于天"的"天"与"莫若以明"的"明",皆是即心而言,一言其体,一言其用。"莫若以明"的提法在《齐物论》中凡数见,其义一也,盖在强调去除成心之蔽,以本然、虚静的灵明之心去观照事物之本然。①

在庄子,以成心观物,即以有色眼镜看世界,所见之是非殊非其实。以无蔽之心灵观物,方见事物是非之本然。《齐物论》云:

> 何谓和之以天倪?曰:是不是,然不然。是若果是也,则是之异乎不是也亦无辩;然若果然也,则然之异乎不然也亦无辩。化声之相待,若其不相待。和之以天倪,因之以曼衍,所以穷年也。忘年忘义,振于无竟,故寓诸无竟。

"若其不相待,和之以天倪",世俗的是非、然否之辨皆根于成心而发,将此是非、然否之辨谴而去之,方得与"天倪"相合。"天倪",即天然的分际,亦即事物本然之分别。故而,庄子所取者,在于以心灵本然之明觉见世界本然之分际,此之谓"人见其人,物见其物"(《庄子·庚桑楚》)。这一观照世界的方式,照庄子后学的讲法可称之为"以天合天"②。

四 虚室生白

在庄子,一旦去除成心之蔽,心灵本然的智慧之光就会得到充分的显现。然而,成心之消除绝不是仅靠纯粹的思辨所能够完成的,而要诉诸自觉的心灵修养的实践。只有通过心灵修养而具有高度生命智慧的人,才能获

① 此一语境下的事物之本然,亦即庄子所谓的"物之初"(《庄子·田子方》)。"'物之初',在庄子,是以自己虚静之心所照射出的物的虚静的本性。更落实地说,只是未受人的主观好恶及知识分解所干扰过的万物原有而具体之姿,即庄子所谓物之'自然'。"(徐复观:《中国艺术精神》,上海:华东师范大学出版社,2001年,第52页)

② 《庄子·达生》云:"梓庆削木为鐻,鐻成,见者惊犹鬼神。鲁侯见而问焉,曰:'子何术以为焉?'对曰:'臣工人,何术之有?虽然,有一焉。臣将为鐻,未尝敢以耗气也,必斋以静心。斋三日,而不敢怀庆赏爵禄;斋五日,不敢怀非誉巧拙;斋七日,辄然忘吾有四枝形体也。当是时也,无公朝,其巧专而外骨消。然后入山林,观天性,形躯至矣,然后成见鐻,然后加手焉;不然则已,则以天合天,器之所以疑神者,其是与!'"

得对这个世界洞彻的观照和理解,才能体认和把握道,庄子将这层意思称为"有真人而后有真知"(《庄子·大宗师》)。(稷下道家①在精气说的背景之下将此一哲学思想做了进一步的发展,提出所谓"德成智出"说,《管子·内业》有云:"是故此气也,不可止以力,而可安以德;不可呼以声,而可迎以意。敬守勿失,是谓成德。德成而智出,万物毕得。")于是,我们看到,庄子的探究从知识论出发,进而延伸到了工夫论的语境。其实,这也不难理解。正如本文开篇所言,庄子对知识问题的探究原本就是以安身立命作为基本的价值关切和精神旨归的。

庄子心灵修养的工夫进路,最核心的一点在于使心灵复归虚静的状态。只有虚静、空明的心灵才能映照到万物之自然。庄子后学将这一层意思讲得极清楚:"圣人之静也,非曰静也,善故静也;万物无足以挠心者,故静也。水静则明烛须眉,平中准,大匠取法焉。水静犹明,而况精神?圣人之心静乎!天地之鉴也,万物之镜也。"(《庄子·天道》)然而,在实际的生活中,我们的心却总是实的,而不是虚的;总是动的,而不是静的。在我们的心中,充满着太多主观的成见、好恶等等,当我们与这个世界打交道的时候,外在的事物合于我们的心知则喜,反之则怒。于是,我们的心也就随着外在的事物或喜或怒,沉溺其中而不返。倘若希望从这一"物于物"(《庄子·山木》)的状态之中超脱出来,就必须使我们的心灵返回虚静的状态。只有心静下来,才会拥有一个静的世界,这就是庄子所说的"人莫鉴于流水,而鉴于止水,唯止能止众止"(《庄子·德充符》)的道理。②而心的虚静的获得,则有赖于自

① 今本《管子》各篇非成于一时,当然更非出自一人之手,而其中的《心术上》、《心术下》、《白心》及《内业》四篇在哲学观念上相互接近,比较集中地反映了道家的思想,构成了一个相对独立、完整的思想体系,学界习称为"《管子》四篇",相应地将其所反映的思想流派称为"稷下道家"。譬如,陈鼓应先生《〈管子〉四篇诠释:稷下道家代表作解析》(北京:商务印书馆,2006年)的用法就典型地反映了学界对这二者关系的理解。本文中出现的"稷下道家",就文本而言所指称者正在于《管子》四篇。

② 此一层意思,在稷下道家那里得到了进一步的阐发,《管子·心术上·经六》有云:

> 凡人之生也,必以其欢。忧则失纪,怒则失端。忧悲喜怒,道乃无处。爱欲静之,勿引勿推,福将自归。彼道自来,可藉与谋。静则得之,躁则失之。灵气在心,一来一逝,其细无内,其大无外。所以失之,以躁为害。心能执静,道将自定。

在此,心之于道,"静则得之,躁则失之",而在自道下贯至德的哲学话语中,心灵修养的意义也正在于体道于心而为德。故而,"心能执静,道将自定","静"为心之得之道之必须,自然亦是心灵修养之基础。

觉地进行必要的心灵修养的工夫。在庄子,心灵修养中重要的不是努力地去争取,而是要学会放下,也就是庄子所谓的“外”。我们来看女偊闻道的寓言:

> 南伯子葵问乎女偊曰:“子之年长矣,而色若孺子,何也?”
>
> 曰:“吾闻道矣。”
>
> 南伯子葵曰:“道可得学邪?”
>
> 曰:“恶!恶可!子非其人也。夫卜梁倚有圣人之才而无圣人之道,我有圣人之道而无圣人之才,吾欲以教之,庶几其果为圣人乎!不然,以圣人之道,告圣人之才,亦易矣。吾犹守而告之,三日而后能外天下;已外天下矣,吾又守之,七日而后能外物;已外物矣,吾又守之,九日而后能外生;已外生矣,而后能朝彻;朝彻而后能见独,见独而后能无古今,无古今而后能入于不死不生。”(《庄子·大宗师》)

在此,心灵修养的过程就在于将“天下”、“物”、“生”逐次“外”之,由此而获得的是心灵的虚静。而虚静的心灵在对道(“独”)的体认上则显现出特别的明觉,一如大千世界在初升朝阳的光辉之下无不朗朗在目,这就是庄子所讲的心灵之“朝彻”。质言之,通过自觉的精神努力以去除心灵所受到的遮蔽和障碍,从而使心灵洞彻地观照世界的能力得以充分地显现和发挥,这就是修养工夫的意义所在。在此,借用荀子的讲法,庄子这一心灵修养语境的“外”的工夫亦不过是解心之蔽。[①]然而,正如荀子意义上的“解蔽”以道德修养为底蕴而具有强烈的儒家特色一样,庄子意义上的“解蔽”也具有特定的理论关切,这就是对儒家意义道德修养的解构,我们来看庄子寓言中仲尼和颜回关于坐忘的对话:

> 颜回曰:“回益矣。”
>
> 仲尼曰:“何谓也?”
>
> 曰:“回忘仁义矣。”

---

① 事实上,自我的心灵在这一“解蔽”式的工夫论进路下呈现出一个“明—蔽—明”变化过程,这就是稷下道家所谓的心的“反济”,如《管子·内业》所云:“凡心之形,自充自盈,自生自成。其所以失之,必以忧乐喜怒欲利;能去忧乐喜怒欲利,心乃反济。”

曰:“可矣,犹未也。”

他日复见,曰:“回益矣。”

曰:“何谓也?”

曰:“回忘礼乐矣!”

曰:“可矣,犹未也。”

他日复见,曰:“回益矣!”

曰:“何谓也?”

曰:“回坐忘矣。”

仲尼蹴然曰:“何谓坐忘?”

颜回曰:“堕肢体,黜聪明,离形去知,同于大通,此谓‘坐忘’。”

仲尼曰:“同则无好也,化则无常也。而果其贤乎!丘也请从而后也。”(《庄子·大宗师》)

在此,从“忘仁义”、“忘礼乐”到“堕肢体,黜聪明,离形去知,同于大通”的“坐忘”,显示出庄子的工夫论非但与儒家大异其趣,而且原本就是对儒家价值的一种消解,这也印证了太史公“以诋訿孔子之徒,以明老子之术”(《史记·老子韩非列传》)的判词实非虚言。儒家讲修养,有一套完整的德目系统,以此为指导学习如何孝、如何悌、如何仁、如何义、如何忠、如何信、如何贞、如何廉,凡此等等。而在庄子看来,儒家所谓的孝悌、仁义、忠信、贞廉,等等,非但不是道的内容本身,反倒适足以成为心灵的障碍和遮蔽而使我们无以体道而成德。因而,庄子的工夫则力图将儒家孜孜以求的这些物件自觉地“忘”而“外”之。在这个意义上,就心灵修养的方法而言,相对于儒家的“积极的”加法式进路,庄子所展开的则是一直“消极的”[①]减法式进路。在这一工夫进路之下,去心之蔽,亦是去心之累,心灵从而逐渐由实而虚,由动而静,最终显现出心灵自身真实之本然。由此本然虚静之心观照世界,则万物无不朗朗。要之,“虚”而后始可观物体道,这也正是庄子所谓的“心斋”所要告诉我们的道理。《庄子·人间世》云:

① “消极的”这一语词在这里的用法并不具有通常意义上“消极”意味。

颜回曰:"吾无以进矣,敢问其方。"

仲尼曰:"斋,吾将语若!有心而为之,其易邪?易之者,暤天不宜。"

颜回曰:"回之家贫,唯不饮酒不茹荤者数月矣。如此,则可以为斋乎?"曰:"是祭祀之斋,非心斋也。"

回曰:"敢问心斋。"

仲尼曰:"若一志,无听之以耳而听之以心,无听之以心而听之以气!听止于耳,心止于符。气也者,虚而待物者也。唯道集虚,虚者,心斋也。"

颜回曰:"回之未始得使,实有回也;得使之也,未始有回也,可谓虚乎?"

夫子曰:"尽矣!吾语若:……闻以有翼飞者也,未闻以无翼非者也。闻有知知者矣,未闻以无知知者也。瞻彼阕者,虚室生白,吉祥止止。夫且不止,是之谓坐驰。夫徇耳目内通而外于心知,鬼神将来舍,而况人乎!……"

在"心斋"这一讲法中,仲尼比较了"以耳"、"以心"、"以气"三种不同的体道观物的方式,提出要"无听之以耳而听之以心,无听之以心而听之以气!"首先,"无听之以耳而听之以心",在对道的体认中,耳目感官不可靠的。如老子所言:"不出户,知天下;不窥牖,见天道,其出弥远,其知弥少。"(《老子》第四十八章)照《德充符》的讲法,"夫若然者,且不知耳目之所宜,而游心乎德之和"。"不知耳目之所宜",就是说,耳目这些感官无所用之。这也是"坐忘"的寓言中所讲的"堕肢体,黜聪明,离形去知"。其次,"无听之以心而听之以气",不但耳目感官不足以体道,即使包含成见、好恶、喜怒、忧惧、思虑的心知也不足以体道。只有去除这些成见,使心达到虚静的状态,也就是所谓"虚而待物"之"气",才能够真正体认得到道。此一层意思,庄子又表述为"以其知得其心,以其心得其常心"[①]。正是在这个意义上,庄子讲真

① 关于"以其知得其心,以其心得其常心",一直以来学者的歧义颇多,这里的理解取王博教授的看法,"两个'以'字似乎都该读作'已',也就是停止,只有停止了知和心,才可以得到常心,才可以在喧闹的世界中保持心的不动。"(王博:《庄子哲学》,北京:北京大学出版社,2004年,第62页)

知是“外于心知”的。①

在此,所谓“虚而待物”的“气”,历来的学者习惯于援引《管子·内业》的精气说作解。在《内业》中,气是实体性的存在,如其所云:“凡物之精,此则为生;下生五谷,上为列星。流于天地之间,谓之鬼神;藏于胸中,谓之圣人。”于此可见,此一精气说显然是先秦源远流长的气本宇宙论传统发展的一个理论结果。委实,当讲到“藏于胸中,谓之圣人”的时候,精气又体现出作为精神性存在的一面。并且,就其理论重心而言,精气说主要也是在形神二分的理论架构之下探讨如何修心聚气以展开身心的修养,如其所云:“定心在中,耳目聪明,四肢坚固,可以为精舍。精也者,气之精者也。气道乃生,生乃思,思乃知,知乃止矣,凡心之形,过知失生。”如此,工夫论语境下的精气更多的还是一种精神性的实存。然而,无论是宇宙论层面上物质性的实存,还是工夫论层面上的精神性的实存,就其作为一种实存而言,《内业》中的“气”都是一个实体性概念。晚近,随着稷下道家研究的兴盛,治庄子的学者也往往倾向于对“心斋”中“虚而待物”的“气”的概念作一种实体性解释,这在笔者看来是不恰当的。在“心斋”的语境之下,如其所云“气者,虚而待物者也。唯道集虚,虚者,心斋也”,就其文脉而言,“气”的概念的提出是对“心”(由“斋”而“虚”的状态)的一种摹状,而非在“心”之外另出一种独立的实存。庄子反复强调心的虚静在对世界的观照以及对道的体认中如何如何的重要,然而心的虚静本身却又难以用语言做正面的表述,而“气”这一概念适足以解决这一理论困境。由于其“视之不见”、“抟之不得”的特征,较之其他任何一种事物,“气”显然更适合来摹状“虚”这一抽象的性质。质言之,“心斋”语境下的“气”,只可虚看,不可坐实,究其实,不过是对“心”之“虚静”状态的一种摹状,而非心之外的另一实存。②在庄子,心只有虚,只有清除掉各种成见、思虑,才能够观照到事物之本然,也才能够体道。这就是

---

① 《庄子·庚桑楚》云:“彻志之悖,解心之谬,去德之累,达道之塞。贵富显严名利六者,悖志也。容动色理气意六者,谬心也。恶欲喜怒哀乐六者,累德也。去就取与知能六者,塞道也。此四六者不荡胸中则正,正则静,静则明,明则虚,虚则无为而无不为也。”

② 此外,就文本而言,假定我们接受这样一个文献学的观点:今本《庄子》内七篇是一个独立的、完整的文本系统;那么,“气”如果是一种独立的、具有类似《管子》“精气”意义的概念,则七篇之中不能不对之有正面之论述,而不应仅此一见,并且还只是“顺带性”地出现。

庄子所说的“虚室生白”。在这个意义上,心斋之作为一种修养工夫,就是一个“虚一心”的过程。这是荀子“不以所已臧害所将受”(《荀子·解蔽》)意义上的“虚心”之外的另一种“虚心”。如果说荀子意义上的“虚心”主要针对的是自满之心,那么,庄子意义上的“虚心”主要针对的则是机心。在庄子,“唯道集虚”,只有廓然大公、虚灵明觉的心灵适足以体道,而主观的种种成见、好恶、喜怒、计算等等,则是对心灵本然智慧的一种遮蔽,也是心灵体道观物的一种障碍。委实,此一层意义亦非庄子所独见,老子即尝云“致虚极,守静笃,万物并作,吾以观复”(《老子》第十六章)。庄子的意义在于开始将此一“虚一心”作为一种自觉的心灵修养做了一种工夫论上的展开——心斋。当然,在战国时代心术思潮之下,庄子的这一工作亦不乏同音,稷下道家在另一种话语形式之下对此做了深入的探讨。《管子·心术上》有云:

> 道不远而难极也,与人并处而难得也。虚其欲,神将入舍,扫除不洁,神乃留处。人皆欲智,而莫索所以智乎。智乎,智乎,投之海外无自夺。求之者,不及虚之者。夫圣人无求之也,故能虚。

在这里,将心之体道譬之为神明降临,为神之入舍计,须扫除“不洁”。此一“扫除不洁”,在心灵修养的意义上就是上文所言“虚一心”之工夫。如其所言,“人皆欲智”,体道观物之智慧当然是我们所想望的。然而,“求之者,不及虚之者”,我们所以不曾具有这种智慧,不是因为我们想得太少,而恰恰是因为我们想得过多,有太多的主观人为之好恶、喜怒、成见、思虑,凡此等等,遮蔽了自我心灵本然之明觉。心灵既失本然之明觉,以此观物,不见事物本然之情状,以此体道,则昧而不觉,即引文所言“神不入舍”者也。此一层意思,在战国末期学者韩非子那里得到了一种出色的形上层面的理论概括。在对《老子》第三十八章“上德不德,是以有德;下德不失德,是以无德”的诠释中,韩非子讲道:

> 凡德者,以无为集,以无欲成,以不思安,以不用固。为之欲之,则德无舍;德无舍则不全。用之思之,则不固;不固则无功,无功则生有德。德者无德,不德则有德。故曰“上德不德,是以有德”。(《韩非子·解老》)

在此,“为之欲之,则德无舍”,“用之思之,则不固”,主观的造作(为之、欲之、用之、思之)适足以成为德之障碍。此一段文字探讨的是“德”的问题,但我们知道,在中国哲学的话语系统中,德者,得也,何以得德,唯道是由,德即道得之于身者。因而,有德与否和体道与否原本是一个问题的两个方面。由此,为体道、观物计,我们就要自觉地做“无欲”、“不思”、“不用”的修养工夫,使自己的心灵本然之明觉得以显现和发挥。在这个意义上,“凡德者,以无为集”云云的讲法与庄子“唯道集虚”的讲法实为异曲同调。

五 用心若镜

现代哲学语言中的心灵修养,在庄子那里,以“用心”称之。在《庄子·德充符》中,常季对于王骀作为一个兀者而具有非凡的人格魅力非常不解,遂就此请益于孔子,于是二者有了关于“用心”的一段对话,其文曰:

> 常季曰:“彼兀者也,而王先生,其与庸亦远矣。若然者,其用心也,独若之何?”
>
> 仲尼曰:“死生亦大矣,而不得与之变;虽天地覆坠,亦将不与之遗;审乎无假而不与物迁,命物之化而守其宗也。”
>
> 常季曰:“何谓也?”
>
> 仲尼曰:“……夫若然者,且不知耳目之所宜,而游心乎德之和。物视其所一而不见其所丧,视丧其足犹遗土也。”
>
> 常季曰:“彼为己,以其知得其心,以其心得其常心。物何为最之哉?”
>
> 仲尼曰:“人莫鉴于流水而鉴于止水,唯止能止众止。……”

在此一段文字中,“用心”这一观念既关涉到境界,又关涉到工夫。“死生亦大矣,而不得与之变;虽天地覆坠,亦将不与之遗;审乎无假而不与物迁,命物之化而守其宗也”云云,主要是就境界而言。而下文“以其知得其心,以其心得其常心”,“人莫鉴于流水而鉴于止水,唯止能止众止”云云,则主要是就工夫而言。在此,体会对话的重心,其主要的关切点在于何以达到此一理想状态的方法和途径——工夫。此一工夫,要旨不外两点,其一曰“静”,其一曰“虚”。当然,“虚”和“静”其实是一个问题的两个方面而已,心因“虚”而“静”。准此观之,讲到“用心”(心灵修养),“虚”当为其第一义。在《应帝王》中,庄子以镜为譬将此一层意思讲得极分明。如其所云:

> 无为名尸,无为谋府;无为事任,无为知主。体尽无穷,而游无朕;尽其所受乎天,而无见得,亦虚而已。至人之用心若镜,不将不迎,应而不藏,故能胜物而不伤。(《庄子·应帝王》)

“至人之用心若镜,不将不迎,应而不藏,故能胜物而不伤”,“不将”、“不迎”之说,在庄子,为修养优入胜境者之“用心”自然之发用。在《大宗师》篇中,庄子有“撄宁”之说,云:“其为物无不将也,无不迎也,无不毁也,无不成也,其名为撄宁。撄宁者,撄而后成者也。”前文《大宗师》讲“不将”、“不迎”,此处则讲“无不将”、“无不迎”。其文若异,其义则一。要之,世间百态,客观事物之起灭、来去,自有人之所不得与者。唯人苟能在事物来去、变化之中,不随之忧戚而沉溺其中,始终保有心境之淡然、宁静(撄宁),则自然“能胜物而不伤”。而所以能够做到心不随境而迁,“亦虚而已”!进而言之,也就是一个“无”的工夫——“无为名尸,无为谋府;无为事任,无为知主”。此一“无”的工夫,主旨在于消除自我主观之造作。稷下道家沿着这一方向做了进一步的阐发:

> 人之可杀,以其恶死也;其可不利,以其好利也。是以君子不怵乎好,不迫乎恶,恬愉无为,去知与故。其应也,非所设也;其动也,非所取也。过在自用,罪在变化。是故有道之君子,其处也,若无知;其应物也,若偶之,静因之道也。(《心术上》)

在此,“恬愉无为,去知与故”之“无为”,当本诸《庄子》“无为可以定是非”(《庄子·至乐》)之说。“无为”者,“无心”也。“无心”云者,大抵不外“彻志之悖,解心之谬,去德之累”(《庄子·庚桑楚》),凡此等等。《管子》这里则直言“去知与故”。自我一旦从“知与故”之累中解脱出来,则将“不怵乎好,不迫乎恶”,如此,在对世界的观照中,能够“舍己以物为法”、“无益无损”(《管子·心术上》),从而得见世界万物之本然。

关于心之“虚”、“静”,前文论之已繁。大抵不外消除主观成心造作之蔽以显现心灵本然之虚灵明觉。此一心灵本然之虚灵明觉,庄子或称之为“莫若以明”之“明”,或称之为“虚室生白”之“白”,其义一也。唯此“虚灵明觉”之说,是则是矣,只是说得太过浑沦(形式化)。欲做一玲珑(落实)之理解,则须就其发用处着眼——“亦因是也”(《庄子·齐物论》)。就此而言,《管子》的“静因之道”显然是庄子认识论的进一步展开。在此,心之观物如明镜之悬,物来则照,物去不留(“不将”、“不迎”),不加一毫,亦不减一毫(“无益无损”),事物之丑妍、是非,一如其本然,而无丝毫主观忧戚造作于其间(“舍己以物为法”)。而人为造作之种种情态一旦消解,心灵之本然之虚灵明觉则自然得以朗照、显现。如此,一方面,我们以此可以观照到世界万物之本然,另一方面,在事物的来去变化之中,我们不必盲目地忧戚喜怒于其间,从而得以“与物为春”、“胜物而不伤”。由此,我们再一次地体会到,庄子所关切者的确不在客观性的知识,而是一种主体自我的生命智慧。

六　余　论

在庄子哲学中,对知识的探讨以安身立命的生命问题为内在的理论关切。质言之,庄子之关注知识问题,所寻求的与其说是客观性的知识,毋宁说是一种主体性的智慧。在庄子,“有真人而后有真知”,照此一理论进路,作为合理观照世界(“真知”)的主体保证,自我心灵的心灵修养(“真人”)自然也就成为了必要。庄子意义上的心灵修养以心灵虚静、澄明的精神状态为目标和关切,在这种状态之下,“至人之用心若镜,不将不迎,应而不藏,故能胜物而不伤”(《庄子·应帝王》),人的心志内敛、不刻意、不造作、无成心、无思虑,不将不迎,顺乎自然。这当然不同于儒家的心灵修养,但这种不同主要还不是体现在具体的修养节目方面,更重要的是,二者在基本关切和价值取向上原本就存在着根本分际。儒家的心灵修养具有鲜明的道德人格的价值取向。而照庄子的心灵修养,所达致的则是一种宁静、淡泊的心境,一种达观、平和的人生处世态度和胸襟,一种超越于日常所谓的道德层面的精神境界。质言之,照今天眼光看,庄子的心灵修养所关切者更近于一种非道德(unmoral)意义上的心理健康和精神境界。

如所周知,冯友兰先生论及中国哲学境界观,尝有自然境界、功利境界、

道德境界、天地境界四层次说,[①]而尤以天地境界为最高之境界。如其所云:

> 境界有高低。此所谓高低的分别,是以到某种境界所需要的觉解为标准。其需要觉解多者,其境界高;其需要觉解少者,其境界低。……天地境界,需要最多地觉解,所以天地境界,是最高底境界。至此种境界,人的觉解已发展至最高程度。至此种程度人已尽其性。在此种境界中底人,谓之圣人。圣人是最完全底人,所以邵康节说:“圣人,人之至者也。”[②]

照冯先生的看法,基于其基本的责任和担当精神,儒家心灵修养的基本取向在于其中的道德境界,而作为道家生命哲学代表的庄子的心灵修养则在乎其中的天地境界。今人论庄子,多有援引冯说以论证庄子的德高于儒家道德学说者。应该说,这种理解是片面的,冯先生尽管将庄子判为天地境界,但同时强调儒家有儒家意义的天地境界——在儒学的宋明理学阶段,这一点在理论上就发展得尤其成熟,晚近的学者对此已有深刻的揭示和论述。[③]事实上,出于性之所近、才之所长之个体差异,不同的学者自然会对不同理论取向的哲学思想表现出特别的契合。然而,基于自我特别的契合(偏好),进而在儒道孰优孰劣的问题上大费周章似乎就不足取了。事实上,此一“自贵而相贱”的态度不正是庄子所要摒弃的吗?

---

① 冯友兰:《新原人》,北京:三联书店,2007年,第43—61页。

② 同上书,第50页。

③ 关于这一点,可参看陈来:《有无之境——王阳明哲学的精神》,北京:人民出版社,1991年,第193—276页;以及彭国翔:《良知学的展开——王龙溪与中晚明的阳明学》,北京:三联书店,2005年,第170—227页。

The Character of Zhuangzi's Epistemology and Its Significance of Mind-cultivation

Wang Kai

Abstract: Zhuangzi doubts strongly on the possibility of grasping the truth relying on language, and reveals profoundly the relativity of knowledge and value. However, Zhuangzi did not therefore leading to a devastating conclusion: to grasp the truth is impossible. According to Zhuangzi, knowledge and value of course is relative, however, this relativity is transcendence. How to go beyond the relativity of knowledge and values and to grasp the truth? Here, Zhuangzi is not to resort to purely theoretical speculation, but turned to the cultivation of the principal's own mind, and thus launched a unique non-moral sense of the spiritual practice approach.

Key words: Zhuangzi(庄子), Knowledge, Language, Value, Life, Mind-cultivation

《七纬(附论语谶)》

[清]赵在翰 辑,钟肇鹏、萧文郁 点校

北京:中华书局,2012 年 9 月第 1 版

兴起于前汉哀、平之际的谶纬,对后汉经学与政治有着重要的影响。鉴于其对经学、政治所产生的负面影响,魏以后朝廷下诏禁绝,许多经学家也持鄙弃的态度(《易纬》则可算作例外),因而谶纬不断散佚。至明初,陶宗仪《说郛》开谶纬辑佚的先河,其后有明代杨桥岳《纬书》、孙瑴《古微书》。清代开四库馆,馆臣从《永乐大典》中辑得《易纬》八种,是为清代谶纬辑佚之始。其后殷元正、黄奭、乔松年、马国翰等对谶纬做了更为完备的辑佚。赵在翰则谨守纬淳谶杂之说,在馆臣所辑《易纬》基础上,严格按照《后汉书·樊英传》所列 35 篇目,专辑纬书;《易纬》由于是钦定,不容增损,故多出《乾坤凿度》、《乾元序制义》两种,共计 37 种。加上书后《七纬叙录》《叙目》,全书共 38 卷。嘉庆九年成书付梓之后,阮元告知《开元占经》及《五行大义》中有未辑录者,故在每种之后列《补遗》(《易纬》亦无《补遗》),于嘉庆十四年告成。

赵在翰的《七纬》成书较早,选择精严,以后的许多辑佚都在此基础上进行补充、增损、讨论。上世纪 90 年代,齐鲁书社出版《齐文化丛书》,其中有《七纬》。此次点校所用的底本,为嘉庆十四年侯官赵氏小积山房刊本,以反映出《七纬》的全貌。《七纬》引《太平御览》等类书之处,点校者也注明卷次。另外,又据《玉函山房辑佚书》,后附《论语谶》。本书的出版,相信有助于对谶纬文献及其辑佚,以及两汉学术、政治的研究。(白辉洪)

哲学门(总第二十七辑)
第十四卷第一册
北京大学出版社,2013年7月

阳明心学之"心"的结构分析

陈清春*

提　要:王阳明心学理论中的心是包括认识主体在内的实践主体,实践主体的活动表现为各种意识行为,意识行为的本质就是指向或构造意识对象的意向性。意识行为主要有感知、感受、理性和意志四种行为类型,它们分别构造自己的行为对象,即存在物、价值物、知识、目的。四种意识类型之间的结构关系有奠基关系或平行关系,其中,感知与感受的平行关系、意志与理性的目的与手段关系决定了王阳明道德哲学的本质特征。

关键词:心　实践主体　意识行为　道德哲学

"心"是王阳明哲学中最核心的概念,他说:"圣人之学,心学也"①,肯定尧、舜、禹、孔诸圣人所传之学是心学,他认为自己就是这一学统的承担者与继承人。在"身之主宰便是心,心之所发便是意,意之本体便是知,意之所在便是物"②所涉及的"身、心、意、知、物"五个心学理论重要概念中,"身、意、知、物"都是围绕"心"这一概念展开的,都是从不同的角度对"心"概念的含义揭示。

---

* 陈清春,1966年生,山西大学哲学社会学学院副教授。

① 王守仁:《王阳明全集》,上海:上海古籍出版社,1992年,第245页。

② 同上书,第6页。

一 心的主体性

“身之主宰便是心”是从身心关系的角度揭示“心”的主体性。《大学问》:

> 何谓身?心之形体,运用之谓也。何谓心?身之灵明,主宰之谓也。①

《传习录》:

> 耳目口鼻四肢,身也,非心安能视听言动?心欲视听言动,无耳目口鼻四肢亦不能,故无心则无身,无身则无心。但指其充塞处言之谓之身,指其主宰处言之谓之心。②

> 这视听言动皆是汝心:汝心之视,发窍于目;汝心之听,发窍于耳;汝心之言,发窍于口;汝心之动,发窍于四肢。若无汝心,便无耳目口鼻。所谓汝心,亦不专是那一团血肉。若是那一团血肉,如今已死的人,那一团血肉还在,缘何不能视听言动?所谓汝心,却是那能视听言动的。③

人是身心不可分割的统一体。身是由耳目口鼻等器官构成的可见形体,是视听言动等功能所依赖的物质载体;心则是通过身体的视听言动功能所体现的不可见的主宰作用,心的主宰作用表现为对身体之视听言动的发动、承担、支配和决定作用,即精神性的主体能动作用。视听言动虽然是耳目口鼻的物质功能,但它们所体现的却是心的精神作用。没有心的精神作用也就没有身体视听言动的物质功能,耳目口鼻也就不成其为耳目口鼻,故曰“无心则无身”;同样,耳目口鼻是表现心的主体作用的身体孔窍,没有身体提供的形体孔窍也就无从体现心的主体作用,故曰“无身则无心”。可见,“身之

① 王守仁:《王阳明全集》,第 971 页。

② 同上书,第 90—91 页。

③ 同上书,第 36 页。

主宰便是心”是通过心对身的主宰作用来说明心首先是精神性的主体。可是心的主体性指什么主体呢?《传习录》下:

> 《大学》之所谓身,即耳目口鼻四肢是也。欲修身,便是要目非礼勿视,耳非礼勿听,口非礼勿言,四肢非礼勿动。要修这个身,身上如何用得工夫?心者身之主宰,目虽视而所以视者心也,耳虽听而所以听者心也,口与四肢虽言动而所以言动者心也,故欲修身在于体当自家心体,常令廓然大公,无有些子不正处。主宰一正,则发窍于目,自无非礼之视;发窍于耳,自无非礼之听;发窍于口与四肢,自无非礼之言动:此便是修身在正其心。①

视听言动乃就“目非礼勿视,耳非礼勿听,口非礼勿言,四肢非礼勿动”而言,也就是针对道德行为而言,因此心的主体性首先是指道德实践主体,它是一切道德行为的所以然根据;而视听言动的道德行为之中无疑还涵摄着耳目口鼻的感知作用,因此道德实践主体中还涵摄着认识主体,它们是同一主体的不同层面,前者兼摄后者。由于王阳明所说的实践活动或行为并不局限在道德实践领域,还泛指读书之类的非道德的一般行为,所以心的主体性乃是泛指一切人类行为的实践主体。

实践主体的行为实质上是意识行为,“心之所发便是意”就是从心意关系的角度,揭示“心”的活动及其活动方式是各种类型的意识活动。意识活动是构成人之主体性的存在方式,它表现为不同类型的意识行为,如王阳明提到的“志”、“念”、“意”、“情”、“知觉”、“思虑”等概念都是含义有别的意识行为方式,他说:

> 自朝至暮,自少至老,若要无念,即是已不知,此除是昏睡,除是槁木死灰。②

念是一种自觉性意识行为,是构成主体性存在的一种意识行为方式,只有在失去意识自觉性的昏睡时刻或完全丧失意识的情况下才会出现“无念”的现象,这时人也就失去了主体性的作用,因为此时他已经丧失了主体主宰作用

---

① 王守仁:《王阳明全集》,第 119 页。

② 同上书,第 35 页。

的能动性和决定性,可见人的主体性依赖于自觉的意识行为。

无论是自觉的意识行为还是不自觉的意识行为,都拥有共同的本质——意向性,"意之所在便是物"在阐明物的存在论根源的同时,还揭示了所有意识行为的意向性本质。胡塞尔的现象学理论认为,意向性标志着所有意识的本己特性,即:所有意识都是"关于某物的意识",而"关于某物的意识"就是意识指向或构造某物,也就是说,某物是由意向行为所意指或构造的意向对象或意向相关项。① 王阳明"意之所在便是物"的命题准确地揭示了所有意识都具有的意向行为——意向相关项结构的意向性本质,他说:"意未有悬空的,必着事物"、"有是意即有是物,无是意即无是物",②指出意识指向事物与构造事物的必然性。例如,他说:

> 意之所在便是物,如意在于事亲,事亲便是一物。③

这里的"意"泛指一般意识,它的意向性本质所意指或构造的意向对象就是"物",即"事亲"这一实践客体。作为实践主体的"意"与作为实践客体的"物"的关系就是意向行为与意向对象的关系,它们构成了意识的一般本质。除一般性的意识行为主体及其客体外,其他如知觉、好恶、思虑、意念等所有具体的意识行为也都具有这一本质。王阳明正是从这一本质出发悬置了"物"的超越性存在设定而将之理解并规定为意识所建构的意向对象,从而展开了一场儒家思想发展史上的哲学革命,因此,"意之所在便是物"的提出不仅是他心学理论的最突出的特征之一,而且是他得以对抗朱子庞大的思想体系最重要的理论支点。

二　四种主要意识行为类型

心的主体性、活动性、意向性体现在各种具体的意识行为中,具体的意识行为虽繁杂多样、变化莫测,但其类型却大致可分为感知行为、感受行为、理性行为、意志行为四个主要类型。这四个主要类型基本上可以涵盖历史

---

① 参见倪梁康:《胡塞尔现象学概念通释》,北京:三联书店,2007年,第251—253页。

② 王守仁:《王阳明全集》,第91、47页。

③ 同上书,第6页。

上其他的分类，如柏拉图的理性、激情、欲望，朱子的知觉、情、欲、意、志，以及现在通常的分类，如认识与实践、知情意等，因此只有深入分析这四种意识行为类型才有可能全面把握王阳明论“心”的细微隐曲之处。

首先是感知行为。《传习录》下：

> 心不是一块血肉，凡知觉处便是心，如耳目之知视听，手足之知痛痒，此知觉便是心也。①
>
> 目无体，以万物之色为体；耳无体，以万物之声为体；鼻无体，以万物之臭为体；口无体，以万物之味为体。②

感知是对万物的颜色、声音、嗅味、滋味、痛痒等属性的知觉，颜色等属性就是感知的意向性行为所构造的意向对象，在此可称为感知内容。

根据胡塞尔的感知现象学理论，感知是意识通过统摄感性材料并赋予其意义从而构造感知内容或对象的意识生成活动。③ 每一个具体的感知实际上都是由“原本的”和“非原本的”两部分组成，前者是体现的部分，是对感觉材料的直接体验，例如被看到的桌子的正面；后者是共现的部分，却没有感觉的直接体验，例如未被看到的但在感知中一同被给予的桌子的背面。④ 从发生现象学的角度看，感知的原本部分是原初的被动发生，感知的非原本部分是第二性被动发生，即由经验积淀而成的习性，感知的原初被动发生所构成的是作为体验的原初统一的原综合或原现象，原现象通过习性的统摄作用被区分为内感知和外感知两个领域以及两个领域内部相互区别和联结的各感知内容，同时它们又被习性意识为具有存在设定的对象，从而形成内在的自身经验和外在的周围世界经验，因此就形成了一个感性的存在物的世界。⑤

王阳明“目无体，以万物之色为体；耳无体，以万物之声为体；鼻无体，以万物之臭为体；口无体，以万物之味为体”中的“体”不是器官实体性存在，而

---

① 王守仁：《王阳明全集》，第121页。
② 同上书，第108页。
③ 参见倪梁康：《胡塞尔现象学概念通释》，第61页。
④ 同上书，第503页。
⑤ 同上书，“被动性”、“习性”，第332、209页。

是感知行为通过统摄色、声、臭、味等感性材料构成的作为色、声、臭、味等感知内容的意义存在,即“意之所在便是物”之“物”。具体地说,“万物之色”的“色”是体现性内容,“万物”是共现性内容,前者是依据当下感性体验构成的原本感知,后者是习性统摄作用构成的非原本感知,由于习性是经验的积淀,因此归根到底是过去构成的原本感知;同时,作为感知内容的“万物之色”在日常生活中被习性赋予了存在性,从而被意识为外在于意识的超越性存在。与此相同,“万物之声”、“万物之臭”、“万物之味”也是如此被感知行为构成并被意识为外在的客观存在,所有这些现实的和可能的感知内容就构成了一个外在的客观世界,再加上由内感知所构成的内在世界,就构成了一个结构完整的存在物的世界。

其次是感受行为。感受是自孔孟以来儒家道德哲学关注的主要内容,感受有感受本体与感受现象之分,孔子的仁、孟子的性以及王阳明的良知皆属感受本体,而饥寒痛痒、喜怒哀乐、恻隐羞恶等王阳明所涉及的各类感受则属感受现象,在这里我们所考虑的就是这些表现为欲望、情绪、情感等感受现象的感受行为。

与感知类似,感受行为是意识通过统摄感性材料构成感受内容或对象的意识生成活动,只不过所生成的对象不是存在物而是价值物,价值物同存在物一样也是意识构成的意义对象而不是超越于意识之外的对象。每一个具体的感受内容都有“原本的”和“非原本的”两部分,“原本的”内容是体现的部分,“非原本的”部分是共现的内容。前者是对感性材料的直接体验,感受的意义内容完全被感性材料充实,属于原初被动发生的内容,具有直观自明性和绝对的客观性;后者缺乏感性材料的直接充实,没有当下感性材料的体验,属于第二性被动生成的内容,其所共现的是主体习性中积淀的直接的或间接的感受经验,只有相对的客观性而没有绝对的客观性。主体的自我意识将各类被动性的感受行为所构造的感受内容都或明或暗地意识为外在于意识的客观价值,由此形成一个感性的价值物的世界。这个世界除了现实可感的价值物外还包括可能的潜在可感的价值物,如舍勒所说:“正如我们每时每刻都意识到我们知道很多的东西——但却并不现实地拥有这些知识——一样,而且正如我们意识到我们不知道许多可知的东西一样,……我们也将许多的价值感受为这样的价值:它们为我们所了解,并且属于我们的价值世界,并且还有无限多的存在者,但却从来没有或永远不会被我们感受到的价值。”①

感受内容或感受对象作为价值物同样属于“意之所在便是物”之“物”的领域,王阳明也特别重视感受内容的原本性与非原本性,他常引用《大学》释“诚意”之“如好好色,如恶恶臭”的比喻说明原本感受。人们见到“好色”、闻到“恶臭”的当下感受体验就是意识所生成的原本感受,而人们在当下感受体验时又将习性里的经验内容统摄到其中构成非原本感受,前者是价值物的绝对客观的体现性内容,后者是价值物的相对客观的共现性内容,如闻到臭豆腐气味之“臭”时也会共现出其曾经尝过的滋味之“香”,见到美人之“美”时也会共现其以往行径之“陋”,所以对于原本感受内容的“好恶”就是“诚意”,反之则是“私意”。在道德情感领域,感受的原本性与非原本性更为明显,如孟子论“不忍人之心”:“所以谓人皆有不忍人之心者,今人乍见孺子将入于井,皆有怵惕恻隐之心,非所以内交于孺子之父母也;非所以要誉于乡党朋友也;非恶其声而然也”②,见孺子将入于井时原发的“怵惕恻隐之心”就是原本感受,而不是“内交于孺子之父母、要誉于乡党朋友”的外在动机或“恶其声而然”的非原本感受。由此可见习性在感知和感受中的作用有区别:在感知中,习性的共现作用必然与原本感知同时发生;在感受中,习性的作用往往后于原本感受,这是因为感受往往先于感知被给予,而习性在感受中的作用依赖于感知。同存在物一样,由原本感受与非原本感受构成的价值物也形成了一个与存在物世界并存的价值物的世界。

第三是理性行为。胡塞尔将意识生成行为区分为原初被动发生、第二性被动发生和主动发生三个类型,主动发生的构成物奠基于被动发生的构成物,③理性行为属于主动发生,其所构成的意向对象是以概念、判断为主要内容的人类知识。他说:“真正说来只存在有一种理性,它判断并且说明判断的理由,各种各样理性类型的区别只取决于各种各样的判断范围的质料的特殊性”④,理性行为主要是判断及其推理或论证,根据其判断范围的三个

① 舍勒:《伦理学中的形式主义与质料的价值伦理学》,倪梁康译,北京:三联书店,2004年,第296页。

② 《孟子·公孙丑上》。

③ 参见倪梁康:《胡塞尔现象学概念通释》,“被动性”、“主动性”、“综合”,第332、23、456页。

④ 胡塞尔:《伦理学与价值论的基本问题》,艾四林、安仕侗译,北京:中国城市出版社,2002年,第71页。

质料领域,即感知存在、感受价值、意愿动机,判断区分为存在判断、价值判断、应当判断三大类型,它们的成果就是知识。

知识一旦产生就成为历史性的,在历史中积累下来的知识形成人类的知识世界或文化世界,这是人与人类社会赖以生存和发展的必要前提。王阳明特别重视价值判断的真实性问题,强调价值判断的真实性在于良知的当下体验,反对价值判断的历史权威性。《答罗整庵少宰书》:

> 夫学贵得之心。求之于心而非也,虽其言之出于孔子,不敢以为是也,而况其未及孔子者乎!求之于心而是也,虽其言之出于庸常,不敢以为非也,而况其出于孔子者乎![1]

价值判断的真实性取决于内心的真实感受,而不取决于知识,无论知识是否来自权威,由于真实的价值判断又决定了动机的公私、善恶、理欲等应当判断,他据此反对当时流行的记诵、辞章、训诂之学,说:"记诵之广,适以长其敖也;知识之多,适以行其恶也;闻见之博,适以肆其辨也;辞章之富,适以饰其伪也。"[2]他甚至说:"始皇焚书得罪,是出于私意,又不合焚六经。若当时志在明道,其诸反经判理之说,悉取而焚之,亦正暗合删述之意。"[3]此外,人的才能主要表现在理性行为上,因此德才关系也是王阳明师生间时常讨论的一个话题,如良知与见闻、成色与分量、器与不器等问题。

第四是意志行为。心是实践主体,广义的实践主体指包括感知、感受、理性、意志等意志行为在内的心灵整体,狭义的实践主体仅指意志这一属于主动发生行为的意识。意志是将意愿或动机抉择为实践的目的并通过实践活动使之得以实现的意识行为,它所构成的意向对象就是作为实践目的的未来的、有待实现的观念价值,它的主要特点是抉择的自主性、自由性以及实现过程的能动性,集中体现了心对身的主宰作用。

人的行为都是有目的的,由于繁杂多样的人类行为的目的有大小、远近、隐显之不同,因此决定与实现它的意志相应地也有趋向高下、品位优劣、力量强弱之或异,而意志的特点表现为人的气质与人格。王阳明特别强调

① 王守仁:《王阳明全集》,第76页。

② 同上书,第56页。

③ 同上书,第8页。

“立志”，即：人首先要确立终身以求的人生目标——圣人人格。《示弟立志说》：

> 夫学，莫先于立志。志之不立，犹不种其根而徒事培拥灌溉，劳苦无成矣。世之所以因循苟且，随俗习非，而卒归于污下者，凡以志之弗立也。故程子曰：“有求为圣人之志，然后可与共学。”人苟诚有求为圣人之志，则必思圣人之所以为圣人者安在？非以其心之纯乎天理而无人欲之私欤？圣人之所以为圣人，惟以其心之纯乎天理而无人欲，则我之欲为圣人，亦惟在于此心之纯乎天理而无人欲耳。欲此心之纯乎天理而无人欲，则必去人欲而存天理。务去人欲而存天理，则必求所以去人欲而存天理之方。①

对于一个从事圣人之学的人来说，立“求为圣人之志”应是他最先的抉择，也是他人生中最重要的抉择，他的一切言行都要以之为最终目的，这决定了他的人格是高尚还是污下、心灵是强大还是懦弱、精神是自由的还是为物所役的，而追求与实现这一目的的途径就是保证他的行为动机“纯乎天理而无人欲”，因为圣人之所以是圣人就在于“其心之纯乎天理而无人欲之私”，因此，如果他的每一次行为的动机都是“纯乎天理而无人欲”，那么他就是一个圣人，而圣人人格就体现在每一次这样的行动中。

三　意识类型之间的结构关系

意识的这四种基本行为类型虽然各有其独特的本质与功能，但相互之间还存在着密不可分的结构关系，即：它们相互之间是奠基与被奠基关系还是平行关系？以及各行为功能之间有什么样的相互作用关系？根据它们的本质特征，我们需要考察以下四个关系：感知和感受、感知感受和理性、感知感受和意志、理性和意志。

（一）感知和感受的关系

胡塞尔把所有的意识行为划分为客体化行为和非客体观化行为两类：

---

① 王守仁：《王阳明全集》，第259页。

客体化行为是指包括表象、判断在内的逻辑—认识的智性行为,它们是使客体或对象得以被构造出来的行为;而非客体化行为则意味着情感、评价、意愿等等价值论、实践论的行为,它们不具有构造客体对象的能力;非客体化行为奠基于客体化行为之上。[①] 由于感知属于客体化行为,感受属于非客体化行为,所以感受奠基于感知,以感知构造的对象为基础。问题是:如果感受必须依赖于感知构造的对象而不能构造自己独立的对象,那么意识的意向性本质就只能是"指向"对象而不能是"构造"对象,因为意向性应当是所有意识的本质;如果感受不能直接统摄感性材料建构自己独立的感受对象而必须依赖于感知对象的话,那么感受就失去了感性的直接体验,不成其为感受了,因为感受的含义包含着它必须是感性的,如果感受以感知为中介,而感知构造的对象是观念性的意义存在,那么感受只能是观念性的间接感受而不是作为所有感受基础的体现性的直接感受。其结果是:一方面,感受行为必须伴随着感知行为才能出现,并且它只能同时或后于而不能先于感知行为,因此感受不仅不具有感知的独立性而且不具有感知的原初性;另一方面,感受内容依附于感知对象,以感知对象为基础,也就是说,感受内容不具有绝对的被给予性,也就不具有绝对的客观性,因此感受内容只能是经验性的内容而没有感知内容所具有的原本性。

舍勒的感受现象学则认为,感受并不奠基于感知之上,它是独立于感知的意识行为,有自己独立的对象。他说:"感受活动原初地指向一种特有的对象,这便是'价值'。……在意向感受活动的进程中,毋宁说对象本身的世界向我们'开启'自身,只是恰恰从它的价值方面向我们开启。在意向感受活动中常常缺少形象客体,这正表明,这种感受活动自身原本就是一个'客体化的行为',它不需要以任何表象为中介。"[②]舍勒虽然只说到感受原初地指向对象而未说构造对象,但价值作为感受对象无疑具有不依赖于感知对象的原本性,它不仅不以感知对象为中介而且独立于感知对象,自身就具有绝对被给予的客观性,所以,感受行为不仅独立于感知行为而且具有与感知行为同样的原初性,他说:"也不唯独是或仅只是原发的感知姿态,而是一个

① 参见倪梁康:《胡塞尔现象学概念通释》,"客体化行为与非客体化行为",第18页。

② 舍勒:《伦理学中的形式主义与质料的价值伦理学》,倪梁康译,第313—315页。

同时和原发地价值认定的和价值感受的姿态”[①]，这就表明，感受与感知不是奠基关系而是平行关系，[②]而且舍勒认为，感受对象先行于感知对象被给予："如果我们已经把‘感受到某物’与可能形象对象的这个‘某物’联系起来，那么我们就必须说并且能够说：这些形象对象的价值是在先被感受到的，即是说，按照起源法则，它们的价值已经在一个形象对象尚未被给予的阶段上被给予了。”[③]

在感知和感受的关系上，王阳明与舍勒的观点大致相同，认为感受是不依赖于感知的原初的、独立的意识行为。《答顾东桥书》：

> 朱子所谓“格物”云者，在即物而穷其理也。即物穷理，是就事事物物上求其所谓定理者也。是以吾心而求理于事事物物之中，析“心”与“理”而为二矣。夫求理于事事物物者，如求孝之理于其亲之谓也。求孝之理于其亲，则孝之理其果在于吾之心邪？抑果在于亲之身邪？假而果在于亲之身，则亲没之后，吾心遂无孝之理欤？见孺子之入井，必有恻隐之理，是恻隐之理果在于孺子之身欤？抑在于吾心之良知欤？[④]

由于朱子的理学大厦以理气存在论为基础，预设了物的独立存在，心与物之间没有意向性的本质关系，即物的存在是在先的，不依赖于心的指向，更不是心的构造，而他在感知与感受的关系上也没有明确的辨析，所以不宜直接从心的方面讨论朱子对此问题的看法。但从物的方面看，朱子的世界是存在物的世界，没有独立的价值物世界，仁义礼智等价值之理内在于或依附于感性的存在物世界，要把握价值之理就必须以存在物为对象去求取，存在物是感知对象，感知无疑是最基础的意识行为，因此朱子在价值与存在的奠基关系方面与感知的基础地位方面的观点与胡塞尔的观点类似。王阳明批驳

---

① 舍勒：《伦理学中的形式主义与质料的价值伦理学》，倪梁康译，第 239 页。

② 舍勒似乎有把感知奠基于感受的观点，如“我们在这里无法研究自然感知和世界观的建构、儿童语言的含义统一之生成的普遍规律、各大语系的含义划分的差异性与语词及其句法划分在现行语言中的含义推移，而这样的研究将会表明：感受统一与价值统一对各个在语言中表达出来的世界观起着引导的和奠基的作用”（舍勒：《伦理学中的形式主义与质料的价值伦理学》，倪梁康译，第 315 页），但这种观点会产生与胡塞尔把感受奠基于感知的观点同样的问题。

③ 舍勒：《伦理学中的形式主义与质料的价值伦理学》，倪梁康译，第 245 页。

④ 王守仁：《王阳明全集》，第 44—45 页。

朱子的“即物穷理”是“析‘心’与‘理’为二”,认为理不能独立于心而存在,理是孝之理、恻隐之理等价值之理,心是爱、恻隐等感受行为,理与心在“意之所在便是物”的意向关系上是一体不二的,所以孝之理、恻隐之理是感受行为的对象,不依赖于作为感知对象的亲之身、孺子之身;可见,感受是独立于感知的原初性的意识行为,感受对象也具有不依赖于感知对象的独立性和原本性。由此推知,感受与感知的关系在王阳明这里是平行的,不是奠基的。

(二)感知、感受与理性的关系

从意识生成的角度看,所有的意识行为大致可分为被动生成和主动生成两类:被动生成是自然发生的过程,意识在依据直接的感性体验的基础上通过习性的统摄作用生成具有当下时间性的并同时被意识为客观的意向对象;主动生成则是意识以被动生成所提供的意向对象为材料能动地、有目的地生成新的意向对象,所生成的对象被意识为不具有当下时间性的观念对象,其主体内容是对前者的认识;这两类意识行为在实际的生成中往往交织在一起,共同建构起一个主客观的意向对象世界。[①] 因为感知和感受属于意识的被动生成行为,理性属于意识的主动生成行为,所以感知和感受为理性提供了生成所依据的经验材料,理性在此基础上进行判断活动,依据感知对象生成存在判断,依据感受对象生成价值判断,它们构成人类知识的主要内容。在王阳明那里,存在判断主要是依据感知的“见闻之知”,价值判断主要是依据情感感受的“善恶之念”、“恻隐之理”。

反思是一种以意识行为本身为判断材料的理性行为,分为自然反思和哲学反思两种:自然反思是以内在的心理的自然经验为直观材料的理性分析行为,其生成的成果是心理学知识;哲学反思是以意识的先验经验为直观材料的理性分析行为,其生成的成果是关于意识行为的哲学知识;这两种反思的本质区别在于其对象是否经过现象学的还原。[②] 哲学反思的对象如果是以感知为基础的认识行为,那么反思的成果就是认识论;哲学反思的对象如果是以感受为基础的情感和意志行为,那么其成果就是价值论和实践论。

---

① 参见倪梁康:《胡塞尔现象学概念通释》,“发生现象学”,第349页。

② 同上书,“现象学反思”,第410页。

哲学反思是展开哲学思想活动的一种根本性方法,在哲学思想的形成中起着奠基性作用,如王阳明“心之所发便是意”、“意之所在便是物”、“正其不正以归于正”等重要观点都是其成果,但中国儒释道哲学的根本方法是对超越存在的逆觉体证,不是对意识的本质分析,这已经超出了意识及其理性的范围,属于本体认识领域了。王阳明的“致良知”理论的根本方法正是良知本体的直接体验,在此基础上才能建立起其独特的本体认识论和道德实践论,与建立在理性反思基础上的认识论和实践论全然不同。

(三)感知、感受与意志

感知和感受虽然同属于知觉表象,但它们与意志的关系却截然不同。感知是意志不可或缺的必备条件和工具,意志通过感知进行活动,没有感知的意志不仅是盲目的而且是不可能的;感知为意志提供了内外在的客观环境,意志则在此环境中通过改变现有的环境实现自己的目的。因此,意志虽然不能离开感知的作用,但感知却不能直接决定意志的目的方向。

与感知作为知觉仅有知的一面不同,感受作为知觉不仅有知的一面还有行的一面,知与行是构成同一感受行为本质的两个方面[①],王阳明谓之“知行本体”。《传习录》上:

> 未有知而不行者。知而不行,只是未知。圣贤教人知行,正是安复那本体,不是着你只恁的便罢。故《大学》指个真知行与人看,说“如好好色,如恶恶臭”。见好色属知,好好色属行。只见那好色时已自好了,不是见了后又立个心去好。闻恶臭属知,恶恶臭属行。只闻那恶臭时已自恶了,不是闻了后别立个心去恶。如鼻塞人虽见恶臭在前,鼻中不曾闻得,便亦不甚恶,亦只是不曾知臭。……又如知痛,必已自痛了方知痛;知寒,必已自寒了;知饥,必已自饥了:知行如何分得开?此便是知行的本体。[②]

---

① 如张学智先生所说:“在阳明哲学中,知行乃同一活动的两面,如车之两轮,鸟之双翼,不可截然分开。说知即逻辑地包含行,说行即逻辑地包含知。”(张学智:《明代哲学史》,北京:北京大学出版社,2000年,第95—96页)

② 王守仁:《王阳明全集》,第4页。

这里的知主要不是指见闻感知,更不是指观念知识,而是指感受的知觉表象。[①]“好色”之“色”、“恶臭”之“臭”虽属感知的见闻表象,但“好色”之“好”、“恶臭”之“恶”则属于感受的知的一面,而“好好色”之“好”、“恶恶臭”之“恶”就属于感受的行的一面,它们是同一感受的两个方面,没有先后之分,所以王阳明称之为“知行的本体”,强调知行的同体性。他又将同一感受的两个方面称作“感应”。《传习录》下:

心无体,以天地万物感应之是非为体。[②]

感是感受之“知”的方面,应是感受之“行”的方面,感受之感应行为构造了以是非为标记的包含善恶美丑、喜怒哀乐、饥寒痛痒等在内的感受内容世界,即被人们意识为附属于天地万物的价值世界。感受的意向性行为在构造价值对象的同时还有朝向价值的好恶意向,构造意向和好恶意向是同一意向行为,也就是说感受对价值的感受(构造)就是对价值的好恶,因此好恶作为感受之应也是感受的本质体现。

行的含义在广义上可以指一切意识行为,不仅感受是行,感知也是行,如此就取消了知和行的区别;在最为狭窄的含义上仅指表现于外的身体行为,不涉及内在的意识行为,这是日常生活中的含义;在两者之间的就是以感受的好恶为基础的包括意欲、意愿、意志在内的意识行为及其表现于外的言语和身体行为,这是王阳明所意指的含义,也是舍勒所意指的含义。前两种含义不是因为过宽就是因为过窄因而不适宜用来进行哲学反思的意识分析,所以只有最后一种含义成为必然的选择。在此含义上,既然感知的好恶是行为最为本质性的、最具奠基性的含义,那么其他的行为必定以之为基础。

建立在好恶意向之上的行为首先是意欲。舍勒说:“意欲(Wollen)是一个追求,一个内容在这个追求中作为须要实现的内容而被给予。”[③]又说:“现在就会有进一步的问题被提出来:是否有这样一个本质法则,即:只要有一

---

① 王阳明的知在不同的语境中有感知之知、感受之知、知识之知、良知之知等多种含义;同样,他的行也有感受、意欲、动机、良知以及言语、行动等多种含义。

② 王守仁:《王阳明全集》,第108页。

③ 舍勒:《伦理学中的形式主义与质料的价值伦理学》,倪梁康译,第150页。

个追求(在这个阶段上的追求),就会有一个对其目标内容价值组元的感受在为它奠基;……无论如何,这里存在着一个本质联系:对于每一个在追求中被给予的价值来说,总有一个也是在感受中被给予的对此价值之拥有‘属于’它。正因为此,这个被追寻的价值也可以在对这个价值的感受中被认定为是‘同一个’。相反,我们尚未觉得同样明晰的是:每一个追求实际上都还必须以奠基的方式将一个价值感受作为自己的基础。”①他认为,意欲作为一个追求,它的目标在追求中作为须要实现的价值被给予,而这个目标价值与一个在感受中被给予的价值是“同一个”,区别在于前者是尚待实现的价值,后者是现实的价值;此外,舍勒虽然还没有用十分肯定的语气,但显然认为意欲的目标价值奠基在感受的价值上,意欲行为作为一个追求奠基在价值的感受上,也就是说,意欲以感受的好恶为自己的基础。② 意欲行为奠基在感受行为之上,它们的意向对象在价值内容即质料方面是相同的;但是它们作为两种质性不同的意识行为必定具有不同的意向对象,其不同就在于感受行为的意向对象是当下拥有的价值实在,意欲行为的则是以价值图像为形式的价值实在的当下化或再现,它不属于认识行为的想象、回忆或判断的认知图像对象或理性观念对象,而是属于一种指向未来的感受行为的价值图像对象,这种图像对象不是认知图像而是感受图像。

意欲以观念的形式表现在主观意识里就是意愿。意欲还是属于被动性生成行为,其目的具有被给予的客观性,成为人类行为的内在动力,而意愿则已经属于主动性生成行为,是人类行为的动机,即其目的内容已经属于主观性领域了,它虽然是以主观观念的形式反映意欲的客观要求,但由于它同时还受到其他观念、知识、经验的影响,从而往往不能如实反映意欲的要求,即客观的意欲被主观的知识所遮蔽、扭曲,这时意欲对意愿的直接奠基关系

---

① 舍勒:《伦理学中的形式主义与质料的价值伦理学》,倪梁康译,第 44 页。

② 舍勒区分追求与意欲以及追求的目标与意欲的目的,认为前者为后者奠基,是一个独立的意识行为,它们的区别在于追求的目标是否被表象,(舍勒实际上是指目标的形象内容是否被表象、被给予)追求目标只有价值内容被给予,意欲目的既有价值内容又有形象内容,因此意欲是对某个合形象内容的特定之物的意欲,意欲目的奠基在追求目标上。(舍勒:《伦理学中的形式主义与质料的价值伦理学》,倪梁康译,第 45—47 页)其实,表象可以指形象表象也可以指价值表象,不能笼统地以追求目标是否被表象区分两者,而且追求目标和意欲目的的本质因素即价值内容本来就是同一个,以非本质因素的形象内容将它们区分为两种不同的意识行为也没有充足的理由。

用王阳明的话说就是“被私意隔断”了。

因为人们的感受是多种多样的,感受的好恶也是种多样的,因此表现为动机就是多元的。在多元动机中进行抉择并加以实现的意识行为就是意志。意志把它所选择的意愿动机或目的当作自己的目的,在这个意义上,它们可以说是同一个意识行为,但意志还是通过行动实现自身目的的意识行为,这就不是意愿所能具有的,因此意志应当是有别于意愿的独立的意识行为;[①]而且,意志的自主性、自由性、能动性等主体性本质也不是意愿都具有的,可以说,意志就是实践主体,意志的目的就是实践目的。

总的来说,感知和感受都是意志的基础:感知是意志必备的条件,它决定意志的行为方式并为意志的目的提供形象内容;感受是意志的动力和目的的来源,它是直接决定意志方向的价值基础。因此,如果说意志离开了感知是盲目的,那么意志离开了感受就不仅是盲目的,而且还是无根的、无力的、无目的的。

在王阳明那里,感知与意志的关系表现为良知与见闻的关系。《答欧阳崇一》:

> 良知不由见闻而有,而见闻莫非良知之用,故良知不滞于见闻,而亦不离于见闻。……盖日用之间,见闻酬酢,虽千头万绪,莫非良知之发用流行,除却见闻酬酢,亦无良知可致矣。[②]

致良知是以良知为目的的意志行为,良知目的与其现实的价值基础是同一的良知。一方面良知是天赋的存在,独立于见闻感知,不受见闻感知的限制,所以“良知不滞于见闻”;另一方面致良知的意志行为必须以见闻感知为必备条件和场所,通过见闻感知与周围事物打交道以实现自己的目的,所以良知“亦不离于见闻”。

从良知在这里既是感受又同时是意志的目的看,感受无疑是意志的奠基性基础,即良知奠定了致良知的目的、提供了致良知的动力,致良知就是

① 从舍勒关于“意欲做”和“能够做”的论述中,更能清楚地区别意志和意愿的差别,即经过“意欲做”、“能够做”的方式以及其他方式的选择后意愿才能成意志。(参见舍勒:《伦理学中的形式主义与质料的价值伦理学》,倪梁康译,第150—156页)

② 王守仁:《王阳明全集》,第71页。

“良知的发用流行”。但是,王阳明虽然在感受的好恶方面有深刻的认识,肯定好恶是感受的本质并且为意志奠定了最根本的基础,但他却没有清晰地辨别从好恶到意志的意识结构,笼统地用“意”、“念”、“欲”、“志”等概念指称意欲、意愿、意志等意识行为,需要我们根据具体的语境加以辨别。例如,关于“意”,他说:

> 人必有欲食之心然后知食,欲食之心即是意,即是行之始矣。食味之美恶必待入口而后知,岂有不待入口而已先知食味之美恶者邪?必有欲行之心然后知路,欲行之心即是意,即是行之始矣。路岐之险夷必待身亲履历而后知,岂有不待身亲履历而已先知路岐之险夷者邪?①

“欲食之心”、“欲行之心”之“意”在此即是指意欲,“知食”、“知路”则是指意愿,“入口”、“身亲履历”是意志的实现过程,知“食味之美恶”、知“路岐之险夷”是意志目的的实现。又如:

> 盖鄙人之见,则谓意欲温凊,意欲奉养者,所谓意也,而未可谓之诚意。②

这里的“意”是指意愿,意愿由于受主观性影响,动机就有了诚伪之分,王阳明的格物论就是在意愿层面辨别道德动机的诚伪,从而达到为善去恶的实践目的。而他在“意在于事亲”中的“意”则是指意志。

(四)理性与意志的关系

理性和意志都属于主动性意识行为,都以感知、感受为自己的基础,它们之间没有谁为谁奠基的问题,所以它们的关系是相互依赖、相互作用的平行关系;但在平行之中又有主导与辅助的区别,意志是主导的方面,理性是辅助的方面。理性的判断推理活动在意愿动机的形成与意志在各种动机中的选择以及在实现自身目的的过程中都起着十分重要的辅助作用,可以说是意志不可或缺的工具,而理性所产生的知识积累也是意志行为得以可能的先在条件。反过来,意志深刻地影响着理性行为:一方面,意志的方向主导了理性活动的范围,如,以为善去恶为目的的意志与以科学研究为目的的意

---

① 王守仁:《王阳明全集》,第42页。

② 同上书,第48页。

志所主导的理性活动的内容和范围就十分不同;另一方面,意志可以影响理性的能力,如,以训练逻辑判断能力为目的的意志可以提高理性的判断能力,又如,高尚、远大和坚强的意志可以使理性超脱世俗人生的不利影响而得以更好地发挥。

王阳明把意志对理性的主导作用视作道德实践之学的"头脑"。《答欧阳崇一》:

> "致良知"是学问大头脑,是圣人教人第一义。今云专求之见闻之末,则是失却头脑,而已落在第二义矣。近时同志中盖已莫不知有致良知之说,然其功夫尚有鹘突者,正是欠此一问。大抵学问功夫只要主意头脑是当,若主意头脑专以致良知为事,则凡多闻多见,莫非致良知之功。盖日用之间,见闻酬酢,虽千头万绪,莫非良知之发用流行,除却见闻酬酢,亦无良知可致矣。①

致良知是意志的实践目的,作为道德实践活动的"主意头脑",主导着实践的价值方向;多闻多见是理性在知觉基础上的认识活动,作为道德实践活动的"工夫",是道德意志得以实现的条件、途径、方式。意志的实现离不开理性的辅助,所以说"除却见闻酬酢,亦无良知可致矣";理性也离不开意志的价值主导,否则实践就会"失却头脑",不成其为致良知的道德实践了。道德实践中,关键是"主意头脑是当",在这里就需要理性的积极作用。《传习录》上,徐爱问:"如事父一事,其间温凊定省之类有许多节目,不亦须讲求否?"阳明答曰:

> 如何不讲求?只是有个头脑,只是就此心去人欲、存天理上讲求。就如讲求冬温,也只是要尽此心之孝,恐怕有一毫人欲间杂;讲求夏凊,也只是要尽此心之孝,恐怕有一毫人欲间杂:只是讲求得此心。②

意志是否是道德的,在于道德动机是否是真实的,道德动机的真实性需要理性的"讲求",即根据理欲之辨判断动机究竟是天理还是人欲,从而选择天理、去除人欲。同样,在意志的实现过程中也需要理性的帮助。《答顾东桥书》:

---

① 王守仁:《王阳明全集》,第 71 页。

② 同上书,第 3 页。

见孺子之入井，必有恻隐之理，是恻隐之理果在于孺子之身欤？抑在于吾心之良知欤？其或不可从之于井欤？其或可以手而援之欤？是皆所谓理也。[①]

“不可从之于井”、“可以手而援之”的道理是理性根据常识做出的判断，用以指导人们如何具体地展开实践。这些道理虽然出于常识，但理性活动在此服务于意志的目的并体现了意志的目的，所以出于常识的道理作为道德实践的手段也体现了出于良知的作为道德实践根据的“恻隐之理”。不过，虽然发源于“恻隐之理”的道德实践必须通过理性的活动才能实现，但“恻隐”之“理”与“不可入于井”、“可以援以手”的“理”并不相同，阳明对此不加分别是不恰当的。

理性的判断有正确与否的差别，正确的判断必须有正确的前提，错误的前提必然得出错误的结论。在王阳明的道德哲学里，正确的道德判断建立在良知的当下感受上，错误的道德判断主要是由于它的前提建立在外在的知识和以往的经验上，因为知识和经验都离开了当下的感受体验，由之得出的判断不能反映道德的内在根据，所以由于它遮蔽了真实的道德动机从而做出错误的选择。这是王阳明极为重视的一个问题，他的许多理论创新皆就此而发，如“知行合一”的宗旨即针对朱子“知行相分、知先行后”理论将道德实践的基础建立在理性认识的前提上，他说“我如今且去讲习讨论做知的工夫，待知得真了方去做行的工夫，故遂终身不行，亦遂终身不知”[②]，指出这样的道德认识不是真正的道德认识，因而不会有真正的道德实践。

此外，需要说明的是，意志和理性的主导与辅助、目的与手段的关系是普遍性的，不仅存在于道德实践中而且存在于其他非道德活动中，如科学研究、艺术创作等活动。

四 结 语

从以上分析可以看出，心的主体性主要体现在意志的自由抉择上，因为

---

① 王守仁:《王阳明全集》,第 45 页。

② 同上书,第 4—5 页。

王阳明的道德哲学设定的前提是人们要有追求道德的主观动机,否则就不是道德问题了。而看一个人的行为是否是道德的,就看他的意志选择是否是正确的。意志选择的正确性在于他所选择的道德动机是真实的,而道德动机的真实性在于良知感受的真实性,所以王阳明不遗余力地强调良知感受的先天性、自然性、绝对性,即感受作为意志的奠基性基础是独立于感知的原初性意识行为,不依赖于感知。与此相关,他反对理性对意志的支配作用,不仅认为理性必须在特定意志的主导之下活动才具有与此意志的目的相关的价值,而且认为理性对道德动机的判断标准不能依据以往的经验和知识,无论它们是否出自权威。在这个问题上,他既反对朱子对存在判断、价值判断、应当判断不加区分的观点,也与康德以理论理性和实践理性的二分法处理存在判断和应当判断不同;而是采用意志和理性的主导与辅助关系,即目的与手段关系,意志作为实践的目的头脑通过理性活动实现自己,理性作为实践的工具手段包含了所有类型的判断在内,它们只是理性的不同判断内容,不是性质不同的理性。其实,理性只是一个理性,就其成就知识而言可谓之知识理性,就其作为实践的工具而言可谓之工具理性;没有必要增加实践理性或者价值理性与之相对。

Analysis on the Structure of Mind of Wang Yangming's Theory

Chen Qingchun

Abstract: The mind of Wang Yangming's theory refers to practical subject, which also includes cognitive subject. Activities of it are functions of consciousness actually. The nature of functions of consciousness is an intentionality which directs or constructs objects. And these actions are classified as four types: perception, feeling, reason and will. They construct their own objects respectively, namely, being, value, knowledge and purpose.

The relationships of four actions consist of attachment and parallel. Among them, the parallel between perception and feeling and the end-means relation between will and reason are the key to determine essential characteristics of Wang Yang-ming's moral philosophy.

Key words: mind, practical subject, functions of consciousness, moral philosophy.

《马克思主义与历史学》

〔英〕S. H. 里格比 著,吴 英 译

南京:译林出版社,2012 年 5 月第 1 版

作者里格比在《马克思主义与历史学》一书中围绕生产力与生产关系、经济基础和上层建筑的关系对马克思的历史唯物主义进行了全面深刻的探讨,介绍了两种西方现有的解释体系。一种是以科恩为代表的传统解释模式,这种解释模式以“生产力的水平解释社会生产关系的性质”、“社会生产关系的性质决定社会上层建筑的性质”为核心命题;另一种是里格比在本书中提出的替代性解释模式,认为应以“生产关系在整个历史解释中居于首要地位”为核心命题,如此对于指导历史研究才更有价值。

围绕上述观点,本书的第一部分通过考察马克思的著作,确定了“生产力决定论”的内涵及其来源;第二部分提出了关于生产力和生产关系之间关系的替代性解释;第三部分评估了马克思历史唯物主义中有关基础和上层建筑理论的价值。里格比认为,马克思的思想遗产是模糊的,对历史唯物主义做功能解释并不能回应对它的各种质疑,正确的解读应该是强调社会生产关系而不是生产力具有首要性,强调经济基础不仅包括生产关系,还包括那些发挥生产关系功能的政治和意识形态因素。(王 姣)

哲学门(总第二十七辑)
第十四卷第一册
北京大学出版社,2013年7月

心之藏

——王夫之对儒佛心理思想的辨析*

肖建原①

提　要:王夫之注意到,传统儒家实现道德修养目标的心理活动及其认识过程具有不致密性的缺陷。他继承了从孔孟到张载关于心的基本观点,通过辨析和取舍佛教唯识学细致的心理分析理论,从心之藏的心理认识过程和思想内涵方面,梳理和阐释儒家上下相通的完整思维过程。王夫之在心理认识过程的操作性与实现道德修养目标超越性方面,提炼出正心、存心、养心与尽心的心理思想体系,解决援佛入儒的认识矛盾,构建了包含操作性与超越性的儒家心理认识的圆融体系。

关键词:心之藏　心理认识过程　操作性　超越性　援佛入儒

局限于"天人气化"的思维方式,传统儒家在论证道德修养过程中,始终没有提出具有明确操作性的、内涵清晰的定义。与佛教相比,儒家对修养主体心理活动与认识过程的分析,显得粗疏模糊,没有提炼出具有逻辑性和致密性的心理过程。宋明理学强于形而上的哲学思辨,注重修养工夫对道德主体的重要性,也认为指导修养实践的认识过程始终是求圣之道的重要方面,受到佛教,尤其是唯识认识思想的影响,在援佛入儒的理论建构中,传统

* 肖建原,1970年生,陕西师范大学宗教研究中心讲师。

① 本文为2010年陕西师范大学中央高校基本科研业务费项目"明末儒家对佛道思想的研究及其理论成果"(Supported by Fundamental Research Funds for the Central Universities)(10SZYB12);2011年度教育部哲学社会科学研究重大攻关项目"儒释道三教关系史研究"(11JZD005);2011年国家社会科学基金后期资助项目"三教合一"之心——王夫之佛道思想研究(11FZX014)阶段成果。

儒家也承认并重视对心理认识活动过程的论证,张载强调了儒家道德目标"不可阶而升"之认识过程的重要性,他说:"大人望之,所谓绝尘而奔,峻极于天,不可阶而升者也。"(《张载集·正蒙·大易篇》)王夫之宗张载,对心理认识活动的操作性和过程性要求有明确的意识,对立足于修养的心理活动与认识过程的分析更加系统和全面,他说:"大人闲邪存诚而后光辉达,故不能测圣之藏。"[①]儒家圣人所藏的内涵丰富,不能一蹴而就,辨析佛教异端而"闲邪",通过认识过程与修养实践达到圣人道德本体而"存诚",这就是"光辉达"的阶梯认识过程。

一 儒佛之辨与"心之藏"

王夫之认为,儒家之心既是认识宇宙生化与道德规律的思维活动主体,也是指导修养实践并实现修养目标的道德载体,心理认识活动的思维过程与主体道德目标不能分割。通过对佛教,尤其是法相唯识心理思想的取舍,王夫之站在儒佛相通于"心"的立场上,通过对心理活动及其认识过程的分析,力求揭示儒家"心之藏"的丰富思想内涵与完整的思维活动过程。他的目的在于,避免上下贯通的儒家思想体系由于缺少操作性认识过程的论证而支离破碎,进而入于异端。

王夫之坚持儒家的道德主体及其修养目标,他认为:圣人之心包含广大而丰富之藏,因为入于佛教异端而"空",他说:"为因物无心之教者,亦以天下而试吾无心之伎俩者也。无所不用其极之谓密。密者,圣人之藏,异端窃之以为诡秘。"[②]异端之心被动地超越和否定万物而"空",圣人之心则包含认识规律和实现道修养目标的一切可能性,王夫之说:"无心而待用者,器而已矣。镜与衡,皆器也,'君子不器',而谓圣人之心如镜空衡平,可乎!镜能显妍媸而不能藏往,衡能测轻重而随物以轻重:本无故也。明其如日乎,继明以照于四方也。平其如水乎,维心亨行险而不失其信也。继,恒也,信,恒

① [明]王夫之:《张子正蒙注·大易篇》,《船山全书》第十二册,长沙:岳麓书社,1996年,第290页。

② [明]王夫之:《思问录·内篇》,《船山全书》第十二册,第419页。

也，有恒者，圣功之藏也。”[①]圣人并非“不器”，而有“如镜空衡平”之心。所谓“君子不器”，指圣人之心不固执于器，与佛教的区别在于“心之藏”的丰富内涵及其心理活动实质，并非表现在心理认识活动的操作性过程方面。佛教之心的本质为“空”，心不能藏而被动于万物，圣人之心能够主动地认识和指导修养实践活动，包含“继明以照于四方”的完整心理过程，即通过感性经验和理性抽象的认识活动发明“圣功之藏”。

王夫之认为，佛教的心理认识过程具有很强的迷惑性，但是，其内涵贫乏而入于“空”，必须明确儒家与佛教心之藏的含义，从儒家丰富的心理内涵中提炼出立足于感性经验的认识过程，他说：“心函絪缊之全体而特微尔，其虚灵本一。而情识意见成乎万殊者，物之相感，有同异，有攻取，时位异而知觉殊，亦犹万物为阴阳之偶聚而不相肖也。”[②]王夫之的分析立足于“情识意见成乎万殊”的感觉知觉心理过程。他指出，圣人“函絪缊之全体而特微”之心，不但固有广大高明之体，而且具有完整的认识过程，学者不能超越过程而速求，只能通过备万物的认识过程与修养积累而达到。王夫之进一步解释说：“若圣人存神以合天，则浑然一诚，仁义礼智初无分用，又岂有恻隐、羞恶、恭敬、是非之因感而随应者。然下学上达，必循其有迹以尽所得为，而豁然贯通之后，以至诚合天德，固未可躐等求也。”[③]佛教细致的心理活动具有为其信仰服务的宗教超越性，对人心的修养要求可以通过精神信仰力量来实现，从根本上否定施加于人伦万物的道德修养工夫。儒家入世而强调“修、齐、治、平”的道德修养实功，落实于人心的修养要求并不能依靠基于信仰的纯粹精神力量来实现，更需要引导人们获得对天地万物道德属性的认同，从人之本心发出的认识过程与指导实践的道德修养工夫必不可少。佛教的心理分析虽然具有细密的过程形式，但轻视过程与修养工夫的一致性而“空”。王夫之认为，儒家启发和教导人们承担道德义务的认识过程与修养实功，必须立足于从宇宙生成和人伦万物变化中把握道德属性的认识过程，这是由儒家心之藏的丰富内涵决定的。

---

① ［明］王夫之：《思问录・内篇》，《船山全书》第十二册，第 421 页。

② ［明］王夫之：《张子正蒙注・太和篇》，《船山全书》第十二册，第 43 页。

③ ［明］王夫之：《张子正蒙注・参两篇》，《船山全书》第十二册，第 63 页。

佛教唯识思想具有细致的心理认识体系,心理认识过程起源于储藏"种子"的第八识阿赖耶识,但是,种子本身并不属于任何一种识,这是宗教信仰的超越性精神力量所决定的,这是异端思想迷惑性的核心,也是没有充分认识儒家心之藏丰富内涵而入于"空"的思想根源。王夫之认为,儒家心之藏的丰富内涵包含在对天地万物相通之道德属性的认识过程中,其出发点是"求之于言语道断间"的感性心理活动。他说:"天言教者,天之曲成万物,各正性命,非以自成其德也。圣言德者,圣人动无非善,非为立教而设,只以自成其德,然而学者之所学在此也。圣者,极乎善之谓。夫何言哉,知天知圣者于此学之,自不待言而至,非圣人之有秘密,求之于言语道断间也。"①圣人合万物而各正性命之德,就是"动无非善,非为立教而设,只以自成其德"的本心之藏,发明心之藏而认同天地万物道德属性的心理过程必不可少,在认识基础上实现道德修养本体的一切要求,这是发明儒家心之所藏的基本路径。王夫之进一步讨论心之藏的具体内容,他说:"'名之必可言',言或有不可名者矣。'言之必可行',行或有不容言者矣。能言乎名之所不得限,则修辞之诚尽矣。能行乎言之所不能至,则藏密之用备矣。至于行而无所不逮,行所不逮者,天也,非人之事也。天之事,行不逮而心喻之,心止矣,故尽心则知天。放其心于心行路绝者,舍心而下从乎意以迁流者也,志神气交竭。其才笃实以发光辉,谓之尽心。"②王夫之认为,儒家强调尽心,就是通过发明心之藏的丰富内容而使"藏密之用备",蕴涵心理活动及其认识过程,也就是"能行乎言之所不能至"而扩充人之心的修养过程,在这个过程中,能够充分认识实现道德目标的合理性与可能性。王夫之既坚持正心与存心,坚持儒家"天人合一"的道德本旨;又强调知与能,关注认识过程的扩充与提升,区别于佛教心理认识思想,儒家心之藏的内涵就包含这两个方面。

二　正心与存心——心之藏的心理认识方式

(一) 正心

王夫之认为,佛教异端的迷惑性在于入"空"的宗教超越性,并非其心理

① [明]王夫之:《张子正蒙注·天道篇》,《船山全书》第十二册,第65页。

② [明]王夫之:《思问录·内篇》,《船山全书》第十二册,第422页。

认识过程本身,儒家主要受到佛教,尤其是禅宗以及陆王虚无高妙之心的影响,因此要"正心"。通过对儒家心之藏丰富内涵的揭示,王夫之以儒家之"有"纠正儒家认识之"空",从"空"到"有",对儒家与佛禅之心本旨同异的辨析,包含了从正心、存心认识过程到养心、尽心的完整心理活动路径。王夫之说:"正心者,过去不忘,未来必豫,当前无丝毫放过。则虽有忿懥、恐惧、好乐、忧患,而有主者固不乱也。"[①]正心包涵过去、未来与现在一切可用于认识过程的资源。王夫之说:"夫曰正其心,则正其所不正也,有不正者而正始为功。统性情之心,虚灵不昧,何有不正,而初不受正。抑或以以视、以听、以言、以动者为心,则业发此心而与物相为感通矣,是意也,诚之所有事,而非正之能为功者也。盖以其生之于心者传之于外,旋生旋见,不留俄顷,即欲正之,而施功亦不徹也。盖曰'心统性情'者,自其所含之原而言之也。乃性之凝也,其形见则身也,其密藏则心也。"[②]从"自其所含之原"的本源上讲,儒家之心"虚灵不昧"而无不正。但是,辨析佛教异端而正其心,需要从本源上揭示"密藏则心"的内涵,王夫之强调"业发此心而与物相为感通",立足于从感性经验到理性认识的心理活动过程。王夫之联系心理活动及其认识过程来阐释正心,他说:"传盖曰:所谓'修身在正其心'者,以凡不能正其心者,一有所忿懥、恐惧、好乐、忧患,则不得其正矣,意不动尚无败露,意一动则心之不正者遂现。唯其心不在也。持之不定,则不在意发处作主。心不在焉,而不见、不闻、不知味,则虽欲修其身而身不听,此经所谓'修身在正其心'也。"[③]正心从"意不动"的心理活动开始阶段用力,强调视听感性心理活动及其认识过程的重要性,能认识之心始终离不开人的心理活动。王夫之认为,心之本体包含一切心理认识活动,这个过程本身就是正心的工夫,他说:"切须知以何者为心,抑且须知忿懥、恐惧、好乐、忧患之属心与否。以无忿懥等为心之本体,是'心如太虚'之说也,不可施正,而亦无待正矣。又将以忿懥等为心之用,则体无而用有,既不相应。且人之释心意之分,必曰心静而意动,今使有忿懥等以为用,则心亦乘于动矣。只此处从来不得分

① [明]王夫之:《读四书大全说·大学》,《船山全书》第六册,长沙:岳麓书社,1996年,第425页。
② 同上书,第400—401页。
③ 同上书,第422页。

明。”[①]儒家之心包含极大,可以从心理认识过程及其本体层次方面分别界定。正心,就是可施正于心,包含完整的心理认识过程。心理活动是正心的用力点,因而成为“体用合一”之心的有机内容,不能仅仅单纯从用的方面去理解。佛教之心入于“空”而没有施之以正的用力处,无所谓正与不正。王夫之说:“故释氏之谈心,但云明心、了心、安心、死心,而不言正。何也?以苟欲正之,则已有期、有留、有系,实而不虚也。今有物于此,其位有定向,其体可执持,或置之不正而后从而正之。若窅窅空空之太虚,手挪不动,气吹不移,则从何而施其正?”[②]正心是对“实而不虚”之心施之以可正之实功,心理活动过程必须能够建立对人伦万物及其道德属性的联系,佛教虽然对心有所操作,但其对象“空诸所有”而无实,不存在实有性的用力处而不能正。相对于不能施之以正而“空”的佛教之心,王夫之强调对心之“有”施加实功而正之,即用力于可操作的心理活动及其认识过程而有实功。另一方面,认识过程变动不居而无恒常,虽然能够施之以正心之功,但所正之心短暂而不能长久保持。所以,王夫之要求道德修养实践工夫与心理过程相统一,所正之心就是认识人伦万物道德性质和承担道德修养的本体功能,这是儒佛在心之藏方面相异的认识论体现。

王夫之的正心区别于纯粹生理意义上的心理活动,并没有明确的主客之分。一般的心理活动与认识过程,以大脑为核心的中枢神经系统的运动规律为基础,能进行心理与思维活动的高度发达的脑器官是认识过程的主体,心之外是认识的客体对象。王夫之所正之心具有认识人伦万物的实功,心之藏的丰富性在于所认识的内容不在外而在内,用力于所正之心是人心对自身内涵的发现,并非是对外界对象的认识。王夫之说:“《集注》言‘能造其域’,谓心至仁也,非谓仁之来至也。从其不间而言,则谓之‘不违’;从其有依有违而言,则谓之‘至’;而当其‘至’,与其‘不违’则亦无所别。”[③]心能造之域就是仁之域,仁不在心外而是心之内涵的有机组成部分,所以说“非谓仁之来至也”。佛教之“空”的实质在于,否认心理活动与认识过程中

① [明]王夫之:《读四书大全说·大学》,《船山全书》第六册,第423页。

② 同上书,第420—421页。

③ [明]王夫之:《读四书大全说·论语》,《船山全书》第六册,第673页。

含藏固有之仁,把仁置于心外而“空”之,王夫之说:“异端所尚,只挣到人欲净处,便是威音王那畔事,却原来当不得甚紧要。圣贤学问,明明有仁,明明须不违,明明可至,显则在视、听、言、动之间,而藏之有万物皆备之实。”[1]仁就是藏于“视、听、言、动”等心理活动与认识过程之间而能被发明的“藏之有万物皆备之实”。王夫之从主客思维形式方面进一步明确了儒家与佛教“空”、“有”之辨的认识论实质,他说:“纷纷宾主之论,只为‘心外无仁’四字所膠轕。不知心外无仁,犹言心中有仁,与‘即心即佛’邪说,正尔天渊。且此‘心’字是活底,在虚灵知觉之用上说。将此竟与仁为一,正释氏‘作用是性’之狂解,乌可乎!”[2]佛教之“空”的本旨,不在于其具有虚灵知觉的认识作用,而在于其仅仅把虚灵知觉的认识作用作为心之功能,则仁在心之外。

王夫之通过揭示和扩充心之藏的内涵,使具体心理活动与认识过程承担道德修养任务而成为“体用合一”之心的有机组成部分。王夫之不脱离心理活动过程而超越了认识过程本身,认识作用体现为心对自身固有核心内容的发现,通过用力于“主客合一”的心理认识过程,实现了认识与修养工夫的合一。

(二)存心

王夫之强调正心,目的是纠正佛教异端之“空”对正确认识儒家道德修养及认识过程的影响,揭示儒家心之藏的丰富内涵;另一方面,通过存心,王夫之提炼和系统分析了儒家心之藏包含的完整心理认识过程。

佛教唯识学的心理分析包含八识的完整心理认识过程,通过对唯识心理思想的辨析和取舍,王夫之同样强调对儒家之心完整认识活动过程的阐释。正心侧重对心理过程之认识内涵的揭示和确认,即,有可正之心而施之;存心则侧重于对具体操作性心理活动认识能力的提炼和阐释,包含从感性到理性的完整认识阶段。王夫之说:“存,谓识其理于心而不忘也。变者,阴阳顺逆事物得失之数。尽知其必有之变而存之于心,则物化无恒,而皆豫

---

① [明]王夫之:《读四书大全说·论语》,《船山全书》第六册,第674页。

② 同上书,第675页。

知其情状而裁之。"①正心的对象是人伦万物,主要依靠耳目视听等感性心理活动,或者心之藏包含的感性心理活动内容;存心则必须面对人伦万物"必有之变"的可存之理,即,通过提炼认识其"理"而存其"变者"之规律,包含把握"物化无恒"的操作性心理活动过程,突出了"皆豫知其情状而裁之"的理性认识过程。

王夫之讲存心,立足于儒家心理活动的认识方式。《论语》说:"子绝四,毋意,毋必,毋固,毋我。"(《论语·子罕篇》)孔子从人的心理活动方面规划了儒家道德修养主体的认识方式。《论语》说:"子曰:'吾有知乎哉?无知也。有鄙夫问于我,空空如也。我叩其两端而竭焉。'"(《论语·子罕篇》)"无知"的实质是具有符合道德修养要求与承担需要的知,所以有"两端"之说。自此以后,立足于感知心理活动的经验层次与立足于道德修养目标的形上层次的融会贯通,成为后世儒家学者,尤其是宋明理学家援佛入儒的认识论依据。王夫之从张载的解释出发,把对"意、必、固、我"的解释落实到心理认识方面。张载说:"意,有思也;必,有待也;固,不化也;我,有方也。"(《张载集·正蒙·中正篇》)王夫之说:"四者忘,则体天矣。此言成德之极致,四者绝也。"②从认识过程而言,"四者忘"包含记忆、思维等心理活动,体现"体天"的感性认识过程;从超越性道德修养要求而言,"四者绝"包含抽象的理性认识过程,体现"成德之极致"的道德修养目标。王夫之立足于完整的心理活动过程而圆通两端,"绝四"就是始学而存心的认识要求,他说:"顺义以直行,养其中道,无私妄以为之害矣。此始学之存心当绝四者也。"③王夫之认为,圣学异端之辨应从始教的心理活动及其认识过程开始,他说:"以格物为始教者,为异端之虚无寂灭、高过于《大学》而无实者言也。彼未尝不有求于心意,而以理不穷、知不致之故,则心之所存,益托于邪,意之所察,益析于妄。此则过在择执之未精,物累心而知荡意也。"④圣学与异端的区别不在于是否"有求于心意"的主观判断,而在于穷理知致的完整认识过程,即所存之心是否能够融汇包含操作性心理认识过程与超越性道德修养

① [明]王夫之:《张子正蒙注·天道篇》,《船山全书》第十二册,第71页。

② [明]王夫之:《张子正蒙注·中正篇》,《船山全书》第十二册,第168—169页。

③ 同上书,第169页。

④ [明]王夫之:《读四书大全说·论语》,《船山全书》第六册,第620页。

目标。循着孟子重视和扩充道德主体之心的观点发明本心，王夫之的存心之论更加细致，比较具有操作性和过程性。存心的必要性体现在心理认识活动的用力处，王夫之说："心备万物之理，爱之本也。推以及人，于此求之而已。"[①]对万物之理的认识，本身就是泛爱万物的基本要求，也是有可存之心的用力处。因为道德属性之仁存在于万物生理之中，可以因感知心理而发，这就是存心的用力处；但是，仁得之于天而授于人，不因感知认识而有，所以必须存心于道德修养目标。正心的目的，实质上在于使人心正而对接于性，存心是更高层次的正心，是对正心的提升，正心又是对所存之心的扩充，体现上下相通的认识路径。正心以耳目感官心理活动与其认识过程为出发点而具有更多的感性形式内容，存心是操作性的心理活动联系于理性的道德修养目标，强调对固有德性的认识过程，体现了接近道德修养本体之心的完整心理活动过程。王夫之说："见闻可以证于知已知之后，而知不因见闻而发。德性诚有而自喻，如暗中自指其口鼻，不待镜而悉。"[②]王夫之认为，存心固有其可存之理而可以取象，即，依据于感知心理活动而证之。与佛教唯识学不同的是，王夫之取象的心理活动主要不是来源于操作性的认识对象，而是强调理性的抽象作用，他说："物之有象，理即在焉。心有其理，取象而证之，无不通矣。若心所不喻，一由于象，而以之识心，则徇象之一曲而丧心之大全矣。故乍见孺子入井，可识恻隐之心，然必察识此心所从生之实而后仁可喻。若但据此以自信，则象在而显，象去而隐，且有如齐王全牛之心，反求而不得者矣。"[③]相比于佛教唯识学，王夫之强调存本心，弱化了存"识心"。本心所藏的固有内容并非来自"取象"的心理活动过程，而是来自于儒家之心丰富内涵的本有属性。王夫之说："知象者本心也，非识心者象也。存象于心而据之为知，则其知者象而已；象化其心而心唯有象，不可谓此为吾心之知也明矣。闻见所得者象也，知其器，知其数，知其名尔。若吾心所以制之之义，岂彼之所能昭著乎！"[④]王夫之提出"知象者本心"，使"知象"的心理活动联系于本心固有的道德修养目标，形成完整的认识过程，同

---

① ［明］王夫之：《张子正蒙注·至当篇》，《船山全书》第十二册，第200页。
② ［明］王夫之：《张子正蒙注·大心篇》，《船山全书》第十二册，第145页。
③ 同上。
④ 同上。

时弱化了“知本心者象”的感性心理活动方式,认为感性心理的作用是“化其心”而非识其心,不能够独立承担对道德修养目标的认知。心不能脱离于象,否则流入于佛教之“虚空”,所以说“心唯有象”;但是,存心之依据在于本心固有的“吾心所以制之之义”,即对规律与本质的认识,这不是“闻见所得者象”的感知心理活动所能够“昭著”而获得的。王夫之说:“见闻可以证于知已知之后,而知不因见闻而发。德性诚有而自喻,如暗中自指其口鼻,不待镜而悉。”①见闻等感知心理活动不可缺少的原因在于“可以证于知已知之后”,感性心理活动对道德修养本体的认识与承担可以落实于对人伦万物和日常生活的认识过程中,对天之德性的体认落实于具休的道德修养实践之中。王夫之认为,本心在先而识心在后,闻见感知心理及其认识活动可证本心所藏之理于象,但理不因此而发,因为本心之德性是天授于人的固有性质。王夫之凭借德性之知存心,区别于从闻见等感性心理过程出发的认识方式,既强调了心理活动的操作性认识过程,又使这个过程无限接近于道德修养目标而具有完整的体系性。

王夫之以存心区别于正心,揭示了存心授之于天的固有属性,通过用力于感知心理及其认识过程,使正心与存心有效对接,提炼出了儒家认识之心的操作性心理过程,使人伦日用的修养认识过程与“天人合一”的道德目标相通。王夫之说:“且如‘鸢飞戾天,鱼跃于渊’,圣人如何能得,而亦何用能之?抑又何有不能飞天跃渊、为鸢为鱼者?道之不遐遗于已然之物也,而既已然矣。故君子但于存心上体认得此段真理,以效之于所当知、所当能之事,则已足配其莫载之大,莫破之小,而经纶满盈;实未须于鸢之飞、鱼之跃,有所致其修也。”②存心对接于正心,才能够实现由万物生理到德性之知的超越,这是对存心的扩充,揭示了道德修养实践有实功于人伦万物的可能性与合理性。正心的特征是不遗道德修养目标的认识内容,存心的特征是扩充操作性心理活动的完整认识体系。王夫之不脱离具体的心理活动与认识过程,扩充人之所亲的范围,人伦万物皆包含于本心之中,他说:“道有道之上下,天地有天地之上下,君子有君子之上下。上下者,无尽之词。天地者,有

① [明]王夫之:《张子正蒙注·大心篇》,《船山全书》第十二册,第145页。

② [明]王夫之:《读四书大全说·中庸》,《船山全书》第六册,第493页。

所依之上下也。‘察乎天地’，已修之道昭著之见功也。”[①]基于上下则天人不同，基于天地则都是由心之范围扩充而成为人之可亲者，实质上成为贯通人伦万物道德修养实践的心理认识和承担者。王夫之从正心、存心而扩充亲天地之心，道德本体能够上达而通人伦万物之修养实践，在“日用之际，人伦之间”践行修养而亲爱天地万物，这是儒佛“空”、“有”之辨的心理思想实质。

正心与存心，反映了操作性感知心理认识与超越性道德修养目标的圆融关系。宋明理学以道德四端为天授于人之天理，而四端之心不能脱离于人伦日用和修、齐、治、平的修养实践工夫，则心之活动始终有经验和超越两个层次的区别，体现儒家“叩其两端而竭”的心理认识活动方式，即两个层次缺一不可而又不能截然分开。[②] 依据儒家的两层次论，王夫之明确提出了遏欲两层次论，说：“遏欲有两层，都未到存理分上：其一，事境当前，却立著个取舍之分，一力压住，则虽有欲富贵、恶贫贱之心，也按捺不发。其于取舍之分，也是大纲晓得，硬地执认，此释氏所谓‘折服现行烦恼’也。其一，则一向欲恶上情染得轻，又向那高明透脱上走，使此心得以恒虚，而于富贵之乐、贫贱之苦未交心目之时，空空洞洞著，则虽富贵有可得之机，贫贱有可去之势，他也总不起念。由他打点得心体清闲，故能尔尔，则释氏所谓‘自性烦恼永断无余’也。”[③]王夫之从“取舍之分”和“硬地执认”的认识过程用力处，辨析佛教“事境当前，却立著个取舍之分”的心理活动过程。一方面，佛教的心理认识活动没有道德修养本体的用力处而流于“空”；另一方面，从“向那高明透脱上走”的超越层次方面，他力辨佛教“空空洞洞”于“未交心目之时”的

① ［明］王夫之：《读四书大全说·中庸》，《船山全书》第六册，第493页。

② 张君劢论及新儒家心之活动的两层次，以及其与佛教认识论的关系，他说：“宋学产生之后，宋儒称此四端为理或天理。他们认为人心之活动可分两层次：天理的超越层次，此即是非之标准；经验或自然层次，此即知觉意欲功用。这是程朱学派的说法——读者也许会记得，在新儒学之中，还有陆王学派，陆王学派的看法与此不同，心同时有这两层功用，即心只有一层次。所谓人性中先天具有道德标准这一中国古老信念，因佛家所谓如来藏乃如来性体所在之宝藏之说，或法相宗所谓阿赖耶识或末那识为周遍大智之说，或禅宗所谓人人皆具佛性之说，更加增强了。如果所有心理能力都藏在如来藏中，那么，孟子所谓人性中生而具有道德标准之说便不谬了。……儒家和佛家接触以后，便在更思辨、更系统与更形而上的基础上加以改造了。这复活的儒家便是始于宋而终于清的新儒家。”（张君劢：《佛教及于新儒家之刺激》，傅永聚、韩钟文主编：《二十世纪儒学研究大系·儒释比较研究》，北京：中华书局，第305—308页）

③ ［明］王夫之：《读四书大全说·论语》，《船山全书》第六册，第628页。

偏失,即,心理认识活动没有用力处而存超越之心,即,"自性烦恼永断无余"而流入于"空"。王夫之始终不脱离被超越者而言超越,是一种圆融的超越论,极力反对截然上下的两片之论,他说:"'忽然上达',既与下学打作两片,上达以后,便可一切无事,正释氏'砖子敲门,门忽开而砖无用'之旨。释氏以顿灭为悟,故其教有然者。圣人'反己自修'而'与天为一',步步是实,盈科而进,岂其然哉!故曰天积众阳以自刚,天之不已,圣人之纯也。'发愤忘食,乐以忘忧,不知老之将至',圣人之上达,不得一旦忽然也,明矣。"①圣人能够在"'反己自修'而'与天为一'"的认识过程中"步步是实",其区别于佛教之"空"的认识本源在于,儒家不废下学与上达的心理活动方式。

正心与存心立足于心理认识活动的操作性过程,而提升超越之心的层次,在于对道德本体之心具有认识属性的发明,王夫之提出养心与尽心之论。

三 养心与尽心——心之藏的心理认识目标

(一)养心

正心与存心的目的是:通过对儒佛心理思想的辨析,明确区分和阐释儒家心之藏的丰富认识内涵,从中提炼出儒家上通下达而具有操作性的心理认识活动方式。但是,儒家表现于道德修养实践中的心理认识活动的最终目的是实现完善的成圣道德目标,操作性的心理认识活动必须落实于超越性的道德目标,体现儒家独特的认识和思维活动特征,这是构建儒家心理认识体系的关键步骤,也是儒家与佛教心理思想相互区别与联系的认识根源。对养心与尽心的分析,能够体现出王夫之落实操作性心理认识于儒家道德修养目标而构建认识论体系的过程。养心与尽心的心理过程分析,来源于王夫之对儒佛心理思想及其思维认识方式的深刻理解。佛教唯识学对心理活动的分析,最终落实于第八识阿赖耶识所含藏的种子,其实质是割裂了物质世界而入于"空"。但是,唯识学在具体心理活动的操作性分析中,立足于从感知到思维的完整心理过程,以心理活动与外部境相的直接或间接性接

① [明]王夫之:《读四书大全说·论语》,《船山全书》第六册,第812页。

触为认识依据,强调施加于心的认识操作性。但是,佛教心理思想虽然具有操作性的过程形式,由于受到宗教性质的影响,没有“养心”的说法,在心理活动的性质与目的方面区别于儒家。王夫之从佛教心理思想的操作形式入手,通过改造其心理活动的基本性质与归宿,从心之藏的心理内涵方面,在体系化的认识论建设过程中,进一步完善了中国传统的心理思想体系。中国传统思想中,心的内涵丰富,其中包含不能分割的有机内容。孔子“从心所欲,不逾矩”、孟子提出“万物皆备于我”、“大人”、“大心”等心理思想,传统儒家一致坚持经验性心理认识与超越性道德目标并举的思维活动方式。儒家认为“心大无外”,不强调对心理活动施加某种外力的操作,一直重视来自内部的自我体验。孟子说:“先立乎其大者”(《孟子·告子上》),“仁,人心也。”(《孟子·告子上》)“大人者,不失其赤子之心者也。”(《孟子·离娄下》)张载说:“大其心则能体天下之物,物有未体,则心为有外。”(《张载集·正蒙·大心篇》)从孔孟到宋明理学,重心和扩充大心的论证始终局限于“天人气化”的道德目标,体现了弱化心理认识过程的思维方式,对人的心理活动缺少操作性论证,造成通过修养实践实现道德目标的心理认识过程相对模糊而明确性不足。立足于道德修养要求,儒家认为,对心理活动的影响来自于“养”,养心是人之本心的自我扩充与调节功能,不同于从外界施加的影响与刺激,这也正是儒佛之辨的核心内容。

相对于正心与存心,养心立足于超越性的认识方式,是儒家道德本体之心自我修养与保持能力的体现。《论语》中有一段孔子评价颜回好学的话:哀公问:“弟子孰为好学?”孔子对曰:“有颜回者好学,不迁怒,不贰过。不幸短命死矣,今也则亡,未闻好学者也。”(《论语·雍也篇》)张载与王夫之皆以此为据,判定颜回好学,但是并未达于圣人道德修养的极致高度。张载说:“颜子之好学不倦,合仁与智,具体圣人,独未至圣人之止尔。”(《张载集·正蒙·中正篇》)王夫之以好学为颜回养心而未及于圣人之境的原因,说:“颜子之好学,不迁怒,不贰过,养其心以求化于迹,则既志于仁,抑能通物理之变而周知之,具圣人之体矣。未极乎高明广大至善之境,以贞万物于一原,故未造圣人之极致。”[①]好学成为王夫之判断养心高度的标准,原因在

① [明]王夫之:《张子正蒙注·中正篇》,《船山全书》第十二册,第157页。

于,颜回之好学只停留在“养其心以求化于迹”的心理认识活动阶段,虽然“能通物理之变而周知之”,但只是“具圣人之体”,始终不能达到圣人之极致的境界修养高度。王夫之立足于超越层次论养心,他说:“圣人之心,纯一于善,恶之过乎前,知其恶而已,不復留于胸中以累其神明,恶去而忘之矣。……学者知此,则恶称人之恶而勿攻;若其恶不仁虽至,乃唯以自严而不加乎其身,所以养吾心之善气而泯恶于无迹,善日滋而恶日远,诚养心之要也。”①王夫之认为,心理认识活动虽然不可缺少,但却始终内涵实践道德修养目标的要求。从始事、始学处养其“纯一于善”之心,这样,善恶感知等感性心理活动的错误认识和干扰自然能去除而忘。养心要求“自严”,但不能固执于感知心理活动及其认识过程的经验层次,只有在超越层次上认识善恶本质,才能有功于认识过程而明辨善恶,又能使其“不加乎其身”而影响和干扰本心。王夫之提出“养心之要”是“养吾心之善气”,从气之本体高度论养心,养气表明对心的提升和养心之极致。养心是超越层次的心之藏,即“穷其蕴”之论,王夫之在评价张载《正蒙·乾称篇》的思想内涵时说:“此章切言君子修身立命存心养性之功,皆吾生所不容已之事,而即心以体之,则莫切于事亲,故曰‘仁之实,事亲是也’。事亲之中,天德存焉,则精义以存诚,诚有不容自诿者。……程、朱二子发明其体之至大,而未极其用之至切,盖欲使学者自求之,而非可以论说穷其蕴也。”②王夫之肯定,心理认识活动能够上升到天授于人之性的高度,即是达到道德修养目标的高度,则“存心养性”成为养德性之心,能够超越单纯的感知心理活动而“皆吾生所不容已之事”。王夫之认为,德性之心“非徒扩其量之弘”,即,不能仅仅从操作性的心理活动及其认识功用方面推论和认知内涵道德修养目标的思维过程。养心的意义在于扩充本心本有和内蕴的认识之量,则曰“即心以体之,则莫切于事亲”,而“事亲之中,天德存焉”,天德即是养心所藏的固有内涵,认识天德的圣人就达到了高明至善之境。

佛教对修养之心的细致分析与境界提升,始终是对儒家修养之心的刺激,王夫之深入揭示和论证儒家养心的虚实相即关系,以此反衬佛教“虚空”

① [明]王夫之:《张子正蒙注·作者篇》,《船山全书》第十二册,第222页。

② [明]王夫之:《张子正蒙注·乾称篇》,《船山全书》第十二册,第357页。

之心“空诸所有”的本旨。从正心、存心到养心，王夫之极力理顺感知经验心理活动与超越性道德认识的关系，通过发明儒家的本心之藏，使认识过程与对道德修养本体的承担落实于“有”之心。他认识到，佛教“三界唯心、万法唯识”之论，倒置了感知经验与超越层次的认识关系，以“空诸所有”而内涵贫乏的一己之心为主，则心之量狭窄而不能不“空”。他说：“若夫尽己者，己之尽也；推己者，己之推也；己者‘同归’‘一致’，尽以推者‘殊途’‘百虑’也。若倒著《易》文说，则收摄天下固有之道而反之，硬执一己以为归宿，岂非‘三界唯心，万法唯识’之唾余哉？”①佛教能尽推其心而不能养心，则天地万物都不能被心所范围，心之内涵贫乏而“空诸所有”，人伦万物之“有”都不在其所尽、所推的范围之内。王夫之强调正心、存心和养心，尽量丰富和揭示儒家本心之所藏，要求认识极广大高明而贯通天人的固有德性，体现感知经验与超越层次圆融相即的统一关系。

王夫之依据心与境的认识性联系辨析取境之意与受境之心，他说：“且以本传求之，则好好色、恶恶臭者，亦心而已。意或无感而生，（如不因有色现前而思色等。）心则未有所感而不现。（如存恻隐之心，无孺子入井事则不现等。）好色恶臭之不当前，人则无所好而无所恶。（虽妄思色，终不作好。）意则起念于此，而取境于彼。心则固有而不待起，受境而非取境。今此恶恶臭，好好色者，未尝起念以求好之恶之，而亦不往取焉，特境至斯受，因以如其好恶之素。且好则固好，恶则固恶，虽境有间断，因伏不发，而其体自恒，是其属心而不属意明矣。”②心与境的关系直接反映儒佛“空”、“有”之辨的认识论根源，佛教以己心为归宿而取境，所以空其所取之境而入于虚空。王夫之认为，意虽起念而取境，但本心能正、能存而养其内蕴，立于超越层次而不以境非空，虽不取境，但能受境，体现感知经验与超越性认识的相即圆融关系。受境的意义不仅仅是感知心理活动，而在于不脱离人伦万物固有之理而“有”，具有可正而能施于正的用力处，存其具有丰富内蕴之心而有可存之处，进一步养其固有的德性之心，则意属心而能养，取境而不“空”。王夫之辨析而取舍佛教尽己、推己的认识方式，认为佛教与儒家在尽己、推己的

① ［明］王夫之：《读四书大全说·论语》，《船山全书》第六册，第643页。

② ［明］王夫之：《读四书大全说·大学》，《船山全书》第六册，第415页。

认识方式方面相通,而所尽、所推的心之内涵及其归宿不同,他说:"若夫心固不可言慎矣。是以意在省察,而心唯存养。省察故不可不慎,而存养则无待于慎,以心之未缘物而之于恶也。至于致知格物,则博学、审问、明辨,而慎思特居其一,是慎不可以尽格致之功明矣。安得以慎之一言,蔽明德之全学乎? 是故以德为明德者,无之而可也。"[1]所谓"意在省察",指感知心理活动及其认识过程;"心唯存养",则指超越层次的认识。存养与省察是两个层次的认识。从"博学、审问、明辨、慎思"的认识与修养过程来看,"慎思特居其一",虽然"不可以尽格物之功",但在"以德为明德"而存养其本心之体已定的情况下,也可因其用而合于心。王夫之认为,如果按照儒家修养要求,先立可正、可存、可养之心,即有诚意之功,表现为操作性心理认识活动的意合于本心之体而无不正,则固有道德修养目标之心为体,表现操作性心理认识活动之意为用,体用相即而不离。从儒家的认识与修养要求来讲,"意"体现了可正、可存、可养的完整心理认识过程,基于感知经验的心理认识活动符合超越层次道德本体的修养要求。

对包含感知经验与超越层次的完整认识过程,王夫之总是在存养道德本体之心的超越层次上进行判定,这是他通过尽心而辨析儒佛关系的心理思想前提。

(二)尽心

佛教唯识学的长处在于其细致的心理分析论,心能包含万物而"空诸所有"。欧阳渐据此说:"佛学渊而广,孔学简而晦,概论所以需要也。"[2]又说:"孔学是菩萨分学,佛学则全部分学也。"[3]佛教心理思想,在援佛入儒的过程中极大地影响了宋明理学家对心的论证,宋明理学家都有明确的大心之论。如:程颢说:"圣人致公,心尽天地万物之理,各当其分。"(《二程集·河南程氏遗书卷第十四》)程颐说:"一人之心即天地之心,一物之理即万物之理。"(《二程集·河南程氏遗书卷第二上》)"心与道,浑然一也。"(《二程集·河南程氏遗书卷第二十一下》)"此心即与天地无异,不可小了他,不可一将心

---

① [明]王夫之:《读四书大全说·大学》,《船山全书》第六册,第439页。

② 欧阳渐:《孔佛概论之概论》,傅永聚、韩钟文主编:《二十世纪儒学研究大系·儒释比较研究》,北京:中华书局,2003年,第21页。

③ 同上。

滞在知识上,故反以心为小。”(《二程集·河南程氏遗书卷第二上》)陆九渊说:“宇宙内事,乃己分内事。己分内事,乃宇宙事。”(《陆九渊集·卷三十六·年谱》)“宇宙便是吾心,吾心便是宇宙。”(《陆九渊集·卷三十六·年谱》)“近有议吾者云:‘除了先立乎其大者一句,全无伎俩。’吾闻之曰:‘诚然。’”(《陆九渊集·卷三十四·语录上》)朱熹说:“天生一人,只有一个心,这腔子里面,更无些子其他物事,只有一个浑全底道理,更无些子欠缺。”(《朱子语类》卷一九《论语·子罕篇》)王阳明说:“大人者以天地万物为一体也,其视天下为一家,中国犹一人焉。若夫间形骸而分尔我者,小人矣。大人之能以天地万物为一体也,非意之也,其心之仁本若是,其与天地万物而为一也。岂唯大人,虽小人之心亦莫不然,彼顾不之耳。”(《王阳明全集·卷二十六·续编一·大学问》)受到佛教心论的强烈刺激与影响,无论是主于理的二程与朱熹,还是主于心的陆九渊与王阳明,都顺着孟子“先立乎其大者”而求大人之大心的路径,以扩充大心的方式尽心,力求通过对儒家本心的扩充来对抗佛教细致的心理认识理论,显示他们取舍佛教的尽心之论。

王夫之宗张载,而张载主于气,但仍然重视和继承孟子论心的传统,所著《正蒙》有《大心篇》,说:“大其心则能体天下之物。物有未体,则心为有外。世人之心,止于闻见之狭。圣人尽性,不以闻见梏其心。其视天下无一物非我。孟子谓尽心,则知性,知天,以此。天大无外,故有外之心,不足以合天心。”(《张载集·正蒙·大心篇》)张载把大心提升到“合天心”的高度,则“视天下无一物非我”。他引用孟子“知性,知天”之语,知性则天人相通于心,知天则下学的心理认识过程上达于天,儒家修养之本心能够成为道德修养本体的承担者和载体,道德修养的一切要素都固有而藏之于本心。张载之心在超越层次而言,所以“不以闻见梏其心”,而心“能体天下之物”,体现感知经验心理与超越层次认识相圆融的尽心论。王夫之继承张载的大心、尽心之论,针对“故扩之使游于荒远”的异端之心,从操作性心理认识活动角度的进行的辨析更加细致,他说:“大其心,非故扩之使游于荒远也;天下之物相感而可通者,吾心皆有其理,惟意欲蔽之则小尔。由其法象,推其神化,达之于万物一源之本,则所以知明处当者,条理无不见矣。天下之物皆用也,吾心之理其体也;尽心以循之而不违,则体立而用之无穷。闻见,习也;习之所知者,善且有穷,况不善乎!尽性者,极吾心虚灵不昧之良能,举而与天地万物所从出之理合,而知其大始,则天下之物与我同源,而待我以应而成。故尽孝而后父为吾父,尽忠而后君为吾君,无一物之不自我成也;非感于闻见,顾名思义,触事求通之得谓之知能也。"[①]王夫之以大其心为尽心,兼顾体用两个方面。由于"天下之物相感而可通",他也重视感知经验心理认识活动的作用,使本心之理可以显明于心理体验的超越层次;另一方面,王夫之以尽性为尽心,即"极吾心虚灵不昧之良能",则心理活动能够相通和承担超越层次的儒家道德价值判断,即"天下之物与我同源",体现心理活动能够下学上达的贯通认识路径。王夫之的尽心包含了由法象到神化,由万物天理到一源之本体的完整心理认识过程,儒家之心的丰富内涵正好对应于佛教虚其心而"空诸所有"的贫乏。

王夫之以尽心体现心理认识活动的超越性工夫,强调儒佛"空"、"有"之辨的立志规模不同,他说:"此章言恃闻见以求合,虽博识而仅为中人之德,若急于行、怠于行者,尤无德之可称,则闻见之不足恃明矣。然废闻见而以私意测理,则为凿为妄,陷于大恶,乃圣人之所以深惧。盖存神以烛理,则闻见广而知日新,故学不废博,而必以存神尽心为至善,其立志之规模不同,而后养圣之功以正,大学之道,以格物为先务,而必欲明明德于天下,知止至善以为本始,则见闻不叛而德日充。"[②]存神尽性就是尽心的超越性心理认识活动前提,体现尽心的"立志之规模不同"。尽心的目的是"明明德于天下",即发明本心固有的道德内涵,强调超越层次的价值判断,而"以格物为先物"的经验心理体验和认识过程,从本始德性之体出发而言"为先物"。从认识与修养的承担者和载体而言,尽心就是认识"天人合一"之德性存在的可能性与合理性,则说:"心备万物之理,爱之本也。推以及人,于此求之而已。"[③]王夫之的认识路径是:超越性道德目标本身就具有操作性的心理活动,即,以"爱之本"之心"推以及人",则尽心的心理活动具有操作性与超越性合一的合理性。王夫之说:"用之大者因其才,性其本也,性全而才或不足,故圣人不易及。然心日尽则才亦日生;故求仁者但求之心、不以才之不

---

① [明]王夫之:《张子正蒙注·大心篇》,《船山全书》第十二册,第143—144页。

② [明]王夫之:《张子正蒙注·中正篇》,《船山全书》第十二册,第180页。

③ [明]王夫之:《张子正蒙注·至当篇》,《船山全书》第十二册,第200页。

足为患。”[①]“日尽”之心能尽于性之本,则通过尽之于心的心理认识活动能够超越才之不足,尽心于仁而有其可能性。由此,儒家之心是活泼而内涵丰富的心理体验之心,同时也体现承担道德本体价值判断的超越层次之心。王夫之认为“心有实德”,尽心就是大心对其本体进行的扩充操作,实质上就是对心之藏的发明,他说:“非物理之应得,任闻见之小辨以言动,虽始非不善而终成乎恶,谓之过。非心者,非其初心;非诚者,非心之实得。”王敔按:心者,自尽之心;诚者,实有之理,忠信是也。[②] 尽心非得自于“物理之应得”与“闻见之小辨”等感知经验心理认识活动,即是对忠信等儒家固有道德内涵的发现,这是承担道德本体与指导实践活动的认识基础,包含修养心之德的完整心理路径。

王夫之的尽心之论,实质上是通过尽人心而尽天,人心的操作性心理活动用力于对“天人合一”固有道德属性的认识,能够承担道德本体并实现儒家的修养目标,与佛教固执于感知经验心理活动尽人心,又依据外在超越而“空诸所有”的心理活动性质不同。王夫之说:“能言乎名之所不得限,则修辞之诚尽矣。能行乎言之所不能至,则藏密之用备矣。至于行而无所不逮,行所不逮者,天也,非人之事也。天之事,行不逮而心喻之,心止矣,故尽心则知天。放其心于心行路绝者,舍心而下从乎意以迁流者也,志神气交竭。其才笃实以发光辉,谓之尽心。”[③]所谓“心止”,即是通过立足于感知心理活动的内在超越性尽心,体现认识固有之德而尽心知天的认识路径;天虽然非人事所能决定而体现超越性,但尽心能喻之,体现内在超越性。所以,尽心的要求是不放心和不舍心,超越性道德目标的实现不能脱离操作性心理认识过程,以心之才显示“笃实以发光辉”的道德内涵。

四　“叩两端”与“一以贯之”——“心之藏”的心理认识体系

从体用一元的认识论出发,王夫之重视下学上达的理论思维,从体用双

---

① [明]王夫之:《张子正蒙注·至当篇》,《船山全书》第十二册,第200—201页。

② [明]王夫之:《张子正蒙注·可状篇》,《船山全书》第十二册,第381页。

③ [明]王夫之:《思问录·内篇》,《船山全书》第十二册,第422页。

向关系确立心理活动贯通认识并承担修养本体的可能性与合理性,使实现道德修养目标的本体承担者与人伦万物固有属性的认识者合一。立足于对儒佛心理思想的深刻理解和认识论分析,王夫之对心理活动的认识论论证,在理论上超越了宋明理学,一方面,他以"叩两端而竭"的方式构建儒家"心之藏"所固有的心理认识体系,另一方面,他以"一以贯之"的尽心论揭示佛教"以一贯之"之心的虚空内涵,反对佛教"叩一端而竭"而"空诸所有"的虚空之论。通过对正心与存心的认识论分析,王夫之比较明确地阐释了儒家"叩两端而竭"的心理活动过程,养心与尽心使"一以贯之"的认识路径落实到儒家超越性道德修养目标的实现,以操作性的心理认识活动阐释儒佛心理思想相区别的"空"、"有"之辨。王夫之说:"圣人官天府地,自知择而用之,所以'立天下之大本'、'知天地之化育',须作两项说"。[①] 又说:"先王固不无学问思辨之事,存养省察之功,然俱于事未至前之先,务求吾心之全体大用而全体之;非待有其心后,却方讲求其事,以为心树枝叶。"[②]从圣人"自知择而用之",即心理认识过程的操作性方面,王夫之认为"'立天下之大本'、'知天地之化育',须作两项说"。感知经验心理认识过程与超越性道德本体,分别体现化育之用与大本之体,体与用均有实功而不可废。另一方面,王夫之认为,"学问思辨之事"与"存养省察之功"作为经验性心理认识过程,只能尽之于"事未至前之先",必须立足于超越性道德本体判定其用,这是儒家之心可正、可存、可养、可尽的用力之处,体现下学上达而"务求吾心之全体大用而全体之"的认识路径。

王夫之以包涵儒家整体世界观的全部精神生活为心,从不脱离感性经验心理认识活动的理论极限出发,揭示和提炼儒家"心之藏"的固有内涵,既辨析佛教之"空",也服务于构建儒家之"有"。经验心理体验与道德本体价值判断依据于本心认识的细化与提升,"心之藏"的发明显示出构建心理认识体系圆融相通的合理性。王夫之持"一元论"的形而上学观,他对儒家心之藏的发明与阐释,实质上落实于对儒家心性道德思想体系的建设。在经验层次,王夫之基于正心与存心,从操作性心理认识活动方面显示心之藏;

---

① [明]王夫之:《读四书大全说·孟子》,《船山全书》第六册,第944页。

② 同上书,第942页。

在超越层次，他立足于养心与尽心，以超越性的认识工夫贯通心之藏，既辨析佛教心性认识论长短，又体现构建从“空”到“有”之心的心理认识体系。张立文说：“如何通过范畴逻辑结构体贴宗教超越感情？通过心灵自由境界觉解人文和合精神？顺着哲学逻辑路径一以贯之的文化精神，逆径而上，以至宋明理学。从宋明理学所探索的天道自然与人道觉解，道德价值本体与思维智能主体，内在心性意义规矩与外在义理价值规矩的和合关系中，可以超越历史的时间差，获得对上述问题的悟解。”①王夫之的体系是超越和形而上的，但其“和合”关系的建立依据于范畴并符合逻辑结构，是“一而二”和“二而一”的相继相即关系，经验心理认识过程与超越性道德本体判断的论证缺一不可，在遵循儒家人伦道德文化精神的基础上，体现构建传统儒家“一以贯之”和“叩其两端而竭”认识论的完整心理活动路径。

Mental Storehouse

—The Viewpoint and Interpretation of Thought Law between Confucianism and Buddhism about Consciousness Concepts by Wang Fuzhi

Xiao Jianyuan

Abstract: The article was a theoretical summary of Wang Fuzhi's viewpoint and interpretation of mental thought between Confucianism and Buddhism. Traditional Confucianism has the theories of profound and function corresponding on faculty of the mind. Mencius and Zhang Zai have affected the development of Confucianism traditional philosophies theories of human nature on mental activity and constitutes of virtue. Wang unveiled the essence of mental activity on epistemology about mind. He made some researches on analysis of theories by over-all understandings mental phenome-

① 张立文：《儒佛之辩与宋明理学》，傅永聚、韩钟文主编：《二十世纪儒学研究大系·儒释比较研究》，第520页。

non of Consciousness-Only, the researches should be preceded by over-all understanding of the Yogachara Sect of the Great Vehicle School with a rich heritage of classics and system of the Consciousness-Only. Wang Fuzhi's philosophy has affected the development of Chinese traditional philosophies theories on thinking law, on the relationship between Heaven and man, on its own concept of being, emptiness and nonbeing.

Key words: Mental Storehouse, mental activity, the function of mind, Wang Fuzhi, unity of Confucianism and Buddhism

哲学门(总第二十七辑)
第十四卷第一册
北京大学出版社,2013年7月

“一心开二门”
——梁启超论中西哲学述评

翟奎凤*

提　要:1920年代关于《大乘起信论》真伪及其价值问题的争论,是近代佛学讨论的焦点问题。梁启超热情地肯定《起信论》为中国人所作,为中印文化的结晶,是人类最高智慧的产物。《起信论》“一心开二门”的思想对任公的哲学思想影响甚巨,他先后以此评论过康德的“真我”与现象之我、孟子的性善论/荀子的性恶论、宋儒义理之性/气质之性、老子的道论等等。不可否认,这些比附有种种牵强附会之处,相互之间可能会造成某种遮蔽,而不是澄明。但不得不承认,“一心开二门”的理论不失为一种有着普遍适用性的“公共哲学模型”,所以梁启超常用之分析一切带根本性的哲学问题。任公把“一心开二门”作为根本的哲学方法来解释康德和儒学,这对现代新儒家特别是牟宗三有着深远的影响。

关键词:真如　无明　康德　善恶　有无

一　《起信论》“一心开二门”对梁启超哲学思想的影响

大乘佛学是梁启超思想世界的重要底色,大乘佛学的人生智慧及其“地狱未空,誓不成佛”的救世情怀是任公一生奋斗不息的重要精神动力。

晚清民初的佛学复兴运动是近代社会的重要思潮,“晚清所谓新学家

*　翟奎凤,1980年生,吉林大学哲学社会学院副教授。

者,殆无一不与佛学有关系"[①],当时的今文学家如龚自珍、魏源、康有为等也多兼修佛学。梁启超早年正是在康有为的影响下,接触到佛学,初步了解到大乘佛学的精深奥义及其救世情怀。在随后的几年里(1892—1898),梁启超又结识了夏曾佑、吴雁南、孙宝瑄、吴季清、谭嗣同等志同道合的好佛志士,在他们的影响下,梁启超开始研读佛经,对佛教的理解有所深入。但这时他忙着宣传变法维新的思想,还无法静下心来深究佛典。

戊戌变法失败后,梁启超流亡日本十四年(1898—1912),在日本佛学的影响下,任公较为系统地研究了佛学义理。这一时期他撰写了不少和佛教思想有关的重要论文,如《论佛教与群治之关系》(1902)、《近世第一大哲康德之学说》(1903)、《余之死生观》(1904)等,从这些论文来看,任公开始把佛学思想和他的新民思想有机融合起来,并以佛学思想解读西学哲学,这表明他对佛教义理已经相当熟悉,其基于大乘佛教的人生信仰已经很坚定。

1912 年民国成立后,梁启超回到国内参与政治活动。1918 年任公退出政治舞台,后赴欧洲考察,受到很大触动,对西方文明中心论和科学万能论产生了怀疑,对中国文化、东方文明以及佛学智慧的优越性充满了信心。任公生命的最后十年潜心学术,曾发愿写《中国佛教史》,但天不假年,只是断断续续写出十多篇佛学论文。如 1920 年写成《印度史迹与佛教之关系》、《佛教之初输入》、《千五百年前之中国留学生》、《翻译文学与佛典》、《佛教与西域》、《佛典之翻译》、《读异部宗轮论述记》、《读修行地道经》、《中国佛法兴衰沿革说略》等;1922 年写成《大乘起信论考证》、《佛教心理学浅测》等文;1925 年写成《说无我》。这些论文在任公去世后集结成《佛学研究十八篇》,这十八篇论文集中代表了任公在佛学方面的学术成就。

目前关于梁启超的佛学思想的研究,主要依据的就是《佛学研究十八篇》及《论佛教与群治之关系》、《余之死生观》等直接与佛学有关的文章。其实,任公在诠释或点评其他思想家时,也经常以佛教义理为思想武器和批判标准,因此,这些文献也应是我们研究任公佛学思想的重要材料。

笔者注意到,梁启超曾多次用《大乘起信论》"一心开二门(真如门、生灭门)"的思想,来解释康德、孟子、荀子和老子等。如在《论近世第一大哲康

① 梁启超:《清代学术概论》,上海:上海古籍出版社,1998 年,第 99 页。

德之学说》(1903)中用"真如"和"无明"来解释康德的具有自由意志的真我和作为自然的现象之我;在《德育鉴》(1905)中,以"真如"和"无明"解释孟子性善论和荀子性恶论;在《论孟子》(1918)中,继续以"真如""无明"来解释孟子性善论和荀子性恶论;在《老子哲学》(1920)中,以"真如""无明"论老子之道。1922年任公编撰有长达三万余字的《〈大乘起信论〉考证》,这可能是任公撰写的所有佛学论文中最长的一篇,而且似乎也可以说是其生前撰写的最后一篇佛学论文。[①]

基于以上事实,可以说,《大乘起信论》"一心开二门"的思想是梁启超大乘佛学思想的底色,是其认识、分析和评判哲学问题最为重要的思想方法之一。

佛教传入中国后,和儒道相互融合,不断被中国化。隋唐时期,佛教臻于鼎盛,天台、华严、禅宗等教派的兴起标志着佛教中国化的完成,而《起信论》正是中国化佛教各大宗派的理论基石。《起信论》据传是印度马鸣菩萨造,梁真谛译,但是否确实如此,历史上一直有争论,有人认为《起信论》是中国人造的一部伪书。20世纪20年代,在日本和中国,《起信论》真伪问题再一次引起激烈的论辩。有学者试图完全否定《起信论》的价值,进一步从根本上否定中国化佛教的"合法性"。正是在这种历史背景下,任公毅然而起,在日本学者的最新研究成果的基础上,认为《起信论》确实非马鸣造,非真谛译,而是作于公元563—592年三十年间中国人的著作。但是,梁启超断然肯定、维护《起信论》在佛教发展史上的崇高地位,他说:"此书实人类最高智慧之产物;实中国、印度两种文化结合之晶体。以佛家依法之义衡之,虽谓为佛说可耳。于马鸣乎何有!于真谛乎何有!"[②]在任公看来,《起信论》的智慧圆满究竟,是佛教教理发展之最高阶段,他由此赞叹中国人智慧之伟大,实中华民族无上之荣耀。此足见《起信论》在任公哲学思想中的分量!

对于《起信论》的根本思想:三大(体大、相大、用大)、一心(众生心)开二门(真如门、生灭门),梁启超认为,真如门即体大,是就众生心的本体而言,相当于西方哲学家所言实在论,此众生心之体性即真如法身,而生灭门

① 《佛教心理学浅测》(1922)、《说无我》(1925)等为演讲类讲稿,非专门撰写的学术论文。

② 夏晓虹辑:《饮冰室合集集外文》(下册),北京:北京大学出版社,2005年,第1398页。

即相用二大,与哲学家所说现象论类似;真如有空、不空二义,生灭主体之阿赖耶识有觉、不觉二义,真如、无明互相熏习。任公解释说:“无明熏真如起妄心,妄心复熏无明,造出种种境界及一切苦,于是本与佛同体者变为众生。真如熏无明克妄心,被克之妄心复熏真如,结果能将无明及其所缘生之境界全灭,于是现在众生位者皆成佛。”①以上是梁启超对《起信论》根本思想的看法,下面评述他如何以“一心开二门”的思想来具体解释康德、孟子、荀子、老子以及宋明理学。

二 论康德“真我”和“现象之我”

梁启超在20世纪初曾撰写大量论文来介绍西方的重要思想家,其中就包括康德。在1899至1903年的著述中,任公多次提及康德,并于1903年撰有一万四千字的长文《近世第一大哲康德之学说》,专门介绍康德的哲学思想,这是近代史上第一篇比较系统地以中文介绍康德思想的论文。尽管后世有不少学者批评此文浮泛不切,但任公的始创之功不可淹没。

黄克武先生有《梁启超与康德》一文,详细分析了梁启超是如何以日本中江兆民所译阿勿雷之《理学沿革史》为蓝本,有选择性地把康德思想介绍到中文世界,并指出“任公文章与中江译文的一个非常重要的不同是任公译介康德不仅是为了介绍西方的理念,他更受到当时日本哲学界的影响,企图作以东西的对话,并借此而建立自身的学术思想。”②就是说任公此文不仅是译介,里面还有他自己的思考、思想及其对康德哲学的评判。这些都集中体现在该文的按语中。《近世第一大哲康德之学说》约有16处按语,其中有8处是以佛学来评点康德,也就是说,任公主要是以佛学作为思想武器来评判康德思想的,这点也是受到了日本佛学家井上圆了的很大影响③。黄克武认为:“整体观之,任公以为最完善的是佛学,其次是阳明学,再其次是朱熹的

① 夏晓虹辑:《饮冰室合集集外文》(下册),北京:北京大学出版社,2005年,第1385页。

② 黄克武:《梁启超与康德》,《中研院近代史研究所集刊》第30期(1998年),第131页。

③ 井上圆了(1858—1919),日本佛教哲学家、教育家。井上着眼于作为孕育多元观点学问的哲学,随后设立了东洋大学的前身哲学馆。其哲学馆里祀以释迦牟尼、孔子、苏格拉底、康德四大圣人。黄克武认为,梁启超结识井上可能在1899年。

理学,而他将康德的学说放在与阳明学相当的地位。换言之,康德哲学不及佛学,类似阳明学,而较朱熹、张载的学说来得高明。"[①]据此,大概也可以说,大乘佛学是梁启超思想的底色和根本参照系。

程恭让教授《以佛学契接康德:梁启超的康德学格义》一文认为,《近世第一大哲康德之学说》"是迄今所发现的第一篇全面、系统地评介和研究康德思想之作",并从"以佛教唯识学'本识'之说,格义康德'检点'思想"、"以佛教对心识结构的分析,格义康德对知识过程的论说"、"以中国佛教华严宗的佛理,格义康德知性类推原理"、"以佛家真如、无明之说,格义康德的自由及自然说"、"以佛家真谛、俗谛之辨,格义康德对'直悟的性格'与'经验的性格'之区分"等五个方面分析了梁氏康德学格义的要点,指出梁氏的康德学格义之基础是唯识学,"但他们所理解的唯识学,乃是以《大乘起信论》佛理智慧为底质的唯识学",认为梁启超的佛教思想受清末佛教居士杨文会的影响很大,杨文会"学贤首,尊《起信论》,以《起信论》的佛理模式融通佛教的一切宗派,故近代中国佛学的复兴,基本上是以《起信论》佛学理论作为基础的佛教思想的复兴"[②]。

任公以佛学解康德,主要的一个方面就是以《大乘起信论》"一心开二门"的思想来解释康德所说道德实践上有自由意志的真我和作为自然的现象之我。

康德把事物分现象和物自体,现象是物自体在人的先验感性直观形式下(时空)的显现,所以是可感的,其自然(必然)规律也是可知的,而物自体本身则是不可感、不可知的自在之物。现象是经验的,物自体是超验的。一切知识只能在经验世界的范围内才有效,所有关于超验的知识都是虚妄的。康德证明了科学知识的普遍必然性和客观有效性,同时其物自体观念也为宗教、道德和信仰的神圣性留下地盘。对人来说,肉体存在与自然现象界的事物一样,饥食渴饮、生老病死,有其必然规律,但人的精神和灵魂则是超越的,是自由自在的,为善还是作恶,完全是人的道德意志的自由选择,所以人必须担负起道德的责任,不能以任何经验世界的理由来为其道德选择作托

① 黄克武:《梁启超与康德》,《中研院近代史研究所集刊》第30期(1998年),第132页。

② 程恭让:《以佛学契接康德:梁启超的康德学格义》,《哲学研究》2001年第2期,第43页。

词,这就是自由道德意志的神圣性和绝对性。

梁启超认为,康德的道德自由意志和绝对命令(真我),即王阳明所强调的良知,认为其学说之基础全同。任公又认为,康德的真我即佛所说真如、其现象之我即佛所说无明。他说:

> 佛说有所谓“真如”,真如者即康德所谓真我,有自由性者也;有所谓“无明”,无明者即康德所谓现象之我,为不可避之理所束缚,无自由性者也。佛说以为吾人自无始以来,即有真如、无明之两种子,含于性海识藏之中而互相熏。凡夫以无明熏真如,故迷智为识;学道者复以真如熏无明,故转识成智。①

任公的观点可以简单地表述为:真我(康德)= 良知(王阳明)=真如;现象之我=无明。对任公的这一比较该如何评价呢?无可否认,他们之间确实有一定的相似性,如真我、良知、真如都有绝对性、至善性、超越性和自由自在性等特征。但是,用“即”把他们完全等同起来显然是很牵强的,这就抹杀了不同的学说主旨的内在特殊性,相互之间可能会造成某种遮蔽和伤害。《起信论》言“真如”:

> 心真如者,即是一法界大总相法门体。所谓心性不生不灭。一切诸法唯依妄念而有差别,若离心念,则无一切境界之相。是故一切法从本已来,离言说相,离名字相,离心缘相,毕竟平等,无有变异,不可破坏,唯是一心,故名真如。以一切言说,假名无实,但随妄念,不可得故。言真如者,亦无有相。谓言说之极,因言遣言。此真如体无有可遣,以一切法悉皆真故。亦无可立,以一切法皆同如故。当知一切法不可说不可念,故名为真如。②

一心开二门(真如门、生灭门),真如、无明虽相互熏习,但真如门是绝对的、根本的、永恒的(无始无终),而生灭门是虚妄不实的、是暂时的、会破灭的(无始有终)。生灭之相根源于无明,是故《起信论》又云:

---

① 梁启超:《近世第一大哲康德之学说》,《饮冰室合集·文集之十三》,北京:中华书局,1989 年,第 60—61 页。

② 高振农:《大乘起信论校释》,北京:中华书局,1992 年,第 17 页。

> 是故三界虚伪，唯心所作。离心则无六尘境界。此义云何？以一切法皆从心起妄念而生。一切分别，即分别自心，心不见心，无相可得。当知世间一切境界，皆依众生无明妄心而得住持。是故一切法，如镜中像，无体可得，唯心虚妄。以心生则种种法生，心灭则种种法灭故。[①]

由无明、不明真相实际故，生起种种妄念，从而有世间诸法的生灭之相。真如是万法自性、宇宙实相，从其无自性的角度来讲，真如是空性，从其起用无量功德上来讲又是不空的；真如不生不灭、不一不异、不出不入、不来不去、非有非无、非动非静，不落言诠。所以，《起信论》又云：

> 以一切法本来唯心，实无于念。而有妄心，不觉起念，见诸境界，故说无明。心性不起，即是大智慧光明义故，若心起见，则有不见之相。心性离见，即是遍照法界义故。若心有动，非真识知，无有自性，非常、非乐、非我、非净，热恼、衰变，则不自在，乃至具有过恒沙等妄染之义。对此义故，心性无动，则有过恒沙等诸净功德相义示现。若心有起，更见前法可念者，则有所少。如是净法无量功德，即是一心，更无所念，是故满足，名为法身、如来之藏。[②]

显然，《起信论》以上所论真如、无明及法身如来藏之无量功德，特别是念念相续对真如的缠绕和蒙蔽、以无念无想无住显真如等等，这些都不是任公所云康德“真我”及现象之我所能比拟的。

当然，梁启超也指出了二者之间存在一个重要的不同，他说：

> 然佛说此真如者，一切众生所公有之体，非一人各有一真如也；而康德谓人皆自有一真我，此其所以为异也。故佛说“有一众生不成佛，则我不能成佛”，为其体之为一也，此其于普度之义较博深切明；康德谓我苟欲为善人，斯为善人，为其体之自由也，此其于修养之义亦较切实而易入。[③]

任公特别强调“真如”的一体性、一合相，这与其一贯的主张“群”的哲学及

---

① 高振农：《大乘起信论校释》，第59页。
② 同上书，第104页。
③ 梁启超：《近世第一大哲康德之学说》，《饮冰室合集·文集之十三》，第61页。

大同思想是密切相关的。在他看来,康德"以人人各自有一真我,而与他人之真我不相属也",其真我不具有一体性,但其对自由的强调亦有其殊胜处。

总之,在梁启超看来,康德不如佛学高深,不如佛学究竟。因此,佛学是世界上最高深、最究竟的学问;佛学,再加上孔子儒学,就完全可以安顿好自己的生命,我想这是他后来没再进一步研究康德的重要原因。

三 论孟子性善论、荀子性恶论

受康有为的影响,戊戌变法时期的梁启超曾极力推尊孟子而排斥荀子,与夏曾佑、谭嗣同等曾发起所谓的排荀运动,认为孟子传春秋学,为孔门大同、经世之科(特别之教),有民主精神,为儒家正统;而荀子传礼学,为孔门小康、传经之科(普通之教),为历代专制渊薮,乃孔门孽派[①]。后来,任公纠正了他对荀子的这种偏见。如在1905年所作《德育鉴》中,他对孟子、特别是荀子的看法已经和戊戌变法时期有了根本不同,认为孟、荀同为孔门正传,并以"真如"和"无明"论孟子性善论和荀子性恶论。

梁启超认为,孟子性善论,以扩充涵养为工夫,而荀子性恶论,则以矫正克治为工夫。任公以《起信论》来论孟子、荀子,认为性善、性恶皆有根据,他说:

> 以佛语解释之,则人性本有真如与无明之二原子,自无始以来,即便相缘,真如可以熏习无明,无明亦可以熏习真如。孟子专认其真如者为性,故曰善;荀子专认其无明者为性,故曰恶。[②]

在任公看来,荀子不知"真如",看不到人性中本然光明的一面,这是其不足。但是针对孟子以人之恶缘于外在环境的熏染、恶是后天而非先天的观点,梁启超也给予了批评,认为无明之恶也是先天的,人受生之前已有无量劫来种

① 参见《西学书目表·后序》(1896)、《读春秋界说》、《读孟子界说》(1898),及《论支那宗教改革》(1899)。梁启超后来在《亡友夏穗卿先生》中承认他当时排荀只是手段,排汉学才是目的,他说:"我们要把当时垄断学界的汉学打倒,便用'擒贼擒王'的手段,去打倒他们的老祖宗——荀子。"

② 梁启超编著:《德育鉴》,翟奎凤校注,北京:北京大学出版社,2011年,第130—131页。

种熏习,刚出生的婴儿已非天然至善。

1918年,梁启超在《论孟子》(遗稿)一文中述及战国时期的人性论,他认为当时有五种人性论的主张:(1)性善论,以孟子为代表;(2)性恶论,以荀子为代表;(3)性无善无不善,以告子为代表;(4)性有善有不善,以世子为代表;(5)有性善有性不善。任公认为,以《起信论》"一心开二门"的观点来看,对这五种主张可以洞若观火。其论孟子、荀子,说:

> 孟子言性善者,指真如相,即一心法下所开之心真如门也。荀子所谓性恶者,指生灭因缘相,即一心法下所开之心生灭门也。①

又说:

> 孟子指真如为性,所以劝向上,其义精。荀子指无明为性,所以警堕落,其义切。②

奇怪的是,任公以告子的"无善无不善"比附《起信论》的"一心"(众生心),以孟、荀为告子"一心"开出的二门。这样,任公居然把告子的人性论抬得最高,优于孟、荀,并肯定其"仁内义外"之说,而批评孟子以礼义为人性所本具的人性论思想。

孟子强调人性本善,认为仁义礼智之德皆本性所具,主张以扩充涵养的工夫来发明本有的圣德。荀子以人性本恶,原始状态下的人为了利益,会不顾任何礼义廉耻,因此必须有圣人教化,化性起伪,通过制礼作乐来规范限制人们的争夺之心。其实,孟、荀所言善恶是相对的。孟子的善并不具有绝对的本体论意义,这和"真如"的如实究竟空性、绝对一如性、清净无染性、智慧功德性是不能完全比拟的。勉强来讲,孟子所云仁义礼智之善德,只能说有些类似于"真如"如实不空的智慧功德性。至于荀子所云恶,固然可以说恶源于无明和妄想执著,特别是我执。但荀子说恶是人性本然,是天然的,这和《起信论》所说无明的虚妄不实性,是有天壤之别的。

---

① 梁启超:《论孟子》(遗稿),载王兴业编:《孟子研究论文集》,济南:山东大学出版社,1984年,第490—491页。梁启超于此后原有小注,曰:《起信论》又云:"以不达一法界故,心不相应,忽然念起,名为无明。"又云:"世间一切境界,皆以众生无明妄心而得住持。"此无明为生灭相所依。荀子所谓性恶指此。

② 梁启超:《论孟子》(遗稿),载王兴业编:《孟子研究论文集》,第491页。

后来,梁启超警觉到这种比较的牵强性和危险性,如在1927年《儒家哲学》中述及先秦人性论时,任公已绝口不提《起信论》的一心开二门,更多的是内在于儒学发展的理路来分析问题,不再节外生枝地去生拉硬扯、相互纠缠。

这里要补充说明的是,其实在论《近世第一大哲康德之学说》中,梁启超还论及宋儒所说义理之性和气质之性,他说:

> 宋儒欲用此义例以组织中国哲学,故朱子分出义理之性与气质之性。其注《大学》云:"明德者,人之所得乎天,而虚灵不昧以受众理而应万事者也(案:即佛所谓真如也,康德所谓真我也)。但为气禀所拘,人欲所蔽,则有时而昏(案:即佛所谓无明也,康德所谓现象之我也)。"①

认为义理之性即"真如"、气质之性即"无明"。其在《德育鉴》中也有如此表述,他说:

> 宋明儒者,孟氏之忠仆也。然已不得不迁延其说,谓有义理之性、有气质之性(义理之性即真如,气质之性即无明),所争者不过区区名号间耳。②

我们看到,在这些解释中,任公喜欢用"即",把两者等同起来,这未免说得太死,尽管两者在结构意义上有一定的类似性。宋儒分义理之性和气质之性,在一定意义上是调和了孟子性善论(义理之性)和荀子性恶论(气质之性)的矛盾,把恶归于气质之性(禀气浑浊)的影响。在《起信论》中,"无明"是由于念念相续的妄心对真如本性的遮蔽,妄念和气质之性虽然相关,但两者的差别是很明显的。所以,不能把"气质之性"等同于"无明"。同样,后来梁启超也警觉到两者不能混为一谈、相互比附,如在1927年的《儒家哲学》中述及宋儒义理之性和气质之性的讨论,他也不再牵扯《起信论》的"真如""无明"。

---

① 梁启超:《近世第一大哲康德之学说》,《饮冰室合集·文集之十三》,第61页。

② 梁启超编著:《德育鉴》,翟奎凤校注,第132页。

四　论老子之道

出于急切的政治改革立场，梁启超早年对老子曾很反感，他在 1902 年《论中国学术思想变迁之大势》中曾这样攻击老子之学对中国社会的恶劣影响，他说：“老学虽偏激，亦南派一巨子，世界哲学应有之一义，吾虽恶之而不愿为溢恶之言也。但其魔业之影响于群治者，既若彼焉矣。无他，老子既以破坏一切为宗旨，而复以阴险之心术、诡黠之权谋佐之，故老学以毒天下，不在其厌世主义，而在其私利主义。”①

1918 年退出政治舞台后的梁启超，对老子有了更多内在的、历史的同情了解。1919 年考察第一次世界大战后的欧洲时，梁启超开始肯定地宣扬老子，以老子、孔子、墨子为中国文化中的三圣，他说：“最近提倡的实用哲学、创化哲学，都是要把理想纳到实际里头，图个心物调和。我想我们先秦学术，正是从这条路上发展出来，孔、老、墨三位大圣，虽然学派各殊，‘求理想与实用一致’，却是他们共同的归着点。如孔子的‘尽性赞化’‘自强不息’，老子的‘各归其根’，墨子的‘上同于天’，都是看出有个‘大的自我’‘灵的自我’，和这‘小的自我’‘肉的自我’同体，想要因小通大，推肉合灵。我们若是跟着三圣所走的路，求‘现代的理想与实用一致’，我想不知有多少境界可以辟得出来哩。”②

1920 年，梁启超为全面解读老子的思想，特地写下了长达一万三千字的论文——《老子哲学》，此文从本体论、名相论、作用论三方面系统论述了老子的学说，认为老子哲学是“最高尚而最有益的哲学”。梁启超在解释老子时运用了西方哲学的很多概念，如本体、一元、二元、唯心、唯物等等，但是此文最为重要特色是运用了佛学《大乘起信论》“真如”、“无明”论来解释老子思想。

本体到底是空，还是有？梁启超认为，对这个问题，佛学的回答最为究竟，在佛教看来，“神”、“非神”、“物”、“心”、“空”、“有”皆为名相，而非本

① 梁启超撰：《论中国学术思想变迁之大势》，夏晓虹导读，上海：上海古籍出版社，2001 年，第 75 页。
② 梁启超：《欧游心影录》，《饮冰室合集·专集之二十三》，北京：中华书局，1989 年，第 36 页。

体,本体要离开一切名相才能证得。对此,任公以《起信论》所说"一心开二门"为最好最妙,其中"真如门"是说本体,"生灭门"是说名相①。因此,本体可以说是非空非有,亦空亦有,不落名相,不落言诠。

"道"是老子哲学的本体。老子一方面说"道"为"有物混成,先天地生",似乎是说道体是"有",但又说"视之不见"、"听之不闻"、"搏之不得""绳绳不可名,复归于无物",又说"是谓无状之状,无物之象,是谓恍惚"、"惚兮恍兮,其中有象,恍兮惚兮,其中有物"。那么,老子的道,到底是有,还是无呢?

梁启超认为,有无皆为名相,而本体是超绝名相的非有非无,正如《起信论》所说真如:"真如自性,非有相,非无相,非非有相,非非无相,非有无俱相。"说有说无,言非、非非,只是不得已的"因言遣言"②。于本体之道,有无二字,俱说不得,开口便错。

任公还进一步说,老子言"道"所说"寂兮寥兮"、"夷"、"希"、"微",如《起信论》所说"如实空";所说"其中有精,其精甚真,其中有信",如《起信论》所说"如实不空";"独立而不改,周行而不殆",如《起信论》所说"毕竟平等,无有变异,无可破坏";而"可以为天下母""似万物之宗""是谓天地根",如《起信论》所说"总摄一切法"③。

梁启超认为《庄子·天下》评老子所说"以虚空不毁灭万物为实"最能揭示老子之"道"的真蕴,这和佛教所说"真空妙有"的道理也非常契合。佛经上常说真如妙道是"不可思议"的,《起信论》说"离念境界,唯证相应","真如"是不可以想象、以思想议论和言谈来把握,须言语道断、心行处灭,直觉直证,契悟真如。在任公看来,老子所说"知者不言,言者不知"、"为道日损"、"绝学无忧"也是这个意思,体道参道,靠的不是学问和智识。

《起信论》提出心摩诃衍有三大:体、相、用。梁启超以此解释《老子》首章,认为"道可道,非常道。名可名,非常名"是讲体,"无,名天地之始。有,

---

① 梁启超:《老子哲学》,《饮冰室合集·专集之三十五》,北京:中华书局,1989年,第5页。

② 同上书,第7页。

③ 同上。

名万物之母"是讲相("无"对应《起信论》真如门[①],"有"对应《起信论》生灭门),而"常无,欲以观其妙;常有,欲以观其徼"是讲用,最后"此两者同,出而异名,同谓之玄。玄之又玄,众妙之门"又以相用归体[②]。

此外,梁启超还以佛教"分别心"、"妄念"来解老子的名相论。

可以看出,梁启超以《起信论》"一心开二门"的宗旨对老子之"道"作了全面诠释,远比他论康德和孟子、荀子要详尽得多。实际来讲,老子之"道"与佛学及《起信论》的思想确实有很多相应之处,所以梁启超解释起来比较得心应手,在义理上也显得比较顺畅。

笔者基本认同梁启超的考证,即《起信论》是印度佛教中国化的高级产物。那么,所谓中国化,我想这里面固然有孔门思孟学派及《易传》的影响,但主要的应该还是老庄思想的影响,从而使得印度佛教能在中国发展出以《起信论》为代表的义理精妙圆融的"真如缘起论"和"真常唯心论"。所以,总体上看,梁任公以《起信论》来解释老子是很有意义的。但笔者在这里想指出的是,《起信论》的"二门"是为一心所统,不离佛学一切唯心、万法唯识的宗旨,而老子对道的描述有着非常强烈的客观性,不得不说,这是老子之道和佛学及《起信论》的一个很大的不同。

五 结 语

不可否认,写作《欧游心影录》之前的梁启超在学术研究上,明显地以学术从属于政治,在对很多问题的诠释上,注重会通和求同,常常忽视其差异,其学风难免显得有些"粗"。

加入清华国学研究院之后的梁启超专心于严肃的学术研究,他对以前学术研究的粗泛和不严谨作了反省,尊重不同思想学说的差异,反对泛泛求同而抹杀差异。所以在 1927 年的《儒家哲学》中,论及孟子、荀子及宋儒人性论时,他已绝口不提"真如""无明"。

---

① 当然,真如门之"无"非与有相对的无,乃绝对而究竟的"空"。任公以为,老子书中许多"无",最好作佛教的"空"字解。

② 梁启超:《老子哲学》,《饮冰室合集·专集之三十五》,第 9—10 页。

从论康德(1903)、到论孟子/荀子及宋儒(1905)、到论老子(1920),到《〈大乘起信论〉考证》中对《起信论》思想毫无保留的崇拜(1922),在长达二十年的时间里,梁启超如此频繁地用到《起信论》“一心开二门”的思想来处理中西哲学的根本性问题,可见《起信论》对梁启超哲学思想影响之深。尽管在解释上,有种种附会和牵强之嫌。但不得不承认,“一心开二门”的理论不失为一种有着普遍适用性的“公共哲学模型”,牟宗三先生说:“顺着《大乘起信论》‘一心开二门’之提出,我们今天主要要说明的,是这个‘一心开二门’的架构在哲学思想上的重要性。因为就哲学发展的究极领域而言,这个架构有其独特的意义。我们可以把它看成是一个有普遍性的共同模型,可以适用于儒释道三教,甚至亦可笼罩康德的系统。若将其当做形上学的问题看,则此种问题即是属于‘实践的形上学’,而不属于平常的‘理论的(知解的)形上学’(theoretical metaphysics)。”①可见,梁启超常用“一心开二门”分析一切带根本性的哲学问题,这对现代新儒家特别是牟宗三无疑有着深远的影响。

“Two Gates in One Mind”

—Liang Qichao's Comments on Chinese and Western Philosophy

Zhai Kuifeng

Abstract: The debate concerning the authenticity and value of *Mahayana Sraddhotpadasastra* in 1920 is the central issue in the discussions of early modern Buddhism. Liang Qichao favorably confirms that *Sraddhotpadasastra* is written by Chinese people; this book is the fruit of Chinese and Indian culture, and is the product of the highest wisdom of human beings. The idea of “two gates in one mind” in *Sraddhotpadasastra* has a great im-

① 牟宗三:《中国哲学十九讲》,上海:上海古籍出版社,1997年,第281页。

pact on Rengong's philosophical thoughts; from this perspective, he successively comments on Kant's *true self* and phenomenal self, Mencius's doctrine of good human nature and Xunzi's doctrine of evil human nature, *Yili* nature and physical nature of Confucians in Song Dynasty, Laozi's theory of *Dao* and so on. There is no doubt that these comments have the problem of eisegesis which might veil some points but not otherwise. However, the theory of "two gates in one mind" could be a *model of public philosophy* with universal validity, and so Liang Qichao often uses it to analyze any fundamental philosophical issues. Rengong regards "two gates in one mind" as the fundamental philosophical method to interpret Kant and Confucianism, which has far-reaching effects on modern Neo-Confucianism, especially on Mou Zongsan.

Key words: Zhenru, Wuming, Kant, good and evil, Youwu

《海德格尔与传统——存在之基本规定的一个问题史式导论》

［德］维尔纳·马克思 著,朱松峰、张瑞臣 译

上海:上海人民出版社,2012 年 11 月第 1 版

本书是“海德格尔研究丛书”之一种。该丛书致力于引介国际上重要的海德格尔研究,推进国内现象学研究的深度。除本书外,即将问世的还有由瓦尔特·比默尔与汉斯·萨纳尔编辑的《海德格尔与雅斯贝尔斯往复书简》与佩特泽特所著的《朝向那一颗星——与海德格尔的会面与对话》。

本书作者维尔纳·马克思可以说是海德格尔的正宗传人,他于 1964 年从美国回到弗莱堡大学,接替了海德格尔留下的教席。此外,他还接替了胡塞尔的助手以及胡塞尔与海德格尔的共同弟子——欧根·芬克——的位置,担任胡塞尔档案馆馆长的职务。马克思最为人所知的著作是他在 1983 年和 1986 年分别出版的《大地上可有一个尺规?一种非形而上学的伦理学的基本规定》和《伦常与生活世界:作为尺规的同情能力》。这两本书更多是作者试图在价值虚无化的现代社会里重建伦理秩序的尝试,而它们共同的哲学基础则是于 1961 年出版的《海德格尔与传统》。

《海德格尔与传统》试图通过对西方传统的开端(亚里士多德)与终结(黑格尔)的反思,展现海德格尔对于“存在”、“本质”以及“人的本质”的另一种思想进路。马克思指出,海德格尔的重要性在于他力图克服传统的“光的形而上学”的尝试。在此基础上,作者将循着海德格尔的脚步,“发动一种可以超越海德格尔的进一步的思”,以迎接海德格尔所说的“第二次开端”。此书虽然已问世半个多世纪,但是因其论证细致、材料翔实、观点鲜明,仍然是海德格尔研究中不容忽视的经典。(韩　骁)

哲学门(总第二十七辑)
第十四卷第一册
北京大学出版社,2013 年 7 月

易学与神道
——山崎暗斋的易学研究

王　鑫*

提　要:本文主要是讨论山崎暗斋的易学。暗斋是日本江户前期朱子学派的代表人物之一。他在易学上的成绩主要是对朱熹易学从版本到思想上的整理与发挥。他恢复了朱熹《周易本义》原本经传分离、不杂程传的"古易"面貌,据此,还抉发了朱子在论易时的"精蕴"之说。同时,暗斋的易学还同他晚年的神道转向有着密切的关联。

关键词:山崎暗斋　易学　神道

一　前　言

日本江户时代的朱子学流派众多。[1]但从易学来说,最为重要的有两派:一是藤原惺窝系统的林罗山(—林鹅峰—林凤冈)一系,另一则是山崎暗斋

* 王鑫,1983 年生,北京大学哲学系博士后。

① 依照朱谦之《日本的朱子学》(北京:人民出版社,2000 年)中的分法,日本朱子学可分作六派,分别是:以藤原惺窝、林罗山为代表的京师朱子学派,以谷时中、山崎暗斋为代表的海南朱子学派,以贝原益轩、中村惕斋为代表的海西朱子学,以怀德堂为中心的大阪朱子学派,以"宽政三博士"为代表的宽政以后的朱子学派以及德川光圀的水户学派。与井上哲次郎在《日本朱子学派之哲学》(东京:富山房,1915 年订正增补版)中的分类相比,朱谦之的分法在其基础上,增入了以怀德堂为主的大阪朱子学派。此外,在学派的具体命名上两者也有不同。如京师朱子学派,井上称之为"京学以及惺窝系统";海西朱子学派,井上称之为"惺窝系统以外的朱子学派";海南朱子学派,井上则称为"南学以及暗斋学派",独立突出了暗斋学派的地位等。

的崎门学派。[①]

藤原惺窝(1561—1615,名肃,字敛夫,号惺窝)是江户朱子学的开山始祖。经由他的推荐,其弟子林罗山(1583—1657,名忠,一名信胜,字子信,号罗山)于庆长十年(1605)深衣儒服以见德川家康,并大被宠信。据《先哲丛谈》[②]:“(罗山)起朝仪、定律令,大府所须文书,无不经其手。”罗山之后,其子孙世世相继为幕府儒官,林家的私塾昌平阪学问所亦成为幕府的官学。因此,林罗山一系的易学实际可视作江户时代官方易学的一个代表。林罗山曾标点《周易本义》及《周易传义大全》等书。其中,《周易本义》经其子林鹅峰改良后成为官版。[③] 此外,鹅峰还著有《周易本义私考》、《易学启蒙私考》、《周易程传私考》等十余种易著。鹅峰之子凤冈亦有《周易程传私考补》等传世。但从易学研究的规模来说,朱子学派中最引人注目的还是山崎暗斋及其门流的易学。崎门中人不仅广泛地对易学抱有兴趣,其易著的种类与数量也蔚为大观。

本文主要是对山崎暗斋易学的研究。首先,笔者将就崎门易学源流的整体情况作一介绍;在此基础上,以《朱易衍义》为中心,详细探讨山崎暗斋易学思想的内容及特质。朱子学派的易学有一个共同点,即他们的易学大都是围绕程朱易学、尤其是朱熹易学而展开。这不仅表现在对于朱易版本、内容的重视上,更重要的在于他们认识到:朱熹易学实际上是以理气之说重新解释了《易经》中原本所讲的天人合一之道。朱熹通过理本论对易学本体论的重新诠释[④],强化了其所说之“理”在自然之理(天理)意义上的存在。因此,如何面对和理解这一传自“异邦”的自然之理,也构成了朱子学派易学展开时最根源的问题之一。本文的后半部分,就是从山崎暗斋对易学与“本邦固有之神道”关系的理解出发,展现他对于这一问题的思考与解决。

---

① 朱子学派的易学研究,值得注意的还有大阪朱子学派中井履轩所作的《周易雕题》与《周易逢原》等。

② 原念斋:《先哲丛谈》,《东洋文库》574,东京:平凡社,1994 年,第 33 页。

③ 详见吴伟明:《易学对德川日本的影响》,香港:香港中文大学出版社,2009 年,第 27 页。此外,据《日本古典籍总合目录》,林罗山的易著还包括《易钞》、《周易抄》、《周易传义奥书》、《神易合勘》等。

④ 相关方面的研究,可参看朱伯崑《易学哲学史》(北京:华夏出版社,1995 年)第 437 页中有关朱熹易学哲学理本论的分析。

二　崎门学派的易学传授源流

(一) 山崎暗斋的生平与易著[1]

山崎暗斋(1618—1682),名嘉,字敬义,小字嘉右卫门。暗斋是其号,又号垂加,京都人。

暗斋一生为学凡两变。幼时因他的个性桀骜难制,其父将之送入妙心寺为僧,称绝藏主。暗斋天资极为聪颖,据《年谱》:"就寺主借《中峰广录》。……一月而还之。寺主试举首卷问:记几段?先生背诵尽卷,不爽一字,且疑难处详说其义,至次卷亦如此,寺主惊服。又,读《五灯会元》,三日而卒业云。"[2]后与土佐藩儒野中兼山、小仓三省相交,受此二人诱掖,暗斋二十五岁时遂逃佛归儒。三十岁时,暗斋著《辟异》,记述其早年经历时说:

> 吾幼年读《四书》,成童为佛徒,二十二三本于空谷之书,作三教一致之胡论。二十五读朱子之书,觉佛学之非道,则逃焉归于儒矣。[3]

暗斋学问的第二次转变在其晚年。四十八岁时,他在会津藩从吉川惟足受卜部家神道(又称唯一神道);五十二岁时受伊势神道之传;又在五十四岁时,于惟足处与闻吉田神道之说,并于十一月接受"垂加"的灵社号。暗斋晚年的神道转向与其早年逃佛归儒不同。逃佛归儒时,他视佛教为异端。但在他最终所创立的垂加神道中却主张"神儒妙契"、"神儒习合"。儒学,更准确地讲,朱子学始终是他所尊崇的对象。《年谱》中:

> 语门人曰:我学宗朱子,所以尊孔子也。尊孔子以其与天地准也。中庸云,仲尼祖述尧舜,宪章文武。吾于孔子朱子亦窃比焉。而宗朱子,亦非苟尊信之,吾意朱子之学,居敬穷理,即祖述孔子而不差者。故

---

① 关于山崎暗斋的生平,可参见山田思连叔:《暗斋先生年谱》,日本古典学会编:《新编山崎暗斋全集》第四卷,东京:ぺりかん社,1978 年,第 383 页。此外,还可参看《先哲丛谈》。今人的研究,可参考近藤启吾在《神道大系·论说编·垂加神道》(东京:精兴社,1984 年)的《解题》中对暗斋生平的介绍。

② 山田思连叔:《年谱》,第 387—388 页。

③ 《辟异》,《新编山崎暗斋全集》第三卷,第 450 页。

> 学朱子而谬,与朱子同谬也,何遗憾之有。是吾所以信朱子亦述而不作也。[①]

尊信朱子,愿"与朱子同谬"是暗斋学问与思想的底色。表现在为学方法上,则其主张"述而不作"。因此,暗斋有关理学的著作大多是以抄引、编纂的形式出现。但这并不意味着暗斋是"盲信朱子言说之精神的奴隶"、"一点创意也没有"。[②] 恰恰相反,"述而不作"所体现的正是暗斋成就自我学问主体的方式。这不仅是对儒家原本教义的真诚实践,而且只有首先尊信朱子,才能真正地抵达朱子学的精义。如果细读暗斋所编著的各类著书的话,他在编抄时的主题与体例、亲作的序跋、尤其在对抄引材料的去取以及间或出现的按语与小注,表明他所说的"不作"是不以私意妄作,"述而不作"实际上是"寓作于述"。

延宝三年到六年间(1675—1678,从 58 岁到 61 岁)是暗斋有关易学著作编纂与出版最为集中的一段时期。值得玩味的是,这段时间也恰恰是他专念于神道研究的阶段。根据近藤启吾的整理[③],暗斋在这段时间训点、编纂与出版易著的情况如下:

延宝三年三月《周易本义》加训刊行;

同五年初夏《朱易衍义》编纂刊行;

同五年孟夏《易学启蒙》改订刊行;

同六年孟春《蓍卦考误》表章刊行。

其中,对于《周易本义》的重新训点即通常所说的"山崎嘉点"。[④] 暗斋刊行时所采用的是朱熹《本义》原本经传分离的体例。据《年谱》:"先生于《周易》一用《本义》而不混程传,其所校正上下经二卷,《彖传》、《象传》、《系辞传》各二卷,《说卦传》、《文言传》、《序卦传》、《杂卦传》各一卷,凡十二卷,冠序例,皆复朱子之旧。"[⑤]《蓍卦考误》则是取朝鲜本《朱子大全》。《文会笔

① 山田思连叔:《年谱》,第 410—411 页。

② "盲信"之语是井上哲次郎的评价。"一点创意也没有"则是朱谦之先生的评语。详见朱谦之:《日本的朱子学》,第 294—295 页。

③ 近藤启吾:《易学と山崎闇斎》,《山崎闇斎の研究》,神道史学会,1986 年,第 287 页。

④ 有关嘉点与惺窝、罗山、鹅峰点间的比较、同异,可参考近藤启吾《易学と山崎闇斎》中的相关研究。

⑤ 山田思连叔:《年谱》,第 408 页。

录》中暗斋曾说："先生（朱子）著《蓍卦考误》，宜与《启蒙》并行焉。"[①]下自注："《考误》策图差处，退溪正之，见朝鲜本《朱子大全》是也。"[②]从暗斋刊行易著的整体来看，无论是在刊行版本的选择上，还是其亲自所加的训点与编纂的《朱易衍义》，都清晰地指向同一个目标，即恢复朱熹易学的本来面貌。这也是暗斋易学最主要的宗旨。此外，暗斋有关易学的编抄还包括《文会笔录》[③]的第七卷以及《洪范全书》。

（二）崎门易学传授源流

明历元年（1655）春，暗斋开讲筵于京师。《年谱》中记叙其讲学内容：

> 其讲经先《小学》、次《近思录》、次《四书》、次《周易本义》及程传，至明年冬十二月而毕云。[④]

暗斋讲学，是严格遵循朱子学从"小学"到"大学"、从"四书"到"六经"的为学次第并以《近思录》作为理学入门之书。尤其是在经学的教授中，《周易》成为了除四书之外最重要的内容。"先生教弟子治经，专用力于正文朱注之间，而不注目于元明诸儒之末疏。"[⑤]《周易》的讲授，也是以《本义》等朱注为主。可以想见，对于程传的讲授也是出于重视朱易的缘故。

暗斋门下弟子众多，最为有名的是"崎门三杰"。"三杰"中，除佐藤直方（1650—1719）外，浅见䌹斋（1652—1711）与三宅尚斋（1662—1741）皆有大量易作传世。如浅见䌹斋名下就有《周易本义师说》、《周易本义笔记》、《易学启蒙师说》、《朱易衍义讲义》等四十余种易作。但其中"师说"、"讲义"等大多是䌹斋的讲稿[⑥]。三宅尚斋的易作则大多为笔记类，其中包括《易本义笔记》、《易本义续笔记》、《易本义续续笔记》、《易学启蒙笔记》、《易学

---

① 《文会笔录》卷七，《新编山崎暗斋全集》第一卷，第315页。

② 同上。

③ 《文会笔录》是暗斋编著中规模最大的一部，被称为崎门学的指南。暗斋易箦前犹在校订此书。稻叶默斋《读文会笔录》称："此书似博杂而实则要约。读朱子成书者，不取指南于此，则不能究归趣、神会默识、左右逢源焉。"（《新编山崎暗斋全集》第五卷，第561页）

④ 《年谱》，第393页。

⑤ 山田思连叔：《年谱》，第416页。

⑥ 同上书笔者所及，有《易学启蒙师说》、《易师说》、《浅见先生易师说》三种（小滨市立图书馆、酒井家文库藏）。

启蒙续笔记》、《易学启蒙续续笔记》以及《朱易衍义笔记》等近三十种。就笔者所及《易学启蒙》的三种笔记[①]以及《朱易衍义笔记》[②]的内容来看,尚斋的笔记是就两书中他认为值得关注的地方进一步加以注解、详说;间或以专题的方式讨论朱易中所涉及的一些关键问题。这些"笔记"实际上相当于他对《启蒙》与《衍义》所作的札记。暗斋弟子中,除"三杰"外,还有谷秦山(1663—1718)著有《蓍卦考误说》。

崎门后学中,则有佐藤直方的弟子稻叶迂斋的《易经讲义》、《易本义笔记》以及《朱易衍义讲义》、其子稻叶默斋的《周易本义讲义》等。浅见䌹斋的弟子若林强斋亦有《易学启蒙讲义》、《朱易衍义师说》等。崎门后学中,还有新井白蛾[③]以易占名噪一时,白蛾的易著有《易学类编》、《古易断》等四十余种。他所提倡的通俗、简明的占法对江户中期的易学发展影响至深。其高足真势中洲亦有《医易口诀》、《周易谚解》等多种易著传世。

从崎门易学传承的情况来看,大量《师说》、《说》、《讲义》类易作的存在证明了在暗斋门流的日常讲习中,《周易》占据了非常重要的地位。而从这些易作的题名中也可以看出,朱熹所作《本义》、《启蒙》以及暗斋编纂的《朱易衍义》是崎门学派讲习、研究易学的中心。可以说,自暗斋始以朱易为准绳的特点在崎门易学中一直得到了延续和传承。

三 山崎暗斋的易学思想

延宝五年(1677)春,暗斋完成了《朱易衍义》的编纂。初夏即付刊行。正如笔者在前文中所提到的,《朱易衍义》虽然是一部编抄之作,但从暗斋编抄时的主题与体例、亲作的序跋、对抄引材料的取舍以及间或出现的按语与小注等,还是可以窥见暗斋自身的易学思想。这一点同样也适用于《文会笔

① 关西大学图书馆、泊园文库藏。

② 名古屋市蓬左文库藏本(《道学资讲》卷三零七)。

③ 新井白蛾(1715—1792),名祐登,字谦吉,白蛾是其号,又称古易馆,江户人。其父祐胜尝从䌹斋先生学于京师。白蛾既承家学,又因父命,从学于尚斋门人菅野兼山。详见南一郎:《日本道学渊源录》,日本印刷所,1938年,第240页。但从学问风格来说,白蛾与一般意义上的崎门学派不太一样。因此,《山崎闇斎と其門流》(传记学会,东京:明治书房,1946年)中并未以之作为崎门后学。

录》卷七、《洪范全书》等其他暗斋编抄的作品。

有关《朱易衍义》编纂的缘由，暗斋在《序文》中说：

> 《易经大全》依古易而《启蒙》、《本义》为之大注，择诸说之足发明经注者为之小注。以程传收于《性理大全》、《通书》之次则可也，然乱经文，杂传义，使四圣之易混而不明矣。夫朱子之后，今易复行而古易遂亡者，俑于天台董氏而成于《大全》，实朱子之罪人也。嘉自壮年忧之，乃复朱易加倭训，令镂诸梓以广其传焉。学者苟能读此，则知易本卜筮之书，四圣之易各别而程易又别也，不甚难矣。但恐为《大全》所汩而不能反其本，于是乎为《朱易衍义》云。①

暗斋这里所说《易经大全》指的是明代胡广（1370—1418）等奉敕编纂的《周易大全》（又名《周易传义大全》）。永乐十二年（1414），成祖朱棣命行在翰林学士胡广、侍讲杨荣、金幼孜等修《五经大全》、《四书大全》。十三年九月书成，朱棣亲自作序，冠于书首，并命礼部刊行颁赐天下。《周易大全》是《五经大全》的第一种。暗斋所说"乱经文、杂传义"，是指《大全》中所采用的并非是朱熹《本义》经传分离的十二卷本，而是从程颐《易传》本，并将朱熹《本义》割裂散附于《易传》之下。《系辞》以下，因程颐《易传》不注，则从《本义》所定章次，总厘为二十四卷。《周易大全》主要取材于董楷《周易传义附录》、董真卿《周易会通》、胡一桂《周易本义附录纂疏》、胡炳文《周易本义通释》等书。暗斋所讲天台董氏指的就是南宋的董楷。早在董楷的《周易传义附录》中，就已将《本义》割裂散附于程传之后。胡广等《大全》实基础于此。因此，暗斋说"俑自天台董氏而成于《大全》"。在暗斋看来，董楷《周易传义附录》起至《周易大全》对朱熹易学原本面貌的汩没，"实朱子之罪人"。尤其《周易大全》，是"乱易之魁也"②。可见，暗斋编纂《朱易衍义》以及对朱熹易著的集中训点与出版，针对的是《周易大全》对朱易汩没、混淆的局面。暗斋弟子三宅尚斋在《朱易衍义笔记》中也说：

> 先生编此书，盖忧于《大全》者汩朱子旧本，合传义以暗昧大易之本

---

① 《朱易衍义》，《新编山崎暗斋全集》第三卷，第 186 页。

② 同上书，第 194 页。

旨而作也。故特以朱易命之。且其衍义二字,则取衍长朱子本义之意,此先生之微旨也。[①]

尚斋所说"微旨",表现于《朱易衍义》的体例与取材中则:

此书第一卷载诸说以明古易今易之别;第二卷专取诸《朱子文集》中,附以诸说而发明《启蒙》所言;第三卷择乎《语类》,以泛说易道之要旨。

暗斋对于《大全》混淆朱易的极力澄清实际上从侧面说明了江户初期日本儒者对于朱熹易学的传习很大程度上依赖于《周易大全》。近藤启吾的研究[②]也表明:当时学者对于朱子学的研究多依据《四书大全》、《五经大全》与《性理大全》这三种大全。而暗斋取材朱子文献的一个重要特点在于对《朱子语类》的直接利用。这在当时是一种完全崭新的态度。从《朱易衍义》中也可以看到,其中第二卷择取《文集》,第三卷便是取自《语类》。这也构成了暗斋易学编抄在取材上的一个特色。

(一) 今易与古易

在暗斋的《序文》以及《朱易衍义》的第一卷中,"古易"与"今易"是区别朱易与《大全》的关键。以"古易"、"今易"对举,实际上源自《大全凡例》。暗斋《衍义》卷一抄引其原文说:

《周易》上下经二篇,孔子《十翼》十篇各自为卷。汉费直初以《彖》《象》释经附于其后。郑玄王弼宗之,又分附卦爻之下,增入乾坤《文言》,始加彖曰、象曰、文言曰以别于经,而《系辞》以后自如其旧,历代因之,是为今易。程子所为作传者是也。自嵩山晁说之考订古经,厘为八卷。东莱吕祖谦乃定为经二卷、传十卷,是为古易。朱子《本义》从之。然《程传》《本义》既已竝行,而诸家定本又各不同。故今定从《程传》元本而《本义》仍以类从。凡经文皆平行书之,传义则低一字书以别之。其《系辞》以下,《程传》既阙,则一从《本义》所定章次,总厘为二十四

① 三宅尚斋:《朱易衍义笔记》,蓬左文库藏,第1页。

② 详见近藤启吾:《解题》,《神道大系·论说编·垂加神道》,东京:精兴社,1984年,第9页。

卷云。[①]

可见,《大全》中“今易”与“古易”的区别主要是在《周易》经传的版本上。“今易”主要是以“王弼本”为代表,即将《彖》、《象》、《文言》分缀于卦爻辞下。程颐《易传》用的便是此本。后晁说之、吕祖谦等人不满于此而编定“古易”,意在恢复汉初之前经、传分离的本来面目。朱熹《本义》所采用的即是吕祖谦的《古周易》,以上下经为两卷,十翼为十卷,总十二卷。暗斋也是依此来区分“古易”与“今易”。所不同的是在对待“古易”与“今易”的态度上。《大全》以“程传本义既已竝行,而诸家定本又各不同”为由采用“今易”,而暗斋则一依朱子而尊“古易”。《大全凡例》的引文下暗斋自注说:

> 嘉谓,伏羲之易,易道之大全也。三圣之易各观其会通,以行其典礼者也。此《凡例》使经文分裂、传义混杂,易道之骤乱至此而极矣。岂谓之大全哉,故举而辨之。[②]

暗斋看来,《大全》沿用“今易”所造成的后果有两点:一是使经文分裂;二是使传义混杂。这两点笔者在对《序文》“**乱经文,杂传义**”一句的解释中已详细说明。实际上在《序文》的开头,暗斋就已经针对这两点对《大全》提出了修改意见,即一者遵循古易,做到经传分离;另者则以朱熹《本义》、《启蒙》作大注,择足以发明经义者作小注,将程颐《易传》另收入《性理大全》中,以区分传义。

但在暗斋看来,上述两点还只是“今易”的“小失”,更为严重的是,这种由于版本、内容上的汨没所造成的对朱熹易学思想的遮蔽。他说:

> 其大过则以孔子义理之说搅文王、周公之象占,而卜筮教人之意荒者此也。[③]

有关《周易》的作者,朱熹主张四圣作易之说,认为伏羲画八卦,周文王重卦并作卦辞,周公作爻辞,孔子作传。但关于重演六十四卦,朱熹的说法不一,有时认为出于文王,有时认为文王前已有,有时又说已不可考。但肯

---

① 《朱易衍义》,第 188 页。
② 同上。
③ 同上书,第 192 页小注处。

定卦辞为文王所作。[1] 暗斋也注意到了朱熹关于文王重卦说的不一致。因此《文会笔录》在引朱熹《与叶彦忠书》后指出:“**嘉谓文王画为六十四及注文十字皆未定之说也。**”[2]根据四圣作易(朱熹有时也会省却周公说“三圣”),朱熹将周易经传分作三类:伏羲易、文王周公易与孔子易。他说:

> 《易》之为书,更历三圣而制作不同。若庖栖氏之象,文王之辞,皆依卜筮以为教,而其法则异。至于孔子之赞,则又一以义理为教而不专于卜筮也。是岂其故相反哉!俗之淳漓既异,故其所以为教为法者不得不异,而道则未尝不同的。[3]

在朱熹看来,伏羲画卦、文王周公作卦爻辞都是为了卜筮,解说义理是自孔子《十翼》之后才开始。因而,《本义》中通过经传分离体现的实际上是伏羲易、文王周公易与孔子易间的不同。但朱熹同时又强调:三圣或四圣作易虽由于各时代社会风俗的差异而有不同,但其“道”相同。这里的“道”,是指依卜筮断吉凶而教化群伦。可见,暗斋从版本入手对朱易的澄清在于他深刻地察觉到朱易版本与朱熹易学思想间的内在关联。因此,只有首先在版本上恢复古易、分别传义,才能分辨朱熹所说的“四圣作易”,才能真正认识到“《易》本卜筮之书”。

(二)易本卜筮之书

“《易》本卜筮之书”是朱熹易学最重要的宗旨。暗斋在《朱易衍义》卷一中引明代丘浚(1418—1495)说:

> 丘琼山曰:《易》之为《易》,有理有数。言理者宗程颐,言数者宗邵雍。至朱熹作《本义》、《启蒙》始兼二家说。先儒谓程学言理,而理者人心之所同。今读其传,犁然即与心合。邵学言数,数者康节之所独。今得其图,若何而可推验明其理者,虽不知数,自能避凶而从吉。学数者倘不明理,必至舍人而言天。穷理而精,则可以修己治人。言数不精且将流于技术,易虽告以卜筮而未闻以推步。汉世纳甲飞伏卦气凡推

① 有关朱熹四圣作易说的研究,见朱伯崑:《易学哲学史》,第418页。

② 《文会笔录》,第321页。

③ [宋]朱熹:《文集·书伊川先生易传版本后》,《朱子全书》第24册,朱杰人等主编,上海:上海古籍出版社;合肥:安徽教育出版社,2002年,第3842页。

步之术，无不依易为说而易实无之。今邵学无传，不若以理言易，则日用常行无往非易矣。(《大学衍义补》)[1]

丘浚此说的特点在于以理、数分别程、邵。虽然讲朱熹"兼二家说"，但从丘浚的立场来说，仍然是宗程传言理，认为学易虽不知数，但仍可依理避凶从吉。对此，暗斋注曰：

> 嘉谓此说可谓正矣，但未达于朱易而言者。予见其所著诸书及《琼台集》，其学正而考其博矣。然精义入神则恐未也。又谓《学的》所取易说，分别程传朱义者，然其自言重于程易者如此，而未见信朱易之说，故予谓未达者矣。[2]

接着，暗斋同注又引朝鲜李退溪之说并评价道：

> 《李退溪文集·答郑子中书》曰：康节之术，二程不贵，非独指推算知来之术，只数学亦不以为贵。盖有理便有气，有气便有数。理不能遗气以独行，亦何遗却数耶？来喻所谓数岂理外事者正是如此。但主于理则包数在其中，其或有包不得处，不计利害，而事皆得正。主于数则其常者固亦理在，其中其变者则鲜合于理。而虽避害趋利贼伦灭义之事皆不惮为之。此二程所以不贵其术也。然此特因其术而虑夫末流之弊必至此耳，非谓康节为然也。至于河图洛书，乃理数之原，圣人于系辞既明之，其不可舍此而学易明矣。而二程于康节并此而不与之讲明，此则不可晓。岂此等事发明于天地间亦有待而然故？康节才能独得而至，朱子然后而大阐发，使人人皆得而与闻之耶。然则学者欲学尧夫主数而能该理固能矣，如晦庵主理而兼明数，又安可不务哉。嘉谓此格论也，因附于此。[3]

退溪说中值得注意的有两处：一是他从理、气、数的层面来解释何以程易不贵邵雍之数、但朱易又为何不能脱离象数。程颐曾说："有理而后有象"、"有

---

① 《朱易衍义》，第191页。

② 同上。

③ 同上。

象而后数","得其理,则象数在其中",即退溪所言"主于理则包数在其中"①。尽管有"包不得处",但因为是主于理而行,因而也可以"事皆得正"。但退溪以朱熹"有理便有气,有气便有数"②之说指出:不能脱离数来言理恰恰是基于理气不能相离,"理不能遗气以独行,亦何遗却数耶?"二是在朱易传承上,退溪强调朱熹对邵雍数学的继承,并指明了邵、朱间的差异,即尧夫主数而该理,晦庵主理而兼明数。

暗斋在这里虽然没有具体说明其自身的主张,但对丘浚、李退溪二人一者"未达"、一者"格论(至论之意)"的评语实际已表明了他对退溪之说的赞同。在《朱易衍义》的第二、第三卷中,暗斋引朱子《文集》、《语类》及朱子后学诸家说,从另一个角度阐发了朱熹在《启蒙》中所探讨的河图洛书以及继承自邵雍的先天易说等象数内容。其用意同样是为了表明,不管从理气关系出发,还是从易学本身出发,对于朱易的研究都绝不能脱离象数;朱熹所说的"理"与其象数紧密相关。在这两卷暗斋的注语中,最有特点的是他根据朱易所抉发的"精蕴"说。这是暗斋有关朱熹易学最深刻的洞见。通过对"精"、"蕴"的阐发,暗斋不仅解决了朱熹"《易》本卜筮书"说所面临的挑战,为重新理解此说提供了一条最重要线索,而且对邵、朱易学的传承关系也作了进一步的说明。

(三)"精蕴"说

《朱易衍义》卷二中,暗斋抄引张栻(1133—1180,字敬夫,号南轩)《答朱元晦书》:

> 《易》说未免有疑。盖《易》有圣人之道四,恐非为卜筮专为此书。当此爻象,如此处之则吉,如此处之则凶。圣人所以示后世。若筮得之者,固当如此处,盖其理不可违而卜筮固在其中矣。③

南轩所说的"易有圣人之道四"出自《系辞》:"《易》有圣人之道四焉:以言者尚其辞,以动者尚其变,以制器者尚其象,以卜筮者尚其占。"在南轩看来,

---

① 以上诸语皆见于[宋]程颐、程颢:《二程集》,北京:中华书局,2004年,第689页。

② 朱熹:《朱子语类》卷65,北京:中华书局,1986年,第1609页。《语类》原文:"有是理,便有是气,有是气,便有是数。"

③ 《朱易衍义》,第204页。

《系辞》原文已经讲明卜筮只是“四道”之一，这显然是从孔子易出发对朱熹“《易》本卜筮书”说提出的挑战。“盖其理不可违而卜筮固在其中”表明南轩的看法与丘浚相同，都是赞同程易、从义理出发，认为吉凶根本于理。在这里，暗斋并没有引朱熹回信，而是直接在注文中表明了自己的看法：

嘉谓，《易》有四道，言其蕴矣，非精意也。南轩盖不审《通书》精蕴之意耳。①

暗斋所讲“《通书》精蕴之意”指的是周敦颐在《通书·精蕴第三十》中所言：

圣人之精，画卦以示；圣人之蕴，因卦以发。卦不画，圣人之精不可得而见；微卦，圣人之蕴殆不可悉得而闻。②

朱熹在《通书解》中解释说：

精者，精微之意。画前之易，至约之理也。伏羲画卦，专以明此而已。蕴，谓凡卦中之所有，如吉凶消长之理、进退存亡之道，至广之业也。有卦则因以形矣。③

《朱易衍义》卷三，暗斋又引朱熹《语类》中说：

《通书》言圣人之精，画卦以示；圣人之蕴，因卦以发。精是圣人本意。蕴是偏旁带来道理。④

根据朱熹的解释，“精”是指伏羲画卦之前、作易的本意；而“蕴”则是有卦以后，据卦引申演绎出来的道理。“易有圣人之道四”在暗斋看来，所讲的是圣人之“蕴”，而非圣人之“精”。有关圣人之“精”，暗斋在《文会笔录》卷七有关《系辞》部分说：“**第十一章此圣人作易之精意也。**”⑤《系辞》第十一章是讲圣人作《易》的缘由：

子曰：夫《易》何为者也？夫《易》，开物成务，冒天下之道，如斯而

① 《朱易衍义》，第204页。
② ［宋］朱熹：《通书解》，《朱子全书》第十三册，第123页。
③ 同上。
④ 《朱易衍义》，第231页。
⑤ 《文会笔录》，第337页。

已者也。是故圣人以通天下之志,以定天下之业,以断天下之疑。

《朱易衍义》中,暗斋曾注说:

嘉谓,开物成务,此易之精也。故《本义》于乾卦以此言之。[1]

又《周易本义》乾卦朱注说:

此圣人所以作《易》教人卜筮,而可以开物成务之精义。余卦仿此。[2]

《系辞》中朱熹进一步解释"开物成务"说:

开物成务,谓使人卜筮以知吉凶而成事业。[3]

因此,圣人之"精"即圣人作易的本意指的是使人能够利用卜筮知吉凶而成事业。暗斋对朱熹"精蕴"说的厘清不仅以圣人之"蕴"解决了南轩从《系辞》传内部出发所提出的挑战,而且以圣人之"精"重新勾连了孔子易与伏羲易、文王周公易的整体,从而指明朱熹的"《易》本卜筮书"是就四圣作《易》的本意(圣人之"精")而言,突出了其中的"本"字。

在暗斋看来,朱易中对于象数的重视,就是从圣人之"精"即作易的本意出发的结果,而以义理解《易》实际上阐发的是圣人之"蕴"。因此,他说:"邵说易之精,程说易之蕴"[4],"朱易宗邵子"[5]。这就又从圣人之"精"的角度肯定了邵、朱间易学的传承关系。

(四)《洪范全书》

宽文七年(1668),50岁的暗斋在病间完成《洪范全书》的编纂。《洪范全书》是对蔡元定(1135—1198)次子蔡沈《洪范皇极内篇》的重新整理、注释[6]与出版。这也是暗斋较早的一部有关易学的编著。蔡沈(1167—1230),

① 《朱易衍义》,第220页。

② [宋]朱熹《周易本义》,廖明春点校,北京:中华书局,2009年,第30页。

③ 同上书,第239页。

④ 《朱易衍义》,第229页。

⑤ 《文会笔录》,第350页。

⑥ 《洪范全书》(《新编山崎暗斋全集》第三卷)中的注有两类:一类是直接在正文下双行小字的注文,暗斋曾指出这是蔡沈的自注(见《洪范全书》第305页),与《性理大全》本同;另一类则是在注前有"补注"二字,补注的内容《性理大全》本无,是否为暗斋所补尚存疑。但补注中"嘉谓"后的内容可确定是暗斋所作。

一名沉,字仲默,号九峰。他所著《洪范皇极内篇》是继承其父的象数之学。《宋史·儒林传》说:"《洪范》之数,学者久失其传,元定独心得之,然未著,曰:成吾书者沉也。沉受父师之托,沉潜反复者数十年,然后民书,发明先儒之所未及。"①《洪范皇极内篇》后收入《性理大全》②,暗斋的编纂主要便是对《性理大全》本的增补与修订。《洪范全书序》中,暗斋说:

> 遂因《性理大全》所乘以加质正,定为上中下三卷而冠洛书于《洪范》以为首卷,取《周易全书》所载以为末卷,且以嘉所考述录于其后,凡六卷,题曰《洪范全书》矣。③

与《性理大全》本相较,暗斋的《全书》本主要有以下几点不同:第一,增入了首卷洛书与《尚书·洪范》篇,其中,《洪范》篇传取自蔡沈《书集传》;第二,增入了末卷《洛书象数图》等相关内容。据《序》,这些内容取自《周易大全》;第三,末卷后还有《后录》一卷,主要是暗斋对与洛书、洪范相关图说的考述。以上所讲三卷的内容都是暗斋在《性理大全》本的基础上新添入的内容;第四,取自《性理大全》本的部分,暗斋也对其内容的次序进行了重新的调整:(1)将原先处于卷尾部分的五行七图移前,同洛书、九九圆数图等五图一道作为《洪范皇极内篇的卷之上》;(2)将数八十一章的内容提前作为《卷之中》;(3)将原先处于卷首的论三篇挪后作为《卷之下》。(2)、(3)部分次序的调整,暗斋在补注后说:"补注:此三篇(笔者注:指论三篇)犹《易》《系辞》上下传及《说卦》之意也。嘉谓此本在八十一章前误矣。"④"此本"指的就是《性理大全》本。从补注中对论三篇犹如易传的判定,可推知暗斋将数八十一章的内容提前实际上是将之拟作《易》经的六十四卦,而将论三篇挪后则是将之拟作易传。

严格来讲,《易》中八卦原自河图,与洛书无关。但朱熹在《启蒙》中引蔡元定之说对河图、洛书"理一"的强调实际使得洛书被纳入到了其对易学的解释中。这也构成朱子学派易学解释的一个重要特征。蔡沈作《洪范皇

---

① [元]脱脱等:《宋史》第37册,北京:中华书局,1977年,第12876页。

② 笔者所参考的是王云五《四库全书珍本》,台北:台湾商务印书馆,1974年,第二十四、二十五卷。

③ 《洪范全书》,第236页。

④ 同上书,第299页。

极内篇》的目的是为了澄清“象数之原”,尤其是“数”之原,在他看来:伏羲则河图作《易》言象,大禹则洛书叙《洪范》言数,象之原在河图,数之原在洛书。然而,《易》所讲的象历经四圣而明,但《洪范》中的数却尘昧失传。《洪范皇极篇》就是为了恢复失传的洛书之数。由此,他提出了象偶数奇、象静数动等说。① 与蔡沈区分象、数不同的是,暗斋编纂《洪范大全》更为强调《易》之象与《范》之数内在的一致性。在他看来,蔡沈所言洛书之数是恰是对朱易象数内容的重要发展与补充。他说:

> 河出图,洛出书,伏羲则河图作易,大禹则书叙范。伏羲之易,更三圣而其说备矣。大禹之范,其数不传焉。朱子探图书之原,别四圣之易,然后易道明于天下。当时门人于此独蔡西山耳。西山之子九峰受师父之托,以著《皇极内篇》矣。窃玩索之,范数之相对而为十也,犹易卦之相对而为奇偶齐也。其行图犹横图也,左旋一周则为圆图也,九截重之责为方图也。其八十一章犹六十四卦,六千五百六十一而数之周犹四千九十六而象之备也。其卜筮之法,易以四揲之,三变成象。范以三揲之,两揲成数。象数奇偶相因为用者然也。其十二木以四约之为一者三,则亦奇偶相因也。虚其一则亦太极也。用其二则亦两仪也,然而占之之易同乎灼龟之不费手也。呜呼,若九峰则穷神知化,继志述事者,真西山称与三圣易同功,岂不信哉。②

“与三圣易同功”一句表明,暗斋对蔡沈贡献的评价仍是从易学出发。三圣作易的本意都是以之教民卜筮,而蔡沈“继志述事”,对洛数的探明无疑为讲明卜筮所依据的象数中的“数”作出了巨大的贡献。正是从这个角度出发,暗斋才感叹“岂不信哉”。

在蔡沈对洛数的考究中,需关注的是他关于数与理之间关系的看法。蔡沈说:

> 理之所始,数之所起。微乎微乎,其小无形。昭乎昭乎,其大无垠。

---

① 有关蔡沈易学思想的研究,可参考朱伯崑:《易学哲学史》,第381页。

② 《洪范全书序》,第236页。

> 微者昭之原，小者大之根，有先有后，孰离孰分。成性存存，道义之门。[①]

其下暗斋注说：

> 嘉谓理者数之根原，故曰有先有后。而本合一，故曰孰离孰分。[②]

从暗斋注语的特点来说，这段小注实际上表明了他对蔡沈所言理数关系的认可，即一方面强调理的根源性地位，因此理数有先后；另一方面则强调其本合一，因此理数不容分离。

在理的根源性地位上，蔡沈与暗斋继承了朱熹的看法。但在有关数的方面，二者与朱熹却有所不同。在朱熹看来："有是理，便有是气，有是气，便有是数，数乃是分界处"[③]，"有气有形便有数"[④]，"气便是数"[⑤]。因此，数是在"气"这一层面的存在，数是气的分寸与节度。换句话说，数是气的一种抽象的形式化的表现。朱熹在《启蒙》中对河洛的探讨，是为了讲明象数的来源，目的是以此来解释筮法；而且《启蒙》中讲象数时，并不区分象与数。对于朱熹来说，讲明象数不仅是探求圣人作易之"精"的必需，同时在探求圣人之"蕴"时也是能够由气及理、"说理不走作"[⑥]的保证；但对蔡沈来说，数显然不仅仅是一种穷理的媒介，在他看来，理与数从根本上就是统一的，因此他提出不仅有"气之数"，更有"理之数"[⑦]，认为"数者尽天下之理"[⑧]，进一步将数看作是天地万物形成和变化的内在法则。[⑨]

暗斋对蔡沈理数合一观持赞同的态度，最为显著的例子是他对洛书数五的解释，他说：

> 嘉谓五中一点贯乎纵横，纵亦三，横亦三，此三才一贯所以为中数也。《范》曰五曰皇极则大学之至善是也。数曰五之五中则中庸之中和

---

① 《洪范全书》，第 299 页。
② 同上。
③ 《朱子语类》第 67 卷，第 1662 页。
④ 《朱子语类》第 65 卷，第 1610 页。
⑤ 同上书，第 1609 页。
⑥ 《朱易衍义》，第 202 页引《答郑子上书》。
⑦ 《洪范全书》，第 300 页有"人知气之数，而不知理之数。知理之数则几矣"。
⑧ 同上书，第 310 页。
⑨ 参见朱伯崑《易学哲学史》第 401—405 页相关部分的分析。

是也。君子无所不用其极,致中和,天地位焉,万物育焉。至矣哉,大矣哉。[1]

在暗斋看来,洛书中数五在数阵中的位置及其所表现出来的数理上的特点直接与政治中的“皇极”、道德上的至善、中和相一致。这不仅是将政治、道德的最高之理与自然之数理相贯通,更由此显现出了暗斋在对朱子“述而不作”时与朱熹思想间的一丝差异。需说明的是,暗斋对于数理合一的认识不仅用来强调与政治、道德之理的合一,还运用在了其对神道思想的解释中。有关这点,笔者还将在下文中作进一步说明。

四 易学与神道

江户时代初期,以理学、易学与神道说相融合者不乏其人。《易》中所讲“神也者,妙万物而言者也”、“阴阳不测之谓神”、“圣人以神道设教”[2]等为神道援引其说提供了经典上的依据。以神道与理学、易学相融合的学者中既有神道家,如伊势神道的度会延佳(1615—1690)、吉川神道的吉川惟足[3](1616—1694)等;也有儒学各派的学者,如朱子学派的林罗山、阳明学派的中江藤树(1608—1648)等。其中,伊势神道与吉川神道是暗斋受授神道时最重要的两个来源。暗斋的号“垂加”就是接受自吉川惟足,但其意却出自伊势神道《倭姬命世记》、《宝基本纪》等经典中“神垂以祈祷为先,冥加以正直为本”[4]。暗斋所创立的垂加神道同样也以习合理学、易学之说而闻名。

暗斋常言:“《易》是唐之《神代卷》,《神代卷》是我国之《易》。”[5]这里的“唐”是江户时代对中国的习惯性称法。《神代卷》则出自《日本书纪》与《古事记》。纪记中,“神代”指的是神的世代,其中记录了自开天辟地起诸神生

---

① 《洪范全书》,第 341 页。

② “神也者”一句出自《说卦传》,“阴阳不测”一句出自《系辞传》,“圣人”一句出自《观》卦彖传。

③ 吉川神道实际上原自吉田神道。当时吉田神道的主持者是荻原兼从,吉川惟足是他的入室弟子。兼从晚年,吉田家适合继承神道者相继亡故,能够继承家业的吉田兼连年仅五岁。兼从担忧自己殁后道统断绝,因此以等待兼连长大后,吉田神道道统归还兼连为条件,将吉田神道道统传授给吉川惟足。

④ 山田思连叔:《年谱》,第 405 页。

⑤ 近藤启吾:《易学と山崎暗斎》,第 288 页。

成的谱系以及日本作为神国的历史。纪记中分为“神之代”与“君之代”，众神中的天照大神是皇祖神，天皇是天照大神的血系后裔。因而，纪记所描述的实际上是一种日本本土借由神话来表达的独特的“神学—政治”论。有关神代的研究因此也成为神道研究的中心。

对于暗斋来说，虽然他崇信朱熹，并深刻地认识到朱熹通过理本论对易学本体论的改造，肯定其所说之“理”的普遍性；但这种普遍性始终无法摆脱传自异邦这样一个事实。身为日本人的自觉促使暗斋必须投入到对于“本邦”[①]固有之神道的重新诠释与发扬中。然而，暗斋的神道转向却又并非是对朱熹之理普遍性的质疑与否定，毋宁说是在尊崇的态度下，在理的普遍性与日本固有精神主体之间进行调和的一种努力。他对《神代卷》与《易》间一致性的强调正是此种努力的体现。

（一）宇宙唯一理

《易学启蒙》中，朱熹引蔡元定“理一”之说曰：

> ……其实天地之理一而已矣，虽有古今先后之不同，而其理则不容于有二也。故伏羲但据河图以作易，则不必预见洛书，而已逆与之合矣。大禹但据洛书以作范，则亦不必追考河图，而已暗与之符矣。其所以然者何哉？诚以此理之外无复他理故也。[②]

笔者在前文曾指出朱熹运用“理一”之说将洛书纳入到其易学的解释系统中。这里需进一步说明的是，江户时代的儒者，尤其是朱子学者，不仅大多在易学上全盘接受了《启蒙》此说，而且还将“理一”运用在了对儒学与神道关系的理解中。例如林罗山在回答弟子儒学与神道如何区别的问题时就说：“自我观之理一而已矣。”[③]与罗山回答相似，暗斋提出了“宇宙唯一理”。他说：

> 我倭开国之古伊奘诺尊伊奘册尊奉天神卜合之教，顺阴阳之理，正彝伦之始，盖宇宙唯一理，则神圣之生虽日出处日没处之异，然其道自

① 对于“本邦”、“我邦”的强调常见于暗斋的行文用语中，下引材料中亦有“我倭”之称。

② ［宋］朱熹：《易学启蒙》，《朱子全书》第一册，第258—259页。

③ 《林罗山文集》卷66，东京：ぺりかん社，1979年，第804页。

有妙契者存焉。是我人所当敬以致思也。[①]

《启蒙》中的“理一”是为了说明河图与洛书“虽有古今先后”时间上的差异,但其内在的理是一致的。而暗斋的“宇宙唯一理”说则不仅消除了时间(“宙”)上的差异,也整合了由于空间(“宇”)所带来的不同。因此,神道虽属“我倭”,“神”与“圣”虽有日出处、日没处(607年,圣德太子致隋炀帝国书有“日出处天子致日没处天子”之说)之异,但由于其理在根本上的一致,因此神道与圣人之道自有“妙契”之处。这就一方面通过“理一”(或“一理”)赋予了神道与圣人之道以同等的普遍性,另一方面则在这种普遍性的基础上使得神道作为日本之道的独立地位呈现出来。

但在林罗山看来,儒学与神道虽然“理一”,却并不意味着二者是对等的关系。他曾说:“呜呼,王道一变至于神道,神道一变至于道。道吾所谓儒道也。”[②]这一说法实际上是模仿自《论语》“齐一变而至于鲁,鲁一变而至于道。”罗山认为:儒道与神道间虽然“理一”,但有着阶次上的不同。可以说,神道是最终抵达儒道的一个环节。因此,罗山讲:“儒道之中兼有神道。”[③]

与林罗山不同的是,暗斋则主张神道与儒道间的“习合”之说。[④]《神代卷风叶集》中,他曾批评吉田神道(又名唯一神道)代表人物吉田兼具在《名法要集》对“唯一神道”中“唯一”的理解:

《名法要集》曰:不可要异邦之教法。事唯一者,神明之直传,一气开辟之一法也。大织冠仰云:吾唯一神道者,以天地为书籍,以日月为证明,是则纯一无杂之密意也。故不可要儒释道之三教者也。问唯有

---

① 《洪范全书》,第236页。

② 《林罗山文集》卷66,第804页。

③ 林罗山:《神道传授》,平重道、阿部秋生校注:《近世神道论·前期国学》,《日本思想大系39》东京:岩波书店,1972年,第42页。

④ 有关暗斋是否主张神儒习合在暗斋研究中实际上存在着争议。例如高岛元洋在《山崎暗斋——日本朱子学と垂加神道》(东京:ぺりかん社,1992年)一书中曾利用垂加神道传授《誓文》“异国道、习合附会仕间敷事”一语表明暗斋禁止将神道与儒教“习合附会”(第475页)。但也正如他在其后所不得不承认的那样,暗斋对于理学的理解在其神道思想形成的过程中起着重要作用。阿部秋生《山崎暗斎の神道思想》中则主张暗斋是“神儒兼学”(《近世神道论》,第541页)之道。他认为,一方面要认识到暗斋排斥神儒混同;另一方面则要看到暗斋对神儒之道在根本上一致的信心。笔者较为认同阿部秋生的观点,对于暗斋是否主张神儒习合也要从这两方面入手来考察与理解。此外,王维先《日本垂加神道哲学思想研究》(济南:山东人民出版社,2004年)中也主张暗斋神儒习合。

一法而无二法者，其谓如何？答：吾神道者，一阴一阳不测之元国常立尊以降至。天照大神玄玄妙妙之相承也。天照大神授赐天儿屋命，自尔以来至浊世末代之今日，汲一气之元水遂不尝三教之一滴，故云唯有一法者乎。①

在吉田兼具的唯一神道中，“唯一”是指“神明之直传，一气开辟之一法”，是以“天地为书籍，日月为证明”，因而讲究“纯一无杂”。所以在对待儒释道三教的态度上，兼具要求不可采用“异邦之教法”。可见兼具的唯一神道具有很强的原教旨主义色彩。但从《名法要集》的实际情况来看，虽然兼具说“汲一气之元水遂不尝三教之一滴”，但其行文中却随处浸染着三教的说法。因而，暗斋对兼备的“唯一”作了重新的解释，他说：

翁谓：道贯天人是谓唯一矣。谓不混儒佛为唯一者，甚非也。杂以外国之说是为习合，非谓混儒佛说也。②

在暗斋看来，“唯一”所强调的是天人一贯之理，并非是指对儒佛说的排斥。这就在坚持神道主体的立场上，避免了原教旨主义所带来的狭隘与封闭。后句“非谓混儒佛说”也是针对于此。前述暗斋生平中已讲明他二十五岁时逃佛归儒并视佛教为“异端”的经历，因此，暗斋反对神佛习合，他所讲的“习合”外国之说主要是指以神道为主来习合儒学、尤其是理学之说。

暗斋“习合”的主张在其编著中则体现为：除《洪范全书》中讲神道与理妙契外，暗斋其他的有关理学的编著中绝少提及神道之说。但在暗斋的神道作品中，却常用理学之说来诠释神道。例如，有关神道中“神”的理解，暗斋在《会津神社志序》中便说：“盖天地之间唯理与气，而神也者，理之乘气而出入者。”③将神看作是理的发用，乘气而出入。这就用朱熹的理气说④解释了神道中的“神”。由此可见，暗斋的“习合”思想实际包含了两部分：一是

---

① 山崎暗斋：《风叶集》首卷，《新编山崎暗斋全集》第五卷，第 19 页。

② 同上书，第 18 页。

③ 山崎暗斋：《会津神社志序》，《新编山崎暗斋全集》第一卷，第 79 页。

④ 山崎暗斋：《文会笔录三》，《新编山崎暗斋全集》第一卷，第 167 页中引朱子之说：“杜仁仲问五行之神。曰：谓神即是理，却恐未然，更宜思之。又曰：神是理之发用，而乘气以出入者。故易曰：神也者，妙万物而言者也。”

强调神道与理学之说不相混淆;二是又从根本上强调二者理一、妙契,进而以神道为主体来吸纳理学。

在暗斋神道对理学易学的习合中,最引人注目的有两处:一是他在解释神代过程时融合以《太极图说》中天地万物生成的顺序;二则是用洛书数五来讲天神第一代的天御中主尊。

(二)《太极图说》与神代说[①]

《风水草》中,暗斋在描述神代过程时说:

> 我神之奉对有四品焉。造化之神、气化之神、身化之神、心化之神。奉拜此四神,然后可以语我神道矣。今奉举而申之。神代卷,天神七代、地神五代。国常立尊者,即天御中主尊同体异名,天地全体之神,无形而八百万神、大中臣、百姓万民,皆此尊之神化也。国狭槌尊者,水神也。丰斟渟尊者,火神也。泥土煮尊、沙土煮尊者,木神也。大户之道尊、大苫边尊者,金神也。面足尊、惶根尊者、土神也。伊奘诺尊、伊奘册尊者,阴阳之神也。……水火之神各奉一尊号,分阴阳之由也。木金土神各奉二尊号,分阳中阴、阴中阳之由也。六代者造化之神也。第七代伊奘诺尊、伊奘册尊者,兼造化、气化之神也。造化者无形也,气化者有形也。地神五代者,身化之神有形也。以伊奘诺尊、伊奘册尊交语造化、人事以开示天人唯一之道。卜部所谓未生之伊奘诺、伊奘册尊(天坐之阴阳),已生之伊奘诺、伊奘册尊(地坐之阴阳),此之由也。伊奘诺尊、伊奘册尊共议曰:吾已生八洲国及山川草木(以人事语造化),何不生天下之主者与?于是共生日神、次生月读、次生蛭儿、次生素笺鸣尊。此二尊之身化也。(以语日月土金)手持镜化生之日神、月读尊、回首顾盼之间化神之素笺鸣尊,洗眼生之日神、月读尊、洗鼻生神之素戋鸣尊、此皆伊奘诺尊之心化也。此外,二尊或一尊化生之子,有造化之神,有心化之神,皆无形之神也。高皇产灵尊、神皇产灵尊,天坐者,造化之神也。地坐者,气化之神也。此我神国四品之秘传、异邦之所不曾闻也。[②]

---

① 有关《太极图说》与暗斋神代解释间的关系,曾广泛引起暗斋研究者的注意。高岛元洋在《山崎闇斋:日本朱子学と垂加神道》中就对此作过详致的研究。此外还有王维先与近藤启吾的研究。

② 山崎暗斋:《风水草》下,《神道大系论说编·垂加神道》,第142页。

在暗斋对神代的解释中：

1. 神代过程可分为天神七代与地神五代，分别如下：

天神七代：国常立尊（即天御中主尊，同体而异名）
国狭槌尊（水神）
丰斟渟尊（火神）
泥土煮尊、沙土煮尊（木神）
大户之道尊、大苫边尊（金神）
面足尊、惶根尊（土神）
伊奘诺尊、伊奘册尊（阴阳神）

地神五代：天照大神（日神）
（正哉吾胜胜速日天忍穗耳尊）
（天津彦彦火琼琼杵尊）
（彦火火出见尊）
（彦波潋武鸬鹚草葺不合尊）

引文中，地神五代暗斋只提及天照大神（日神）一代。而有关天神七代，暗斋认为主要可分为三个阶段，即第一代为国立常尊，从第二代至第六代为五行之神，即水火木金土神，第七代为阴阳之神。开头暗斋所提出的"神国四品之秘传"实际上是对神的分类。例如，天神前六代为造化神，第七代兼造化、气化神，地神五代为身化之神，素戋鸣尊等则为心化之神。

2. 第一代国立常尊即天御中主尊，是高天原的最高主宰。暗斋称"天地全体之神，无形而八百万神、大中臣、百姓万民，皆此尊之神化也"。又《伊势太神宫仪式序》[①]中，暗斋说："盖神一而随化称之也耳矣。然水火之神各奉一尊号，所以分阴阳也。木金土神各奉二尊号，所以析阳中阴，阴中阳也。一而二，二而五，五而万，万而一，无方之体，无穷之用，不亦妙乎。"因此，天御中主尊为神之"一"，神化并存在于于阴阳、五行之神与万神万物中；阴阳、五行与万神万物又因此神在根本上得以统一。

3. 据引文与《伊势太神宫仪式序》，五行之神中，水火二神各奉一尊号，体现的是阴阳之分，木金土三神各奉二尊号，体现的阴中有阳，阳中有阴。

---

① 山崎暗斋：《伊势太神宫仪式序》，《新编山崎暗斋全集》第一卷，第68—69页。

4. 第七代阴阳神伊奘诺尊、伊奘册尊是天神之终,也是地神之始,兼有造化、气化的双重神格,是从无形向有形、天人一贯的枢纽。卜部神道所谓"未生"指的是此二神在浮桥上,用天琼矛指下而探之的时候,此时为无形的造化之神;"已生"则是指二神降至岛上,开始创造国土、山海、草木、(神)人等万物的时候,此时为有形的气化之神。

暗斋思想的研究者多已指出上述神代说与周敦颐《太极图说》及朱熹《太极图说解》中所讲"太极—阴阳—五行—气化"万物生成顺序间的关联。[①] 尤其是在天神七代的神代过程中,第一代天御中主尊对应于"太极",其神化万神万物并存在于万神万物的特点与太极"合而言之,万物统体一太极;分而言之,一物各具一太极也"[②]相合;第二代至第六代五行之神中,水、火神奉一尊号与"分阴分阳"相对应[③],而木金土各奉二尊号则与"阳变阴合"[④]相对应;并且,水火木金土的五行神代顺序与《图说》中的五行生成顺序也相一致;第七代阴阳神兼造化、气化,相合而生万物则与《图说》"无极之真,二五之精,妙合而凝,乾道成男,坤道成女,二气交感,化生万物,万物生生而无穷"[⑤]及朱熹《解》中"是人物之始,以气化而生者也"[⑥]相对。高岛元洋曾用下图[⑦]来表示暗斋神代说与《太极图说》及《太极图说解》间的对应关系:

从暗斋神代说与《太极图说》及《太极图说解》间的对应关系来看,显而易见,在发生顺序和环节上两者并未完全重合。例如在《太极图说》中,有太极动而生阳,静而生阴的过程;分阴分阳、阳变阴合后方生五行。但在神代过程中,由太极动静分生阴阳以及阴阳变合五行的过程并未作为一个独立环节体现出来。从天神七代的世代来看,五行之神实际上在阴阳之神之前。但暗斋通过对五行之神所奉尊号的再解释,将阴阳内在于五行之中,从而与

① 如高岛元洋《山崎暗斎:日本朱子学と垂加神道》第三部中关于垂加神道的研究;近藤启吾《易学と山崎暗斎》一文亦有专章介绍太极图与神代说。王维先《日本垂加神道哲学思想研究》中也曾指出并分析二者间的关联。

② 朱熹:《太极图说解》,《朱子全书》第十四册,第 74 页。

③ 同上书,第 72 页。

④ 同上书,第 73 页。

⑤ 同上书,第 73—74 页。

⑥ 同上书,第 74 页。

⑦ 高岛元洋:《山崎闇斎:日本朱子学と垂加神道》,第 720 页。原图为日文名词,此处系笔者译。

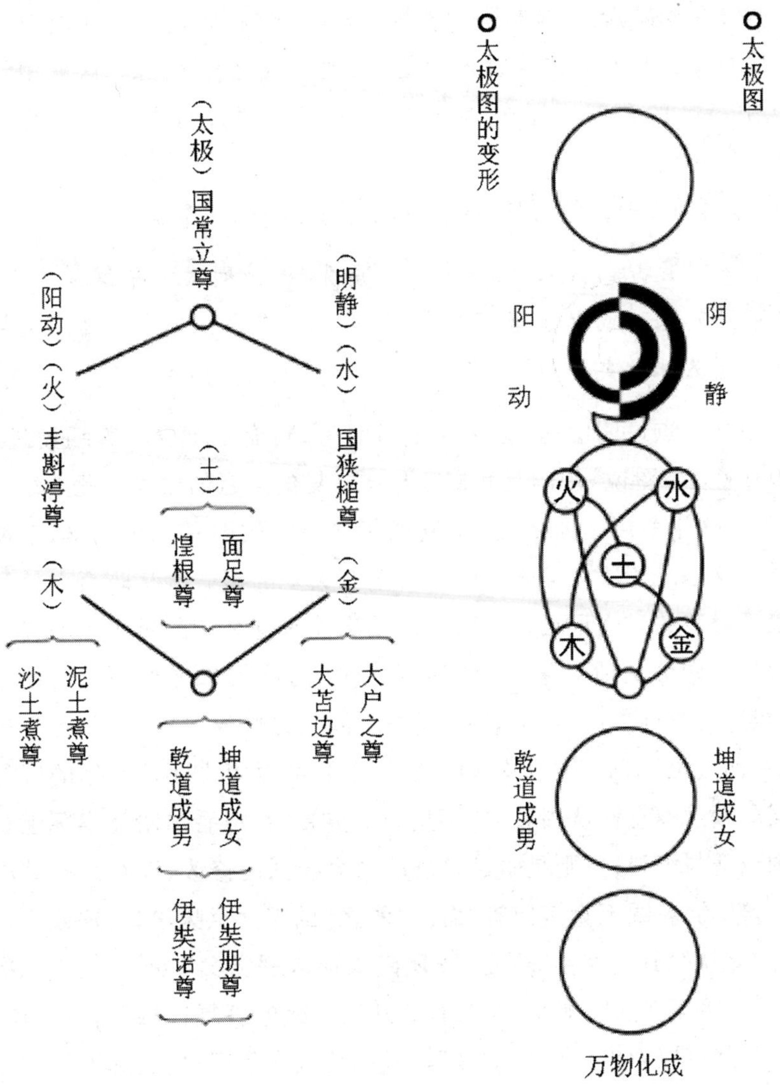

《太极图说》中阴阳五行的顺利不相违背。

但是，在暗斋的神代说与《太极图说》及《解》中，还存在着一个为以往研究者所忽视的根本性的问题。《太极图说解》中，朱熹认为，太极是形而上之道，而阴阳是形而下之器。[①] 换句话说，太极是理，阴阳是气。当然，《太极

① 《太极图说解》，第 72 页，“太极，形而上之道也；阴阳，形而上之气也”。

图解》中朱熹也强调:太极与阴阳相即不离。[①] 但在暗斋的神代说中,与“太极”相对的天御中主尊在他看来却是“天地一气之神体”[②]。这就用气来理解神代中最高的存在。那么,究竟应该如何来理解暗斋思想中的这一矛盾呢?

《文会笔录》中,暗斋曾饶富意趣地记录了他的一个梦:

> 辛卯之夏四月二十二日,梦见周先生,乃问太极朱解莫违尊意乎?曰:不违。曰:或点于第一圈中,失尊意者有焉?先生颔之。又将正所编次而人呼觉矣……[③]

此处需附加一点说明的是,正保四年(1647),暗斋三十岁时曾编纂过《周子书》,其中《太极图说》用的是我们今日所常见的朱熹的改本。此书编纂四年之后,即引文中所讲辛卯之夏(庆安四年,1651)的四月二十二日,暗斋做了一个梦。这是暗斋所有编著中唯一一条有关梦的记载。从暗斋对该梦笔之于书以及对梦的时间记忆之清晰可以看出他对这个梦的重视。而以梦的形式来表达或许可从他对朱子学“述而不作”的尊信态度来理解。在这个梦里,暗斋讲了两点半:一是朱熹对《太极图说》的修改与解释,即首句朱熹将“自无极而太极”订正为“无极而太极”以及对《太极图说》所作的解释是否符合周敦颐的本意?从周敦颐“不违”的回答中可以看出暗斋实际上是赞同朱熹的改动与解释;二则是暗斋自己的对太极图的修改,即在第一圈中加上一点。梦中周敦颐不直接回答,而以“颔之”的态度意味深长,这或许可以看成一种“默认”;还有半点,则是“**正所编次而人呼觉矣**”,即有关图说次序的问题,因为暗斋在这时醒来,而没有梦到周敦颐的答复,因此姑且算作半点。从暗斋的梦可以看出,有关“太极”以及图说次序的问题,实际上一直困扰着他。前文有关神代说与《太极图说》的分析中,也指出过这两方面的问题。但此处最令人费解的,还是暗斋针对太极问题的解决方式,即在第一圈中加上一点,这究竟是什么含义?为何如此便能得到梦中周敦颐的首肯?翻开《神代卷》,我们或许能找到暗斋的答案。《神代卷》首讲天地未分时说:

---

① 《太极图解》,第70页,“然非有以离乎阴阳也,即阴阳而指其本体,不杂乎阴阳而为言”。

② 山崎暗斋:《垂加社语》,《近世神道论·前期国学》,东京:岩波书店,1972年,第125页。

③ 山崎暗斋:《文会笔录》十,《新编山崎暗斋全集》第一卷,第422页。

古天地未剖，阴阳不分。混沌如鸡子，溟涬而含芽。[1]

又天地分判后：

于时天地之中生一物，状如苇芽，便化为神，号国常立尊。[2]

据此，可推测暗斋于第一圈中所加之点指的是便是天地未分、混沌如“鸡子”时中间所含的“芽”，此“芽”在天地分判后便化为了国常立尊，即天御中主尊。暗斋于“古天地未剖”一段下有小注：“凡十九字，言元气。”不难看出，暗斋将天御中主尊理解为“天地一气”或“元气”，是从《神代卷》出发的一个结果。而在太极图第一圈中加一点，说明他自身也认识到了天御中主尊作为元气直接与太极相对时所产生的矛盾。前文在讲暗斋以神道习合理学时，曾引其在《会津神社志序》中对神的解释：“**神也者，理之乘气而出入者**。”因此，在第一圈中加一点，不仅意味着这一点是神的源起，是元气，而且实际上是将元气安置在了太极之理中，作为理的承载者与理相即不离。这样的安排煞费苦心，或许在暗斋看来，只有通过增加的这一点，才能调和《神代卷》原有“元气说”与《太极图说》“理气说”间的差异；并进而获得对于“神”在理这一层面的理解。暗斋的这一调和是否成功在此暂且不做讨论。但若是据此而体会暗斋的良苦用心，其对神解释的调整与融合，对神代过程的阐发以及通过梦的形式对《太极图说》的修改，实际上是为了在天地万物化生的层面赋予神代说以与《太极图说》相等的作为自然之理的地位。

（三）洛书数五与天御中主尊

《洪范全书·洪范皇极内篇后录》中，有暗斋对天御中主尊所承载之理的具体说明。他在对与洛数有关的数阵之图后说道：

以上四十一图，其四十图反覆之则为八十图，犹《易》之卦变图也。中五一图自上而下，自下而上，初不以异，特立无对也。每数之一二三四六七八九，元居之而大对之，至于五焉，则元独居而大不能对矣，中之本然有善而无恶，于是乎见焉。《书》所谓上帝之衷，《传》所谓天地之

① 《风叶集》第一卷，《神道大系》，第168页。《全集》版《风叶集》中无《神代卷》原文，此处引《神道大系》版。

② 同上书，第170页。

> 中而尧舜禹相传之中是也。我国封天地之神号天御中主尊矣。伊奘诺尊伊奘册尊继神建国中柱矣。二尊之子天照大神,光华彻六合,如大明中天,则授以天上之事也。盖上下四方唯一理而已矣。故神圣之道不约而自符者妙矣哉。①

暗斋所引的洛数之图,是对前八十一章之数的演绎变化,即《洪范全书序》文中所讲“六千五百六十一数”的生成的过程。笔者试图指出的是他对此阵图中数五阵图(见下图)特点的发明。在暗斋看来,除数五外的其他八数,都有“元居之而大对之”的特点。这里的“元”指的是每个阵图中的“元一”之数。但在数五的阵图中,“元独居而大不能对”。这就点明了数五作为洛书之“中”

中
五五
之

五五	五五	五五	五五	一五	五五	五五	五五	五五
五五	五五	五五	五五	一五	五五	五五	五五	五五
五五	五五	五五	五五	一五	五五	五五	五五	五五
五五	五五	五五	五五	一五	五五	五五	五五	五五
五一	五一	五一	五一	元一	五一	五一	五一	五一
五五	五五	五五	五五	一五	五五	五五	五五	五五
五五	五五	五五	五五	一五	五五	五五	五五	五五
五五	五五	五五	五五	一五	五五	五五	五五	五五
五五	五五	五五	五五	一五	五五	五五	五五	五五

其阵图最重要的一个特性是:元“独”居而无“对”。在暗斋看来,元“独”而无“对”的特性正体现了“中”在伦理意义上的“有善而无恶”。这是暗斋数理合一思想的又一表现。紧接着,暗斋对数五之“中”作了一番发挥,他指出:这个“中”就是《尚书》中的上帝之“衷”、《书集传》中的天地之“中”,这里的“中”是天地之道,而尧舜禹相传之“中”,是天道贯彻于人道之中。同样,从神代来说,天地形成之初,最高的主宰天御中主尊也是以“中”为名。

① 《洪范全书》,第353页。

并且，就天御中主尊的特点来说，他是独神，无性别，这与“中”独而无对的数理特性无疑是一致的。伊奘诺尊与伊奘册尊是阴阳神，据记纪，此二神绕天柱相见，并相拥交合、产出日本国土及山川草木与诸神。“中柱”便是针对二神绕天柱这一行为，将之解释为围绕“中柱”即“中”的法则来“继神建国”。二尊所生的最后一个女神是天照大神，天照大神是太阳神，暗斋用“六合”与“中天”的对比同样说明了天照大神对“中”的继承与显明。可以稍作引申的是，天照大神也是日本天皇的皇祖神，天皇是天神的子孙。因此，这一“继神建国”所遵循的“中”的法则也被暗斋用来讲君臣伦理，如其在《神篱盘境极秘之传》的解释中说：

> 中者，天御中主尊之中，此君臣相守之道。君在上，治下；臣在下，奉上，表君臣合体。守中臣之道，号中臣也。[①]

可见，基础于“独而无对”数理特性的“中”的法则不仅贯彻于最高的主宰神、贯穿于神交合产国的过程中，也贯彻与体现在人间秩序的君臣“合体”之道中。尤其是臣道，在暗斋看来，“中”表现为儒家所讲的“忠”。暗斋曾表彰《拘幽操》“臣罪当诛兮，天王圣明”[②]一句以赞美文王之德，并引朱熹“臣子无说君父不是底道理，此便见得是君臣之义”[③]来表达他对忠的态度：君即使是昏君、恶君，为臣者也不可不忠、不敬。由此，暗斋反对中国的异姓革命之说，并大加称赞日本“万世一系”的神皇之统。

五 结 语

从对《太极图说》及洛数数五的习合过程可以看出：在继承了《启蒙》中“理一”这一核心原则的基础上，暗斋对理学易学的融合主要是从象（《太极图》）数（洛数中五）之理的层面展开。这固然与暗斋理数合一的思想有关，但其意义却不止于此，暗斋在万物生成层面对《太极图说》的融合，实际上证明了神代并非是虚构的神话，神的世代以及其创生日本国土、万物的过程所

---

① 山崎暗斋：《持授抄 · 神篱盘境极秘之传》，《新编山崎暗斋全集》第四卷，第310页。

② 山崎暗斋：《拘幽操》，《新编山崎暗斋全集》第四卷，第125页。

③ 同上。

体现的是自然之理的展开;而以天御中主尊与洛书数五之“中”的特性相一致,进而将此原则贯彻在继神建国的过程中,实际上是在对神的理解中融合以数之理,并将此理运用与规定于人间秩序尤其是日本神皇一体所遵循的政治伦理中。

对于暗斋来说,以神道习合以理学易学,固然是希望以此来获得日本固有传统之普遍性,并在此基础上挺立日本固有精神之主体。但崎门学派却也因此而发生了分裂。崎门“三杰”中,佐藤直方就说:“宇宙之间,一理而已,固不容有二道矣。儒道正则神道邪,神道正则则儒道邪,从于正则离邪,从于邪则离正,岂有两从之理乎?”①因而在崎门后学的易学传承中,对于神道的态度如何,也成了其内部分合的一个重要标尺。

The Studies of *Yijing* and Shinto

—Yamazaki Ansai's Studies Of *Yijing*

Wang Xin

Abstract: This article discusses Yamazaki Ansai(山崎暗斋)'s studies of the *Yijing*. Ansai was one of the representative figures of the Zhuxi school(朱子学派)of Edo period in Japan. His achievement in the studies of the *Yijing* is reconfiguration and promotion of Zhuxi(朱熹)'s studies of the *Yijing*, from edition to thoughts. He restored the original appearance of Zhuxi's book *Zhouyibenyi*(《周易本义》) and excavate the theory of "Jingyun"(精蕴说). Meanwhile Ansai's studies of the *Yijing* has a close connection with Shinto(神道)in his elder years.

Key words: Yamazaki Ansai, the studies of *Yijing*, Shinto

---

① 佐藤直方:《韫藏录·讨论笔记》,《佐藤直方全集》,日本古典学会,东京:ぺりかん社,1979 年,第 44—45 页。

哲学门(总第二十七辑)
第十四卷第一册
北京大学出版社,2013年7月

希腊化哲学的怀疑主义效应*

章雪富**

提　要:怀疑派被称为希腊化哲学三大派之一,然而怀疑派对整个希腊化和罗马帝国早期哲学的影响并没有得到充分评估。本文论述了怀疑派与斯多亚派、学园派和新柏拉图主义的关系,阐释了怀疑派之于希腊哲学的转折性贡献。希腊哲学由此从实体性哲学进入非实体性哲学时期,更意味着拉开了主体性哲学的序幕。

关键词:怀疑主义　斯多亚学派　学园派　新柏拉图主义　实体

希腊化哲学是一个哲学家族。这不仅指希腊化哲学由诸多流派辉映所成,还因为希腊化时期的哲学派别包括斯多亚学派、伊壁鸠鲁学派、怀疑派和中期柏拉图和新柏拉图主义最后都离开了类似亚里士多德和柏拉图那样体系性建构的尝试。这个时期的哲学家关注某个或者某些问题,尤其是真理如何落实为实践(心灵哲学/伦理学)的问题,哲学的其他描述都主要环绕心灵哲学得到诠释。哲学不以体系性地呈现人类的福祉为其思辨雄心,而以专注于某种关怀或者福柯所说的修身技术为其满足。

从古典到希腊化,哲学的这种知识论和形而上学转向有着复杂的原因,然而也有希腊化哲学内部的原因。早期希腊化哲学仍然保留着某种体系性的痕迹,例如以非体系性的方式探讨哲学的体系化主题例如逻辑学、形而上

*　本文为“教育部2011年新世纪优秀人才计划”(编号NCET-0463)资助成果。

**　章雪富,1969年生,浙江大学哲学系教授。

学、自然哲学和伦理学等等。然而希腊化哲学晚期直到古代晚期前夕,哲学的体系化的残余也已经消失殆尽,哲学的所有其他部分都成为实践哲学的论证之道,哲学几乎已经是一种实践的或者说生活的方式,追寻自我的根源成为这一时期哲学的唯一主题。伊壁鸠鲁派晚期的思想家如此,新柏拉图主义如此,斯多亚学派亦是如此。古典希腊哲学甚至不再成为希腊化哲学的思想背景,哲学完全成了主体的航海术并为人生的奥德赛之旅定向。

希腊化哲学进行此种转向的时间,与希腊化时期所经历的普遍怀疑主义时期相呼应。公元前 2 世纪及之后的斯多亚学派、中期柏拉图主义和西塞罗都受怀疑派的影响。斯多亚学派放弃了所谓的对把握性印象的知识论描述,而在晚期走向意愿阐释。经过拉里萨的斐洛,中期柏拉图主义所谓的新学园时期几乎已经沦陷为怀疑派的某种形式,这种影响在新柏拉图主义时期继续发酵,神秘主义成为普罗提诺抵抗抵抗怀疑派的主要选项。至于西塞罗,他也透过新学园派接受怀疑派影响。伊壁鸠鲁学派或许是一个例外,然而伊壁鸠鲁本人很尊重和关心皮罗的动向以及晚期伊壁鸠鲁派从对原子论的自然哲学的独断表述摆脱出来而直接进入生活的劝勉,不能说与怀疑派无关。

可以说,希腊化哲学中期之后(公元前 2 世纪)普遍经历了一个怀疑主义时期,也在某种程度上改变了希腊化哲学的走向,即希腊化哲学不仅在时间上属于古典之后,而且在精神上也已经相当成熟地走向古典之后。这种古典之后的思想形式成了公元 2 世纪之后罗马共和国崛起和帝国前两百年繁荣的表述框架,直至基督教取代古典之后的希腊化思想成为古代晚期罗马帝国的精神形态。怀疑派哲学的解构独断论哲学和挑战体系化哲学的影响力,成为理解从希腊化到古代晚期前夕近六百年希腊思想的路径。

一

伊利斯的皮罗(Pyrrho of Elis)生于公元前 365—前 360 年间,是怀疑主义的创立者。他可能是波利松尼(Bryson)的学生,公元前 334—前 324 年与阿那克库(Anaxarchus)一起参与亚历山大大帝的东方远征。从亚洲回来后,他定居于伊利斯,从事教学工作。依据第欧根尼·拉尔修的记载,他大概活到 90 岁,约于公元前 275—前 270 年去世。

弗里乌的蒂蒙(Timon of Phlius)原是麦加拉的斯提波(Stilpon of Megara)的学生,公元前 300 年左右成为皮罗的追随者。他在查克顿(Chalcedon)、帕洛波尼提(Propontis)和埃及的亚历山大里亚(Alexandria)过着智者生活,公元前 275 年移居雅典,享年约 90 岁。亚依尼西德慕(Aenesidemus)(公元前 1 世纪)是弗里乌的蒂蒙之后的主要怀疑主义者。但是学者们怀疑公元前 4 世纪的怀疑主义与公元前 1 世纪的怀疑主义之间存在连续性。在弗里乌的蒂蒙和亚依尼西德慕之间,怀疑主义者的谱系如下:受弗里乌的蒂蒙嫡传有塞浦路斯的狄奥斯库里德(Dioscurides of Cyprus)、罗德的尼库拉库(Nicholochus of Rhodes)、塞略古的欧弗拉诺(Euphranor of Seleucia)和特洛亚德的帕莱路(Praylus of the Troad)。欧弗拉诺(Euphranor)的学生有亚历山大里亚的欧布鲁斯(Eubulus of Alexandria),欧布鲁斯则是昔勒尼的托勒密(Ptolemy of Cyrene)、塞皮冬(Sarpedon)和赫拉克利德(Heraclides)的老师。赫拉克利德则是亚依尼西德慕的老师,然而没有证据证明亚依尼西德慕与皮罗及蒂蒙之间存在师生关系。公元前 1 世纪的后半叶,亚依尼西德慕复兴了怀疑主义。[①]

怀疑派自称是方法论的怀疑主义[②],以规避其他学派指责它自身是怀疑的独断论者。[③] 怀疑派并不是不断定,而只是断定的方法不同于其他学派,怀疑派有其自身的非独断的论述伦理。[④] 怀疑派以为任何对于事物呈现或者知识的断定都必然可以找到有着同等论证力量的命题,[⑤]从而否定任何论

---

① Keimpe Algra, Jonathan Barnes, Jaap Mansfeld, Malcolm Schofield(eds.), *The Cambridge History of Hellenistic Philosophy*, pp. 46-47, Cambridge University Press, 1999.

② "我们认为医学中的方法派和怀疑论有某种极为相似之处;而且,尤其是与其他的医学学派相比,它与怀疑论的相近就更明显了。"(塞克斯都·恩披里克:《悬搁判断与心灵宁静》,第一卷第 34 节,包利民等译,中国社会科学出版社,2004 年)

③ "这两种思想体系(指方法派的医学和怀疑论)都在非独断论和非确定化的意义上运用词汇。"(塞克斯都·恩披里克:《悬搁判断与心灵宁静》,第一卷第 34 节)

④ "怀疑论者会更容易采纳所谓'方法':因为,似乎只有在医学中的'方法派'避开对不明显事物的可理解性和不可理解性作出任意断定,从而避开了对它们的轻率处理。"(塞克斯都·恩披里克:《悬搁判断与心灵宁静》,第一卷第 34 节)

⑤ "怀疑论……使用一切方式把呈现与判断对立起来,结果由于对立的对象和理性的同等有效性,我们首先产生心灵的悬而不决状态……"(塞克斯都·恩披里克:《悬搁判断与心灵宁静》,第一卷第 4 节)

证的独断性或者其判断的有效普遍性。必须严格限制对所呈现的事物的论断方式,这是怀疑派的论断方法。所谓事物的确定性只是就它向"我"呈现为该事物,就该事物向"我"呈现并且"我"感知此刻的呈现是如此呈现而言。[①] 不同时刻的呈现或者所谓的先后相继的呈现并不存在真正的连接关系,也不能累积成为共同知识。自我与呈现之间成为一种关联体,所谓的确定性只是就其是关联体而言。[②] 哲学不是要对这种关联体进行实体性探索,而在于指出违背关联体的方法论错误,以达到治疗独断论的目的。

方法论的怀疑主义悬搁所有形式的实体观念,包括感知觉所构形的自然实体和以理性认知为基础的观念实体。[③] 独断论的本质是实体论,怀疑学派所谓的关联体或者说自我的知觉印象不包含任何形式的实体设定,自我所感知的只是印象,而不能够去追问这印象之所可能(作为前提的实体假设即主体)[④],也不能追问印象或者观念之所是者(实体本身),前者旨在悬搁主体自身的实体观念,后者则悬搁自然实体或者观念实体。独断论以实体为哲学的形而上学原则,以保证所谓的印象与知识的确定性。怀疑派之对实体观念的悬搁,也正是对从自然哲学到亚里士多德哲学的古典哲学基础的放弃。自然哲学把本原观念导向自然实体,苏格拉底则把伦理学导向观念实体,而正是亚里士多德把实体作为形而上学原则进行了细致且系统的阐释[⑤],早期斯多亚学派和伊壁鸠鲁学派依旧是结在这个古典希腊哲学传统之上的思想果实。由此怀疑派反叛整个希腊思想传统,是希腊思想传统的

① "当怀疑论者说'我什么也不决定'时,他的意思是:'我现在处在这样的心态下;对于有关的问题既不独断地肯定、也不否定。'他这么说,只不过是在非独断地陈述有关问题对他所显现的样子,并没有在自信地宣称什么……"(塞克斯都·恩披里克:《悬搁判断与心灵宁静》,第一卷第23节)

② "他表达的只是向他显现的事情……"(塞克斯都·恩披里克:《悬搁判断与心灵宁静》,第一卷第7节)

③ "这些印象就是呈现。当我们探问背后的客体是否正如它所呈现的这样时,我们是肯定了它呈现这一事实。我们的怀疑并不涉及呈现本身,而只是涉及对呈现的判断——这与怀疑呈现本身不是一回事。"(塞克斯都·恩披里克:《悬搁判断与心灵宁静》,第一卷第10节)

④ "就独断论者的那些陈述而言,'人'(如果他作为'主体')在我看来不仅不可理解而且不可思议。至少我们都听说过柏拉图对话中的苏格拉底,就承认他不知道自己是一个人还是别的什么东西。而且,当他们希望展示'人的概念'时,他们首先发生分歧,继而说出谁也听不懂的话。"(塞克斯都·恩披里克:《悬搁判断与心灵宁静》,第二卷第5节)

⑤ "没有一个人明确地表达过本质以及实体。"(亚里士多德:《形而上学》988a35,李真译,上海世纪出版集团,2005年)

治疗者。[①]

怀疑派意识到所谓的实体观念不过是一种论证的逻辑，自然和观念则并非肯定如此，实体是独断论逻辑自我推断所造成的逻辑假象。[②] 就观念论而言，实体属于这样的逻辑建构，即旨在发现观念之间的关联性并且以所谓的实体命名这种逻辑结果，如同柏拉图以逻各斯作为理念的特殊性以为逻各斯是结合理念的理念，而把观念与观念之间的结合视为其实体的开端。亚里士多德的《形而上学》讨论实体与属性的关系，处理的也是观念的结合关系，只不过亚里士多德用所谓的“定义”来称呼。无论柏拉图还是亚里士多德，他们都在寻找观念之间的逻辑关系，而那种逻辑关系却又正是实体观念构成的前提。[③] 伊壁鸠鲁学派和斯多亚学派所谓的感觉论和印象论也是如此，他们在分属于不同时间的感觉印象之间寻找时间的连续性，把不同时刻的印象结合成同一事物的呈现。而在他们表达他们不同时刻所经验的印象时，却又抽离了时间前后相继的特性，代之以共时性或者非时间性，从而形成自然实体。哲学家们以不同时间的感知觉印象为非时间性事物的印象，在前后相连的知觉印象之间建立非时间性的实体观念，形成所谓的感知觉实体。因此，伊壁鸠鲁学派和斯多亚学派所谓的自然实体，也是基于他们有关自然的逻辑。然而作为逻辑的核心“证明”却并不真正存在，证明本身是一种无法证明或者有待证明或者需要悬搁的逻辑，[④]故而即使单纯就逻辑而言，实体充其量也只是一个假设。

二

斯多亚学派与怀疑派创立于同一时期，并雄当世。创建之初，两大学派

① “怀疑论者出于对人类同胞的爱，希望通过言词来尽可能地治疗独断论者的自负和轻率。”（塞克斯都·恩披里克:《悬搁判断与心灵宁静》，第三卷第32节）

② “当人们设想事物的时候，不单会形成它的实体的概念，比如它们是有形实体还是无形实体，也会形成事物的形式的概念。”（塞克斯都·恩披里克:《悬搁判断与心灵宁静》，第三卷第3节）

③ 聂敏里对亚里士多德的实体以及实体的三个优先性（描述上的优先性、认识上的优先性和时间上的优先性）有精彩的论述。（参看聂敏里:《存在与实体》，第118—119页，上海:华东师范大学出版社，2011年）

④ “那些断言证明存在的人指出，证明要么是一般的，要么是特殊的；但是……无论断定一般还是或特殊，证明都是不可能的；而且除此之外无法想象其他的论证；因此，没有人能够断定证明真实地存在着。”（塞克斯都·恩披里克:《悬搁判断与心灵宁静》，第二卷第13节，第94页）。

虽有论辩,相互交集不多,却各自发展。怀疑派激烈地批评斯多亚学派,称之为独断论。斯多亚学派则似乎没有直接回应怀疑派,它似乎只是独立地发展其学说,然而毫无疑问的是在某种程度的怀疑派的批评下,斯多亚学派透过发展或者阐释其更为准确的表达而隐性地回应怀疑派。在这个意义上,斯多亚学派的变化显现出复杂性。中后期的斯多亚学派无法维持其有关印象学说的表达,而向怀疑派让步,表现出与怀疑派趋同的倾向。

早期斯多亚学派的独断论尤其表现在它的知识观念上,而怀疑派对斯多亚学派的批评也主要集中在知识论上。早期斯多亚学派表现出与古典希腊思想的共同模式,思辨的系统化运用仍然有迹可循,知识、形而上学、自然哲学和伦理学作为哲学体系的一部分而得到系统的考虑。希腊化哲学家们包括早期斯多亚学派仍然采用体系性的思考惯性从知识表达出发阐释哲学的各自部分,只不过古典希腊哲学只是假道于知识论,而希腊化时期的哲学则采用自然哲学的路径。早期斯多亚哲学遵循古典希腊的信念,以为实践哲学必须以知识的真实性和真理为其前提。因此,早期斯多亚学派虽然以伦理学为哲学的核心,没有摆脱以自然哲学为印象论证的路径的古典依赖性,哲学依然裹胁在知识论证之中。①

怀疑派激烈地批评斯多亚学派借助古典希腊哲学的知识论和自然哲学的路径。在这个意义上说,怀疑派对斯多亚学派的批评是方法论式的。怀疑派哲学的精神要旨即在于此,确定性的感知不是透过古典哲学以及斯多亚学派所谓的实体论进行建构的,实体论也不能够保证知识的确定性。任何斯多亚学派所谓的知觉确定性都可以举出它的对立的感知,任何一个实体都并不是如同斯多亚学派所说的可以清楚地呈现出来并且呈现为独一的对象。怀疑派指出斯多亚学派与柏拉图虽然进行了划界,然而在延续古典传统的实体论这点上,早期斯多学派与古典希腊并无区别。怀疑派撼动早

① "他们[斯多亚主义]说把握性印象就是真理的标准,即,印象出自于所是者(what is)。这就是克律西坡在他的《物理学》第二卷所说的,也是安提珀特和阿波罗多洛所认同的。……克律西坡……在他的《论理性》的著作中指出感知觉和前观念都是真理的标准;前观念就是关于普遍性的自然观念。有些老斯多亚学派成员把正确的理性作为标准,这是波西多纽在他的著作《论标准》中所说的。"Diogenes Laertius 7. 54 (including SVF 2. 105, Posidonius fr. 42), see in A. A. Long and D. N. Sedley (eds.), *The Hellenistic Philosophers*, Vol. I, 40A., Cambridge University Press, 1987. 知识论论证依然是实践科学的前提,就此而言,早期斯多亚学派与古典希腊哲学的进路还没有清楚地区隔开来。

期斯多亚学派并引导进入斯多亚学派形成中期精神的成就在于，使斯多亚学派的思想家意识到所谓的实体是无法确证感知的，迫使中期斯多亚学派放弃自然哲学和知识论的关联论证：[①]早期斯多亚学派的思想家认为，自然实体能够得到呈现的论证以及凡知觉呈现出来的印象是同一实体的论证是徒劳的。怀疑派在对斯多亚学派的批评中显示出它与希腊化哲学迥然相异的特质，即不仅柏拉图和亚里士多德的理性实体论证是逻辑的幻觉，早期斯多亚学派以经验为路径对柏拉图和亚里士多德展开的自然实体论批评也是错误的假设。在由早期斯多亚学派向着中期斯多亚学派的过渡时期，斯多亚学派意识到既然无法确定所呈现的是否是同一实体，那就得悬搁实体与知识或者说印象之间的桥梁。在怀疑派的持续批评之下，中期斯多亚学派放弃了在实体和知觉印象之间建立关系的努力。[②] 人所能够感知的不外乎是他自身的知觉，而非如早期斯多亚学派所谓的知觉印象之外的实体。

怀疑派对实体论与知识论关系的批评不仅对斯多亚学派是致命的，而且对整个古典希腊哲学传统也是致命的。若如亚里士多德所说，他的哲学完成了希腊哲学从本原论向实体论的转变，怀疑派哲学则实现了从实体论向非实体论的转变。不仅怀疑派自身站在了希腊哲学的又一个转折点上，它也推动斯多亚学派站在转折点上。斯多亚学派放弃自然哲学以及知觉认识的实体性原则，就是最突出的表现。如果说早期斯多亚学派把自然哲学

---

① 早期斯多亚学派持上述看法。芝诺把印象规定为“一种从所是的事物而来的重现的印记，它完全是它之所是。”（Cicero, *Academica* 2.77-8［following 680］, see in A. A. Long and D. N. Sedley, eds., *The Hellenistic Philosophers*, Vol. I, 40D1-2.）“把握性印象就是产生于它之所是的印象，就是与所是者完全一致的被模制者或者被烙印者，它不能够产生自它所不是者。由于他们［斯多亚主义］坚持这种印象必须是能够准确地把握对象的，那么它就必是以工匠的方式把一切的特殊性都模制出来，他们说它把这些事物的每方面都作为它的属性。”（Sextus Empiricus, *Against the professors* 7.247-252［SVF 2.65, part］, see in A. A. Long and D. N. Sedley, eds., *The Hellenistic Philosophers*, Vol. I, 40E3.）把握性印象即是事物本身之所是，或者说事物本身。（章雪富：《斯多亚主义》第一卷，第 233 页，北京：中国社会科学出版社，2007 年）

② 塞克斯都·恩披里柯说：“当老斯多亚主义说把握性印象就是真理的标准时，后来的斯多亚主义加上了‘和那是没有障碍’的语词。因为把握性印象的发生需要时间，它的不可轻信归因于外在环境。……把握性印象并不是无条件地就是真理的标准，而是当它没有障碍时。”（Sextus Empiricus, *Against the professors* 7.253-260, see in A. A. Long and D. N. Sedley, eds., *The Hellenistic Philosophers*, Vol. I,40K1-6）加上“没有妨碍的”，其实是从知识论退缩，而进入意愿论；从实体论退缩，而转向主体论。

以及相关的实体性印象看成是认识的起源,那么中期斯多亚学派已经不再以此为基本观点,至少已经不再是斯多亚学派的主流观念。晚期斯多亚学派虽然也研究自然问题,但不是作为伦理学的知识论前提,毋宁说自然更像是人的奥德赛的风情之旅,人从他的自然之旅里面获取的是自我的定位,透过自然的定位获取自我之知,而不是从自然中获得自我之知。因此,自然之于斯多亚学派的伦理学,类似于风景之于旅行者的关系,而不是知识之于科学家的关系。[①] 自然作为实体的观念从知觉的实体性蕴涵中退出,由自我的理性转向主体意愿。

主要是因为怀疑学派持续不懈的挑战,斯多亚学派从早期的知识探究中后退而走向晚期的意愿原则,这里面蕴涵着整个古代晚期的思想方向。早期斯多亚学派试图透过知觉感知的确定性建立哲学的智慧和真理准则,然而,主要因为怀疑派的挑战,感知觉的确定性却成为继柏拉图和亚里士多德之后另一个破灭的主题。这也意味着在怀疑派的挑战之下,继古典希腊而来的知识论原则的彻底破产,意味着从理性知识到感觉性印象作为主体的知道方式的彻底解构,哲学不再作为知识原则而是智慧和真理的表象。意愿问题通过晚期斯多亚学派的工作开始得到探究,落实在意愿中的知识才是晚期斯多亚学派的深切关怀。晚期斯多亚学派所谓的伦理乃是在与古典希腊甚至早期斯多亚学派迥然有别的意义上得到言说。伦理之为生活乃是指着意愿之为自由所述。斯多亚学派反倒以其意愿论回应了怀疑派对整个希腊哲学的挑战,从意愿的切己性解构了怀疑派所谓的知识的相对性。方法论的怀疑派可能确实指出了不能判断的困境,斯多亚学派正是在此认识到知识论原则的盲点,由此进入主体意愿的探究,进入内在性本身。古典德性论虽然指向灵魂的内在论,然而斯多亚学派认为这还不够,还不能够对抗怀疑派的批评。不受批评的内在性是灵魂的意愿,真正的自我活跃在自

① 福柯指出塞涅卡研究自然问题实则是研究航海术,是寻找自我的路线图,而不是如同早期斯多亚主义那样确立实体性知识。"有关航海术的隐喻意味着这一变动是导向某一目标的,它有一个目标。这个目标就是作为安全地的港口,人在其中躲避一切。……与这航海隐喻相关的第四个观念是,为了回到航籍港……在这个路线上,人遇上了各种危险,这些没有预见到的危险可能危及你们的路线,或者让你们迷失方向。因此,这个线路会让你经历某些知名的不知名的危险直达获救之地。"(福柯:《主体解释学》,佘碧平译,上海:上海人民出版社,2010 年,第 195 页)

我的意愿之中。[1] 既然怀疑派的挑战针对知识和德性的此种表达，古典希腊哲学主流以知识为德性原则来指称灵魂的内在性既然已经被怀疑派指出其实是一种外在性形式，既然早期斯多亚学派的个体知识虽然看似已经与个体不可分离然而仍然无法规避知识的外在形式，而斯多亚学派又不愿意屈服于怀疑派不作判断的消极形式，那么哲学必须有新的起点，也就是要从怀疑派所无法质疑的内在性出发。晚期斯多亚学派所谓的意愿正是内在性的标志，它位于怀疑派挑战的范围之外。斯多亚学派虽然在怀疑派挑战其知识论的方面认同怀疑主义的合理性而放弃其知识论规范，却由于更积极地回应怀疑派的挑战，进入主体意愿领域，发展出新的绝对主体的观念。[2]

三

怀疑派与中期柏拉图主义的关系也是希腊化时期怀疑主义效应的一部分。怀疑派偶然也会把中早期柏拉图对话中苏格拉底式的问答法视为其思想的某种预备，柏拉图悬搁结论的某些做法也被视为怀疑主义的一个证明。然而中期柏拉图主义的早期阶段却努力剔除所谓的柏拉图哲学的"怀疑主义"时期，他们试图发展出柏拉图的教义体系。只是在其发展的中后期，中期柏拉图主义深受怀疑派的影响，形成所谓的新学园时期，也就是怀疑主义时期。一般而言，可以把中期柏拉图主义分为老学园（约公元前 410 年至约公元前 270 年）、新学园派（约公元前 270 年至约公元前 80 年）和晚期学园。

老学园的代表人物是斯彪西波（Spesippus，约公元前 410 年至公元前

① "善（好）的本质是某种自由意志，恶的本质也是某种自由意志。那什么是外部事物呢？外部事物是自由意志的材料，通过对它们的处理，自由意志找到适合于自己的善（好）或者恶。那么，自由意志是如何找到善（好）的呢？如果它不爱慕这些材料的话。因为如果对这些材料的判断是正确的，就能使自由意志成为善（好），反之，如果是歪曲的和扭曲的，就会使自由意志成为恶。这是神命定的法则，他说：'汝欲善（好），得诸己。'而你却说：'不，要从他人那里找。'请勿如此，只要从自己当中寻找。"（爱比克泰德：《哲学谈话录》，吴欲波等译，第一卷第 29 节，北京：中国社会科学出版社，2004 年）

② "如果我认为所有的这一切都与我无关，那他的确是无法威胁我；可是如果我对其中的任一种威胁表示害怕的话，那他威胁的人就会是我了。既然如此，则我还会害怕谁吗？这个人会是谁的主人吗？会是在我控制之下的事物的主人吗？可是根本就没有这样的人。那会不会是不在我控制之下的事物的主人呢？可这又与我何干？"（爱比克泰德：《哲学谈话录》，吴欲波等译，第一卷第 29 节）

339年)、克诺塞拉底(Xenocrates,约公元前395年至公元前314年)和波勒谟,这阶段被称为独断论时期。斯彪西波按照严格的数学形式建构本体论和知识论,他们一方面保持知识系统及其一致性,论述知识所具有的一致形式;另一方面则形成后来新柏拉图主义所采用的所谓的一元多层的本体观念。[①] 克诺塞拉底怀着类似的兴趣,综合柏拉图的思想,削弱柏拉图前后期的差别,把柏拉图对话的种种思想纳入统一的体系。依照斯彪西波的等级制本体论,克诺塞拉底认为本体论的秩序分别是:理念、数、几何学对象、天体(宇宙灵魂)和可感的月下世界。[②] 中期柏拉图主义形成了一个所谓的独断论柏拉图思想体系。

然而公元前3世纪早期,怀疑派开始对整个希腊化哲学发挥了超越学派的影响。伊壁鸠鲁学派和斯多亚学派也开始在怀疑派的影响下重新思考哲学的路向,中期柏拉图主义也受到推动。怀疑派以"非体系的哲学"批评老学园所谓的"体系"的柏拉图,阿尔刻西劳(Arcesilaus)是从老学园向新学园过渡的关键人物,他的哲学以怀疑论的面貌出现。一般都把约公元前270年至约公元前80年这段深受怀疑论学说影响的柏拉图主义时期专称为"学园派",或者称为"新学园"。西塞罗甚至说学园派的怀疑论才是柏拉图哲学的道统所在,因为柏拉图的对话经常没有结论。安提奥库斯更是称老学园派的体系性表述和独断论形式违背了柏拉图对话录的本意,因此应把"新"学园之名冠给斯彪西波他们,而阿尔刻西劳和安提奥库斯的哲学因为更贴近柏拉图本人的思想而应被称为"老学园"。[③] 除阿尔刻西劳之外,拉里萨的斐洛(Philo of Larissa)和卡尔尼亚德(Carneades)也是学园派的代表人物。阿尔刻西劳、卡尔尼亚德和拉里萨的斐洛都认为《泰阿泰德篇》的柏拉图是一个怀疑论者。然而学园派虽然受怀疑派影响,却与怀疑派保持距离。学园派的"怀疑"只是相对的怀疑,没有将怀疑推进到极端。[④]

---

① 参看 Karsten Friis Johansen, *A History of Ancient Philosophy*: *From the Beginnings to Augustine*, English translated by Henrik Rosenmeier, pp. 262-263, London and New York: Routledge, 1998。

② Ibid., pp. 263-264.

③ Cicero, *Academica* 1.46.

④ J. Dillon, "Self-Definition in Later Platonism", see in J. Dillon, *The Golden Chain*: *Studies in the Development of Platonism and Christianity*, p. 63.

所谓相对的怀疑,是说学园派仍然持有信念,他们有着信念上的认同。虽然怀疑派也承认他们会相信,然而怀疑派也说他们只是在顺从习俗的意义上使用"相信",只是指简单顺从自然、感受、技艺和法律习俗的指导生活[①],不包含任何积极的跟随[②],因此怀疑派的相信不包含认同。然而卡尔尼亚德及其追随者都抱着强烈的认同感,例如他们也使用怀疑派的说法如"一切都无法理解"[③],似乎也像怀疑派那样对一切事物保持中立,然而他们却是正面面对这个命题,认为有些命题可以理解。他们描述事物的可理解和善恶并不完全等同于怀疑派,因为他们肯定如果在事物之中存在多于坏的好,那么这个事物就是好的。即使被怀疑派最许为同道的学园派领袖阿尔刻西劳也有所断定。阿尔刻西劳虽然也谈论悬搁,然而怀疑派对悬搁没有断定,阿尔刻西劳则断定悬搁是好的。在怀疑派看来,阿尔刻西劳虽然像是一个怀疑主义者,然而骨子里却是一个柏拉图主义者。[④]

诚如怀疑派所批评的,新学园派并没有离开柏拉图主义的传统。新学园派并不是一种新哲学,它也不代表一种哲学的转向,但却意味着柏拉图主义建构方式的革命。怀疑主义对柏拉图主义最重要的影响即在于此,它结束了斯彪西波以来试图体系化柏拉图对话的努力。虽然新学园派接受怀疑主义的影响有其自身的哲学前提(柏拉图),然而它终结了对柏拉图哲学的一种诠释方式,事实上它以后也很少再出现体系化的柏拉图哲学,即使普罗提诺也是如此。

四

新柏拉图主义与怀疑派的关系从来都没有得到注意。学者和读者常常放大普罗提诺和柏拉图思想的关联程度,反倒削弱了普罗提诺思想的自我

---

① 塞克斯都·恩披里克:《悬搁判断与心灵宁静》,第一卷第34节。

② 同上书,第一卷第33节。

③ 同上书,第一卷第34节。

④ 由于阿尔刻西劳"用怀疑法检验他的同伴,看他们的本性是否适宜于接受柏拉图的教义,他被人看成是一个怀疑的哲学家;但是他对那些本性上有天赋的人传授柏拉图的教义。所以阿里斯顿称他是'柏拉图为头、皮罗为尾,第奥多罗斯为身子',因为他运用了第奥多罗斯的辩证法,虽然他本质上是一个柏拉图主义者"。(塞克斯都·恩披里克:《悬搁判断与心灵宁静》,第一卷第34节)

属性,遮盖了普罗提诺思想与其他学派,包括普罗提诺与亚里士多德(范畴学说)、普罗提诺与斯多亚学派和伊壁鸠鲁学派(时间学说及质料观念)的准确评价,更遑论普罗提诺与怀疑派的关系。普罗提诺与这些思想派别之间的关系,并不限于其外部论战或论辩关系所显明的,而在于它们因着论辩对哲学问题的重新定位。普罗提诺与柏拉图、斯多亚学派和亚里士多德的关系如此,与怀疑派的关系也是如此。怀疑派对实体和知识的质疑,是普罗提诺重新定位古典希腊和希腊化哲学有关知识与实在关系的核心,它成为普罗提诺阐释柏拉图观念的问题意识却在阐释柏拉图时走向柏拉图的对立面。[①] 在《九章集》中,怀疑主义的思辨影响随处可见,普罗提诺有他自身的哲学路向。

普罗提诺意识到知识与实在的关系是古典希腊哲学的根本问题,真理之途则由此构成,美好生活即凝思生活和灵魂论也在此得到落实,政治哲学所谓的君主政体也由此获得论证的合法前提。知识与实在的问题在希腊化哲学中得到延续,但主要运用在经验领域,运用在感知觉与自我印象构成的确定性之中。伊壁鸠鲁的感觉与原子流射的关系,由此获致的基于感觉印象所形成的对美好生活的伦理属性即快乐的宣道,是古典希腊的知识与印象关系在感觉领域的一种变形。早期斯多亚学派所谓的把握性印象和真理的关系,把握性印象的绝对性和独一性以及它与自然性的关系,构成斯多亚学派以合乎自然地生活的观念的基础,它解构了古希腊有关命运的决定性及其危险的讨论。古典希腊和希腊化哲学这两大学派虽然存在差别,然而只是理性实在和感觉实在之间的差别。即使希腊化哲学这两大派彻底地反对古典希腊的知识与实在的观念,但仍然遵循了古典思想的模式,只不过是

① 可以用普罗提诺所引用柏拉图的如下两段话作为例证。普罗提诺喜爱引用《柏拉图第二封书信》312e1-4"关于'万物之王'的一切事情都是三重性的,'第二原理关于第二类事物,第三原理关于第三类事物'。他[柏拉图]还说有一个'原因的父',这里的'原因'指的是理智"(普罗提诺:《九章集》下册,石敏敏译,第五卷第一章第8节,北京:中国社会科学出版社,2009年)。普罗提诺接受了柏拉图的三本体思想,但是普罗提诺的解释却是非柏拉图的。柏拉图认为理智和是同一,思和是同一,这是哲学形而上学的最高原则。普罗提诺却把它放在第二原则里面,"理智与是,思考与思想;理智就是思考,是则是思想"(普罗提诺:《九章集》下册,第五卷第一章第4节)。普罗提诺并没有把"是"放在太一的序列,而是把"是"放在理智的位置。在本体论的思想层面,普罗提诺表现出与柏拉图的差别。

以治疗性哲学的方式遮盖着从希腊到希腊化隐藏着的连续性。

新柏拉图主义出现在怀疑派的鼎盛期已经如风飘逝的时代,然而怀疑主义悬搁依然是哲学需要破解的认识迷局。怀疑派对知识和感觉的确定性的怀疑显然仍深藏于《九章集》的深处,普罗提诺没有采用古典希腊以来知识与实在关系的观念,没有用记忆作为走向理念的实在之路,显然是怀疑主义在其思想中发酵的结果。普罗提诺如同一个怀疑主义者那样不信任理性的实在论或者感觉的实在论,虽然他是从不同角度来表达他的怀疑。普罗提诺以为即使是理性的实在例如显现在第二层次领域(理智)的直观,都不是来自于理智自身,它是来自于太一的流溢或者生育。如此而论,若以理智为实在的起点记忆太一,引致的并不是对于太一的记忆,反倒是用理智自身的经验遮盖了它本身不外乎是太一的结果。[①] 由于理智之于太一的直观乃是由太一的降临(流溢)构成,理智如果囿于它所获得的以往的记忆去接受太一源源不断的生育,那么理智也就不是向太一开放,理智之看就不是动态的敞开着的看,以此而论,理智就离开太一而生活在太一之外,或者说理智就在实在之外了。理智自身并不具有向着太一构成的能力,不能够成为知识的来源,当然也不能够成为实在之道。用知识建构理智通往太一的实在之路,显然只是古典到希腊化时期哲学家的一厢意愿。古典希腊以巴门尼德、柏拉图和亚里士多德为主流的理智实在论,并没有在普罗提诺的哲学中得到延续。

普罗提诺同样批评了伊壁鸠鲁学派和斯多亚学派的感觉实在论,一如怀疑派对后两者的批评。怀疑派对伊壁鸠鲁学派和斯多亚学派的批评是直接指出它们的反题,普罗提诺批评的着眼点则是指出感知觉所具有的它自

---

① 普罗提诺把太一流溢出来的事物与太一分开,"这理智对太一有一种直接的领会,并借对太一的领会而成为理智,因此它永远需要太一,它一思考就成为理智、实体和思想活动;在此之前它原不是思想活动,因为它不曾拥有可理知对象,也不是理智,因为它还不曾开始思想"(普罗提诺:《九章集》下册,第五卷第三章第 11 节)。显然,理智之为理智是因为它的对象性活动,而太一则没有任何对象性活动;理智的对象性活动始终指向太一,而太一没有对象性活动则意味着太一不思;由于理智始终是一种对象性活动的,它就不能够真正说及太一,因此如果从理智来言说太一就是遮盖了太一,理智本身不构成太一的表达。由此依据理智构成的事物就不是所谓的实体,因为实体只来自于太一必须从太一来构成。这也就反驳了柏拉图的理智实体,把古典希腊的知识作为实在之路的形而上学路径抽离了。

身的意愿。在某种意义上,普罗提诺的批评是柏拉图式的,然而其精神则是怀疑主义的。柏拉图对感知觉知识的批评以实体论为前提,是要剥离出感知觉里面实体的幻象,普罗提诺则指出感知觉本身不存在所谓的确定性,它既不是基于它所感知到的对象的流变性,也不是基于感知觉本身的限制,而是在于感知觉所呈现的只是灵魂向下活动的意愿。灵魂向下活动的意愿肯定不是通往实在的道路,也不是走向确定性的方向,因为它不是一种记忆,即不是对于它所来自者的记忆,而是一种欲求的创造。[①] 感知觉既然表达的是灵魂下行的路径,也就不足以构成伊壁鸠鲁学派和斯多亚学派所谓的知识的当下确定性,感知觉的实在之路是透过不断离开它自身的当下确定其自身,而一个透过离开当下感知确定其自身的,本身就在自身之外,无法构成对真理的把握。

普罗提诺对实在之路的论证方式和实践方式都不采用自下向上的路径,而与古典希腊和希腊化哲学相反。后一类的思想采用知识并且肯定感知觉和理性的实在性,虽然他们并不认同感知觉和理性之间存在知识的连续性。普罗提诺对知识形成方式的批评,正是出于怀疑主义对他的影响,因为怀疑主义所要清除的不是知识本身不可消解的对立面或者说反题,而在于清除人们对感觉和理智所抱的实在性信念。普罗提诺也是如此,他以理智为第二位的做法,却不是出于肯定理智的实在性,以灵魂为第三层次也不是出于对灵魂感知的肯定,而在于指出任何来自于理智和感觉的本性,都不足以构成实在性的证明,也不能够成为实在性的要素。普罗提诺对于感觉和理性作为实在之路的批评,其实是对希腊人所谓的知道方式的重估。怀疑派颠覆了知道方式中所有的乐观主义倾向,而普罗提诺接受了怀疑主义的这个重估的结论。

然而普罗提诺并没有走向怀疑主义,他提出了实在之路的其他方式。

---

① "灵魂皆出于它们父神的高级世界,并且完全属于那个世界,尽管如此,它们却忘记了自己的父神,也不认为自己不认识他,那么究竟是什么使它们变成这样子呢?灵魂的恶源于胆大妄为,源于进入生成过程,源于最初的相异,源于'成为自己'的渴望。"(普罗提诺:《九章集》下册,第五卷第一章第1节)即使是在灵魂本体之中,都存在一种寻求异的冲动,或者如普罗提诺说的"成为自己"的冲动,这正是灵魂离开太一并且不断地向着与太一相反方向运动的来自于灵魂的动力性根源。既然感知觉只是来自灵魂的结果,那么感知觉就不能够构成实在的原则,因为实在的原则乃是从太一而来的。这里面已经包含了普罗提诺对感知觉实体观念的批评。

普罗提诺承认理性和感知觉都不能够提供对确定性和实在性的论证，然而他不同意怀疑派所以为的确定性和实在性本身会是一个只能够悬搁的问题。在这一点上，普罗提诺和怀疑主义分道扬镳。普罗提诺接受了怀疑派对独断论的批评，却不接受怀疑派面临虚无之境的可能。那么什么是普罗提诺所提供的第三条道路呢？神秘主义。① 普罗提诺既拒绝独断论也拒绝怀疑派所可能导致的虚无主义，他建构了神秘主义的路径。严格地说，古代哲学在普罗提诺那里才开始出现神秘主义并且似乎一下子就达到其成熟的形态。神秘主义与怀疑主义的相通之处在于两者都只认定个体之于事物关系的直接感知，不同的则是，怀疑主义的直接把握是方法论上的，是就事物直接向着主体显示而来的感知而言的；普罗提诺的直接把握虽然也是一种“观看”或者说感知，却不是方法论上的。普罗提诺以为理智只是剔除了看的所有遮蔽即来自于灵魂所创造及其意愿冲动的遮蔽，理智虽然也能够直接地看，然而太一甚至超出看所呈现的理智形象，使主体成为向着太一流溢呈现出来的直接形式。②

普罗提诺哲学的本质是神秘主义，他是一个“非”柏拉图主义者。普罗提诺的哲学显然也是怀疑主义效应的一部分，以柏拉图的某些基本观念为其论证的理路和思想的轨迹，以神秘主义回应怀疑主义的挑战，以神秘主义回到柏拉图和古典希腊对于实在性问题的解读。他不是要透过回到存在而回到实在性的论题，他透过否定灵魂对太一的认知性探索，而获得对理智的直观性论述，透过对遗忘作为面向太一之所看的肯定，解除怀疑主义投在形

---

① 与斯多亚学派一样，普罗提诺同样意识到只有向内寻求建立与个体性不能够剥离的切己性或者内在性才可能规避怀疑派的批评。普罗提诺还意识到任何所谓的理智性或者推论性的知识观念都不具有可规避怀疑派批评的可能性，“灵魂可以领略种种真理，但是如果有人试图用语言和推论性思考来表达真理，真理就离我们而去；因为推论性思考为了用语言表达事物，必须依次思考，这就是描述法；但对绝对单一者，我们怎么可能描述呢？”（普罗提诺：《九章集》下册，第五卷第三章第 17 节）这就拒绝了语言之于单纯者的可表达性，也就把怀疑主义指向呈现或者所谓的表达的批评搁置一边。神秘主义就成为规避怀疑主义的最好表达，“如果灵魂突然接受了光，我们必然相信我们已经看见了，因为这光是从超越者来的，他就是光……灵魂的真正目标就是触及那光，看见那光，不是靠另外的光看见，而是靠那光本身看见。它必然借那照亮它的光看见光，就像我们看见太阳不是靠别的光，而是靠太阳自身的光一样。那么怎样才能实现这样的事呢？唯有舍弃一切！”（普罗提诺：《九章集》下册，第五卷第一章第 17 节）

② “这神仿佛从某个看不见的地方来到他们面前，从高处向他们喷薄光芒，普照万物，叫低级存在者目眩、躲闪，不能凝视他，仿佛他就是太阳。”（普罗提诺：《九章集》下册，第五卷第八章第 10 节）

而上学之上的阴影。普罗提诺是在独断论和怀疑派之外的新哲学,是神秘主义。然而普罗提诺的神秘主义不是要摧毁主体观念,或者说最终不是要无主体地思的神秘经验,普罗提诺的神秘主义乃是太一覆盖在思或者理智之上的主体之光,它乃是主体对于自身的一种绝对有把握的经验。

Sceptical Effects of Hellenistic Philosophy

Zhang Xuefu

Abstract: Sceptic is one of three schools of Hellenistic Philosophy, but its influence has not been fully evaluated. This paper discusses the relationships among Sceptic, Academy, Stoicism and Neoplatonism, make the argument on Sceptical contribution to the turn of Hellenistic Philosophy. Because of the Sceptic, Greek philosophy doesn't focus on Subsatance. The Sceptic uncovers the prelude of Subjective Philosophy.

Key words: Sceptic, Hellenistic Philosophy, Academy, Stoicism, Neoplatonism, Subjective Philosophy

哲学门(总第二十七辑)
第十四卷第一册
北京大学出版社,2013 年 7 月

早期斯多亚哲学中的决定论与道德责任*

余友辉**

提　要:早期斯多亚哲学家在面对决定论和道德责任的疑难时,采取的主要解决路径是,通过对人的行为的道德心理学分析和对人的行为原因的分类,强调人对自己的行为的自主性。在他们看来,理性人的任何行为都必须有"同意"在先,而这个"同意"为行为者的个体心灵本性或道德品质所决定,后者是行为的首要原因并且是有赖于我们的。尽管依照早期斯多亚哲学的教义,行为者的道德品质最后也是由外在因素完全决定的或命定的,但这并不否认我们行为的自主性及我们对之的道德责任。早期斯多亚哲学的决定论是包含个体事物独特本性于其中的原因决定论,超越所有内在和外在因素而自我做主的自由意志概念主要是更后出的哲学概念。

关键词:早期斯多亚哲学　决定论　道德责任　有赖于我们的

斯多亚哲学由于对严格决定论的信奉,在其体系内导致人对自己行为的道德责任问题成为难题。由此,如何兼容决定论和道德责任,就成为斯多亚哲学最重要、最核心的问题。本文关注于早期斯多亚哲学家(主要是克律

* 本文属于教育部人文社会科学研究青年基金项目:"希腊道德心理学研究"(12YJC720051);江西省社会科学研究"十二五"(2012)规划项目一般项目:"古代西方哲学中的'意志'概念探究"(12ZX11)。

** 余友辉,1977 年生,哲学博士,南昌大学哲学系副教授。

西波)对此问题的思考解决,希望在阐述早期斯多亚哲学对此问题的回应的同时,梳理相关问题和概念的逻辑发展脉络。

一

早期斯多亚哲学的决定论强调作为主动原理的物质性普纽玛(pneuma)或者说神、宇宙理性,渗透到一切事物(包括人)当中,决定着事物或事件的产生和发展的所有方方面面,形成一个永恒的固定的宇宙秩序或命运。与其他形形色色的决定论或命定论不同,斯多亚哲学决定论的典型特色是这样一种原因决定论(causal determinism)①:

> 斯多亚学派(把命运描述为)诸原因的系列,即原因间无法逃避的秩序和相互联结。②
>
> 先产生的事物是后产生事物的原因。万物以这种方式紧紧地联结在一起……所有产生的事物都有另一物后于它,从原因上必然地依赖于它;同样,所有产生的事物都有另一物前于它,作为它的原因与之相联。世间之物没有哪个是无原因地存在或产生的,没有一物独立于、隔绝于在它之前产生的事物。如果无原因的变化被引入,那么世界将被撕裂和分割,不再保持整一,依据单一的秩序和方式得到永恒的统治。③

这种决定论思想的关键在两点。第一,任何事物都有原因;第二,任何事物

---

① 也常被我们称为因果决定论。但这里值得注意的是,在斯多亚哲学体系中,只有物体性的实体才能成为因(cause),"果"(effect)不是被影响的物体客体本身,而只是这个被影响客体的某种变化或不同的状态。"果"被界定为"非物体的事态",它不能反过来成为其他物体变化的原因。因此,斯多亚哲学的决定论不是指因与果之间的线性系列,而是指因与因之间的普遍联系。这样,把这种决定论称为"原因决定论"可能比"因果决定论"更为准确。(参看 Dorothea Frede, "Stoic Determinism", in Brad Inwood ed. *The Cambridge Companion to the Stoics*, Cambridge: Cambridge University Press, 2003, p. 189;另参看汪子嵩等:《希腊哲学史》第四卷,北京:人民出版社,2010 年,第 525 页)

② Aetius Ⅰ.28.4 (SVF 2.917), in A. A. Long and D. N. Sedley, eds., *The Hellenistic Philosophers*, Vol. 1, 55J, Cambridge: Cambridge University Press, 1987.

③ Alexander, *On Fate* 191,30-192,28 (SVF 2.945), in A. A. Long and D. N. Sedley, eds., *The Hellenistic Philosophers*, Vol. 1, 55N.

的原因都必然会导致这个结果,或者说任何一物的产生都是由前面的原因必然导致的[1],就如芝诺所言,“不可能原因出现了结果却不产生”[2]。

如此,在这个所有事物都由前面原因必然产生、接着又必然为后来之物的原因的诸事物的普遍联结的命定链条中,人的行为的自主和责任如何能得到辩护呢?是否像斯多亚学派的反对者所说的那样,在这种决定论中,与人的行为相关所有的责任、赞扬和惩罚、道德进步和退步都必然得不到辩解,人及人的行为最终都不过是被命运必然地决定的?例如行为者可以这样说,我所做的行为不过是行为之前的原因必然决定的,这些原因并不依赖于我,因而我对我的行为无任何责任,我不过是命运推进自己脚步的工具。

面对这种责难,或者说面对斯多亚哲学体系中决定论和道德责任之间的张力,早期斯多亚学派中的护道大师克律西波(Chrysippus)对原因决定论中的原因进行了更为精细的区分:

> 关于原因,有些是完全的(perfect)和首要的(primary),其他的是辅助的(auxiliary)和接近的(proximate)。因此,当我们说一切都按照命运通过前因(antecedent causes)发生的时候,我们并不是指这是通过完全的和首要的原因,而是说通过辅助的和接近的原因……如果一切都由于命运而发生,那么确实一切都通过前因而发生,但不是通过完全的和首要的原因,而是通过辅助的和接近的原因。如果后者不是有赖于我们的(up to us),并不能推出我们的冲动也不是有赖于我们的。[3]

西塞罗对克律西波观点的这段转述,由于概念的不清晰,可能会产生诸多的争议,但其基本要点还是清楚的:通过区分内因和外因、主因与次因来

---

① 参看 Ricardo Salles, *The Stoics on Determinism and Compatibilism*, Burlington: Ashgate Publishing Company, 2005, xviii。Susanne Bobzien 的说法在表述上有些不同:第一,没有任何事物可以无因产生;第二,相同的原因产生相同的效果。但二者内涵是一样的:反对无原因的变化。(参看 Susanne Bobzien, *Determinism and Freedom in Stoic Philosophy*, Oxford: Clarendon Press, 1998, p.39)

② Stobaeus 1. 138.16-17 (SVF 1.89), in A. A. Long and D. N. Sedley, eds., *The Hellenistic Philosophers*, Vol.1, 55A.

③ Cicero, *On Fate* 41 (SVF 2.974), in A. A. Long and D. N. Sedley, eds., *The Hellenistic Philosophers*, Vol.1, 62C.

解释,为什么人类作为原因链条的一部分,仍然可能有个人责任的空间。按照斯多亚哲学的行为心理学,人的行为主要由三个环节构成:表象(impression)、同意(assent)和冲动(impulse)。首先,外在环境给予行为者的心灵(或者说灵魂的主导部分,*hegemonikon*)一个表象,此表象作为理性人的表象,包含着命题化的内容,可被陈述为:"此(事)物于我来说是好的";随后,行为者心灵的对表象的命题性内容予以肯定或否定的同意;再接着同意产生冲动,而冲动是"导致行为的现实的欲求,是实际行为产生之前的心灵活动的最后阶段",如果无外物阻碍就直接产生行为。[①] 据此,在人类的行为中,表象作为外在的不依赖于行为者的原因尽管是必要的——没有它就不可能有行为,但它只是辅助因或激发因,不能决定同意是否或如何给出;导致行为直接产生的同意,是行为者依据自我个体心灵的本性而做出对表象的反应;行为者个体心灵的本性才是同意或行为的完全因和首要因,而它是有赖于我们的。如克律西波给出的著名的圆筒例子那样:

> 正如推动圆筒的人只是使圆筒开始运动,却没有给它滚动的能力一样,我们面前的客体会把它的形象印刻在心灵中,然而同意与否却是有赖于我们的。同意,正如我们在圆筒那里说的那样,尽管受到外部的推动,仍然依据自己的力量和本性行事。[②]

以无理性的甚至是机械的圆桶运动来类比理性的人的行为,以显明道德责任问题,多少有些奇怪,甚至易产生误解。这里的关键要点在于,要注意运动事物的内在本性对运动的影响。圆筒尽管被推动,但真正使它滚动的还是它的"圆性"或"可滚性";在西塞罗的转述中,克律西波用圆筒和圆锥的运动来做比较更明显地体现了这一点:同样受到外在的推力,但当圆筒滚动时圆锥转动,是滚动还是转动,决定性的(首要的原因)还在于运动事物的本性。对于人的行为来说,正如圆筒的本性决定它的运动必然是滚动一

---

① 关于对斯多亚哲学行为心理学的详细分析和阐释,参看 Brad Inwood, *Ethics and Human Action in Early Stoicism*, Oxford: Clarendon Press, 1985。此处我们忽略了表象、同意和冲动的复杂关系,简单把表象看作是外来的,把同意和冲动等同。尽管可能会有争议,但并不影响这里的讨论。

② Cicero, *On Fate* 43 (SVF 2.974), in A. A. Long and D. N. Sedley, eds., *The Hellenistic Philosophers*, Vol. 1, 62C.

样,能被称为人的行为的必然是理性的行为,也就是被包含了同意的行为。[①] 同意的首要因和完全因出于人的心灵的个体本性,是有赖于己的,因此,人必须为这样属己的行为承担责任。

按照西塞罗的说法,克律西波的这一原因区分的最终目的在于:"保持命运的同时反对必然"。所谓"反对必然"很清楚,强调的是人的行为并不是外力强迫的产物,它独立于外在的必然性。外物给予我们的表象并不能决定我们的行为,我们对表象做出的反应是出于自主的个体心灵本性;但何谓"保持命运"呢?依据西塞罗转述中"命运"、"前因"和"辅助因"、"近因"关系的说法,对命运最直接的理解就是把它看作是外在前因的必然链条[②],而"保持命运"则指肯定我们行为中命定必然的外在环境及被给予的表象的原因性作用。这样,依据西塞罗,克律西波对决定论与道德责任的关系难题的回应可以总结如下:尽管我们行为所面临的外在环境及其表象是以必然的方式命定发生的,但我们作为理性的人对它们的反应,是出于我们自我心灵的个体本性的,是有赖于我们的,是我们能够为之承担责任的。

二

即使西塞罗关于克律西波理论的说法是正确的,它也很有可能不是完整的或是需要补充的。按照这种说法,命运以外在前因的方式,作为近因和辅助因来引起我们的同意或行为,但同意或行为的完全因和首要因却是我们心灵的个体本性。对此人们自然接着要问,在同意中作为完全因和首要因出现的心灵的个体本性,又是怎么样的,它是否又会有自己的产生原

---

① Dorothea Frede 举例谈到这一类比可能产生的误解:如果圆筒的滚动的首要原因在于其"可滚动性",外力推动只是辅助因,那么假如我推倒一个人并使他跌断了腿,我岂不是可辩解说,首要原因或责任不在于我的推动,而在于他自己吗?这当然是荒谬的,源于对克律西波的类比的错误理解。Frede 告诫我们要注意到,人与圆筒并不相同,它们有不同的本性;跌倒的行为并不是那个跌倒的人出于其本性的行为,或者说他属人的行为,因为他的本性不在于"可跌倒性"或"可跌断腿性"。(参看 Dorothea Frede, "Stoic Determinism", p. 194)

② 做这一直接理解可能是有争议的,特别是从斯多亚哲学的其他资料来看。但是,仅从西塞罗的说法上来推断,我们认为,这样的结论是可以做出,至少不会产生严重不一致的地方。关于早期斯多亚哲学在这个问题上的复杂观点和争论,参看 Susanne Bobzien, *Determinism and Freedom in Stoic Philosophy*, pp. 301-313。

因呢?

斯多亚哲学的“心灵的个体本性”指的是个体心灵这个物质性普纽玛自身的特定结构和张力状态,即个体心灵所具有的各种稳定的、持续的性质和品质总和,包括理性或道德的品质。另外,从斯多亚哲学的原因决定论来看,心灵的个体本性作为物体性的实体,是不可能没有原因的,它在作为同意或行为的原因的同时,必然有促成它的原因在其先。

关于行为者的道德品质对行为选择的影响及道德品质本身的形成过程的探讨,对西方古代哲学来说并不陌生。柏拉图和亚里士多德都会肯定道德品质对我们行为选择的决定性影响,如 A. A. Long 所言,“独立于品质之外的自由,是一个遭到希腊哲学普遍否定或忽视的概念”。另外,他们也都认识到,尽管道德品质的形成,受影响于许多不受我们控制的外在环境因素,如出生、教育甚至遗传等,但它仍然属于我们道德责任的范畴,因为我们也经常是通过长期的有意识的行为而获得某种既定的品质的。实际上,肯定在外在环境不平等前提下的人类对自己行为的道德责任,如一个没有条件受到正常教育的青年对自己罪行的道德责任,似乎正是许多社会生活和伦理学理论所接受的基本前设。①

但是在斯多亚哲学体系中,类似的探讨却面临更大的张力和疑难。首先,依照斯多亚哲学的原因决定论,不仅外在的环境及其表象是命定如此发生的,而且当它们作为辅助因与既定的心灵或道德品质(作为首要因)合作,共同产生一个行为时,这个行为必然是唯一的。因为决定论要求事物的原因必然导致结果,或者说“同因必定同果”:“如果在完全相同的环境下,一个人会在不同时候采取不同的行为,那么,无因的运动就出现了。”②但对于亚里士多德来说,同因同果的必然就没有必要了。尽管人不能违背自己的道

① 参看 A. A. Long, “Freedom and Determinism in the Stoic Theory of Human Action”, in A. A. Long, ed., *Problems in Stoicism*, London: The Athlone Press, 1971, pp. 174-175; A. A. Long, “Representation and the Self in Stoicism”, in A. A. Long, *Stoic Studies*, Cambridge: Cambridge University Press, 1996, p. 279。

② Alexander, *On Fate* 185,7-8 (SVF 2. 982), in A. A. Long and D. N. Sedley, eds., *The Hellenistic Philosophers*, Vol. 1, 62H. 如 Frede 所言:“在斯多亚学派看来,如果内在和外在的条件是相同的,那么人也必须以相同的方式行为。如果在看来相同的条件下,结果有所不同,那必然有某些隐藏的不同在内因或外因在那里。”(Dorothea Frede, “Stoic Determinism”, p. 193)

德品质行事，但是在相同道德范畴内的行为之间作选择的自由还是有的，如好人在做好事 x 和 y 之间的选择自由。

其次也是更为重要的是，当考虑心灵个体本性或道德品质的形成时，乍看起来，斯多亚主义者似乎也能像亚里士多德那样，强调个人必须为自己的道德品质负责，因为这个道德品质也正是他之前不断面对表象做出的同意和行为的结果。但是把这个推理链条不断回溯，决定论的难题就出现了：

> 你克律西波说，我们的行为有赖于我们，是因为它们不是被外因而是被我们的本性所决定。但是，除非我们的本性也不是由外因所决定，我们才能说我们的行为有赖于我们。你说我们的本性至少部分不由外因决定，由我们的同意、行为等决定。但是，你开始又说我们的同意和行为是由我们本性决定的。因此，为了证明我们的行为有赖于我们，我们需要认定我们的本性有赖于我们，同时，为了证明我们的本性有赖于我们，我们又要认定我们（更先的）行为有赖于我们；如此不断后退，我们就到达我们本性或品质在成年最开始的状态，它决定着我们最开始的同意和行为。但是这个状态不可能又反过来作为同意和行为的结果而有赖于我们，因为没有早于这个状态的同意和行为。①

这也就是说，我们在成年之初始的那一刻——真正成为理性的人从而开始拥有同意和行为能力的那一刻——所具有的心灵个体本性或道德品质，必然是完全由外在原因，即不依赖于我们的、命定的遗传和环境因素所决定的。如果我们由此再往上推，那么外在因素决定最初道德品质，最初道德品质决定最初的同意和行为，最初的同意和行为又进一步塑造着的道德品质，结论必然是：不仅外在的环境是命定的，而且心灵的个体本性或道德品质也是命定的，最后人的整个行为完全是命定的。

应该说，这样的结论是符合早期斯多亚哲学的根本精神的，同时，它也显示了斯多亚哲学体系中决定论和道德责任两难的最紧张之处。但令人奇怪的是，早期斯多亚哲学家包括克律西波都没有给我们留下任何相关的解

① Susanne Bobzien, *Determinism and Freedom in Stoic Philosophy*, pp. 298-299. 另参看 F. H. Sandbach, *The Stoics*, Bristol Classical Press, 1994, p. 103。

释资料。西方学者大多倾向于接受这样的观点:我们上面谈到和关注(可能更多受现代思想的影响)的那种决定论和道德责任的紧张和疑难,在克律西波那里,根本不成为问题。这也就是说,对克律西波来说,构成道德责任根本问题的,不是道德品质的命定论,而是行为是否是行为者自己做出的。换句话说,我们要为之承担道德责任的行为必须是有赖于我们的行为,而一个行为是否有赖于我们,关键只在于看我们是否是它的完全因和首要因,看它是否是我们的行为。"当我们说一个行为有赖于某个行为者时,我们的意思是说,这个行为是他自己的行为,没有他的决定,或者按照斯多亚学派的术语,没有他对表象的同意及随之产生的行为冲动,就不可能发生。这些都是这个行为的决定因,尽管它们自己也是被决定的。"①或者用斯多亚学派自己的话来说:"命运通过我们而发生的事是有赖于我们的。"②

三

早期斯多亚哲学对决定论和道德责任难题的这种解决——尽管我的道德品质、同意及行为最终是命定的,但由于同意和行为还是我的,我仍然必须为其承担责任——并不总能得到人们的接受;许多人批评它试图在逻辑层次不同的两个东西之间建立一致:事实上的严格决定论与思想及行为中心理体验上的自由。这些批评不能说毫无道理,但经常包含着许多思想上的误解和概念上的混乱。如 Susanne Bobzien 就针对这种情况,对两种主要的道德责任观及其相关的概念,如"有赖于我们"(*eph emin*, up to us)的概念,进行了区分。她指出,有两种不同的道德责任概念,一个建立在行为者的自主(autonomy)的基础上,一个建立在行为者"有不做此事或做相反之事的能力或自由"(ability or freedom of to do otherwise)的基础上。与第一种道德责任概念相关的"有赖于我们"的概念,主要强调的是所做行为的属己性,即行为是自己做出的、自愿的、不出于外在强迫的,它不与外在环境是否决

---

① F. H. Sandbach, *The Stoics*, p. 103. 另参看 Ricardo Salles, *The Stoics on Determinism and Compatibilism*, pp. 47-48。

② Alexander, *On Fate* 181,13-182.20 (SVF 2.979), in A. A. Long and D. N. Sedley, eds., *The Hellenistic Philosophers*, Vol. 1, 62G.

定道德品质、道德品质是否决定选择和行为直接相冲突;与第二种道德责任相关的"有赖于我们"的概念,则要求一种独立于一切(外在的和内在的因素)之上的做决定的我的自由,或者说自由意志①,强调即使在相同的环境下,具有相同品质的同一个人,始终也有做相反选择的完全自由。②

显然,早期斯多亚哲学主要涉及的是第一种道德责任和"有赖于我们"的概念。斯多亚哲学的原因决定论完全否定了意志的自由选择;另外,依据斯多亚哲学的唯物主义一元论。人的心灵自我是由物体性的普纽玛构成的,它就是一个整体,不能再分成部分,一个人的品质、性情、情感、欲求、信念等心灵的状态都是统一在一起的,是同一个普纽玛不同方面的表现,心灵在面临选择时,不可能有一个分裂部分的自我,完全超出其他部分来做出自由的选择。

第二种道德责任及相关概念对希腊哲学来说同样是陌生的。在希腊人那里,自由(eleutheria)主要还是个政治上的概念,表明城邦的独立和公民的身份;在哲学上主要指向纯粹的认知自由。在希腊哲学那里,自由意志则是缺失的。"在道德探讨中,自由既不意味着所有外在影响的缺位,因为没有这样的真空存在;也不意味着所有内在状态的缺席,因为没有人会没有品格、意见和目的。或许这正是希腊人会明智地选择'有赖于我们'而非'自由'这个术语来探讨道德责任问题的原因所在。"③早期斯多亚哲学关于道德责任的问题,对于希腊哲学来说,并不完全是新问题,只不过由于它对决定论的强调,使这些问题显得特别张力十足。④ 事实上我们可以看到早期斯多亚哲学站在第一种道德责任概念的立场上对第二种道德责任概念的拒绝:

---

① "不自由的意志本身是个矛盾的术语。"(Hannah Arendt, *The Life of the Mind*, *Two / Willing*, NY: A Harvest Book · Harcourt, Inc. 1978, p.14)

② 参看 Susanne Bobzien, *Determinism and Freedom in Stoic Philosophy*, pp. 279-290。

③ Dorothea Frede, "Stoic Determinism", p.200.

④ A. A. Long 甚至认为,亚里士多德的相关探讨之所以会显得更少决定论意味,不过是由于亚里士多德未能充分考察遗传和环境的因素。当然,Long 也持有一种不那么主流的观点,认为斯多亚的决定论并不完全要求"同样的原因同样的结果",相反,如在亚里士多德那里一样,行为者虽不能违反自己的道德品质行事,但仍有做同类品质范畴之内的事的自由。(参看 A. A. Long, "Freedom and Determinism in the Stoic Theory of Human Action")

他们(斯多亚主义者)说,"如果对那些有赖于我们的事,我们总能做与之相反的事,并且如果只有这些事能谈得上赞扬和指责、鼓励和阻止、惩罚与奖赏,那么那些明智的和有各种德性的人就不能再说拥有明智和各种德性了,因为他们不再能够拥有这种德性的反面恶;同样那么恶人也不再是邪恶的了,因为不再为恶也不有赖于他们。但是否认德性与恶是有赖于我们的,并且能够各自给予赞扬和指责,是荒谬的。因此,有赖于我们的事并不是他们所说的那样"。[①]

在斯多亚哲学体系中,决定论和道德责任之间的关系尽管显得张力十足,但并非完全不相容。从整个宇宙层面上看,斯多亚的世界是一个神圣普纽玛普遍渗透联结一切,各事物作为原因互相紧密联系的命运整体;但这种宇宙永恒视野并没有消除它的部分视野。斯多亚的世界既是一又是多,作为一的神圣普纽玛并不以同样的方式贯穿所有事物,而允许自然的不同层次:在无生物那里,它表现为维持事物的内聚力,在植物那里,表现为自然或生机,在动物那里表现为感知和运动,在人那里表现为理性。另外,由于普纽玛本身是物体性的,这种自然的分层并不是属种形式出现,而是以个体的形式出现。也就是说,每个个体事物以其独特的形态,以其独特的内在普纽玛结构与张力状态加入到宇宙原因大链条当中去,并在其中获得确定的"自主"存在。[②] 如果说斯多亚主义世界的"一"彰显了它的决定论,那么它的"多"或者说个体事物的"自足"保障了人类行为的道德责任。

因此,尽管人们可以从早期斯多亚哲学中找到为自由意志的出现提供了帮助或产生了影响的一些概念,甚至发现中晚期斯多亚哲学进一步向自由意志概念偏斜——如不少学者就认为可以在爱比克泰德的哲学中找到自由意志的踪迹,但从体系上看,早期斯多亚哲学,同希腊哲学一样,并不与第二种道德责任概念和自由意志概念在逻辑上相生。在希腊化罗马哲学的发展中,我们也许总能找到一些相关于自由意志概念的探讨,但真正的自由意志概念产生的沃土,只有在新柏拉图主义和基督教哲学那里才会出现,因为

---

① Alexander, *On Fate* 196, 24-197,3 (SVF 2.984), in A. A. Long and D. N. Sedley, eds., *The Hellenistic Philosophers*, Vol. 1, 61M.

② 参看 Dorothea Frede, "Stoic Determinism", pp. 184-186。

它至少需要这样两种与正统斯多亚哲学迥异的观念背景：

首先，需要一种非物质的人类灵魂的观念，并把它作为引发身体运动的原因。因为只有这样才能打破斯多亚主义式的关于行为的物质原因的必然链条，使灵魂及人的选择和行为获得某种独立和自由。当然，仅仅非物质的灵魂还无法与自由意志概念必然相关，如柏拉图、亚里士多德的灵魂尽管也是非物质性的，却仍然受制于普遍理性。但是，如果把非物质性的灵魂结合于斯多亚式的个体性整体灵魂观及其同意观，我们就有了完全自我做主的自由意志概念的充分的观念基础。恰如Charles H. Kahn所言："在克律西波的斯多亚主义当中，同意概念起着极其重要的作用。在斯多亚哲学那里，同意不是独立于肉体的灵魂实体的运动……而是位于心脏的心灵普纽玛的形态的某种变化。但一旦斯多亚哲学的同意概念被新柏拉图主义与基督教非物质性的灵魂所接管，克律西波的同意理论就成为我们在奥古斯丁、阿奎那和笛卡尔那里发现的意志观念的关键部分。"①

其次，需要一种坚持神圣天命的世界观，它不再强调世界原因性的必然联系，强调神作为物体性普纽玛的普遍渗透，而是主张一个超出世界之外的全知全能全善之神的神圣预定。在这种世界观中，人的善恶选择，不再可以通过宇宙间的原因链条来得到解释，不再可以通过诉诸个人内在本性的独立性来进行道德评价，而与超越神的仁慈的预定相冲突：我之所是，我的善恶，如何不是出于神圣的安排，如何是有赖于我并需我为之承担责任的？正是这种决定论和道德责任的关系难题，为自由意志概念的产生提供了理论上的必要性。②

① Charles H. Kahn, "Discovering the Will: From Aristotle to Augustine", J. M. Dillon and A. A. Long, eds., *The Question of 'Eclecticism'*, Berkeley and Los Angeles: University of California Press, 1988, pp. 245-246.

② 参看Susanne Bobzien, *Determinism and Freedom in Stoic Philosophy*, pp. 411-412; Dorothea Frede, "Stoic Determinism", p. 201。

Determinism and Moral Responsibility in Early Stoic Philosophy

Yu Youhui

Abstract: Facing the question between determinism and moral responsibility, the early stoics emphasize the autonomy of human behavior, which keep eyes on the moral psychological analysis of human behavior and the distinction of the causes of human behavior. According to this, all behaviors of the rational animal proceed by "assent" that is determined by the nature of the agent's individual soul or moral character which is up to us. Following the doctrine of early Stoic, although the agent's moral character is determined by outer factors eventually, our behavior is still up to us and then is our responsibility, the conception of free-will which signifies the freedom of transcending all inner and outer factors to make choice is a later conception.

Key words: early Stoic Philosophy, determinism, moral responsibility, up to us

哲学门(总第二十七辑)
第十四卷第一册
北京大学出版社,2013年7月

笛卡尔的因果原则与物体和心灵之间的互动*

施　璇**

提　要:笛卡尔持有实体二元论,并且认为心灵与物体能够因果地相互作用。一些学者认为,在其实体学说的框架内,笛卡尔的因果原则排除了在本性上完全不同的实体间因果互动的可能性,从而也就排除了物体与心灵因果互动的可能性。另外一些学者出于为笛卡尔辩护的目的,坚持认为,在笛卡尔那里,因果原则与物体与心灵间的因果互动是完全融贯的。焦点在于:笛卡尔的因果原则是否排除了物体与心灵的因果互动?本文的回答则不同于上述任何一方。笛卡尔的实在性因果原则与物体与心灵的因果互动并不矛盾,而笛卡尔的完满性因果原则却与之相矛盾,这一矛盾并不完全排除物体与心灵的因果互动的可能性,它只排除了物体对心灵的因果作用的可能性,却仍然允许了心灵对物体的因果作用的可能性。

关键词:笛卡尔　因果原则　物心互动问题

---

* 按照笛卡尔研究学界的惯例,本文所引用的笛卡尔的原著、译本都使用如下缩略:

AT = Rene Descartes, *Oeuvres de Descartes*, ed. by C. Adam and P. Tannery, Paris: Vrin, 1964-1978.

CSM = Rene Descartes, *The Philosophical Writings of Descartes*, tr. & ed. by J. Cottingham, R. Stoothoff and D. Murdoch, Cambridge: Cambridge University Press, 1985.

C = Rene Descartes, *The Correspondence between Princess Elisabeth of Bohemia and Rene Descartes*, tr. & ed. by Lisa Shapiro, Chicago & London: University of Chicago Press, 2007.

** 施璇,1982年生,北京大学哲学系博士。

一　问题的提出

笛卡尔一方面坚持现在被称之为“实体二元论”的立场,即,物体与心灵是在本性上有实在区分的两类实体;另一方面,他又认为物体与心灵之间存在因果的相互作用,即所谓的物心互动。对这两种说法在理论上是否冲突的质疑声,从笛卡尔那个时代起,一直到现在都未曾停息过。①

对于笛卡尔关于这一问题的质疑的大致思路,可作出如下概括:

(1)物体与心灵是在本性上有实在的区分的两类实体(实体二元论);

(2)在本性上有实在的区分的两类实体不能因果的相互作用(对称观点)②;

(3)因此,物体与心灵之间不能相互作用。

先撇开那些争论,在笛卡尔的文本中存在着证据表明他明确否认了(2)。在第五组反驳中,伽桑狄提出质疑说:如果灵魂没有任何物质性的东西,它如何能够使物体运动,又如何能接受物质性的对象的形式呢?对此,笛卡尔在对第五组反驳的答辩后的附录——笛卡尔先生致克莱尔色列先生的一封信——中做出了如下答复:

> 这些问题中所包含的全部困难不过是来自于一个既是错误的又是无论怎样也无法被证明的假定,即,如果心灵和物体是两类实体,其本性是不同的,那么这一点阻止了两者的相互作用。(AT IXA 213, CSM II 275)

笛卡尔的这一回复尤为重要,那是因为这段文字明确表明了他并不支持不同本性的实体间不能因果互动这样一种观点,相反,笛卡尔把它看作为

---

① 笛卡尔同一时代的对此提出质疑的人物除了下文提到的伽桑狄外还有:伊丽莎白公主(AT III 660-662,C 61-62; AT III 683-685, C 67-69)、阿诺德(AT V 215)等。此外可以参见 Richard A. Watson, *The Downfall of Cartesianism*, 1673-1712: *A Study of Epistemological Issues in Late 17th Century Cartesianism*, The Hague: Martinus Nijhoff, 1966。

② 这一观点也常被称作为“对称观点”,因为它一视同仁地禁止了物体作用于心灵与心灵作用于物体,并且把两者视为相对称的情况。对于笛卡尔是否接受这样一种“对称观点”的质疑与争论,同样也早在17世纪就有了。

一个“既是错误的又是无论怎样也无法被证明的假定”。此外,在笛卡尔的书信中也能找到他对于这一个问题的许多相似的说法(比如:AT III 424-425,CSM III 189-190;AT III 667,CSM III 219;AT IV 603-604,CSM III 306-307;AT V 221-223)。

然而,学界对这一问题的争论并未因为这些文本证据的出现而中止。其中一项重要的反驳认为,笛卡尔在《第一哲学沉思》[①]中提出的因果原则蕴涵了(2),从而也蕴涵了物体与心灵之间不可能因果互动这一结论。[②]

因此,本文的问题就是:笛卡尔所提出的因果原则是否排除了物体与心灵之间因果地相互作用的可能性?对这个问题的回答是本文的主要目标。

本文打算在厘清笛卡尔所提出的因果原则的前提下,对上述问题做出回答。本文的结构大致如下:第一章,问题的提出,即,笛卡尔的因果原则是否排除了因果的物心互动?第二至第四章,具体分析笛卡尔的因果原则及其子原则。其中,第二章着手分析笛卡尔所提出的实在性因果原则,包括两条子原则,即,形式的实在性因果原则与对象的实在性因果原则,并在其基础上回答首章中所提出的问题;第三章则分析笛卡尔所提出的完满性因果原则,这一原则同样包括两条子原则,即,形式的完满性因果原则与对象的完满性因果原则,并在其基础上回答首章中所提出的问题。在第四章中,我将对笛卡尔在论述因果原则中经常提到的“形式地与卓越地”这一术语以及所谓的包含原则进行讨论。在最后一章中,我将讨论对于上述因果原则得出的结论所提出的一条重要反驳,即,笛卡尔在沉思六关于外物存在的证明中作出的关于感觉的原因的说法与其因果原则相冲突,然后进一步说明笛卡尔的因果原则与感觉中的物心互动。

二 笛卡尔的实在性因果原则

笛卡尔在沉思三中说“在动力的和总的原因中,必定有着与这一原因的

① 后文中一律将《第一哲学沉思》一书简称为《沉思》。

② 参见 Daisie Radner, “Descartes’ Notion of the Union of Mind and Body”, *Journal of the History of Philosophy*, 9-2 (1971): 157-170。

结果中至少一样多的实在性”(AT VII 40,CSM II 28)。这条原则通常被称作为实在性因果原则。(与对象的实在性因果原则相对的,这条原则也可称之为形式的实在性因果原则。)简单来说,这条因果原则的意思是:与结果相比,原因中必定有着至少一样多的实在性,换句话说,原因中的实在性必定不少于(多于等于)结果中的实在性。

这条原则之所以被称为实在性因果原则,自然是因为它涉及原因与结果中的实在性。实在性是一个经院亚里士多德主义的概念。尽管笛卡尔并没有对这一概念给出一个清晰的定义,但比较清楚的是,在笛卡尔看来,实在性是“存在的等级”(AT VII 165,CSM II 117)并且“有多有少”(AT VII 185,CSM II 130),此外他还明确地给出了一套关于实在性等级的说法:“存在不同的实在性或存在的等级:实体比偶性或样态有更多的实在性;无限的实体比有限的实体有更多的实在性。”(AT VII 165,CSM II 117)

因此,在笛卡尔的理论体系中,存在物根据实在性的等级由高到低可以依次分为:(1)无限的实体,即上帝,它在实在性等级中占据最高的位置;(2)有限的实体,它们是个别的物体与个别的心灵[1],比如:我家门口的一棵树、苏格拉底的心灵,这一类存在物占据了实在性等级中的中层位置;(3)实体的样态或偶性,物体的样态是广延,包括形状、大小、数量、位置、运动等(AT VII 20,CSM II 14),而心灵的样态是思想,包括怀疑、理解、意愿、想象、感知等(AT VII 29,CSM II 19),它们在实在性等级中处于最下层的位置,具有最少的实在性。

此外,在这三类存在物外,其实有必要提一下第四类——非存在物(nothing),因为笛卡尔在讨论因果关系时也不时谈到它。非存在物不是存在物,在实在性等级上,它比实体的样态或偶性所处的等级还要低,因为它不具有实在性,它的实在性为零。实在性的多少决定了存在物的存在,具有越多的实在性的东西越存在,反之,具有越少的实在性的东西越不存在,非存在没有实在性,因此不存在。

---

① 对于个别的物体是有限的实体还仅仅是实体的样态,学界存在着争论。Paul Hoffman 令人信服地论证了我们有更多的理由支持前一种说法。参见 Paul Hoffman, “The Unity of Descartes's Man”, *The Philosophical Review*, 95(1986): 346-349。

根据上述实在性等级,实在性因果原则可以进一步被理解为:原因必须在实在性等级上不低于(高于等于)结果。反过来讲,在实在性等级上处于较低位置的存在物不能成为处于较高位置的存在物的原因。这就是为什么笛卡尔说:"不仅存在物不能来自于非存在物,而且较完满的东西,即本身包含了更多的实在性,也不能来自于较不完满的东西"(AT VII 40,CSM II 28)。

根据笛卡尔的实在性等级因果原则,撇开非存在物的情况不谈,能具有因果关系的只有如下可能的情况:首先,无限的实体可以是一切存在物(包括:无限的实体、有限的实体、样态或偶性)的原因;其次,有限的实体可以是有限的实体、样态或偶性的原因,不能是无限的实体的原因;再者,样态或偶性,只可以是样态或偶性的原因,而不能是任何实体的原因,不论是无限的实体还是有限的实体。

现在,回过头去看上文所提出的问题:笛卡尔的因果原则是否会排除物心间因果互动的可能性?就目前为止所分析的实在性因果原则而言,它只对物心互动做出了一些限制,但并不会完全排除物体与心灵之间的相互的因果作用。

就物心互动而言,这一原则仍允许以下三类六种可能的情况:(1)就有限的实体间的因果的相互作用而言,这一原则允许个别的物体因果地作用于个别的心灵,以及个别的心灵因果地作用于个别的物体;(2)就样态或偶性间因果地相互作用而言,这一原则允许物体的样态或偶性因果地作用于心灵的样态或偶性,以及心灵的样态或偶性因果地作用于物体样态或偶性;(3)就有限的实体因果地作用于样态或偶性而言,这一原则允许个别的物体因果地作用于心灵的样态或偶性,以及个别的心灵因果地作用于物体的样态或偶性。

实在性因果原则所不允许的仅仅是位于实在性等级较低位置的存在物成为位于较高位置的存在物的原因。而不论个别的物体与个别的心灵,作为有限的实体;还是物体的运动与心灵的观念,作为实体的样态,它们都是平等的,都具有同等级别的实在性,因此它们之间互为因果与笛卡尔所提出的实在性因果原则并无冲突。

如果仅仅就感觉中的物心关系而言,这一实在性因果原则可以允许以下三种情况:(1)个别的物体因果地作用于个别的心灵;(2)个别的物体的样态或偶性(比如:物体的运动)因果地作用于心灵的样态或偶性(比如心灵的观念);(3)个别的物体因果地作用于心灵的样态或偶性(尽管笛卡尔几乎没有这样说过,但他所提出的实在性因果原则并不排除这一可能性)。

在上文中我大致分析了笛卡尔的实在性因果原则的基本意思。但他在这一问题上的看法更为复杂,因为他还进一步区分了两类实在性:形式的实在性与对象的实在性,并从而把实在性因果原则从形式的推延至对象的。

> 不仅在关于结果的情况下,(这一结果)具有(哲学家们称之为)实际的或形式的实在性,而且在关于观念的情况下,在那里人们只考虑(称之为)对象的实在性,这一点(引者案:实在性因果原则)都是清楚明显地正确的。(AT VII 41,CSM II 28)

简单来说,所有存在的存在物都是形式地存在,都具有形式的实在性(非存在不存在,没有任何实在性)。但在所有的存在物中,只有观念(比如理智的观念、想象的观念、感觉的观念)既具有形式的实在性,又具有对象的实在性。

在《沉思》的"前言"中,笛卡尔区分了他所使用的"观念"一词的两层含义:一方面,"'观念'可以被质料地当作为理智的活动";另一方面,"它也可以被对象地当作为这一活动所表象的东西",而这个东西"不能被认为存在于理智之外"(AT VII 8,CSM II 7)。也就是说,观念的一层意思是个别的心灵的活动,因而是个别的心灵的一个样态,具有最低等级的形式的实在性;观念的另一层意思则是个别的心灵活动的表象内容,这一表象内容则对象地存在于心灵之中,因而观念同时也具有对象的实在性。

观念的对象的实在性等级取决于这一心灵活动所表象的对象的形式的实在性等级。无论形式的实在性,还是对象的实在性,它们的等级划分都是一样的:无限的实体的实在性等级高于有限的实体的实在性,有限的实体的实在性高于实体的样态或偶性的实在性等级。(再加上,这三者都高于非存在物的实在性等级,因为非存在物没有实在性。)这就是为什么笛卡尔会说:

> 就观念仅仅(被当作)思想的样态而言,看不出它们之间有何不平等:它们似乎都以同样的方式来自于我之中。但就不同的观念(被当作)表象不同事物(的像)而言,很清楚的是它们有很大不同。毫无疑

问，向我表象了实体的那些观念，比起仅仅向我表象了样态或偶性的那些观念，包含了更多些东西，也就是说，它们自身包含了更多的对象的实在性。再说，比起表象了有限的实体的观念，使我理解一位永恒的、无限的（不动的）、全知的、全能的并且是所有其他事物的创造者的至高无上的上帝的那个观念之中必定具有更多的对象的实在性。（AT VII 40，CSM II 28）

举例来说：上帝，作为无限的实体，具有形式的实在性，其形式的实在性等级最高，但它并不具有对象的实在性；一棵树、苏格拉底的心灵，作为个别的物体与个别的心灵，它们都是有限的实体，具有中等的形式的实在性，但它们也不具有对象的实在性；这棵树的形状、苏格拉底的心中的某个观念[①]，它们都是实体的样态，具有最低的形式的实在性，其中，树的形状不具有对象的实在性，但苏格拉底的这个观念则具有对象的实在性。

假如苏格拉底的心中有以下几个观念：关于上帝的观念、关于一棵树的观念、关于苏格拉底的心灵的观念、关于苏格拉底的观念的观念。这几个观念，作为苏格拉底的心灵的活动，都是实体的样态，具有相同等级的形式的实在性。但它们对象的实在性则大不一样，其对象的实在性与观念所表象的对象的形式的实在性相对应。苏格拉底的关于上帝的观念，具有最高的对象的实在性；他的关于一棵树的观念与关于他自己的（苏格拉底的）心灵的观念，具有中等的对象的实在性；他的关于他自己的（苏格拉底的）观念的观念具有最低的对象的实在性。

	形式的实在性	对象的实在性	
无限的实体	上帝	关于上帝的观念	高
有限的实体	一棵树 苏格拉底的心灵	关于一棵树的观念 关于苏格拉底的心灵的观念	↓
样态或偶性	苏格拉底的（心灵中的）观念	关于苏格拉底的观念的观念	低

① 本文区别地使用“X 的观念”和“关于 X 的观念”。前一种用法，X 是观念所从属的对象，比如：苏格拉底的观念，指的是这个观念是苏格拉底所具有的。后一种用法，X 是观念的表象内容，比如，关于苏格拉底的观念，指的是表象内容是苏格拉底的观念，而这一观念可以属于任何人。

解释完形式的与对象的实在性等级后,再来看笛卡尔的对象的实在性因果原则。在沉思三中,这一原则是这样被表述的:"为了使一个给定的观念具有这样或那样的对象的实在性,它必定来自于某个原因,这个原因所包含的形式的实在性至少与观念中的对象的实在性一样多。"(AT VII 41,CSM II 28-29)

根据上述所分析的形式的与对象的实在性等级,对象的实在性因果原则的意思是:原因的形式的实在性等级必定至少不低于(高于等于)结果的对象的实在性等级。反过来说,对象的形式的实在性因果原则所不允许的仅仅是:原因的形式的实在性等级低于结果的对象的实在性等级这样一种情况。

因此,在引入了形式的与对象的实在性这一区分后,对象的实在性因果原则所能允许的具有因果关系的组合仍然是以下几种可能的情况:首先,上帝,作为无限的实体,可以是一切观念的原因,也就是说,可以是关于一切存在物(包括无限的实体、有限的实体、样态或偶性)的观念的原因;其次,个别的物体与个别的心灵,作为有限的实体,可以是关于有限的实体的观念与关于样态或偶性的观念的原因,但不能是关于无限的实体的观念的原因;再者,样态或偶性,只可以是关于样态或偶性的观念的原因,而不能是关于任何实体(不论它们是无限的还是有限的)的观念的原因。

在分析完形式的与对象的实在性等级以及对象的实在性因果原则之后,再来看我第一章所提出的问题:笛卡尔提出的因果原则是否会排除物体与心灵的因果互动?同形式的实在性因果原则相似,对象的实在性因果原则也对物体与心灵之间的因果作用做出了某些限制,但并未禁止物心互动。

由于对象的实在性因果原则只涉及观念作为结果的情况,就物心互动而言,这一原则仍允许以下三类六种可能的情况:(1)就有限的实体因果地作用于关于有限的实体的观念而言,这一原则允许个别的物体因果地作用于关于个别的心灵的观念,以及个别的心灵因果地作用于关于个别的物体的观念;(2)就样态或偶性因果地作用于关于样态或偶性的观念而言,这一原则允许物体的样态或偶性因果地作用于关于心灵的样态或偶性的观念,以及心灵的样态或偶性因果地作用于关于物体的样态或偶性的观念;(3)就有限的实体因果地作用于关于样态或偶性的观念而言，这一原则允许个别的物体因果地作用于关于心灵样态或偶性的观念，以及个别的心灵因果地作用于关于物体的样态或偶性的观念。

如果仅仅考虑感觉中的物心关系的话，即仅仅考虑物体作用于心灵的情况的话，这一原则允许以下三种可能的情况：(1)个别的物体因果地作用于关于有限的实体的观念；(2)个别的物体因果地作用于关于样态或偶性的观念；(3)个别的物体的样态或偶性(比如：物体的运动)因果地作用于(引起、产生)关于样态或偶性的观念。

综上所述，笛卡尔所提出的实在性因果原则，不论是形式的还是对象的，都并不排除物体与心灵间的因果的相互作用，都允许某些类型的物心互动。(参见表1)也并不排除感觉中的物体对心灵的因果地作用。

【表1】实在性因果原则

形式的	I	$\mathrm{F}_{心}$	$\mathrm{F}_{物}$	$\mathrm{M}_{心}$	$\mathrm{M}_{物}$
I	I→I	$\mathrm{I}\rightarrow\mathrm{F}_{心}$	$\mathrm{I}\rightarrow\mathrm{F}_{物}$	$\mathrm{I}\rightarrow\mathrm{M}_{心}$	$\mathrm{I}\rightarrow\mathrm{M}_{物}$
$\mathrm{F}_{心}$	×	$\mathrm{F}_{心}\rightarrow\mathrm{F}_{心}$	$F_{心}\rightarrow F_{物}$	$\mathrm{F}_{心}\rightarrow\mathrm{M}_{心}$	$F_{心}\rightarrow M_{物}$
$\mathrm{F}_{物}$	×	$F_{物}\rightarrow F_{心}$	$\mathrm{F}_{物}\rightarrow\mathrm{F}_{物}$	$F_{物}\rightarrow M_{心}$	$\mathrm{F}_{物}\rightarrow\mathrm{M}_{物}$
$\mathrm{M}_{心}$	×	×	×	$\mathrm{M}_{心}\rightarrow\mathrm{M}_{心}$	$M_{心}\rightarrow M_{物}$
$\mathrm{M}_{物}$	×	×	×	$M_{物}\rightarrow M_{心}$	$\mathrm{M}_{物}\rightarrow\mathrm{M}_{物}$
对象的	i(I)	$\mathrm{i}(\mathrm{F}_{心})$	$\mathrm{i}(\mathrm{F}_{物})$	$\mathrm{i}(\mathrm{M}_{心})$	$\mathrm{i}(\mathrm{M}_{物})$
I	I→i(I)	$\mathrm{I}\rightarrow\mathrm{i}(\mathrm{F}_{心})$	$\mathrm{I}\rightarrow\mathrm{i}(\mathrm{F}_{物})$	$\mathrm{I}\rightarrow\mathrm{M}_{心}$	$\mathrm{I}\rightarrow\mathrm{i}(\mathrm{M}_{物})$
$\mathrm{F}_{心}$	×	$\mathrm{F}_{心}\rightarrow\mathrm{i}(\mathrm{F}_{心})$	$F_{心}\rightarrow i(F_{物})$	$\mathrm{F}_{心}\rightarrow\mathrm{i}(\mathrm{M}_{心})$	$F_{心}\rightarrow i(M_{物})$
$\mathrm{F}_{物}$	×	$F_{物}\rightarrow i(F_{心})$	$\mathrm{F}_{物}\rightarrow\mathrm{i}(\mathrm{F}_{物})$	$F_{物}\rightarrow i(M_{心})$	$\mathrm{F}_{物}\rightarrow\mathrm{i}(\mathrm{M}_{物})$
$\mathrm{M}_{心}$	×	×	×	$\mathrm{M}_{心}\rightarrow\mathrm{i}(\mathrm{M}_{心})$	$M_{心}\rightarrow i(M_{物})$
$\mathrm{M}_{物}$	×	×	×	$M_{物}\rightarrow i(M_{心})$	$\mathrm{M}_{物}\rightarrow\mathrm{i}(\mathrm{M}_{物})$

(斜体为这一原则所允许的物心间因果作用)①

① 本文表格中的字母所代表的含义如下：I = 无限的实体，即上帝；F = 有限的实体，$\mathrm{F}_{心}$ = 作为有限的实体的个别的心灵，$\mathrm{F}_{物}$ = 作为有限的实体的个别的物体；M = 样态或偶性，$\mathrm{M}_{心}$ = 心灵的样态或偶性，$\mathrm{M}_{物}$ = 物体的样态或偶性；i = 观念，i(X) = 关于 X 的观念；→意思是“因果地作用于”。

三 笛卡尔的完满性因果原则

我在上一节中所分析的实在性因果原则是对笛卡尔所提出的因果原则的一个最为广泛接受的理解。但是,他在沉思三中为了说明因果原则所举的例子却使得对于这一因果原则的解读变得更为复杂。

在那里,笛卡尔一共举了四个例子:石头、热、关于石头的观念、关于热的观念。我们先来看前两个例子。

> 例如:一块先前并未实际存在的石头,不能够开始实际存在,除非它产生自某样东西,这个东西要么形式地要么卓越地包含了这块石头中的所有东西;同样,热不能产生自一个先前并不热的东西,除非它来自于某样东西,这个东西具有与热相比至少同样多等级(程度或种类)的完满性。(AT VII41,CSM II 28)

笛卡尔的第一个例子是石头作为结果的例子。石头,作为个别的物体,是有限的实体,具有中等的形式的实在性。(因为石头不是观念,所以自然不具有对象的实在性。)根据之前分析的实在性因果原则,上帝(作为无限的实体)以及任何个别的物体或个别的心灵(作为有限的实体)都可以是石头(实际存在)的原因。先撇开上帝不谈,如果问:任意的个别的物体(比如一棵树)或任意的个别的心灵(比如苏格拉底的心灵)都可以是一块石头(实际存在)的原因吗?如果仅仅根据实在性因果原则来看,那么答案是肯定的。但是,这一方面不符合常识,另一方面也不是笛卡尔本人能够接受的结论。因此,似乎有理由相信,笛卡尔在举例说明中提出了一个存在更多限定的因果原则:原因必定"要么形式地要么卓越地包含了"结果中的"一切东西"(AT VII 41,CSM II 28)。

那么,为了理解这一更多限定的因果原则,当下首先需要回答的问题就是:这里的"一切东西"到底是什么?而笛卡尔关于紧接着的第二个例子的说明,对于我们回答这个问题,以及进一步理解更加严格的因果原则会有所帮助。

笛卡尔的第二个例子是热作为结果的例子。[①]根据前一章所分析的实在性因果原则，热，作为个别的物体的偶性，其原因可以是：无限实体——上帝，有限的实体——个别的物体与个别的心灵，以及实体的样态或偶性。换句话说，实在性因果原则允许（除了非存在物以外的）任意的东西都成为热的原因。与第一个例子一样，这样的因果原则似乎过于宽泛。因此，笛卡尔进一步提出了更加严格、更加限定的要求：热的原因必须具有"与热相比至少同样等级的完满性"（AT VII 41，CSM II 28）。

如果同意说，在笛卡尔看来，有限的实体（比如石头）与实体的偶性（比如热）都遵从同样的因果原则的话，那么我们就有理由相信，笛卡尔在第一个例子中所说的"一切东西"就是他在第二个例子中所说的"完满性"，并且，与实在性不同，这一完满性是关于属性的。

然而，对于笛卡尔本人是否有意识地对实在性（等级）与完满性（等级）做出了区分，学界对此尚存争议。笛卡尔明确地提出了一套无限的实体、有限的实体以及实体的样态或偶性的实在性等级。但是，他对于完满性的论述却是相当模糊不清的。在一些地方，他不加区分地使用"实在性"和"完满性"这两个术语（比如，M-III：AT VII 41，CSM II 28；RO-II：AT VII 123，CSM II 88；AT VII 135，CSM II 97；AT VII 165，CSM II 116），仿佛两者是一样的关于存在物的存在状态的区分为三等的等级；但在另外一些地方，他又认为完满性是关于实体的属性的（比如，RO-II：AT VII 168，CSM II 118-119），并且具有不止三等的等级划分。因此，有的学者认为，笛卡尔持有两套等级划分：一套是关于存在物的存在状态的分为三等的等级体系，称之为实在性等级；另一套则是关于实体的属性且分级更为丰富的等级体系，称之为完满性等级。[②]在我看来，笛卡尔确实持有这样两套等级体系，但并没有文本证据表明他是有意识地区分运用"实在性"和"完满性"这两个词，并把它们分别用于这两套等级上。但本文出于清晰说明的需要，我将这两个词区别对待，并对应于这两套不同的等级上。

---

① 笛卡尔关于热与冷的看法比较复杂。本文中暂且把"热"当作个别的物体的偶性来处理。

② 参见 Tad M. Schmaltz, "Sensation, Occasionalism, and Descartes' Causal Principles", in *Minds, Ideas, and Objects: Essays on the Theory of Representation in Modern Philosophy*, ed. by Phillip D. Cummins and Guenter Zoeller, Atascadero, CA : Ridgeview Publishing Co., 1992。

那么,完满性等级到底是怎样的呢?不像实在性等级,笛卡尔对此并没有提出一套完整清楚的说法。但从现有的文本来看,我们至少可以肯定一点,而这一点对于本文所关心的物心间的因果互动问题尤为重要,那就是,心灵比物体更完美。

在《沉思》的"内容提要"中,笛卡尔说,个别的心灵(灵魂)是不可分的,个别的物体则是可分的,因而,人的心灵(灵魂)是不灭的,但人的身体(作为个别的物体[①]),是很容易死灭的(AT VII 13-14,CSM II 9-10)。在第二组反驳的答辩中,笛卡尔进一步把物体的可分性称之为"不完满性",并宣称"与可分相比,不可分更加是一种完满性,这一点是自明的"(AT VII 138,CSM II 99)。不论这点对于《沉思》的读者来说是否自明,但至少笛卡尔明确认为,在可分与不可分这一意义上,物体不具有心灵所具有的完满性(即可分性),心灵比物体更完满。除了《沉思》外,笛卡尔的其他文本对此也有相似的表述(比如:PP-I: AT VIII-1. 13-14, CSM I 200-201; AT IV 287-288, C 109-111),这些相似的论述表明了这是笛卡尔始终持有的一个看法。

因此,笛卡尔所提出的关于完满性的因果原则可以表述为:原因中的完满性必定不少于(多于等于)结果中的完满性。换句话说,结果所具有的完满性,其原因必定要具有。与实在性因果原则蕴涵了一套关于实在性等级的理论一样,由于这条因果原则蕴涵了一套关于完满性等级的理论,我把这条因果原则称之为完满性因果原则。(同样,与对象的完满性因果原则相对,这条原则也可称之为形式的完满性因果原则。)

如果仅仅考虑上帝、心灵与物体三者的话,那么完满性因果原则所能允许具有的因果关系的组合可以有以下几种情况:首先,上帝,作为无限的实体,可以是一切存在物(包括上帝自身、个别的心灵、个别的物体、样态或偶性)的原因;其次,个别的心灵,作为有限的实体,可是个别的心灵、个别的物体以及样态或偶性的原因,但不能是上帝的原因;第三,由于物体与心灵相比较不完满,因此个别的物体可以是个别的物体的原因以及个别的物体的样态或偶性的原因,但不能是上帝、个别的心灵以及个别的心灵的样态或偶

① 值得注意的是,在这里,笛卡尔明确说,在普遍的意义上,物体作为实体,是不灭的。但在个别的意义上,物体是可分的,是会死灭的。

性的原因;第四,心灵的样态或偶性可以是心灵的样态或偶性的、物体的样态或偶性的原因,而不能是实体的原因,不论是无限的实体还是有限的实体;第五,物体的样态或偶性只可以是物体的样态或偶性的原因,而不能是实体的原因,再加上,由于物体比心灵不完满,因此也不能是心灵的样态或偶性的原因。

回到第一节的问题:笛卡尔的因果原则是否排除了物心互动?根据上述分析,完满性因果原则并没有完全排除物体与心灵间的因果作用,它确实排除了物体对心灵的因果作用,但这条因果原则仍旧允许心灵对物体因果地作用。

就物心互动而言,(与实在性因果原则所能允许的三类六种可能的情况相比)这一原则能允许以下三类三种可能的情况:(1)就有限的实体间的因果作用而言,这一原则不允许个别的物体因果地作用于个别的心灵,只允许个别的心灵因果地作用于个别的物体;(2)就样态或偶性间的因果作用而言,这一原则不允许物体的样态或偶性因果地作用于心灵的样态或偶性,只允许心灵的样态或偶性因果地作用于物体的样态或偶性;(3)就有限的实体因果地作用于样态或偶性而言,这一原则不允许个别的物体因果地作用于心灵的样态或偶性,只允许个别的心灵因果地作用于物体的样态或偶性。

现在再来看,笛卡尔提出的另外两个例子——关于石头的观念、关于热的观念。他说:"关于热的观念,或者关于一块石头的观念,不能够存在于我之中,除非它来自于某个原因,这一原因包含了与我在热之中或在石头之中所领会的相比至少一样多的实在性。"(AT VII 41,CSM II 28)就像我之前分析的那样,笛卡尔持有两套等级系统,但他又经常不加区分地把"实在性"与"完满性"这两个词用在这两套等级上。比如,在这里笛卡尔虽然用的是"实在性"一词,但由于这两个例子紧接着石头与热的例子,因此我们有理由认为这两个例子不但可以应用于实在性因果原则,也可以应用于完满性因果原则的。

与实在性相对应,完满性也可以区分为形式的与对象的。只有观念既具有形式的完满性又具有对象的完满性。因此,不论是关于石头的观念,还是关于热的观念,都既具有形式的完满性又具有对象的完满性。

在引入了形式的完满性与对象的完满性这一区分之后,完满性因果原则也可以从形式的推广至对象的。这条对象的完满性因果原则可以表述为:原因中的形式的完满性必定要不低于(高于等于)结果中的对象的完满性。关于石头的观念的原因的形式的完满性必定要不低于(高于等于)作为结果的这一观念中的对象的完满性。同样,关于热的观念的原因中的形式的完满性也必定要不低于(高于等于)这一观念的对象的完满性。

如果仅仅考虑上帝、心灵与物体三者的话,那么对象的完满性因果原则所能允许的具有因果关系的组合可以有以下几种可能的情况:首先,上帝,作为无限的实体,可以是一切观念的原因,也就是说,可以是关于上帝的观念、关于心灵的观念、关于物体的观念以及关于心灵或物体样态或偶性的观念的原因;其次,个别的心灵,可以是关于个别的心灵的观念、关于个别的物体的观念以及关于样态或偶性的观念的原因,但不能是关于上帝的观念的原因;再者,心灵的样态可以是关于心灵的样态或偶性的观念与关于物体的样态或偶性的观念的原因。由于物体比心灵要更加不完满,而所有观念都是心灵的样态,因此,不论是个别的物体还是物体的样态或偶性都不能是一切观念的原因。

回到第一节的问题:笛卡尔的因果原则是否排除了物心互动? 根据上述分析,对象的完满性因果原则并没有完全排除物体与心灵间的因果作用,同(形式的)完满性因果原则一样,它确实排除了物体对心灵因果地作用,但仍旧允许心灵对物体因果地作用。

因此,就物心互动而言,(与对象的实在性因果原则所能允许的三类六种可能的情况相比)这一原则只允许以下三类三种可能的情况:(1)就有限的实体因果地作用于关于有限的实体的观念而言,这一原则不允许个别的物体因果地作用于关于个别的心灵的观念,只允许个别的心灵因果地作用于关于个别的物体的观念;(2)就样态或偶性因果地作用于关于样态或偶性的观念而言,这一原则不允许物体的样态或偶性因果地作用于关于心灵的样态或偶性的观念,只允许心灵的样态或偶性因果地作用于关于物体的样态或偶性的观念;(3)就有限的实体因果地作用于关于样态或偶性的观念而言,这一原则不允许个别的物体因果地作用于关于心灵的样态或偶性的观念,只允许个别的心灵因果地作用于关于物体的样态或偶性的观念。

综上所述,笛卡尔提出的完满性因果原则,不论是形式的还是对象的,都并不完全排除物体与心灵间的因果的相互作用,它确实排除了物体因果地作用于心灵,但仍然允许心灵因果地作用于物体。(参见表2)

【表2】完满性因果原则

	I	$\mathrm{F}_{心}$	$\mathrm{F}_{物}$	$\mathrm{M}_{心}$	$\mathrm{M}_{物}$
I	$\mathrm{I} \to \mathrm{I}$	$\mathrm{I} \to \mathrm{F}_{心}$	$\mathrm{I} \to \mathrm{F}_{物}$	$\mathrm{I} \to \mathrm{M}_{心}$	$\mathrm{I} \to \mathrm{M}_{物}$
$\mathrm{F}_{心}$	×	$\mathrm{F}_{心} \to \mathrm{F}_{心}$	$F_{心} \to F_{物}$	$\mathrm{F}_{心} \to \mathrm{M}_{心}$	$F_{心} \to F_{物}$
$\mathrm{F}_{物}$	×	×	$\mathrm{F}_{物} \to \mathrm{F}_{物}$	×	$\mathrm{F}_{物} \to \mathrm{M}_{物}$
$\mathrm{M}_{心}$	×	×	×	$\mathrm{M}_{心} \to \mathrm{M}_{心}$	$M_{心} \to M_{物}$
$\mathrm{M}_{物}$	×	×	×	×	$\mathrm{M}_{物} \to \mathrm{M}_{物}$
	$\mathrm{i(I)}$	$\mathrm{i}(\mathrm{F}_{心})$	$\mathrm{i}(\mathrm{F}_{物})$	$\mathrm{i}(\mathrm{M}_{心})$	$\mathrm{i}(\mathrm{M}_{物})$
I	$\mathrm{I} \to \mathrm{i(I)}$	$\mathrm{I} \to \mathrm{i}(\mathrm{F}_{心})$	$\mathrm{I} \to \mathrm{i}(\mathrm{F}_{物})$	$\mathrm{I} \to \mathrm{M}_{心}$	$\mathrm{I} \to \mathrm{i}(\mathrm{M}_{物})$
$\mathrm{F}_{心}$	×	$\mathrm{F}_{心} \to \mathrm{i}(\mathrm{F}_{心})$	$F_{心} \to i(F_{物})$	$\mathrm{F}_{心} \to \mathrm{i}(\mathrm{M}_{心})$	$F_{心} \to i(M_{物})$
$\mathrm{F}_{物}$	×	×	×	×	×
$\mathrm{M}_{心}$	×	×	×	$\mathrm{M}_{心} \to \mathrm{i}(\mathrm{M}_{心})$	$M_{心} \to i(M_{物})$
$\mathrm{M}_{物}$	×	×	×	×	×

(斜体为这一原则所允许的物心间因果作用)

四 “形式地与卓越地”包含原则

除了上述我所分析的内容以外,笛卡尔在说明他的因果原则时,常常用到“要么形式地要么卓越地”这样一组术语。因此,我觉得有必要在此对这组概念做一些解释和补充说明。

“形式地”与“卓越地”这一组概念在笛卡尔那里是用来描述实在性或完满性是如何存在于原因之中的。“一个事物中存在的无论什么的实在性或完满性都要么形式地要么卓越地存在于第一与充足的原因中”,在笛卡尔看来,这是一条“公理或共同概念”(AT VII 105,CSM II 116)。

笛卡尔作品集的英译者们在注释中,对“形式地”与“卓越地”这一组概念做出了如下说明:“在经院的术语中,‘形式地’占有一个属性就是实际地占有它,与它的定义相符合;‘卓越地’占有它就是在更高等级上的占有。”(CSM II 28,fn.2)根据我上文中的分析,在笛卡尔那里,实在性是关于存在物存在的方式,而完满性是关于存在物的属性的。因此,上述注释似乎表明,“形式地”与“卓越地”这一组概念更多的是用于完满性因果原则的。但是,由于笛卡尔经常不加区分地使用“完满性”与“实在性”这两个术语,并且在用到“形式地”与“卓越地”这一组术语时也并未做出过有意识的区分,因此我认为笛卡尔的这一组概念既可用于实在性因果原则又可用于完满性因果原则。

根据本文之前的分析,(形式的)实在性/完满性因果原则的含义是:原因中的实在性/完满性必定不少于(多于等于)结果中的实在性/完满性。加入“形式地”与“卓越地”这一组概念后,笛卡尔的(形式的)实在性/完满性因果原则的含义就扩充为:要么形式地要么卓越地存在于或被包含于原因中的实在性/完满性必定不少于(多于等于)结果中的实在性/完满性。这就是为什么笛卡尔在沉思三关于石头作为结果的例子的说明中说“(石头的)原因必定形式地或卓越地包含了结果(即石头)中的一切东西(即完满性)”(AT VII 41,CSM II 28)。

法文版在这句话之后又追加了一句,而我觉得,这句话对于“形式地”与“卓越地”这组术语在因果原则中的含义做出了更加清晰的解释。他是这样说的:“也就是说,它(引者案:石头的原因)在其自身之中包含了与石头中的东西一样的东西,或比之更完美的东西。”此外,伽桑狄在第五组反驳中对笛卡尔的这一原则的重述对于理解这组术语的含义也十分有帮助。他说:“你反驳说,结果必定‘要么形式地要么卓越地’被包含在原因中,不过是论证说,有时候结果具有的形式相似于它的原因的形式,有时候当它(引者案:原因)有一个不相似并且不完满的形式时,它的原因的形式卓越地更高级。”(AT VII 288,CSM II 201)

也就是说,(形式的)实在性/完满性因果原则存在两种情况:(1)原因中所包含的实在性/完满性符合或相似于结果中所包含的实在性/完满性,在这种情况下,实在性/完满性形式地,即“以一种相似的形式”(AT VII 135,CSM II 97),存在于或被包含于原因中。这一原则可以称之为形式地包含的(形式的)实在性/完满性因果原则。(2)原因中所包含的实在性/完满性不符合或不相似于结果中所包含的实在性/完满性,在这种情况下,实在性/完满性卓越地,即“以一种更高的形式”(AT VII 135,CSM II 97),存在于或被包含于原因中。这一原则可以称之为卓越地包含的(形式的)实在性/完满性因果原则。

"形式地"与"卓越地"这一组概念,笛卡尔并不仅仅把它们用于(形式的)实在性/完满性因果原则,同样地,它们也被运用于对象的实在性/完满性因果原则。笛卡尔在第二组反驳的答辩中说:"'仅仅对象地存在于观念中的所有的实在性或完满性必定要么形式地要么卓越地存在于它的原因中'这也是一个首要的概念。"(AT VII 135,CSM II 97) 这个"首要概念"通常被称作包含原则。

根据前文分析,对象的实在性/完满性因果原则的含义是:原因中的形式的完满性必定不少于(多于等于)结果中的对象的完满性。加入"形式地"与"卓越地"这一组概念后,笛卡尔的对象的实在性/完满性因果原则的含义也相应地拓宽为:要么形式地要么卓越地存在于或被包含于原因中的形式的实在性/完满性必定不少于(多于等于)结果中的对象的实在性/完满性。

对于"形式地"与"卓越地"这一组概念在对象的因果原则中分别的含义,笛卡尔给出了一段相对详细的定义:

> 实际存在于我们观念的对象中的任何东西,如果它完全符合于我们的领会,那么它就被称之为形式地实际存在于那些对象中。一些东西被称作为卓越地实际存在于对象中,尽管它并不完全符合于我们对它的领会,但它如此伟大以至于它能够起到使之相符合的功能。(AT VII 161,CSM II 114)

也就是说,同样地,对象的因果原则也存在两种情况:(1)原因中所包含的形式的实在性/完满性符合或相似于结果中所包含的对象的实在性/完满性,在这种情况下,实在性/完满性形式地,即"以一种相似的形式"(AT VII 135,CSM II 97),存在于或被包含于原因中。这一原则可以称之为形式地包含的对象的实在性/完满性因果原则。(2)原因中所包含的形式的实在性/完满性不符合或不相似于结果中所包含的对象的实在性/完满性,在这种情况下,实在性/完满性卓越地,即"以一种更高的形式"(AT VII 135,CSM II 97),存在于或被包含于原因中。这一原则可以称之为卓越地包含的对象的实在性/完满性因果原则。

如果继续追问"符合/不符合"、"相似/不相似"、"以一种相似的形式/以一种更高的形式"到底是什么意思,对此我只能说笛卡尔非但没有清楚的论述,而且可以说是言之甚少。

但是,如果把"符合"、"相似"、"以一种相似的形式"理解为在实在性/完满性等级上处于相同位置,而把"不符合"、"不相似"、"以一种更高的形式"理解为在实在性/完满性等级上处于更高的位置的话,那么包含原则的意思就是:当原因中的实在性/完满性(等级)等于结果中的(不论形式的还是对象的)实在性/完满性(等级),实在性/完满性则形式地存在于或被包含于原因中——形式地包含原则;当原因中的实在性/完满性(等级)等于结果中的(不论形式的还是对象的)实在性/完满性(等级),实在性/完满性则卓越地存在于或被包含于原因中——卓越地包含原则。

由于在笛卡尔那里实在性等级与完满性等级是不同的,因此实在性因果原则与完满性因果原则在补充了包含原则之后的结果也是不同的。个别的物体与个别的心灵,作为有限的实体;物体的样态或偶性与心灵的样态或偶性,这两组都具有相等的实在性等级。但是,由于心灵比物体更完美,它们的完满性等级却不一样,个别的心灵高于个别的物体,心灵的样态或偶性高于物体的样态或偶性。因此,引入"形式地"与"卓越地"这组概念后的实在性因果原则与完满性因果原则的差异在于以下四组可能的因果组合:个别的心灵因果地作用于个别的物体,即,$F_{心} \rightarrow F_{物}$;心灵的样态或偶性因果地作用于物体的样态或偶性,即,$M_{心} \rightarrow M_{物}$;个别的心灵因果地作用于关于个别的物体的观念,即,$F_{心} \rightarrow i(F_{物})$;心灵的样态或偶性因果地作用于关于物体的样态或偶性的观念,即,$M_{心} \rightarrow i(M_{物})$。这四组因果组合,根据实在性因果原则,原因都是其结果的形式地原因;而根据完满性因果原则,原因都是其结果的卓越地原因。

由于"形式地"与"卓越地"这一组概念只是对笛卡尔在沉思三中提出的因果原则的一项补充说明,或者说进一步的分类,因此因果原则所允许的存在因果作用的组合并未发生变化,这组概念的引入只是把这些可能的组合分为了两类:形式的原因与卓越的原因。(具体参见下表:有灰色底纹的代表形式的原因及其结果,无灰色底纹的代表卓越的原因及其结果。)

【表 3】实在性因果原则

	I	$F_{心}$	$F_{物}$	$M_{心}$	$M_{物}$
I	$I \to I$	$I \to F_{心}$	$I \to F_{物}$	$I \to M_{心}$	$I \to M_{物}$
$F_{心}$	×	$F_{心} \to F_{心}$	*$F_{心} \to F_{物}$*	$F_{心} \to M_{心}$	*$F_{心} \to M_{物}$*
$F_{物}$	×	*$F_{物} \to F_{心}$*	$F_{物} \to F_{物}$	*$F_{物} \to M_{心}$*	$F_{物} \to M_{物}$
$M_{心}$	×	×	×	$M_{心} \to M_{心}$	*$M_{心} \to M_{物}$*
$M_{物}$	×	×	×	*$M_{物} \to M_{心}$*	$M_{物} \to M_{物}$
	$i(I)$	$i(F_{心})$	$i(F_{物})$	$i(M_{心})$	$i(M_{物})$
I	$I \to i(I)$	$I \to i(F_{心})$	$I \to i(F_{物})$	$I \to M_{心}$	$I \to i(M_{物})$
$F_{心}$	×	$F_{心} \to i(F_{心})$	*$F_{心} \to i(F_{物})$*	$F_{心} \to i(M_{心})$	*$F_{心} \to i(M_{物})$*
$F_{物}$	×	*$F_{物} \to i(F_{心})$*	$F_{物} \to i(F_{物})$	*$F_{物} \to i(M_{心})$*	$F_{物} \to i(M_{物})$
$M_{心}$	×	×	×	$M_{心} \to i(M_{心})$	*$M_{心} \to i(M_{物})$*
$M_{物}$	×	×	×	*$M_{物} \to i(M_{心})$*	$M_{物} \to i(M_{物})$

（斜体为这一原则所允许的物心间因果作用）

【表 4】完满性因果原则

	I	$F_{心}$	$F_{物}$	$M_{心}$	$M_{物}$
I	$I \to I$	$I \to F_{心}$	$I \to F_{物}$	$I \to M_{心}$	$I \to M_{物}$
$F_{心}$	×	$F_{心} \to F_{心}$	*$F_{心} \to F_{物}$*	$F_{心} \to M_{心}$	*$F_{心} \to M_{物}$*
$F_{物}$	×	×	$F_{物} \to F_{物}$	×	$F_{物} \to M_{物}$
$M_{心}$	×	×	×	$M_{心} \to M_{心}$	*$M_{心} \to M_{物}$*
$M_{物}$	×	×	×	×	$M_{物} \to M_{物}$
	$i(I)$	$i(F_{心})$	$i(F_{物})$	$i(M_{心})$	$i(M_{物})$
I	$I \to i(I)$	$I \to i(F_{心})$	$I \to i(F_{物})$	$I \to M_{心}$	$I \to i(M_{物})$
$F_{心}$	×	$F_{心} \to i(F_{心})$	*$F_{心} \to i(F_{物})$*	$F_{心} \to i(M_{心})$	*$F_{心} \to i(M_{物})$*
$F_{物}$	×	×	×	×	×
$M_{心}$	×	×	×	$M_{心} \to i(M_{心})$	*$M_{心} \to i(M_{物})$*
$M_{物}$	×	×	×	×	×

（斜体为这一原则所允许的物心间因果作用）

五 挑战:沉思六中关于外物存在的证明VS.笛卡尔的因果原则

在上文中,我已经分析了笛卡尔所提出的因果原则——实在性因果原则与完满性因果原则,并论证了这两条因果原则(包括其子原则)都并不全面禁止物体与心灵之间的因果地相互作用,哪怕物体与心灵两者在本性上是完全不同的。

当然,对于上述论断以及本文对笛卡尔的因果原则的分析肯定存在许多反驳意见(受篇幅限制,我并不打算在此篇文章中一一列举这些反驳并予以回答),其中一项重要的反驳是:笛卡尔在沉思六中提出的关于外物存在的证明与他的因果原则是相冲突。而冲突就集中于这样一个问题——什么是感觉观念的原因?我在这里所讨论的感觉观念仅限于关于物体的感觉观念。

接下来,我将通过分析根据因果原则得出的关于感觉原因的说法以及笛卡尔在关于外物存在的证明中提出的说法,来回答这两种说法是否存在矛盾?换句话说,关于外物存在的证明中关于感觉原因的说法是否对因果原则提出了挑战?如果存在挑战,那么这个挑战又是什么样的?然后再着手回应这一挑战。

一方面,对于"什么是感觉观念的原因"这一问题,笛卡尔的因果原则会做出什么样的回答呢?根据上述所分析的对象的实在性因果原则,关于个别的物体的感觉观念的原因可以是:上帝、个别的心灵、个别的物体,其中,上帝是关于物体的感觉观念的卓越的原因,而个别的心灵与个别的物体则是形式的原因;而关于物体的样态或偶性的感觉观念的原因可以是:上帝、个别的心灵、个别的物体以及心灵和物体的样态或偶性,其中,上帝、个别的物体、个别的心灵是卓越的原因,心灵和物体的样态或偶性是形式的原因。

由于物体与心灵相比较不完满,而观念是心灵的样态,因此,对象的完满性因果原则则进一步排除了个别的物体以及物体的样态成为包括感觉观念在内的一切观念的原因的可能性。也就是说,根据对象的完满性因果原则,关于个别物体的感觉观念的原因,可以是上帝、个别的心灵,它们都是卓越的原因,而不能是个别的物体;而关于物体的样态或偶性的感觉观念的原因可以是上帝、个别的心灵、心灵的样态或偶性,它们都是卓越的原因,而不能是个别的物体和物体的样态或偶性。

另一方面,笛卡尔在沉思六中提出的关于外物存在的证明中对于感觉观念的原因又做出了怎样的回答?笛卡尔在第六沉思中关于外存在的证明(AT VII 79-80,CSM II 55),根据文本,我将这一论证整理如下:

1. 在我(心灵)之中存在一个能够接受和识别可感对象的观念的被动的感觉官能。

2. 除非存在一个产生这些观念的主动地官能(感觉观念的原因),不然我不能利用它。

3. 由1、2得,一个产生这些观念的主动地官能存在,即,感觉观念的原因存在。

4. 感觉观念的原因,要么存在于我(心灵)之中,要么存在于我(心灵)之外。

5. 感觉观念的原因不能够在我(心灵)之中,即,心灵不是感觉观念的原因。

因为:(1)感觉观念的原因没有预设任何理智活动(法文版追加:或任何思想);

(2)感觉观念的产生与我(心灵)无关,而且甚至经常违背我的意愿。

6. 由4、5得,感觉观念的原因是我(心灵)之外的其他东西。

这个东西要么形式地要么卓越地包含了所有的对象地存在于感觉观念中的实在性。

=对象的实在性/完满性因果原则:原因(即感觉观念的原因)要么形式地要么卓越地所包含的形式的实在性/完满性必定不少于(多于等于)结果(即感觉观念)所包含的对象的实在性/完满性。

7. 隐含的前提:只存在三类实体:上帝、心灵与物体。

8. 由6、7得,感觉观念的原因要么是上帝要么是物体。

上帝卓越地包含了感觉观念的对象的实在性/完满性;

物体形式地包含了感觉观念的对象的实在性/完满性。

9. 上帝不是感觉观念的原因。

因为:(1)上帝没有把感觉观念从他那里直接地或间接地传送给我。

(2)上帝也没有给我一个官能来认识这些感觉观念的来源。

(3)上帝给了我极大的倾向去相信感觉观念产生自物体。

(4)上帝不是骗子。

10. 由8、9得,物体是感觉观念的原因。

11. 由3、10得,物体存在。

根据上述分析可知,笛卡尔在这段证明中对感觉观念的原因提出了三条说法:第一,心灵不是感觉观念的原因(步骤5),主要因为感觉观念经常违背我的意志意愿;第二,上帝不是感觉观念的原因(步骤9),因为在笛卡尔看来,上帝是感觉观念的原因与上帝不是骗子相矛盾;第三,只有物体才是感觉观念的原因(步骤10),根据排他法,得出了这一结论,这一步也是直接通向外物存在的证明的最后一步。

综合上述两方面的论述,似乎可以很明显地看到,在关于感觉观念的原因的论述上,笛卡尔在沉思六中提出的关于外物存在的证明中的说法确实对他自己所提出的因果原则提出了挑战。

这个挑战主要体现在三个方面:(1)不论实在性因果原则还是完满性因果原则都认为上帝可以是感觉观念的原因,但在关于外物存在的证明中,笛卡尔明确说上帝不是感觉观念的原因,因为上帝作为感觉观念的原因与上帝不是骗子相矛盾;(2)笛卡尔的两条因果原则都允许心灵成为感觉观念的原因,但在关于外物存在的证明中,笛卡尔又明确提出说心灵并非它们的原因;(3)与前两个挑战不同,第三个挑战针对的是完满性因果原则,因为这个原则否定了个别的物体以及物体的样态或偶性可以是感觉观念的原因,而沉思六中关于外物存在的证明恰恰要论证物体才是感觉观念的原因。

挑战	因果原则		关于外物存在的证明
	实在性因果原则	完满性因果原则	
1. 上帝是感觉观念的原因吗?	(可以)是		不是
2. 心灵是感觉观念的原因吗?	(可以)是		不是
3. 物体是感觉观念的原因吗?	(可以)是	不是	是

接下来，我将论证前两项挑战并不能对笛卡尔的因果原则构成威胁，唯有第三项才是对完满性因果原则的真正的挑战。

首先，需要说明的是，笛卡尔并没有利用因果原则来论证外物的存在。根据我上文所分析的这个论证的大致思路可以看出，如果撇开有关因果原则的论述，这个论证仍旧能够成立。而且，笛卡尔在那里论证，上帝、心灵不是感觉观念的原因的时候，所用的也是与因果原则无关的的理由和证据，他最后论证出只有物体才是感觉观念的原因，也是用的排除法。因此说，他在关于外物存在的证明中只是涉及与因果原则相似的说法而已。

其次，笛卡尔所提出的因果原则只是一条否定性原则。换句话说，笛卡尔提出这条因果原则并不打算根据它直接告诉我们结果的原因是什么，而只打算告诉我们结果的原因不能是什么。

这点与他的《沉思》一书的整体论证目的是一致的。因果原则是在第三沉思中提出的，而笛卡尔在那里提出它，是为了从关于上帝的观念的存在出发论证上帝的存在。而因果原则恰恰起到了这样一个作用，因为因果原则就是用于否定原因在实在性/完满性等级上低于结果这样的情况的。不论根据实在性等级还是完满性等级，上帝占据的都是最高的位置，任何其他存在物的等级都低于它，因而关于上帝的观念占据了最高的对象的实在性/完满性。因此，笛卡尔的因果原则否定了除了上帝以外的任何其他的存在物可以作为它的原因，也就是说，不论哪条因果原则都只允许上帝成为关于上帝的观念的原因，从而最终达到了论证了上帝的存在的目的。

正如我在上文中所分析的那样，笛卡尔的两条因果原则只是不允许原因在实在性/完满性等级上低于结果这样一种情况，因而对于除了上帝以及关于上帝观念以外的存在物，这条原则都允许了一个以上的可能的原因。也就是说，因果原则所允许的只是各种可能的因果组合，而非实际的因果组合。

因而笛卡尔的因果原则与他在关于外物存在的证明中所做的论述并不完全矛盾。就感觉的原因而言，因果原则允许上帝、心灵都"可以"成为感觉观念的原因，但它们不是感觉观念的实际的原因，笛卡尔在沉思六中认为只有物体才是感觉观念的"实际的"原因。因此，不论是对于实在性因果原则而言，还是对于完满性因果原则而言，第一和第二项挑战都不能构成真正的威胁。

最后,无可否认的是,就完满性因果原则而言,第三项挑战确实是一项困难。因为笛卡尔在关于外物存在的证明中要证明的恰恰是他自己提出的完满性因果原则所否定的观点,那就是,物体是感觉观念的原因。

一种比较可能的为笛卡尔的辩护是说,笛卡尔的因果原则中涉及的原因,与他在关于外物存在的证明中关于感觉观念的原因的讨论中的所提到的原因,两者并非是同一的,那么也就根本谈不上什么矛盾了。在笛卡尔那里,一个结果从来并不只对应于一项原因,并且当他谈到原因时,他也提到过各种不同的说法,比如总的和动力的原因、近因与原因等等。令人遗憾的是,对于这两处的原因到底是什么含义,学术界存在许多争议。笛卡尔文本中的对各种原因的提法将是我今后继续研究的重点方向。

六 小 结

综上所述,笛卡尔所提出的因果原则包含两条子原则。一条是实在性因果原则,其中又包含了形式的实在性因果原则与对象的实在性因果原则。这条因果原则并不排除物体与心灵之间存在因果的相互作用的可能性。也就是说,这一原则否定了“对称观点”,即,在本性上有实在的区分的两类实体不能因果地相互作用。

笛卡尔的另一条因果子原则就是完满性因果原则,其中也包含了形式的完满性因果原则与对象的完满性因果原则。与实在性因果原则不同,这条因果原则排除了物体对心灵的因果作用的可能性,但它仍旧允许心灵因果地作用于物体。因此,这一原则也同样否定了“对称观点”,否定了不同实体间不能相互地因果作用的说法。

尽管如此,笛卡尔的因果原则与物体与心灵的互动之间还是存在困难的。根据对象的完满性因果原则,物体不能够因果地作用于心灵以及心灵的样态,也就是说,物体不能够是作为心灵的一种样态的感觉观念的原因,而这一点恰恰与笛卡尔自己在沉思六关于外物存在的证明中的说法相冲突。①

① 感谢复旦大学莫伟民教授、台湾政治大学詹康教授以及北京大学邢滔滔教授对本文之前的稿本提出批评与建议。

Cartesian Causal Principles and Interaction between Mind and Body

Shi Xuan

Abstract: Descartes emphasized both the real distinction between mind and body and their causal interaction. Some scholars maintain that the Cartesian causal principles exclude the possibility of two substances with different natures being able to interact with each other and thus of the causal interaction between mind and body. In order to defend Descartes, others insist that Cartesian causal interaction between mind and body is completely coherent with his doctrine of the mind-body distinction within his own metaphysics. The main bone of contention is whether the Cartesian causal principles exclude the possibility of the causal interaction between mind and body. In this paper, I will first analyze the causal principles which Descartes suggests in the *Meditations*, and then I will provide my reading on this issue which is different with each of the views I mentioned before. According to my reading, Cartesian causal principles include two sub-rules, viz. the causal principle of reality and that of perfection. The former is consistent with the causal interaction between mind and body while the latter is inconsistent.

Key words: Descartes, causal principles, mind-body interaction

《灵知派与神秘主义》

〔爱尔兰〕杰拉德·汉拉第 著,张 湛 译
上海:华东师范大学出版社,2012年9月第1版

神秘主义在西方文明传统中虽然一直未能成为显学,但却顽强而持久地影响着西方文明,其中最有代表性的即"灵知派"。"灵知派"是同基督教正统教义相对立的、异向或反向的《圣经》解释传统。迄今学界仍在争论:灵知派究竟是基督教内的一场改造运动,还是独立于基督教的、自成体系的思想传统。

随着基督教的衰败,现代社会的思想家们,如黑格尔、谢林、施莱格尔、诺瓦利斯、尼采、海德格尔以及沃格林,越来越意识到灵知主义对西方传统的塑造作用,同时更看到了灵知主义同现代社会的亲缘关系。因此,20世纪以来,对灵知派的研究已经逐渐形成一种思潮。本书是对灵知主义发展历史以及研究历史的一项专题研究。一方面对灵知派的起源、发展和现代形态做了详细论述,另一方面也分别阐明了一批现代重要思想家——黑格尔、薇伊、荣格、埃克哈特大师、马塞尔以及海德格尔——同灵知派的关系。本书是国内学界不多见的灵知派研究译著,能够让我们了解在西方文明中具有重大影响的一种思想形态,同时也为我们理解现代世界提供了重要的参照系。(韩 骁)

哲学门(总第二十七辑)
第十四卷第一册
北京大学出版社,2013 年 7 月

胡塞尔《欧洲科学危机与先验现象学》中的生活世界科学*

张雨涵**

提　要:生活世界是胡塞尔晚期思想中的菁华,尤其在《欧洲科学危机与先验现象学》中,更是针对生活世界问题提出反省与探究,并提出"先验现象学就是生活世界的科学"的论点。在诸多的探究中,为何胡塞尔要搁置客观科学,并以先验现象学角度来探究生活世界中的各个问题?而胡塞尔通过先验现象学的探究,其所欲揭示的又是什么?本文认为,胡塞尔通过先验现象学之角度来探究生活世界问题的目的,即是建立生活世界的科学。根据以上问题的提出与假设,本文针对胡塞尔生活世界之问题进行反省,探究他是如何使用其现象学方法来建构生活世界的科学。

关键词:胡塞尔　生活世界　先验现象学　客观科学　悬搁

胡塞尔在《欧洲科学危机与先验现象学》中,深刻反省"生活世界"(life-world)问题,并指出先验现象学就是生活世界的科学。[①]其论述重点是:生活

---

* 本文以目前形式呈现,必须感谢两位匿名审查学者提供宝贵修改意见,以及《哲学门》编辑的要求。本文初稿发表于 2012 年 9 月 4 日"南北五校博士生论坛"(台湾政治大学),得蒙何卫平教授与汪文圣教授指正,在此一并致谢。

** 张雨涵,1984 年生,北京大学哲学系博士研究生。

① Edmund Husserl, *The Crisis of European Sciences and Transcendental Phenomenology: An Introduction to Phenomenological Philosophy*, trans. by David Carr. Albany: Northwestern University Press, 1970, p. 132. 以下简称《危机》。

世界是预先给予的,并且其最终目的是揭示人之存在的重要性。而胡塞尔欲证明的是:客观科学的世界是奠立在生活世界的自明性基础上。但问题是:我们如何证明生活世界之预先给予状态的特征?生活世界如何成为主题让我们进行探讨?胡塞尔认为,这项研究的首要步骤就是对客观科学进行悬搁,通过此程序,生活世界被还原为"前科学"的世界形式对我们呈现。那么,究竟胡塞尔所指的客观科学(objective science)为何?为什么胡塞尔企图将客观科学搁置,并强调回到相对主观性之先验自我的领域来进行反思活动,才是最重要的观察视域?本文将尝试针对此课题进行讨论,借以阐明胡塞尔生活世界概念的含义,理解他用以把握生活世界现象学的方法,并探究生活世界之科学如何可能。

一 胡塞尔对客观科学的批判与生活世界之优先性

胡塞尔所批判的客观科学是以实证主义(positivism)为基础的科学,其目的是建立知识的客观性,并将科学理念还原为纯粹的事实科学(factual science)进行研究。这将导致科学仅只注重客观事实,并囿于经验材料的限制。它拒绝先验或形而上的思辨,甚至忽略人生活的意义与价值,相信只要找到自然运作的普遍性法则,人类就可以对自然现象的发生进行预测与控制,这导致了科学理念远离日常生活的情况。胡塞尔认为,人类并非只是单纯地追求客观知识而已,更重要的是对人类存有状态的关怀与对生命意义的揭示。故对人之存有的探讨并非建立于知识的客观性及纯粹的事实状态中。胡塞尔认为,客观科学同时也影响到科学理论的进展,让科学活动远离人的日常生活处境,进而成为与人类生活及存有相脱节的抽象概念。[①]所以,

---

① 胡塞尔提出生活世界的反省,是对日常生活周遭世界的关切。不容否认,科学理论的发展是从人之日常生活领域衍生而出,因而胡塞尔强调的是人与周遭世界之间的直接关联性,故科学的基础必须要考虑到人之实际存在,并以"人"为其关切的对象,才能发展出适于人类生活之初衷的科学理论。进一步来说,胡塞尔企图回到生活世界的反省,目的是揭示科学理论架构从人之生活领域出发,所以科学发展的控制权应当是掌握于人的手中;但如今的科技发展却本末倒置,人类的主导性地位已被科技所取代,造成人类必须依赖科学理念生活。胡塞尔批判这种科学理论的进行导致人类对于自身存在的遗忘,产生生活危机。因此,他提倡回到生活世界中进行反省,以探究开展科学活动的真正目的与意义。

导致近代科技远离人类生活的主要原因是对生活世界的遗忘,只有回归到先验主观领域探讨预先给予之生活世界的存在意义,才能真正地触及科学理论的核心问题①。胡塞尔强调,在生活世界之预先给予的前提下,所有的人类活动才得以可能。于是他区分生活世界与科学理论世界间的差异,并提出和呼吁"生活世界才是所有科学活动的基础"。但在科学理论活动中操控科学研究发展方向的是科学家,故胡塞尔通过"悬搁"将生活世界还原为前科学的世界,并搁置科学家于理论中的控制立场,以观察者的态度进行反思与检视,从而揭示生活世界的原初意涵。

胡塞尔从康德先验哲学中发现生活世界的线索,并从中发展出哲学思考的新向度(new dimension)——人在世界中生活的所有接触范围;这一向度亦可以从具有经验和理论自明性的科学领域中达到。②尽管康德在先验哲学中发觉客观科学活动背后的基础,却未再进一步发展。是故胡塞尔从康德先验哲学所隐藏的新向度中,区分"平面生活"(life of the plane)和"深度生活"(life of depth),展示其对抗关系③,并强调先验现象学才是真正可深入反思的方法。④

据此,胡塞尔明确地指出上述问题的原因之一,即人们将生活世界问题视为客观科学之普遍问题中的一个子问题。⑤ 生活世界先于一切客观知识而存在,它不仅涉及生活实践、伴随生活目标,同时还使得理论知识及实践生活成为可能。生活世界即是世界建构之基础背景,且整个科学知识的客观有效性必须以生活世界为其依据才能恰当地澄清。所以,科学研究让生

---

① Edmund Husserl, *The Crisis of European Sciences and Transcendental Phenomenology: An Introduction to Phenomenological Philosophy*, p. 69.

② 在胡塞尔看来,此向度之范围包括所有的经验、思想,以及人类的世界生活的一切活动,以及进而发生的精神性作用,通过这些精神性作用,经验性的世界作为存在事物、价值、实际的计划等视域,对我们而言皆具意义与有效性。这种特质正是客观科学所缺乏的。

③ Edmund Husserl, *The Crisis of European Sciences and Transcendental Phenomenology: An Introduction to Phenomenological Philosophy*, pp. 119-120.

④ 胡塞尔指出,平面生活就像是平面生物的生活状态,在他们的平面世界中只是其投影,而对生命之深层向度毫无所知。这种世界样态就像处于自然状态下的人类与实证主义科学家,将一切可以经验到的事物都认定为可能是实证认识的对象与领域。唯有通过先验现象学之反思,才可将理论之深刻意涵完整揭示。

⑤ Edmund Husserl, *The Crisis of European Sciences and Transcendental Phenomenology: An Introduction to Phenomenological Philosophy*, p. 121.

活世界变成实证研究的个别问题,显然本末倒置。事实上,科学是人类精神的实现。科学在历史上对每个人而言,皆从直观的周遭生活世界的前提出发,且周遭的生活世界作为对所有人都共同存在的事物而被预先给予。此外,这种精神性的实现在其运用与继续进行的过程中,持续地以这个周遭世界每次对科学家呈现的特殊性为前提。所以,此周遭世界是包含了人之所有活动与全部理论思维于其中的世界。因此胡塞尔认为,当科学家提出问题或回答问题时,必然以这个预先给予的世界为基础;所有科学实践与生活实践活动都包含于其中,并依据这个共有之世界而存在。故我们大家共同生活的世界是预先给予我们的。当我们作为个人时,是存在于我们周遭的人所构成之视域中的。因而,我们存在于与其他人的各种实际的联系中。

于此,胡塞尔企图借作为科学研究"主题"之生活世界的方式,使得这个主题呈现为在一般客观科学之整体主题中的一种辅助与局部的主题。胡塞尔说:

> 在询问生活世界对自明地建立客观科学所发挥之功能前,探问这个生活世界对生活于其中的人类所具有的特殊与恒常之存在意义,具有充分的理由。因为,并非所有人都对科学有兴趣,尽管科学家也并非是一直埋头于科学研究中。生活世界对于人类而言,在科学之前是早就已经存在了的,这就如同后来在科学时代仍然继续其存在的方式一般。所以,人们可以提出生活世界本身存在方式的问题,同样,也可以站在这个直观的世界之基础上排除一切客观的科学意见与认识,以全面地考虑生活世界所特有的存在方式,会产生怎样的"科学地"、可普遍有效地判定的任务。①

胡塞尔强调,必须优先考虑的即是正确解释生活世界本质的问题,以及与生活世界相适合的科学(scientific)探讨方法的问题。但是,关于客观科学则不在探讨范围内。

① Edmund Husserl, *The Crisis of European Sciences and Transcendental Phenomenology: An Introduction to Phenomenological Philosophy*, p. 123.

二 以生活世界为奠基基础的科学反思

胡塞尔试图通过对生活世界之存有之优先性的揭示，建立“生活世界之科学”。胡塞尔认为，在生活世界前提下，同先于、外在于科学之生活（in pre- and extra-scientific life）的真理理念相比，客观真理的理念在其全部意义上都是预先被规定的[①]。生活世界让所有科学活动成为可能，因为生活世界是科学活动的地下土壤，同时先于客观逻辑的有效性。

尽管科学必须建立在生活世界的基础上，且利用生活世界对其各自之目的，但运用生活世界并不代表科学家真正地认识到生活世界之固有存在方式。胡塞尔认为，当科学家在研究室中进行研究的同时，正是在生活世界的架构下进行，而非独立处于一个孤立的空间中与预先之共同存有的生活世界无关联。所以无论是爱因斯坦，还是任何进行研究的研究者，皆生活于唯一“共同经验的世界”之中。即便是正在研究室中进行研究之研究者，亦不能改变此一事实。[②] 此外，胡塞尔进一步指出生活世界与其中存在的事物是如何地相互关联：

> 正是这“生活世界”及于其中所发生之事物，对每个以“客观真理”为主题目标的自然科学家而言，都具有“单纯相对主观”的直观……此种对比，如我们所说，决定了“客观的”任务之含义。[③]

但“相对主观的对象”（subjective-relative an object）并非心理学上的对象。对于“主观对象”存在方式的问题涉及生活世界中的存在者，不需再将客观科学意义下的存有者纳入探讨。尽管被称为心理学的事物明显地具有关于主观事物的客观科学意义，但胡塞尔不认为相对主观的事物是心理学的对象。他主张，必须让客观心理学成为可能的问题作为详细研究的对象，预先地将客观性与生活世界的主观性加以对比，将后者明确地理解为决定

① Edmund Husserl, *The Crisis of European Sciences and Transcendental Phenomenology: An Introduction to Phenomenological Philosophy*, p. 124.

② Ibid., p. 126.

③ Ibid.

客观科学性的根本意义。[①]因此,对照生活世界的相对主观事物,科学客观真理仿佛克服了相对主观的事物。但实际上,科学仍然不可脱离生活世界,必须以生活世界作为其研究对象,并且测量仪器、测量记号等皆是在生活世界中的存在物。因为在生活世界中,现实存在的事物都被视为有效之事物的前提看待。

此外,胡塞尔认为科学是陈述理论的整体(a totality of predicative theory),且科学借以表述的陈述语句及真理都植根于生活世界。科学奠基的问题亦不能单靠历史意义的数学、逻辑及任何客观科学解决。唯一可行的,仅能以日常实践生活之反思才能突破。但处于日常生活中的人们大多是以素朴的态度将未经反省的理念视为是真理,而遗忘通过反思活动而得出的观点。从而产生两种真理:作为日常实践境况的真理(every practical situational truths)与科学真理(scientific truths)。胡塞尔解释此二者的差异:

> 日常实践境况的真理是相对的,它是实践(praxis)的,且在特定的筹划中寻求所需要的部分。而科学真理对其论证的基础恰好是回到境况之真理;但科学的回溯方式就其方法本身的意义而言,它并非经验性地重现我们的意图。其次,科学方法也企图应用,并必须应用,这正是境况的真理。

总之,阐明人类活动的获得物以及其他获得物,都必须先考察具体的生活世界,即按照真正、具体的普遍性考察。如此,生活世界便会如视域一般,包含所有人为其共同生活的世界所获得的全部有效性层次,并直接地将各个主观间之共同经验的世界联系起来。胡塞尔强调,通过沉思可将未展开的意义展现出来,避免偏见产生,而纯粹探讨研究的内容。在理论之前,生活世界中所有的直观活动与被直观的事物,以及作为纯粹思维的假象之“纯粹思维”,都已具有其自明的真理、甚至世界的真理。这种假象让客观科学之意义、可能性与其有效之范围皆变得可疑。所以在生活世界中,科学理论是局

---

① Edmund Husserl, *The Crisis of European Sciences and Transcendental Phenomenology: An Introduction to Phenomenological Philosophy*, pp. 126-127.

部问题而非普遍的问题。真正普遍的问题,即是对于生活世界的探讨。换言之,生活世界才是哲学真正普遍的问题。

三　悬搁客观科学后的生活世界

胡塞尔使用悬搁(*epochē*)是针对所有客观的理论旨趣、一切目的和活动等,让它们不起作用、并抑制“自然天真的有效性”(natural, naïve validities)。通过悬搁,世界被还原为前科学地对我们有效的生活世界。所以对一切客观科学进行悬搁,即是对自然态度(natural attitude)的彻底改变。故在这个被悬搁的世界中,我们并未将从科学获得的任何知识当成前提,科学在此只能作为历史事实来考虑。① 所以,在预先给予的生活世界之统一关联中的所有事态,通过悬搁不会因此改变样态。进一步来说,在客观科学的范围内,胡塞尔采取“存而不论”的态度及方法,是欲搁置“职业时间”(vocational time)。②在悬搁中,科学及科学家并未消失,而是持续地进行他们原来所从事的活动。③ 于此,胡塞尔回到原初之生活世界的整体脉络中,以悬置的方式让所有的职业态度、各种其他态度在特定的时机与立场发挥作用、各安其所,并如实地将生活世界之样态呈现给正在进行反省的观察者。

于此,胡塞尔洞察到客观逻辑的先天性(a priori)与生活世界的先验性之间的差异。客观逻辑层次上的普遍先验性是奠基于纯粹生活世界之先验

① Edmund Husserl, *The Crisis of European Sciences and Transcendental Phenomenology: An Introduction to Phenomenological Philosophy*, pp. 135-137.

② 根据胡塞尔的说法,“职业时间”是指:当我们实现我们的一种习惯,因而处于我们职业的活动之中(正在进行我们的工作)时,便会对我们的其他生活旨趣采取“搁置”的态度,尽管这些旨趣仍然是我们自己所拥有、继续存在着的。胡塞尔指出,每一种旨趣都有“它自己的时间”,所以当旨趣改变之时,我们便会去进行其他的活动,比如,现在该去开会,现在该去投票等等。另一方面,在特殊的意义上,我们会去宣称科学、艺术、兵役等等为我们的“职业”,但是作为普通的人而言,我们是同时拥有着许多种“职业”的。所以,每一种职业都有它实现自我的活动时间。之后即便是有新的职业旨趣产生,也是纳入其他的生活旨趣与职业中的;并且在一个人的时间中,职业时间得以实现的形式中总有它自己的时间,是因为他们的普遍主题被称之为“生活世界”的原因。(*Crisis.*, pp. 135-137) 简言之,其目的是去除人的职业在这个世界中所扮演的角色。

③ Edmund Husserl, *The Crisis of European Sciences and Transcendental Phenomenology: An Introduction to Phenomenological Philosophy*, p. 136.

性中的,所以只有通过“回溯”(reference-back)的方式回到独立的先天科学中,展开生活世界的先验性,这样先天性科学——客观逻辑的科学——才能获得真正、彻底的科学基础。[①]胡塞尔指出:客观科学作为普遍先天的基础是天真的(naïveté)想法。他说:

> 逻辑学上的自明性欠缺从普遍的生活世界之先验性而来的科学根据。因为逻辑学经常是以生活世界之先验性为其前提,但却从未在科学上普遍地被阐明,更未达到本质科学的普遍性作为前提;所以惟有当这种彻底根本的科学存在,逻辑学才能变成科学。[②]

简言之,胡塞尔认为生活世界是所有人类文明与科学的基础,且在生活世界中的所有人类科学活动,仍保留着人之“主观性”为一种可靠的态度。反观自然科学,虽然必须以生活世界为其理论之奠基,但其所强调的客观性却有将人之主观性隐匿的可能性。[③]故于此,胡塞尔企图通过悬搁将自然态度取消,强调自然科学的构造、特别是客观科学,是在生活世界的先验性中直接地开展出来的。

四 自然生活态度与先验还原后的世界之内涵

胡塞尔区分两种考察的态度对生活世界进行反省:天真自然的直接态度,以及对生活世界和生活世界中之对象的主观给予的反思态度。前者是大多数人所抱持的未经考察的态度,胡塞尔称为“自然生活”(natural life);而后者则是反思态度,这是正在进行思考、观察活动的观察者所拥有的态度。胡塞尔指出,这两种态度皆可将生活世界作为主题进行探讨,但他追求

① Edmund Husserl, *The Crisis of European Sciences and Transcendental Phenomenology: An Introduction to Phenomenological Philosophy*, p. 140.

② Ibid., p. 141.

③ R. Philip Buckley, *Husserl, Heidegger, And The Crisis of Philosophical Responsibility*, Dordrecht: Kluwer Academic Publishers, 1992, p. 98.

的是后者，即先验现象学式之探讨。[①]故胡塞尔企图通过先验还原的步骤，将天真自然未经反省的生活态度还原到反思态度，探讨生活世界的问题与世界的呈现。

胡塞尔认为，在自然生活的形式里，我们处于不断更新的活动之流中。在这些活动中的自我指向诸对象，包含于这些活动中的有效性皆非孤立。除此之外，意向活动必然包含正在流动、共同起作用的潜在之有效性的无限视域。因而不论是过去所获得的对象呈现，抑或未完全被注意到的背景，都按它所含有的有效性共同起作用。因为这种经常流动之视域的特征，让每一种在自然世界中完成的有效性总以诸活动之有效性为前提条件，令所有活动构成不可分割的生活联系。故胡塞尔宣称：我们"生活在对世界之确信中"(live-in-certainty-of-the-world)。[②]因而在这个意义下，我们现实地体验到

---

① 伴随着胡塞尔手稿的陆续出版，亦有许多研究者发现关于生活世界问题之探讨中仍有许多未被关注到的部分，即"现象学心理学"之探究。根据当前的研究指出，现象学心理学是介于先验现象学与自然态度之间的中间地带，胡塞尔通过现象学心理学之探讨来反思处于自然态度中的人、事、物，即自我与世界之关联性以及人的态度。因此，关于现象学心理学之层次的探讨，则必须要通过现象学心理学之搁置后的内容进行。进一步来说，现象学心理学之根本特质是：先天性、本质性、直观或纯粹描述，意向性以及停留在自然的独断态度，而非哲学的先验态度。据此，现象学心理学所研究之对象是指生活在自然态度中的人，包含自己与他人，也包含个人的心灵与群体的心灵。而自然态度所蕴涵的"一般设定"对世界的存在却从来不加以质疑，导致现象学心理学是一门关于世界现象的科学，但是它却又不等同于一般的经验科学。故在某种程度上，现象学心理学与先验现象学是呈现一种平行的状态；但是在位阶上则并非是如此。现象学心理学仅作为是先验现象学的预备阶段。因为，在胡塞尔那里看来，在现象学心理学之阶段研究的领域为自然态度，直至先验现象学阶段所探究之观点，则为对生活形式的彻底转换、超乎所有的生活经验。因此，若欲理解先验现象学之内涵，则必须要先掌握现象学心理学之内涵。换句话说，在胡塞尔看来，先验现象学是可以透过现象学心理学的导引而被理解的，因为两者之间具有相同的学说内容，唯一的差异仅在于反省程度的彻底与否。耿宁(Iso Kern)认为，现象学心理学是迈向先验还原的途径之一，并且现象学心理学只有放置在先验现象学的脉络中才值得我们注意。但是，耿宁亦怀疑，现象学心理学还原是否真的可以迈向先验现象学还原。而黑尔德(Klaus Held)则认为，现象学心理学是一条迈向还原之路，是先验现象学的预备，并且在此之意识中仍是以世俗的样态被掌握。游淙祺总结了耿宁与黑尔德两人的观点认为，他们皆将现象学心理学定位于与先验现象学的关系中，并且耿宁所提出之问题在黑尔德那里得到了回应。简言之，"现象学心理学"或称之为"描述心理学"所欲探究的内容，即是针对在自然态度底下之所有呈现于意识之中的对象。同时，游淙祺亦指出，舒兹就是从胡塞尔之现象学心理学之探究为其起点、并将之彻底化之思路的代表，而其社会世界现象学即是在这个路径中获得现象学传统的另一个承接与转化。这即是胡塞尔之自然态度意义底下所发展出来的哲学议题及其现象学效应。参见游淙祺：《社会世界与文化差异：现象学的考察》，台北：漫游者出版社，2007 年，第 95 页、34—37 页。

② Edmund Husserl, *The Crisis of European Sciences and Transcendental Phenomenology: An Introduction to Phenomenological Philosophy*, p. 142.

与世界的关系,并坚持着对于世界存在的确信。故在世界中的所有事物与对象,都是作为在"世界视域"(world-horizon)中的对象而被意识到。换言之,每一个事物都是作为在视域中所意识到之世界的对象,且此视域是作为存在着之对象的视域而被意识到;视域之所以"实际地"(actual)存在是因为它通过个别事物被给予而呈现。①生活世界才是我们所最熟悉、总被视为理所当然的现象;在生活世界中所无法呈现的即是不能被我们所理解的事物。而生活世界之形式中的结构是:作为事物与世界的关系呈现;以及以对事物的意识呈现对象。因此,不论是事物与世界之间的呈现关系,抑或对事物的意识,都以生活世界之世界视域为前提进行思考。

生活世界是一个预先给予的世界,亦是预先给予的视域。在这个视域中,以流动的方式包含了许多目标与意义。不论理论的、抑或实践的主题都存在于生活世界的"生活视域"(life-horizon)中,即世界的统一性中。②故自然生活也同样是生活世界中的一种存在状态。故若从自然生活之态度来探究生活世界问题,势必会以"直接地进入世界中生活"(straightforwardly living into the world)的方式探讨问题。这样的结果可能变成关于"生活世界之存有论"(ontology of the life-world)的探究,即涉及关于日常生活世界之实际存在状态等问题的探讨。但胡塞尔并非企图以此方式进入探讨生活世界问题,而以先验现象学之"反思"的态度进行反省,纯粹地探讨在我们的意识生活中具有意义与存在之有效性的世界呈现问题,即针对主观性之意识生活的探讨。这必须通过"先验还原"(transcendental reduction)之步骤方可达到。

所谓先验还原,即将生活世界还原为世界的先验现象(transcendental phenomenon)及其相关事物,并且此先验主体的意识生活(conscious life)是直接、天真地对我们有效的世界,并且在科学前就已经获得其内容与存在的有效性。③所以,对自然生活的先验还原就是去除世界的实体性呈现,将世界还原为"现象"进行探讨。于是胡塞尔通过世界的现象来探讨主观性之世界

① Edmund Husserl, *The Crisis of European Sciences and Transcendental Phenomenology: An Introduction to Phenomenological Philosophy*, p. 143.

② Ibid., p. 144.

③ Ibid., p. 153.

的变化,并强调主观性是"如何"(how)作用于对世界的存在探索。胡塞尔认为这个被"先验搁置"(transcendental epochē)后的世界成为现象对我呈现,并成为主题被我所观察与探讨。是故在这样的思考模式转向后,又回到"笛卡尔式"(Cartesian way)的探寻方法——通过"先验我思"——探究生活世界中之世界的呈现与形式。

简言之,胡塞尔通过先验还原将世界转换成先验现象,并以与先验主体相关联的方式进行反思。但先验搁置在《危机》中同时具有"否定"与"正面"两种意涵。否定的部分是:将天真的意识生活中之世界的有效性实体与角色置入括号不谈,并放弃天真地相信世界存在的信念。因为通过悬搁,就是让观察者超越世界的范围进行反省,并放弃所有对自然生活领域的关注。更重要的是,胡塞尔使用悬搁的主要目的是删除、抑制"偏见"的产生。而正面的意涵是揭示世界的真实本质(true nature),并将它作为现象探讨;而作为主观性的关联物,则赋予其实体性之意义呈现。事实上,在胡塞尔看来,真正的还原正是针对主体性的探讨。因为主体性的部分总被隐匿、忽略,所以先验还原的目的在于,将被隐匿与忽略的主体性完整地呈现。总之,胡塞尔欲揭示的是展现整个作为先验主体性之领域的研究,以及作为一个存有的世界之可能性起源(origin)的探讨。①通过悬搁,将生活世界之原初意涵呈现,并以先验还原后的生活世界之探讨为其反省的核心。②生活世界通过悬搁的作用,以"世界的预先给予性"呈现。在这个意义下,生活世界以现象呈现于自我之意识领域中。胡塞尔企图以这个通过悬搁作用后为我呈现的现象之自明性来反省生活世界问题,这亦是胡塞尔欲建构"生活世界科学"的先决步骤。

五 回归相对主观之现象的反思与生活世界的原初意涵

胡塞尔通过对人之纯粹主观性的反思,具体考察了人生活于其中的世

---

① R. Philip Buckley, *Husserl, Heidegger, and The Crisis Of Philosophical Responsibility*, p.100.

② Edmund Husserl, *The Crisis of European Sciences and Transcendental Phenomenology: An Introduction to Phenomenological Philosophy*, p. 148.

界,即我们的周遭生活世界及存在于其中的各种实在事物。同时,胡塞尔意识到这个世界中的事物与人之意识活动并无恒常性,就像"赫拉克利特式的流变"(Heraclitean flux),永远处在变化、流动的状态。[①]因此,胡塞尔欲搁置的是实际生活中、生活实践所需的真理判断,并排除客观真理(objective truth)对世界的认识之影响。世界被还原到纯粹"相对主观世界"(subjective-relative world)之形式对我们呈现。事实上,世界中事物的呈现多样多变。在不断变动的活动中,事物时而以其不同的"侧面"(side)呈现于观察者的面前,并且这些不同的侧面以连续、综合的方式显现。胡塞尔解释在意识中的事物呈现状态:

> 每个侧面都向我显示着被看到之事物的当下状态,在观看活动的连续变动中,显然刚才看过的侧面现在已经不再被我看到,但它被"保留"(retained)下来,并与之前保留的侧面总和在一起,这样我就认识这个事物。[②]

这即是说:事物本身具有许多不同的面向与样态,而我们对它的认识往往只是它呈现给我们的那个侧面;但当我们将所有意识到的侧面统合在一起时,便成为完整的认识对象。这同时也意味着我们所意识到之事物的呈现,远比事物每一瞬间所显现的面向还多。此外,胡塞尔进一步解释事物于意识中呈现的状态:

> 即使我停留在知觉的层次,也仍然已具有关于事物的充分意识,就如同我在第一眼见到的当下就已将它看成是这个世界的事物。当我看到它的时候,我总借着所有完全没有呈现给我的事物,甚至没有直观地在我眼前预先呈显的形式呈现给我的侧面"意指"(mean)它。因此每一个知觉"在意识中"(for consciousness)总是属于它之对象的视域(总在知觉中被意指着对象)。[③]

---

① Edmund Husserl, *The Crisis of European Sciences and Transcendental Phenomenology: An Introduction to Phenomenological Philosophy*, p. 156.

② Ibid., p. 158.

③ Ibid., p. 158.

在胡塞尔看来，世界具有无限开放的特征，故作为视域而呈现事物之各种样态的世界，能让在世界中的各种事物以不同的样态显现。所以，胡塞尔企图回到人之主观给予方式的样态进行分析，即退回至人之意识流的活动层面，分析存在着的事物于意识中呈现的各种样态及其关联性。

另一方面，胡塞尔提出"意向性分析"(intentional analysis)概念来解释世界中之事物的呈现，探讨"世界意识"中的时间性问题与知觉变化的样态。胡塞尔认为，世界是作为时间的(temporal)世界、时间空间的(spatiotemporal)世界而存在。在世界中的每个事物，不仅具有物体的广延性(extension)与持续时距(duration)特征，并在普遍的时间、空间中占有位置。所以，作为思考者的我们在清醒的意识(waking consciousness)活动中，世界总是借助作为普遍的视域之有效性而被我们所意识到，且知觉总是与"现在"(present)具有关联性。因为，这个"现在"的背后总有一个无限的"过去"；其前面则有一个敞开的"未来"。[①]故胡塞尔认为，必须回到这个不断流动的内在时间意识中进行意向性分析，探究于过去的"原初意识"，分析"在这里"存在并且对我们呈现之对象的状态。胡塞尔这样说明这种通过回忆(recollection)之方式呈现的、过去知觉对象得以展示的状态：

> 这种"现在"，作为具有广延与持续时距之对象的现在，存在着一种完全不再被直观、却仍然被意识之事物的连续性，是"回摄"(retention)的连续性。另一方面，则是一种"前摄"(protention)的连续性。但这并不像是直观的"回忆"这种通常意义之回忆，而是一种直接地参与对象之统觉与世界之统觉的现象。[②]

换言之，除回摄作为被给予在过去的相关物外，知觉还面对另一个相关项(correlate)——回忆。在回忆中的现在，不是当下知觉、自我给予，而是呈现的(presentified)，即一种想象的意象。这种知觉将过去的所有当下意识之总和皆呈现给我们。在不可分割的经验之流中，每个回忆都包含预期的意向性(intention of expectation)。而预期的实现将导致现在的产生，且每个原初

---

① Edmund Husserl, *The Crisis of European Sciences and Transcendental Phenomenology: An Introduction to Phenomenological Philosophy*, p. 160.

② Ibid.

建构的历程都是由前摄的连续性直接地参与对象及世界现象而展开。经过对这种关于意向性之分析后,对世界的探讨便回到"如何给予"的问题上。

那么生活世界的原初意涵为何?胡塞尔如何将其呈现?首先,胡塞尔回到自我的意识生活中探讨主观事物的呈现时,发现在我们对世界的知觉过程中并非处于孤立的状态。在这个世界中,我们同时地与其他人有联系。尽管每个人都有他自己的知觉活动、生活领域,但我们却同时拥有一个共同生活的视域。换言之,因为自我与他人之间存在着"主体间性"(intersubjectivity)的关系,所以在此共同生活的过程中,每个人都能参与到其他人的生活领域。胡塞尔解释这个作为共同生活之视域的世界展示:

> 世界不仅是为了个别的人而存在,而且是为了人类社群而存在。更确切地说,世界是通过将直接与知觉有关的事物社群化而存在。①

此外,胡塞尔进一步说明,在"社群化"(communalization)的过程中,每个个别的意识活动是如何发生关联,并在这个共同存有的普遍视域中展现:

> 每一个人的意识活动是通过相互关联与发展、延伸到社群的意识中的。在同一个世界中,一部分作为已被体验到的世界,另一部分作为所有人可能经验的共同的(overarching)视域,而成为经常的有效性并连续保持这种有效性;世界是由实存的事物所构成的所有人共同拥有的普遍视域。②

胡塞尔认为,世界是一个共通的领域,可以多元地涵容各种不同面向、观点。若以共同社群的层面观之,在这个世界中不是只有一种文化存在,相对地亦有其他不同于我之异文化的存在。因而世界并非封闭地只呈现我们所看见的事物,而是将当下呈现的与未被揭示的部分都包容在一起,并待我们将其呈现。

其次,胡塞尔意识到世界是一种主观性形式的呈现,并且通过主观形式的多样性预先给予我们。所以,不论是本己领域的自我意识生活,抑或与人类的交往过程,都在这个预先给予的世界之前提下进行。我们可以宣称,世

---

① Edmund Husserl, *The Crisis of European Sciences and Transcendental Phenomenology: An Introduction to Phenomenological Philosophy*, p. 163.

② Ibid., pp. 163-164.

界是各个主体间共同建构成的领域,是一个共同拥有的视域。在世界中,不仅可以展现自我的主观性,更可通过视域的呈现,将不同个体主观的差异完整、多元地开显出来。

最后,胡塞尔强调生活世界是"相对主观的世界"。他回到笛卡尔之"自我—我思—所思"(*ego-cogitatio-cogitata*)标题下,以"自我"的探讨为其主要的反省起点,通过自我意识的反思方式探讨生活世界的意涵。胡塞尔指出,作为主体间性之普遍的视域中,每个不同的自我皆可通过其角度尝试理解他我;且在理解的过程中没有任何人位居主导地位,因此不同的自我间是以相对主观的关系存在。同样地,作为共同意识之存有的生活世界亦然。胡塞尔说:

> 主体间性的同一生活世界,对于所有人而言都是作为显现之多样性的意向性"标志"(index)起作用。而结合到主体间性之共同的综合中的显现多样性,就是所有的自我主观(绝对不是每一个自我主观都只是通过属于自身个人所特有之多样性)都通过它们而指向共同的世界与在世界中的事物,以及作为在一般的"我们"之中结合起来的活动领域等等。[①]

所以,对胡塞尔而言,世界本身即是一个包含所有人之活动的视域。在这个世界中,每一种行为举止,无论是任何的文化生产活动,或任何人的行为模式,都在生活世界之预先给予的状态下进行。[②] 因为,先验自我是通过其自我意识之反思的方式掌握世界现象,且生活世界本身即是作为共同意识存有的相对主观的世界。故在这种意义下,人类与生活世界的关系处于一种相互依赖的依存状态。

生活世界是未被科学理论架构所分化之原初意义的、具体的人群生活于其中的世界。这世界不仅包含所有的人类之知识,更容纳了情感与意欲等现象,而不存在任何绝对、独大的观点,它宣称自己已经掌握了所有的观点。同样地,所有的真理知识都是相对主观的、必须围绕具体的"人"而存在

---

① Edmund Husserl, *The Crisis of European Sciences and Transcendental Phenomenology: An Introduction to Phenomenological Philosophy*, p. 172.

② 克劳斯·黑尔德:《世界现象学》,倪梁康等译,北京:三联书店,2003 年,第 200—203 页。

的世界构造。其次,生活世界是所有人类共同拥有、并存在于主体群中的世界。故在主体间性意义下,主体间呈现的各种问题唯有放置于生活世界中才能得到完整、真正的阐明。此外,主体间世界问题的探讨,亦自然地推导出生活世界问题,就如同生活世界理论同时依赖于主体间性问题的反省。总之,生活世界是包含所有人类文化、科技等活动产物的最终视域,亦是主体间性之关系得以完整呈现的基础。故生活世界与主体间性,在相互关联的情况下得到阐明。

六 结 论

胡塞尔在《危机》中对两个面向提出反思:一是作为周遭世界模式与日常生活息息相关之生活世界;另一是先验还原后以特殊主题之方式呈现的生活世界。前者揭示出生活世界是科学理论与人类目的存有之基础;后者则指出先验现象学之分析后生活世界如何作为前科学领域、人类目的存有意义与价值的根源世界——哲学世界而存在。胡塞尔通过两种不同层次之"还原"的程序,完整地呈现了生活世界之意涵。第一步的悬搁搁置的是客观科学与客观知识,他企图开显生活世界与人类生活领域预先给予的特征。第二步的先验悬搁搁置自然生活态度(在世界生活的态度),以"无利害关系的观察者"角度彻底反省生活世界结构。最后,进行生活世界的先验现象学研究。胡塞尔通过意识意向性、内时间性等现象学方法,考察世界之主观给予的样态:即呈现"世界主体意识之流"与其中的对象,在世界与世界之意识的关联架构下,描述生活世界和其中之事物如何给予、存有的问题。这是胡塞尔企图通过先验现象学,来发展"生活世界科学"的步骤与推论过程。总之,在胡塞尔看来,被先验还原后以主观相对性的现象呈现之生活世界,才是真正根源的世界、最终的视域。因而必须回溯到生活世界最原初的意涵与根源,针对科学活动之"目的"与"结果"之整体性结构进行探讨,才能彻底反思科学理论架构之基础,完整揭示生活世界的"目的导向性"。故胡塞尔通过现象学的分析与还原,将生活世界以"基础之形式"的呈现样态进行反思,以说明其生活世界之科学。所以,我们可以宣称,生活世界正是胡塞尔先验现象学所欲揭示的基础性、根源的世界,先验现象学就是生活世界的科学。换言之,唯有通过先验现象学之分析,才能真正地将生活世界之意涵完整地呈现,达到真正严格之科学理论的建构。但是,胡塞尔此种通过对生活世界之理念化的论述方式,是否可以真的实现先验现象学作为一切科学之基础的目标?或者,其先验现象学之理想最终是否会因为人类理性之限制而宣告失败?这些都是胡塞尔式现象学遗留下来的问题。但不可否认的是,生活世界之呼吁与反思,对于我们反思科学理念、人类生活、甚至文化交融等问题,都提供了一个全新的视角,以及进行深入发展之可能性的基础;同时亦开启了不同于传统哲学的现象学式论述。

The Science of Life-world in Husserl' s *The Crisis of European Sciences and Transcendental Phenomenology*

Zhang Yuhan

Abstract: The concept of life-world is the essence of the late Husserl' s thinking. Especially he reflected and explored the life-world' s problems in Husserl' s *The Crisis of European Sciences and Transcendental Phenomenology*, which pointed out that the transcendental phenomenology is the science of life-world. Why did Husserl *epochē* (suspend) the object sciences and used transcendental phenomenology to approach the life-world? What did Husserl to reveal through the Transcendental Phenomenology? I think Husserl' s purpose explore the problems of life-world in transcendental phenomenology is to construct the science of life-world. In view of the questions above, this article tends to re-examine Husserl' s concept of life-world and to explore how he constructed the science of Life-world by the phenomenological methodology.

Key words: Husserl, life-world, transcendental phenomenology, object sciences, *epochē*

哲学门(总第二十七辑)
第十四卷第一册
北京大学出版社,2013 年 7 月

“视”与“思”之间真的不存在着连续性吗?
——派利夏恩的视觉理论批判*

徐英瑾**

提　要:关于视知觉以及语义推理活动之间的关系,有两种针锋相对的观点:“视—思连续论”和“视—思断裂论”。根据前一理论,视知觉在原则上可为语义信息所渗透,或者说,视知觉本身就是某种缄默的语义推理的产物。根据后一理论,高阶的语义推理无法渗入视知觉,视觉模块可以通过某种独立的方式运作。视觉科学家芝恩·派利夏恩系统地发展了后一种观点。本文的靶标就是派氏的观点。在派氏看来,对于“连续论”的接纳会导致我们去承诺一种“纯摹状词观点”的观点,以便解释视觉模块对于视觉表征的记录方式——而麻烦的是,这种记录方式却恰恰无法说明为何视觉系统能够以一种高效的方式完成对于视觉对象的追踪。这就会反推出“断裂论”的正确性。在笔者看来,派氏之论已经错误地预设了如下这点:一阶谓词逻辑乃是用以形式化所谓“纯摹状词观点”的唯一工具(而恰恰由于对于这种工具的运用,视觉系统对于视觉表征的记录方式才会变得非常笨拙)。笔者以为,一种可能的视觉表征记录方式,或许会对被记录到的每个摹状词的语用权重加以标签——而那些权重不高的摹状词,也就将不再在“对象追踪”的任务中扮演重要角色。根据这种假设,语义内容依然

* 本研究得到复旦大学“985 工程”三期整体推进人文学科项目(2011RWXKYB038)的资助。

** 徐英瑾,1978 年生,哲学博士,复旦大学哲学学院副教授。

以摹状词的形式在视觉系统的追踪活动中发挥作用,并不会导致系统运作效率的全面下降——而派氏的论证并没有先天地排除这种对他不利的假设。

关键词:视知觉　视觉模块　不可穿透性　纯摹状词观点　视觉索引词

一　导论:"视—思"连续论:一种正确的却有待辩护的立场

关于如何理解"知觉"(perception),尤其是"视知觉"(visual perception)的实质,在主流分析哲学家和主流认知科学家之间,无疑存在着一种巨大的学术分歧。简言之,站在主流的视觉科学立场上来看,视觉过程是一个复杂的信息加工过程,其最初输入乃是视网膜获得的二维亮点矩阵,其输出乃是视觉皮层所获取的关于外物的三维图像。比如,在大卫·玛尔的科学名著《视觉:对于人类表征和视觉信息处理进程的一种计算化的研究》[①]中,视觉加工机制就被理解为了这样一条"流水线":该线上的"工人"分为三组,第一组处理的是"早期视觉"问题,第二组处理的是"中级视觉"问题,第三组处理的是"高级视觉"问题。这三道工序前后相续,而其中的每一工序自身复又可以被分解为大量的次级,乃至次次级工序。这也就是说,只要跟着这三道工序的流程走一遍,二维亮点矩阵就终会被加工为三维立体对象(参看图1)。

然而,很多哲学家则还可能抱有着一种与之相反的观点:我们是根据我们对于世界的某种带有"灵性"的理解(甚至"主观偏见")来感知这个世界的——因此,感知不仅仅是纯粹的、机械的、单向的信息加工过程,还渗透着带有极大可塑性的语义理解方式。如维特根斯坦在《哲学研究》中所说的:

① David Marr, *Vision: A Computational Investigation into the Human Representation and Processing of Visual Information*, New York: W. H. Freeman and Company, 1982.

图 1

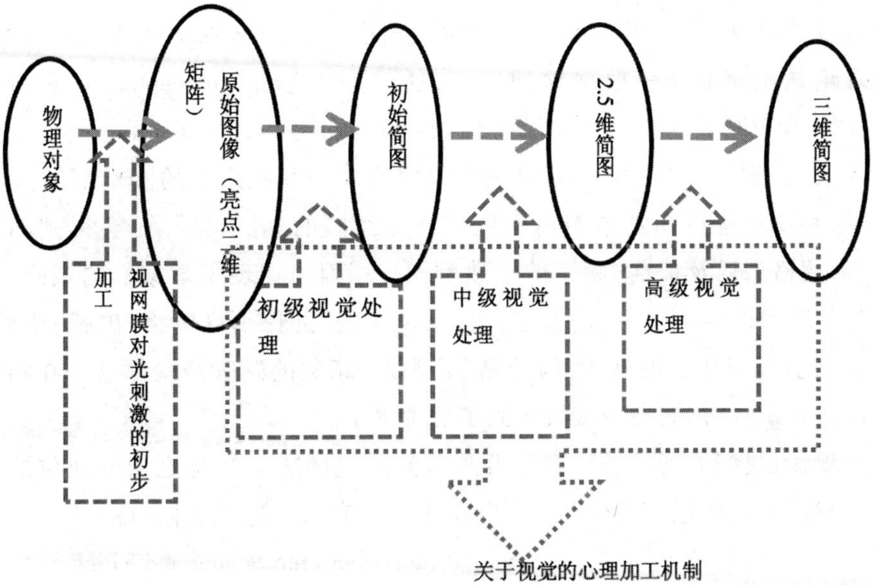

“你可以想象如下插图：

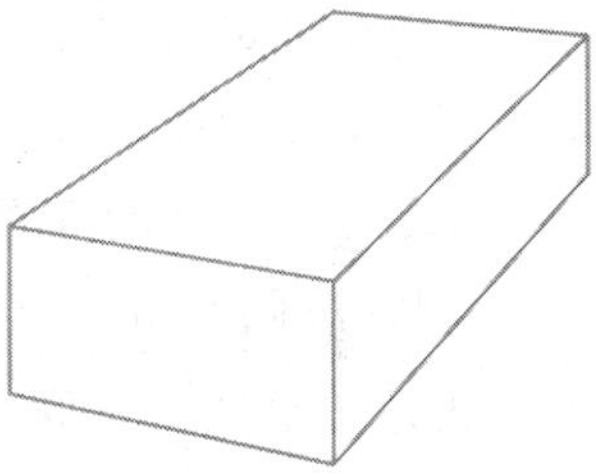

在一本书里，例如在一本教科书里，有好几处出现该插图。在相关的课文中，每次所谈论的东西都彼此不同：在这里谈的是一个玻璃立方体，在那里谈的是一个敞着口放着的盒子，另一处谈的是具有此形状的一个铁丝框架，另一处谈的是由三块平板所构成的立体角。无论是哪一次，课文都对这张插图做出了解释。

可是，现在我们也可以把这张插图一会儿**看作**这个，一会儿又**看作**那个。——因此我们解释它，并像我们所**解释**的那样去**看**它。”①

——或换言之：

“所以面相的闪现，似乎一半像视觉体验，另一半像是思想。”②

① Ludwig Wittgenstein, *Philosophical Investigation* (fourth edition), the German text, with an English translation by G. E. M. Anscombe & P. M. S. Hacker & Joachim Schulte, Malden: Blackwell Publishing Ltd., 2009, p. 203.

② Ibid., p. 207.

维特根斯坦的这些想法,在分析哲学界最有名的追随者是美国德州大学的哲学家迈克尔·泰。他为一种叫"表征主义"(representationalism)的视觉理论做出辩护——根据这种理论,任何知觉意识(perceptual consciousness)本身就已经充满了"表征内容"(representational content)——换言之,你无法从"看"中将"想"的内容完全清理出来。[1]而在广义的"现象学运动"中,这种反对从视知觉中剥离出纯粹感觉经验的观点,则几乎会得到胡塞尔、海德格尔以及梅洛-庞蒂的一致赞同——因为在现象学家们的视野中,无论是精神的意向指向(胡塞尔)也好,肉身的意向指向(梅洛-庞蒂)也好,还是"此在"对于物的操持(海德格尔)也好,相关的感官经验都已经在相关的高阶意识/身体活动中被熔铸到了后者去了。

现在,我们无疑已经看到了两种截然对立的关于知觉之功能地位的观点。我们不妨就把维特根斯坦等哲学家所持有的上述观点称为:

"视—思连续论"(The Continuity Thesis between Seeing and Thinking):视感信息的加工过程仅仅是高层语义信息加工过程的某种变异,而且,后者的语义处理结果也总是可能(尽管未必必然)渗入感官信息的加工过程。因此,"视"和"思"乃是认知光谱上两个无法被清晰区分的区段。

与之构成对立的则是一种更为"科学化"的观点:

"视—思断裂论"(The Discontinuity Thesis between Seeing and Thinking):视感信息的加工原则与语义信息的加工原则有着本质的不同,而智能体的高层语义信息本身也无法深入到其低层感觉信息的加工过程之中去。因此,在认知光谱上,必然有一个叫"纯视"(pure seeing)的区段,可被清晰区分于"思"之区段。

从常识立场上来看,前一种立场无疑更具直观上的感召力。但科学方法论的考量也不容忽视:科学研究总需要对研究对象加以必然的分割,而"视—思连续论"则看似从一开始就堵死了进行这种"分割研究"的大门。因此,若仅从直观方面为"连续论"辩护,此论未必就具有论辩上的明显优势(因为"断裂论"也有其相应的科学直观为其撑腰)。或者说,即使"连续论"可能是对的,目前它也只是一个未得到辩护的立场(a probably true but still

---

① Micheal Tye, *Consciousness*, *Color*, *and Content*, MIT Press, 2000.

unjustified position)。

在本文中,笔者便试图对“连续论”给出某种独立于直觉诉求的理性辩护,或至少为其提供更多的知识论担保(warrant)。本文的具体辩护策略乃是这样的:我们暂不为该立场进行正面论证,而转向去考察在视觉科学领域对“连续论”提出的最系统的一种反驳。只要我们能够再驳倒这种反驳,那么我们就能够极大地提高“连续论”自身的理论可信度。由此,我们的辩护目标也不是对“连续论”自身做出一种一劳永逸的论证,而是通过和其理论对手的对话,提高其自身的成真概然度。

二 派利夏恩的“断裂论”概览,以及其和佛笃的“心灵模块论”之间的关系

需要指出的是,大卫·玛尔的视觉理论虽然预设了某种版本的“视—思断裂论”,但是作为纯粹科学家的他对此并无自觉的意识。若论及为“断裂论”进行自觉辩护的学者,哲学界的代表要数皮考克[①]和佛笃[②],在视觉科学界内的代表则是芝依·派利夏恩(他同时也算得上是一位兼职的哲学家)[③]。本文选择的靶子乃是派利夏恩。这主要是因为他的理论具有兼备哲学思辨和科学实证的某种“跨学科色彩”——而其对于“连续论”的反驳,在系统性和哲学深度方面,亦为科学圈内所罕见(与之相比较,皮考克和佛笃对于科学材料的涉及深度就不如他)。对于任何主张“连续论”的论者来说,

---

① Christopher Peacocke, *Sense and Content: Experience, Thought, and Their Relations*, Oxford: Oxford University Press, 1983.

② Jerry Fodor, *The Modularity of Mind—An Essay on Faculty Psychology*, Cambridge/London: MIT press, 1983.

③ Zenon Pylyshyn, 1937 年生,加拿大人,学术身份相当多元。他 1959 年于麦吉尔大学(McGill University)拿到工程学学士学位,在 1960 年于萨斯喀彻温大学(University of Saskatchewan)拿到控制系统理论的硕士学位,并在 1963 年拿到同一个大学的实验心理学博士学位(博士论文研究的是人类的短时记忆机制)。他长期在加拿大的西安大略大学(University of Western Ontario,位于安大略省的伦敦市,非英国伦敦)任教授,并同时被该校心理学、计算机科学、哲学、电子工程学四个系聘请,指导四个系的研究生的学术科研。1991 年他来到美国,加盟鲁特格斯大学(Rutgers University)心理学系,在那里建立了一个认知科学中心,并一直执掌帅印至 1997 年。尔后,他辞去中心主任的职务,专门从事研究。他从事的研究主要聚焦于心灵印象、视觉注意和认知构建等几个领域,不但在心理学界影响巨大,而且也引起了心灵哲学家的广泛兴趣。

派利夏恩都是一个必须加以高度重视的论敌。

关于自己的“视—思”断裂论的基本内涵,派利夏恩曾有下述表述,意思颇为显白:

> 我将论证,就我们平时所说的“视觉”这个广义上的范畴而言,它就是一个非常复杂的信息处理系统,而其中的“早期视觉”成分的运作,又独立于我们的信念系统。早期视觉系统将场景中的对象个体化,将其遴选出来,并对可见表面的空间排列形式,以及场景中对象的三维形状进行计算。因此,它就涵盖了我们所说的“视知觉”中的很大一部分。但它也有自己所不能做的事情,如**辨识**出我们正在看的东西,换言之,将看到的东西联系于我们过去所见的,联系于我们记忆的内容。而且,早期视觉系统也并不就所见的东西究竟为何做出判断……在这个意义上,看见和相信并不是一回事情;实情恰恰完全不是这样。信念取决于你所见证的,你的智慧,以及关于世界如何运作之知识,而早期视觉则否。早期视觉取决于早期视觉系统本身是如何被演化进程所塑造的,取决于生物学、化学和物理学的法则,取决于摄入的光的模式,却不太取决于另外的因素。……这种观点,被我称为所谓的“独立性论题”(independence thesis),或者“视觉模块性论题”(modularity-of-vision thesis),但它在视觉科学的圈内圈外恐怕都会树敌很多。所以我们还需要对它进行更为明确之规定……①

在这段文字中,我们至少能够辨识出三个思想要点:

第一,视觉系统是一个抽象的信息处理系统,能够按照一定的处理模式对输入信息进行加工。很显然,在这一点上派利夏恩和大卫·玛尔心有灵犀。

第二,视觉机制中有一个部分叫“早期视觉”。这看似是脱胎于玛尔的思想,但又与其有着明显的分别。玛尔的“早期视觉”只负责输出初始简图(请参看本文图1),而派式的“早期视觉”却同时要负责对三维形状的计算,所以说,后者的“早期视觉”其实几乎包含了玛尔的视觉表征的所有三个阶

---

① Zenon Pylyshyn, *Seeing and Visualizing: It's Not What You Think*, Cambridge: MIT Press, 2003, pp. 50-51.

段。不过,在派利夏恩自己看来,就增强他的整个立论的针对性而言,这种包容性更大的"早期视觉"定义乃是非常关键的——因为一方面,很少有人会否认视觉机制中存在着一种纯粹感官层面上的运作(但他们会认为这是个在心理学上微不足道的话题),而另一方面,很多人却会认为,对三维对象的把握肯定会牵涉到高层语义知识①。所以,一旦声明三维对象的构成亦可独立于语义系统,就会构成一种非常惹眼的主张。

第三,派利夏恩认为整个视觉机制乃是一个"模块",因此,整个认知系统的知识库中的信息(以命题的方式存储)就无法渗入视觉机制。很显然,这个思想要点牵涉到了派氏对于"模块性"(modularity)的理解方式,即将"模块性"等同于"信息封装性"(information encapsulation)。在这个问题上,美国哲学家杰瑞·佛笃对于"心灵模块论"的积极倡导,在一定程度上构成了派氏之论的先声。有鉴于佛笃之论在学界所获得的巨大影响,以及它和派氏视觉模块独立论之间互为支援的关系,因此我们在此就有必要对佛笃的思想略表一二。

佛笃将感觉输入机制的"模块性"定义为如下属性的集合:

1. "输入系统具有领域特异性"②,也就是说,一个输入机制只能够处理它能够处理的任务:视觉系统中的色彩感知模块只能够感知色彩,形状感知模块只能够感知形状。

2. "输入系统的运作是强制性的"③,也就是说,如果某些输入信息输入给相关感官模块的话,那么整个认知系统就必定会接受到它,而无论其信念系统会产生怎样的信念(比如,即使你相信棍子插到水里依然是直的,你依然会**看**到它的弯曲)。

3. "输入系统所加以运算的那些中介性心灵表征,[就对于中央语义处理系统而言]只具有非常有限的可通达性。"④比如,你若叫某人低头看表,再告诉你时间,他一般都能很好地完成任务。但是若叫其立即不假思索地回

① Zenon Pylyshyn, *Seeing and Visualizing: It's Not What You Think*, Cambridge: MIT Press, 2003, pp. 50-51.

② Jerry Fodor, *The Modularity of Mind—An Essay on Faculty Psychology*, Cambridge/London: MIT press, 1983, p.47.

③ Ibid., p.52.

④ Ibid., p.55.

忆起表面上数字的形状,他往往就会面露难色了。这也就说明,视觉系统对于数字形状信息的处理结果,对于中央语义系统来说是难以通达的。

4.“输入系统的运作很快”[①],因为每个模块处理的都是特定领域内的问题,其效率自然就高。

5.“输入系统是信息封装的”[②],这不仅是指高层语义信息无法渗入之,而且也是指其他模块的信息无法渗入之。

6.“输入分析器只有‘浅’输出”[③],也就是说,其输出带有的语义深度被压缩至极致。

7.“输入系统和特定的神经结构相联系”[④],也就是说,在心理学层面上对于模块的定位,可以被映射到神经生理学研究所揭示的物理定位上去。

8.“输入系统[一旦出现故障],那么总是呈现出富有特点的和特别的崩坏模式”[⑤]——也就是说,某个输入模块的崩坏,其原因总是局域的,并是定向的。

9.“输入系统的个体发育过程体现出了一种特定的步调和次序”[⑥],也就是说,其发育过程似乎是被生物体的内在基因所决定的,而与环境的输入刺激关系不大。

从上面所开出的这张列表来看,佛笃的心灵模块论所做的,其实就是把派氏关于视觉机制之模块性的论题推论到任何感官模块,并使得相关论述更为系统化。很显然,在一些非常根本的问题上,两人无疑都接受了相同的哲学预设,比如:在对感官模块的工作机制进行描述时既反对整体主义(并坚持局域模块的信息封装性),又反对经验主义(并坚持某种版本的模块先天主义)。

但为何这个“模块性论题”就是对的呢?或问得再具体一点:支持佛笃的模块性论题的论证是什么?而支持派利夏恩的模块性论题的论证又是什

① Jerry Fodor, *The Modularity of Mind—An Essay on Faculty Psychology*, p. 61.

② Ibid., p. 64.

③ Ibid., p. 86.

④ Ibid., p. 98.

⑤ Ibid., p. 99.

⑥ Ibid., p. 100.

么?(这两个子问题之所以要单列出来,乃是因为前者的模块性论题毕竟是涉及一切感官的,而后者的论题仅仅牵涉到视感官,因此在回应思路上必定会有些微妙分殊。)

依照"先一般再特殊"的问题讨论次序,我们不妨先来看看佛笃是如何论证其论点的。他在《心灵的模块性》中提出了很多关于模块论的后天论证,如前面提到的一些心理学证据(参前述"模块性"特征的2、3点)。但从一个更宏观的角度看,这些论证其实都可以统摄为下面这个三段论:

1. 从认识论角度看,能够把握心智结构(或其一部分)的工作原理的方式,就是将其看成为一个信息处理系统:它只能够按照输入的形式特征,在预装的处理程序的指导下,对其进行处理(这秉承的依旧是玛尔的思路)。

2. 任何按照输入形式特征所进行的处理流程,必然只能够根据相关输入的局域特征来按部就班地进行。这种局域处理将不受心智全局工作情况的影响(他的原文是:"换言之,局域性乃是我们能够设想的那类计算所具有的最惹眼的特征。"[①])

3. 所以我们必须接受模块性论题,即我们所能够理解的感官机制运作的唯一模式,就是仅仅根据其输入的局域特征对其进行局域处理,而对其余信息保持麻木。

但在笔者看来,这个论证是不成立的。其中出问题的步骤乃是小前提,因为并不是所有的形式计算都只对局域性的输入特征敏感。因为从理论上说,完全有可能存在着这样一种计算形式:它既能够在一台传统计算机上被有效得执行,也可以在某个更高的层面上体现出某种整体论或准整体论的语义学特征。在笔者看来,佛笃之所以没有看到这种可能性,乃是因为他混淆了"形式计算"这一属性的从属层次:在硬件以及算法的层面上,我们固然可以说一切认知模型都具有"形式计算"的属性,并因此无法对语义内涵进行表征——但在一个更高的层面(如计算理论层面)之上,我们却不能先验地否定这种可能性:的确有一些认知模型的确能够支持对全局语义内涵的表征,尽管有一些则否。换言之,如果我们真的暂时找不到这种具有全局语义特征的认知系统的话,那么这也仅仅只能归咎于我们自己的无能,而并不

---

① Jerry Fodor, *The Modularity of Mind—An Essay on Faculty Psychology*, p. 128.

意味着人类的认知系统本然的应当如此。[①]

下面,我们就马上把注意力转向佛笃的理论盟友派利夏恩,以便查看他是如何论证和展开他自己的视觉模块性/独立性论题的。

三 派利夏恩对于"纯摹状词观点"的批判和他的"视觉索引论"

在派利夏恩对于断裂论的所有论证中,有一个论证不但引出了"连续论不正确"这个消极结论,而且还在积极的意义上将我们导向了一个关于早期视觉运作机制的理论架构——"视觉索引机制"。另外,该论证不仅仅依赖实证科学方面的后天证据,而且还高度依赖西方语言哲学的思想资源,因此在构思的哲学精巧性方面要甚于一般的实验心理学理论。

该论证可以被重构为如下七步(在每一步的黑体字标示下面,笔者都附有相关的解说):

1. 视觉表征无非就是两种:一种是纯粹由摹状词构成的,一种则不是——换言之,该表征系统包含专名。

在派氏的文献中,"视觉表征"(visual representation)或"表征"(representation)一词并没有得到一个清晰的定义,尽管其出现频率极高。根据笔者的阅读体会,"表征"这个词在他那里略等于一切能够被智能系统内部心理加工原则所处理的符号对象,而"视觉表征"则自然是指一切能够被**关于视觉的**内部心理加工原则所处理的符号对象。很显然,按照这种比较宽泛的理解,我们在判定"视觉表征"的组织形式时自然也就有了很大的操作弹性。现在我们先不妨就假定**整个视觉表征系统具有一种"类语言"的存在形**

---

① 不幸的是,以后佛笃恰恰是按照他固有的思路走向了这样一个结论,即因为我们无法按照形式计算的模式来理解中央语义系统的运作,所以其运作是不可知的(请参看 Jerry Fodor, *The Mind doesn't Work That Way—The Scope and Limits of Computational Psychology*, Cambridge: MIT Press, 2000)。他的相关论证是:1. 中央语义系统的运作必须能够负载全局的语义内涵关系;2. 若按照形式计算的模式去理解其运作的话,这样的语义关系是不可被说明的(换言之,"框架问题"无解);3. 形式计算的模式是我们理解心智任何部分之运作的唯一模式;4. 中央语义系统的运作机制不可知。很显然,在这个论证中,出问题的步骤还是"2"。换言之,这同一个错误假设,既导致他导出了"感官模块之运作具有信息封装性"这个过强的论题,又导致他导出了"中央语义系统之运作不可知"这个过弱的论题。

式(这个假设显然是有利于“视—思连续论”的,但出于论证策略的考虑,像派利夏恩这样的断裂论者完全可以在此先退一步,尔后再伺机反击)。那么,这种“类语言”所模拟的自然语言本身的构成形式又是什么呢?

自然语言无疑是由命题所构成的。而**按照经典谓词演算的看法**,每个命题复又由——并仅仅由——专名和摹状词构成(也就是说,普通语法中的定语、状语、实义动词、系词等,统统可以划归为摹状词,或说得更技术化一点,划归为“命题函项”)。举个例子,“派利夏恩是来自加拿大的美国鲁特格斯大学的员工,并工作勤勉”这个自然语言的句子就可以被刻画为三个原子命题的合取:

刻画一. 来自加拿大(派利夏恩)& 美国鲁特格斯大学的员工(派利夏恩)& 工作勤勉(派利夏恩)

或:

刻画一*. $F(a) \wedge G(a) \wedge H(a)$

不过,从某些语言哲学家的角度来看,这种刻画或许还不算彻底,因为这种刻画还没有对专名“派利夏恩”进行更为精细的分析。或许我们还可以将“刻画一”转化为:

刻画二. 有至少一个对象 x,使得:来自加拿大(x)& 美国鲁特格斯大学的员工(x)& 工作勤勉(x)& 名叫派利夏恩(x)&[任何一个名叫派利夏恩(y)→x = y]

或:

刻画二*. $\exists x\ F(x) \wedge G(x) \wedge H(x) \wedge P(x) \wedge [\forall (y) P(y) \rightarrow x = y]$

熟悉语言分析史的读者应当不难看出,“刻画一”所代表的那派语言哲学理论,其核心思想就是坚持在专名和摹状词或命题函项之间有着一条的根本界限;而“刻画二”所代表的那派语言哲学理论,其核心思想就是坚持认定,专名总是可以通过这种或那种方式被还原为摹状词或命题函项。前一派的主导人物有穆勒和弗雷格,后一派的主导人物则主要有罗素、塞尔等。

后一派观点,也被派利夏恩称为一种“纯摹状词观点”。[①]

现在我们再把视线从语言哲学拉回对视觉表征的考察。如果视觉表征的组织形式是一种“类语言”的话,那么这种表征形式也必须在下面两个选择项中选择其一:“纯摹状词观点”或“摹状词、专名混合观点”。当然,**这里所说的“摹状词”必须和视觉表征密切相关,如关于可视对象的形状、颜色、位置等要素的摹状词**。

2. 如果视觉系统表征是按照“纯摹状词观点”而被组织起来的话,那么视—思连续论就会得到加强,反之则会得到削弱。

这是因为,语义描述活动的实质,其实就是在将视觉对象和语义库中的属性词相互联系。如果纯摹状词观点是对的,那么视觉表征系统所做的,不外乎就是通过语义库中的属性词来完成对于视觉对象的刻画,**并在此之外不凭借任何别的方式**。这种把握方式显然是连续论者所乐见的,因为连续论的核心命意本来就是:除了依赖中央语义库所提供的属性标签以外,视觉系统没有别的任何方式可以对一个知觉对象进行定位和追踪。反过来说,如果“摹状词、专名混合观点”是对的话,那么视觉系统对于知觉对象的定位和追踪,就必须依赖于除了上述属性标签以外的某些因素。既然这个因素并不会来自于语义系统,那么就只能来自于视觉模块自身。这无疑就等于为断裂论提供论据了。所以,站在断裂论者的立场上来看,只要证明“纯摹状词观点”是错的,他们就能够对连续论发出釜底抽薪的一击。

3. “纯摹状词观点”的确是错的,因为它无法解决解释,为何视觉系统能够高效地对知觉对象进行追踪和定位。这又是因为:

(1) 假设“纯摹状词观点”是对的,那么视觉表征不外乎是诸摹状词的逻辑积,而不可能有别的构成因素(归谬法的前提);

(2) 视觉表征必须被一步一步地构造,即呈现出一种“增量式的”(incremental)构造方式,这是因为,“人眼——所有视觉信息得以通过的第一道门——有非常局限的空间约束,而且也需要频繁的眼动以最终形成被视觉体(percept)”[②]。换言之,眼中所见的事物框架,其实是一点一滴的扫视逐渐

---

① Zenon Pylyshyn, *Seeing and Visualizing: It's Not What You Think*, p. 245.

② Ibid., p. 246.

累加出来的。

(3) 根据(1)，在上述一点一滴的构造过程中，每一步的扫视都会产生一个针对视觉对象的摹状词。

(4) 因此，随着构造过程在时间中的展开，视觉表征也会随之丰富化，或说得更技术一点，与之相关的摹状词的合取式会越来越长。

(5) 这就暴露出了一个问题："如何能够在对视觉世界的连续性表征（或瞥视）中，在个体和个体（指表征个体和被表征个体——引者注）之间建立起符合关系(correspondence)呢？这种符合关系是不是能够仅仅通过一种纯粹的摹状词式的视觉表征来实现呢？"①这个问题便被派氏称为"符合问题"(the correspondence problem)。

(6) 假设摹状词理论可以解决"符合问题"。假设在时刻 t_1，眼睛先把握到了对象具有属性 P_1，于是就有：

$$t_1 \exists x \left[P_1(x) \wedge \forall (y)(P_1(y) \rightarrow x = y) \right]$$

（在这里，引入第二个变元"y"是为了刻画对象的唯一性。整个式子同时也传达出以下资讯：对象是在"P_1"这个属性标签下被系统编码的。）

而在 t_2，眼睛又把握到了对象具有属性 P_2，而且视觉系统还发现：这个在 t_2 时刻被把握到得对象，是符合于那个在 t_1 时刻在"P_1"标签下被编码的对象的，于是原来的视觉表征就被更新为：

$$t_2 \exists x \left[P_1(x) \wedge \forall (y)(P_1(y) \rightarrow x = y) \wedge P_2(x) \right]$$

而在 t_3，眼睛又把握到了对象具有属性 P_3，而且视觉系统还发现：这个在 t_3 时刻被把握到得对象，是符合于那个在 t_2 时刻在"P_1"和"P_2"标签下被编码的对象的，于是原来的视觉表征就被更新为：

$$t_3 \exists x \left[P_1(x) \wedge P_2(x) \wedge \forall (y)(P_1(y) \wedge P_2(x) \rightarrow x = y) \wedge P_3(x) \right]$$

由此我们就不难推出，在 t_n，视觉表征应当被更新为：

$$t_n \exists x \left[P_1(x) \wedge P_2(x) \cdots P_{n-1}(x) \wedge \forall (y)(P_1(y) \wedge P_2(x) \wedge P_3(x) \cdots \right.$$

① Zenon Pylyshyn, *Seeing and Visualizing: It's Not What You Think*, pp. 245-246.

$P_{n-1}(x) \rightarrow x = y) \wedge P_n(x)]$[①]

(7) 上述刻画方式显然是繁琐的,视觉系统若按照此方式对对象进行追踪,那么当系统在为对象贴上了一定数量的对象属性标签后,其表征形式就会变得很长,因此运算的效率必然会降低。

(8) 但我们都知道视觉系统追踪视觉对象的效率是高的。

(9) 这就反推出了,视觉系统并不是以"纯摹状词观点"所描述的那种方式工作的。我们必须寻找一种别样的工作方式。

4. 由此反推出,在视觉表征中,必然有一个成分不是摹状词,而是专名或者视觉索引词(**visual indexes**)——"它们在很多方面都很像'这'或'那'这样的指示词"[②]。换言之,和摹状词不同,索引词和专名不是通过描述视觉对象的某个特征来指涉它们的——相反,它们就通过自己直接来指称对象。

5. 以上述假设为核心骨干的理论叫"视觉索引论"(**visual-indexing theory**),其基本主张是:一旦视野中的某些特征簇能够以其自身的凸显度启动索引机制的运作,索引机制就能够自动追踪这些"近侧视觉对象",而这种追踪完全不会牵涉到对于高层语义知识(以摹状词的形式存储)的调用。这个基本想法可以被展开如下:

> (1)最原始的视觉进程以自动和平行的方式将视野分割为特征簇。这些特征簇倾向于和远侧场景中的个体的个例发生稳固的联系。我把这些簇在远侧的对应者称为"原初视觉对象",有时就简写为"视觉对象"。这将表明我的一个预备性的假设:一般而言,特性簇就是世界中的物理对象在近侧的(即视网膜上的)投影。
>
> (2)这些簇以一种并行的方式被激发,其激发程度取决于这些簇中的属性——含时间性属性(如初始属性)——能够在多大程度上获得局域的凸显性。
>
> (3)这些属性簇根据自身的激发程度,彼此竞争,以求进入一个容量有限的视觉索引池(或 FINST 池)。这些索引以并行的方式被指派,

① 上述刻画的原始形式见 Zenon Pylyshyn, *Seeing and Visualizing: It's Not What You Think*, p. 249, note 17. 引用时细节稍有改动。

② Zenon Pylyshyn, *Seeing and Visualizing: It's Not What You Think*, p. 246.

而且这种指派方式一开始也是由刺激驱动的。因为索引本身是限量供应的（数量也就是四个到五个），因此这个过程是一个运作资源受限的过程。

(4)尽管索引词的指派最早是由刺激驱动的，但是认知还是可以通过一些特定的方式，即通过由意愿支配的注意力分配机制，对索引词指派机制施加影响……

(5)即使一个视觉对象改变了自己的属性（包括其在视网膜上的位置，只要这种变化不超过一定的限度），其原来的视觉索引依然会继续绑定在该对象之上。这也正是一个视觉对象能够成为“同一个”视觉对象的机制之所在。由于这个假设——近侧属性簇以稳定的方式和远侧对象（物理对象）相联系——，索引便可以在功能上“指向”场景中的对象，却不必辨识出被指向的到底是什么。

(6)哪些模式可以通过索引而被绑定，乃是一个经验问题。可被绑定的模式未必就一定得是局域的或是点状的，尽管其肯定不能大于视网膜中央窝（否则它们就是不可被索引的）……

(7)只有已经被索引的标记（token）才能够进入接下来发生的认知进程……

(8)只有已经被索引的标记才能够成为行动的目标……①

四　对于“视觉索引论”的批评

派利夏恩的“视觉索引论”的哲学意蕴是非常丰富的，而它在科学层面上的学理展开，亦高度依赖这些哲学预设。笔者将这些预设归结为以下四点：

实在论的本体论预设：智能体的行动必须在真实的环境中实现，即和实在的对象发生关联。按照派氏的看法，纯摹状词的观点难以满足这种要求，因为摹状词只是给出了对象存在的满足条件，却无法直接地指涉对象。从

① Zenon Pylyshyn, *Seeing and Visualizing: It's Not What You Think*, p. 211.

这个角度看,纯摹状词理论的本体论预设应当是观念论的,而非实在论的。与之作比较,在视觉索引论的理论框架中,视觉索引却可以和世界发生真实的联系,因此能更好地满足实在论的要求。

外在主义的知识论预设:对于如何在世界中行动的知识的获取,需要和外部实在的真实接口,而不能够在语言表征的内部世界中打转。比如说,有人若晓得'北斗七星的最北星是北极星'这条知识,也不等于他能够从眼前的星象中分辨出北极星[①]。而所谓的"视觉索引",就为智能体的行动设置了一个通向外部世界的知识接口。

反摹状词观点的语言哲学预设:这一点我们在前文中已经反复提及。若和前述的"本体论预设"和"知识论预设"相互参照,反摹状词观点的语言哲学预设现在也可以获得这样一层新的含义:通过对于一些不能够被摹状词还原的语言成分的设定,我们也就在知识论上获得了一个不可被"描述知识"所还原的"亲知"成分(the elements of acquaintance)——而这样的一些亲知成分同时又构成了表征世界和外部实在世界的直接联系。从这个角度看,派利夏恩在摹状词和视觉索引之间所划下的楚河汉界,恰恰便构成了纯粹的内部表征世界和外部世界之间最原始的分水岭。

形式主义的逻辑学预设:这一点主要牵涉到了派氏对于他的论敌——摹状词观点——的理解方式。按照他的理解,刻画摹状词观点的唯一方式,就是使用经典谓词演算的办法,把一个对象对于一系列摹状词的符合关系,看成是一个被量词约束的变项对于一系列命题函项的符合关系。同时,这些命题函项又依靠逻辑合取关系而被纯粹外在地捆绑在一起。不难想见,由于这些满足条件/命题函项之间的内在语义关系无法在经典谓词演算的框架中得到正确的刻画,因此视觉系统自然就无法鉴别其中哪些满足条件/命题函项对于对象追踪来说具有本质意义,哪些则否。因此,视觉系统就不得不在执行对象追踪任务时把历史上曾经得到记录的所有对象满足条件予以表征,并由此导致系统工作效率的低下。很显然,倘若有一种表征记录方式真能够把握这些满足条件之间的内涵性语义关联的话,那么系统在执行对象追踪任务时的工作效率就可以得到提高——但派利夏恩显然否定了这

---

① Zenon Pylyshyn, *Seeing and Visualizing: It's Not What You Think*, p.253.

种可能性的存在。很显然，正是通过这种否定，他又一次加强了“纯摹状词观点必错”的结论。

这四个预设中的前三个之间的关系十分密切，不妨一并予以评论。正如派氏所言，一个适应于环境的智能体必然需要和外部物理世界发生真切的联系，但承诺这一点，其实并不能够推出对纯摹状词理论的否定。纯摹状词理论的要点，乃在于：每一个前语言表征的视觉对象，只有在满足一定的表征条件的情况下才能够被视觉系统所记录，否则它们就无法被内化为其内在表征，并被交付给系统的内部运作程序进行深入加工。很显然，这样的一个论点根本就没有蕴涵对于外部物理环境的否定，因为即使是最简单的表征条件，都必须和前表征的原始视觉对象相互匹配，才能够构成最原始的记录语句。而派氏之所以不认可纯摹状词理论能够以这种方式和外部世界发生关联，乃是得缘于如下这个似是而非的推理：

(1)最简单的视觉系统记录语句，具有的是“F(a)”的形式，即一个专名和命题函项的结合；

(2)专名和摹状词之间的本质区别乃是：前者永远只能够成为命题的主词，而后者既可以做谓词，也可以通过某种逻辑构造成为“伪装专名”，由此成为形式上的主词。

(3)摹状词理论主张将任何的专名都还原为摹状词的逻辑构造。

(4)但摹状词理论无法将任何专名都还原为摹状词的构造，因为这样的话，语句将失去真正的主词。

(5)缺乏主词的单称语句不可能是完整的（摹状词理论家或许会说，通过引入量词和约束变项，我们可以在不引入专名或索引词的情况下构成完整的语句。但很显然，由量词和变项构成的语句不可能构成对于视觉表征的实时记录，而只可能构成对于一些实时记录语句的概括）。

(6)所以，摹状词理论将无法指导我们构成完整的视觉表征记录语句。

这个论证的错误步骤，乃在于第三步。这里需要提醒读者注意的是，这里我们所讨论的“摹状词观点”，指的乃是对于视觉表征的一种记录方式，它和我们在日常语句处理时所依赖的那种正统摹状词理论，并不完全是一回事情。其差异处主要体现在：正统摹状词理论固然主张消解专名，但此“专名”实为日常语言中用以描述稳定三维对象（含自然物、人工物和人）的专名,如“月亮”、“瓦良格号”、“卡扎菲”等。这些专名所指涉的对象的复杂程度,自然是早期视觉系统所处理的那些简单视觉对象(如屏幕上闪现的光斑)所不可同日而语的。这也就意味着,和视觉表征任务相匹配的那种“摹状词观点”,显然不可能处理如此复杂的语义对象,也不可能借用前一种摹状词理论的固有思路,对所谓的“视觉专名”或“视觉索引词”进行粗暴的还原。依据这种被修正的“摹状词观点”,我们所能够期望视觉系统去做的,乃是下述步骤:

(1)对每个原始视觉对象用索引词进行编号,并记录下其最具有凸显度的属性特征(这一步骤大致对应于罗素在1918年“逻辑原子主义”演讲[①]中提到的对于简单视觉对象的命名——“这”。“这”也被他称为“逻辑专名”);

(2)对各个原始视觉对象之间的相似度进行计算(其依据是它们各自具有的属性特征集),并由此归并或构造出更为复杂的视觉对象——这一步骤大致对应于维特根斯坦所说的“家族相似”理论和当代心理学家所说的“原型理论”[②]所描述的那个信息加工过程;

(3)运用上述相似度计算的成果,规定出新涌现的视觉对象的满足条件,并出于节约系统运行资源的考虑,将原始对象的索引词信息全部删除。

上述工作步骤,虽然也运用到了视觉索引词(第一步),但其潜在用意,却与派氏的“视觉索引论”大相径庭。派论之要点,乃在于强调索引词和一切属性词的断裂——换言之,它们应当能够在排除一切属性词的前提下,完成和所指涉对象的相互捆绑。但在我们上面所看到的这份工作路线图之中,索引词却首先必须构成和相关属性词的语义联系,并由此完成所谓的“填满语句变项空位”的任务。尔后,进一步的语义计算的根据都将落在索引词所联系的那些属性词之上的,而和索引词本身关系不大。由此看来,索引词在此所起到的作用,仅仅是为摹状词簇的出现提供一个技术上的支点,因此,它们的存在本身是服务于摹状词理论的整体框架的。反过来说,若失

---

① 罗素:《逻辑原子主义哲学》,《逻辑与知识》,苑莉均译,北京:商务印书馆,1996年,第211—342页。

② 参见 Eleanor Rosch & Carolyn Mervis: “Family Resemblance: Studies in the Internal Structures of Categories”, *Cognitive Psychology* (1975/7): 573-602; Douglas Medin & Wattenmaker, “Family Resemblance, Conceptual Cohesiveness, and Category Construction”, *Cognitive Psychology* (1987/19): pp. 242-279。

去了摹状词簇在这些支点上的延展和生长，它们的存在就毫无意义。因此，按照此论，根本就不存在一个独立于中央语义系统的"视觉索引机制"。

而派利夏恩的错误就在于，他将日常语言层面上的摹状词理论和视觉理论中的摹状词理论混为一谈了，并在这种混淆的基础上认定：后者也像前者一样，无法构成不含有变项的表征记录语句。但正如上面的分析所指出的那样，通过一些很小的技术变通，摹状词理论的支持者就很容易填补掉派氏所指出的这个"技术漏洞"，并由此满足"智能体必须和环境有真实联系"这个本体论要求，以及"智能体的知识必须具有通向外部世界的接口"这个知识论要求（当然，关于如何具体实现摹状词理论的这些技术设想，我们现在的讨论仅仅是给出了一个很粗略的设想，更为详细的技术构建还必须另撰他文予以完成）。

现在再来考察派氏立论的第四个预设。这个预设的核心命意可以通过下述推理来得到更为清晰的展现：

（1）视觉系统对于信息的加工过程是图灵机可计算的；

（2）假设摹状词观点是对的，那么视觉系统就必须以一种可计算的方式来执行摹状词理论；

（3）唯一的可用以执行摹状词理论的技术模型，由经典的谓词演算理论提供；

（4）但经典的谓词演算理论无法刻画诸谓词/摹状词之间的语义关系，无法把握每个谓词/摹状词的语义权重。于是，这就会使得系统在执行目标追踪任务时不得不对历史上有所记录的所有谓词加以表征，并最终导致工作效率的低下。这也就是派氏念念不忘的"符合问题"。

（5）因此，若视觉系统的确是以一种高效率的方式运作的，它就不可能以摹状词观点为自己的工作蓝图。

这个推理的错误步骤乃是第三步。诚然，从现代逻辑史和早期分析哲学史的角度看，肇始于罗素的摹状词理论的确是以谓词演算理论作为自己的表达平台的，但这并不意味着这是对于它唯一可能的表达方式。我们前面已经说过，摹状词理论的要点，乃在于主张把握对象的根本方式即对其属性的把握，而不是对它自己的直接把握。就这一点而言，我们甚至可以说大卫·休谟就已然是一位18世纪的"摹状词簇理论家"了，因为根据他的形而上学立场,任何一个对象无非就是一个“属性束”(a bundle of properties),而在这个属性束以外,压根儿就不存在着一个承载各种流变而自身不变的“基质”(substrate)。不难想见,他所说的“属性束”,就直接对应着今日的摹状词理论家所说的“摹状词簇”。不过,这种对应可并不意味着:休谟的“束理论”只能够通过谓词演算的方式来加以刻画。比如说,我们完全可以使用统计学(而不是逻辑)的方法来表征休谟的“束理论”。具体而言,把休谟所说的这些属性全部表征为一个平面上的点,并用点与点之间距离的远近来代表属性和属性之间的亲缘关系。尔后,设计出一套统计学算法,能够把彼此接近的点簇看成是一个“束”,并在此基础上完成对于对象的识别。

——那么,上述这些迥异于经典谓词逻辑的视觉表征方式,又为何能够回避派利夏恩所念念不忘的“符合问题”呢?

前面也已经提及,解决“符合问题”的关键乃在于回答如下两个子问题:

(甲)在属性表征库中,哪个表征对于识别当下对象最具有本质意义?

(乙)在属性表征库中,哪个表征在对象的识别历史中曾起过最大的作用?

很显然,一种以统计学方法为驱动的认知系统,将很容易回答个问题(甲)——比如,它可以将属性簇中靠近簇的核心的点视为识别过程所必须参照的关键属性,并忽略掉点簇边缘的属性。而一种带有简单记忆功能的认知系统,则将很容易回答问题(乙)——比如,它可以将在历史中起过重大作用的属性标签的语用权重加以调高,并“遗忘”掉那些没有做出过足够贡献的属性标签。很显然,无论使用哪种方式,系统都可以避免在对象识别过程中对大量的属性标签的调用。总之,“符合问题”之难,其咎不在于作为一种哲学理论的摹状词理论,而只在于现代经典逻辑对于该哲学理论的刻画方式。在这个方面,该问题倒和计算进路的认知科学所讨论的“框架问题”[①]颇有类似之处:框架问题之难,并不在于计算主义的心智哲学预设,而在于到底应当使用哪种技术平台来实现智能体对于相关语义信息的及时调取(而经典逻辑所提供的技术平台在这方面显然是不合用的)。由此看来,对于经典逻辑方法的过分依赖,才是计算进路的认知科学中很多关键课题难

① 请参看拙文:《一个维特根斯坦主义者眼中的框架问题》,《逻辑学研究》第四卷第二期,。

以得到突破的一个总病根。特定的哲学立场并不能够为认知科学发展的暂时挫败负首要责任。

以上就是笔者对于派利夏恩的"视觉索引论"的四大哲学前提的揭示和回应。从上文的分析来看,派氏自己的"视觉索引论"是在一系列的观念预设的前提下被引出的,而这些预设又恰恰是在哲学上值得商榷的。所以说,他的整个"视觉索引论"的构建或许就是建立在沙滩上的一座金字塔。而再从辩论的角度看,其立论的失败,在很大程度上就增加了其敌对论点——"视—思连续论"——的可辩护性(尽管是以一种间接的方式)。换言之,现在我们即使没有完全完成对于那种维特根斯坦式的"连续论"的正面辩护,至少也通过对于"断裂论"的驳斥大大增加了其可信度。

A Rebuttal of Pylyshyn' s Criticism of the "Continuity Thesis between Seeing and Thinking"

Xu Yingjin

Abstract: There are two basic positions with respect to the relation between visual perception (seeing) and inference (thinking): according to the "Continuity Thesis between Seeing and Thinking", visual perception is in principle penetrable by information (with semantic content), or itself is nothing but consequence of some tacit form of inferences. By contrast, according to the "Discontinuity Thesis between Seeing and Thinking", visual perception is impenetrable by high-level inference, or in other words, the visual module works in a manner which is independent of the central belief system. The target theorist of this article is Pylyshyn, who argued that any attempts to reject the afore-defined "Discontinuity Thesis" will inevitably result in a "pure descriptivist view of visual representations", which cannot explain why human' s visual system can efficiently track the targeted visual objects. Hence, the "Discontinuity Thesis", as he concluded, should be accepted. Nonetheless, his argument has mistakenly assumed that the so-called "pure descriptivist view of visual representations" can be only formalized by first-order predicate logic or the like, which is clumsy at diachronically recording visual representations. I will further propose another way to record visual representations, according to which the pragmatic weight of each description will be recorded, and consequently, descriptions without enough weights are supposed to contribute too little to the fulfillment of the task of tracking targeted objects. If this is the actual way in which the vision system works, semantic contents will still play an indispensable role in tracking objects. Unfortunately, Pylyshyn's theory doesn't preclude my competing hypothesis, which is still on the very track of the "pure descriptivist view".

Key words: visual perception, visual module, impenetrability, the pure descriptivist view, visual index

哲学门(总第二十七辑)
第十四卷第一册
北京大学出版社,2013年7月

当代儒学中的后现代主义
——评张祥龙的“现象学儒学”[①]研究

杨生照[*]

提　要:在当代中国大陆的儒学复兴运动中,北京大学哲学系张祥龙教授的“现象学儒学”研究,一方面以现代西方现象学(尤其是海德格尔思想)的视域和进路来理解和阐释中国古代思想(尤其是儒家思想),另一方面还提出了“建立儒家文化保护区”的提议与构想。二者都在学界产生了广泛的反响。前者主要体现为生生不息的纯构成的终极天道观的阐发、本源性的亲子之爱的揭示、孔子之诗性的礼乐人生的阐释三个部分;后者则展开为对全球化背景下的中国传统文化危机的分析和“建立儒家文化保护区”的具体构想。学界普遍认为张祥龙的这两方面工作之间是“体用两橛”或“两张皮”式的,本文观点则认为他的这两方面工作之间存在着内在关联。此关联使他的“现象学儒学”研究与其他的大陆新儒家学者呈现出一种不同的思想倾向,即既非前现代主义的(即原教旨主义),亦非现代主义的,而是一种后现代主义的倾向,它要求解构并拒斥一切形而上学的建构。张祥龙的“儒家后现代主义”,陷入一种“构成”与“现成”的捆绑,而就当代的儒学复兴来说,它实际上是一种因噎废食的做法。

---

* 杨生照,1983年生,中国海洋大学社会科学部讲师。

① 为了对作为张祥龙整个思想体系之概括的“现象学儒学”与以海德格尔现象学为视域来理解和阐释儒家思想的“海化儒学”研究有所区分,本文将对前一意义上“现象学儒学”加上引号,而对后一意义上的现象学儒学则不加引号。

关键词:张祥龙　海德格尔　现象学儒学　境域构成　儒家文化保护区　后现代主义

在当代中国大陆的儒学复兴运动中,北京大学哲学系张祥龙教授的"现象学儒学"研究,一方面以现代西方现象学(尤其是海德格尔思想)的视域和进路来理解和阐释中国古代思想(尤其是儒家思想,以下简称"海化儒学"),另一方面提出了"建立儒家文化保护区"的提议与构想,二者都在学界产生了广泛的反响。将张先生的学术研究概括为"现象学儒学",或有不赞同者会提出异议,认为它只能概括张祥龙以现象学的视域和进路来阐释儒学的思想研究,而对其颇具反响的"建立儒家文化保护区"的提议与构想则有所忽略或未能包括进去,也就是说"现象学儒学"这一名称似乎并不能概括张祥龙现阶段关于儒学研究的全部内容。事实上,此异议乃是基于这样一种看法,即认为张祥龙的这两方面工作之间是"体用两橛"或说是"两张皮"式的,而这似乎也正是学术界许多学者对张祥龙的惊诧和批评之处。然而,笔者的观点恰好相反,即认为张先生的这两方面工作之间其实存在着内在关联。这种关联使他的"现象学儒学"研究与其他的大陆新儒家学者相比呈现出一种不同的思想倾向,即既非前现代主义的(即原教旨主义,如蒋庆、康晓光等),亦非现代主义的(如黄玉顺、干春松等),而是一种后现代主义的倾向,此倾向具体体现为要求解构并拒斥一切形而上学的建构,故笔者将其思想也概括为"儒家后现代主义"。

值得一提的是,张祥龙曾指出当代中国保存和复兴以儒家为主体的中国传统文化要走两条必由之路:一条是为了"保存比较纯粹的古朴活种"而"建立文化保护区";另一条是"以西济中的路,即尽量有效地吸收当代西方文化中有益于中西对话的东西"。[①] 显然,这两条路实质上正是其学术研究的两个主要部分,即建立儒家文化保护区的现实构想和"海化儒学"的思想研究。他还借用中国传统哲学中的阴阳关系来阐述这两条路的关系,即以前者为"阴",后者为"阳","一阴一阳是为道也"。[②] 这也从一个侧面表明了

① 张祥龙:《思想避难:全球化中的中国古代哲理》,北京:北京大学出版社,2007年,第19页。
② 同上。

其学术研究的两个部分之间的内在关联:互为表里,相辅相成。本文就试图通过对张祥龙"现象学儒学"研究的考察和反思,从而揭示其"海化儒学"与"建立儒家文化保护区"的构想之间的内在关联,并展现其儒家后现代主义的倾向。因此,本文的考察研究亦将分为三个部分,即:一,"终极视域的开启与交融":张祥龙"以西济中"的现象学儒学的思想阐释;二,"思想避难":张祥龙关于建立儒家文化保护区的现实构想;三,儒家后现代主义:对张祥龙"现象学儒学"研究之基本倾向的反思。

一 "终极视域的开启与交融":张祥龙"以西济中"的现象学儒学的思想阐释

在当代中国大陆哲学界,无论是在现象学研究领域还是在儒学研究领域,张祥龙都以其现象学儒学的研究独树一帜。就现象学尤其是海德格尔思想研究方面来说,张祥龙是国内为数不多(甚至可说是唯一)特别注重海德格尔思想与中国哲学之间因缘关联的,这体现在他不仅试图挖掘海德格尔思想中所蕴涵的中国哲学背景,而且还借助于东方思想(如大乘中观佛学、道家思想、儒家思想等)的神韵来阐释海德格尔思想。[①] 就儒学研究方面来说,张祥龙亦以其现象学化、尤其是海德格尔化的儒学思想阐释著称,此阐释工作一方面体现在他对中国传统文化,尤其是儒家文化中境域构成性、缘构发生性、时机化等特质的挖掘与彰显,另一方面体现在他对以前的现成化、概念化、对象化、实体化、形而上学化等的儒学研究方式的批判和拒斥。问题是,张祥龙为什么会选择现象学尤其是海德格尔思想作为理解和阐释儒学的基本思想视域?他所极力阐扬的中国古代思想的那种境域构成性、缘构发生性等特质对于当代儒学研究有何特别的意义?

首先,张祥龙之所以选择现象学尤其是海德格尔思想作为理解和阐释儒学的思想视域,一方面与现象学独特的思想方式有关,另一方面也与中国

---

① 这一点尤其体现在他对海德格尔一生哲学中两个重要概念,即 Dasein 和 Ereignis 的中文翻译及其思想内涵的阐释上,其中 Dasein 被他译为"缘在",Ereignis 译为"缘构发生"。参见张祥龙:《从现象学到孔夫子》,北京:商务印书馆,2001 年,第 69 页。及《海德格尔后期著作中"Ereignis"的含义》,载《世界哲学》2008 年第 3 期。

古代思想的根本特质有关。就现象学而言,张祥龙认为其“最突出的特点是它的‘构成’(Konstitution,Bilden)洞见或识度”[①]。现象学的“构成性”特点乃是相对于传统哲学的概念化、实体化、现成性特点而言的,后者也被张祥龙称为概念化的形而上学。如果说,传统的概念化形而上学总是体现为通过探寻某个新的“什么”作为原来的“什么”之存在的根据或本质来思考那个终极性的“某物”(如实体)是“什么”,那么,强调构成性的现象学则是要追问这种终极性思考本身究竟是何以可能的,它指向的乃是使这个终极性的“某物”(存在者)是“什么”的那个“是”(“存在”)本身,亦即此终极性的“某物”是如何被构成、被给予的。我们对于“某物”之是“什么”的认识正是奠基于其“是”(即存在本身之显现、构成)的方式,而后者的意义才是真正的存在论(Ontology)的课题。所以海德格尔说:“无论什么东西成为存在论的课题,现象学总是通达这种东西的方式……存在论只有作为现象学才是可能的。”[②]海德格尔也正是由于看到了现象学的构成性与存在之思之间的这种本质关联,才走上了他的存在现象学之路,这条“思”—“路”标示着终极性的存在问题之思考在当代的一种转向,或者毋宁说是一种回转,即回转到对人的基本生存状态、源始生活体验的分析。就中国古代思想(亦称“中华古学”)而言,张祥龙认为它从根本上也呈现出一种境域构成性的、“纯势态的”[③],而非概念抽象化的[④]特质。此特质一方面为中华古学与现象学的比较研究提供了某种思想的契机从而开启某种与传统的形而上学研究方式不同的新的思想方向,另一方面决定了我们不能完全以一种概念化的方式去理解它们。因为一旦我们完全以西方概念化形而上学的方式去理解中国古代思想,就势必得出黑格尔所谓“没有概念化”的、还“停留在无规定(或无确定性)之中”的、“最浅薄的[纯粹]思想”[⑤]的轻蔑。所以,只有以现象学

---

① 张祥龙:《从现象学到孔夫子》,第184页。

② 海德格尔:《存在与时间》,陈嘉映、王庆节译,北京:三联书店,1999年,第42页。

③ 张祥龙:《海德格尔思想与中国天道——终极视域的开启与交融》,北京:三联书店,1996年,第342页。

④ 不过在张祥龙看来,中国古代思想中只有《易经》、孔子、孟子、老子、庄子、范蠡等的思想具有这样一种原发的境域构成性的特点,而像先秦墨家、法家以及秦汉以后的大多数儒家学者等都滑入了一种实体化、现成化、凝固化的形而上学框架中。

⑤ 黑格尔:《哲学史讲演录》第一卷,转引自张祥龙《从现象学到孔夫子》,第191页。

的原发—境域构成性的视域来理解和阐释中国古代思想,方才可能是一种良性、平等的对话。

其次,在张祥龙的“海化儒学”思想研究中,最具特色者主要有三:一,纯构成的终极天道观的阐发;二,本源性的亲子之爱的揭示;三,孔子之诗性的礼乐人生的阐释。以下即试对这三者进行一些具体探讨。

(一)“天地之大德曰生”——纯构成的终极天道观的阐发

作为中西哲学中的核心概念和最高范畴,中国的“天道”与西方的“存在”(希腊文为*on*,又译作“是”),无论是就二者的内涵而言,还是从二者在各自哲学传统中的命运来说,都具有某种相通性,即:如果说,西方传统哲学的核心在于 Metaphysics,而 Metaphysics 的核心是 Ontology,那么,中国传统哲学的核心便在于“形而上学”,而中国形而上学的核心则是天道观。① 与*on*在西方哲学史上被存在者化、概念化类似,“天道”在中国哲学史上亦经历过实体化、形上学化,即将“天道”理解为某种形而上的绝对实体,如后儒所谓“太极”、“天理”等。张祥龙通过对中西方哲学史的考察,甚至得出如下结论:“历史上思想文献的通例是,越是晚出者、伪造者,越是‘形而上’的厉害。”②并将这种形上学化的天道观看作是对“天道”的根本错解。

首先,作为“天”与“道”的合称,“天道”的内涵无疑离不开对“天”和“道”(两者亦可分别看作是儒家和道家的最高范畴③)各自含义的理解。无论是作为儒家(尤其是“原本儒家”④)最高范畴的“天”,还是作为道家最高范畴的“道”,张祥龙认为都既不可对之作概念化的分析,亦不能将它们理解为某种形而上的实体,因为这种分析和理解一方面使“天”的“原本含义一直被遮蔽着”从而成为“一个空洞的符号”;⑤另一方面使“道”的“玄通天

---

① 笔者在这里区分“Metaphysics”与“形而上学”并非只是语词上的,而更多是为了强调中西形上学的差异性。当然,强调中西形上学的差异性也并不意味着中西哲学之间不可比较,相反,正是中西形而上学在相当程度上具有的某种相通性才使得我们的“中西哲学比较”研究成为可能。

② 张祥龙:《海德格尔思想与中国天道》,第 285 页。

③ 参见李泽厚:《中国古代思想史论》,天津:天津社会科学出版社,2003 年,第 122 页。

④ 张祥龙:《海德格尔思想与中国天道》,第 243 页。张祥龙这里所谓“原本儒家”主要是指先秦时期的儒家学者,即如孔子、曾子、子思、孟子、荀子等,之所以作如此强调乃是为了与后世形而上学化的儒家区别开来。

⑤ 张祥龙:《海德格尔思想与中国天道》,第 244—245 页。

意……被渐次削平,天道……不再是切己的原发生(时中)性。求道人不得不徘徊于'绝地天通'、形而上下的越来越干涸的思想局面中"[①]。总而言之,它们将"天"与"道"对象化、现成化、实体化、凝固化、抽象化、存在者化,等等,从而与人之当下具体的生活境域或生存体验相脱离,这样的"形上"之"天"或"道"在某种意义上与西方传统形而上学中的"理念"、"上帝"无异,它标示着一种无根的思想状态。为了摆脱这种状态从而达到对"天"、"道"最原本的理解,张祥龙强调必须回到每个人的当下生活境域或生存体验之中去,然后才能明了:"让先秦时的中国人着迷的'天'……是给予这个世界和人生以意义的居中之极。"[②]"道"作为"生存的顶级形态"[③]则是一种"场域性"的"居间"—"势态"[④]。所谓"给予这个世界和人生以意义"就是使"这个世界和人生"的存在得以可能,获得某种存在的规定性,强调的是"天"的生生不息、创化不已;所谓"居中"即是居间,强调的是"天"的非现成化、非固定化的特性;所谓"极"即终极、原初的意思,强调的是"天"的本源性、根源性。同样,"道"也"意味着发生的本源……只能在直接的体验中被当场纯构成地揭示出来"[⑤]。质言之,"天"和"道"都是先行于一切存在者,并使一切现成化的实体或存在者(诸如上帝、宇宙或世界、心灵或灵魂等)之存在得以可能的存在本身,它们从来不是作为某个"他者"性的实体或存在者在我们的生活或生存之外存在着,从而与我们的生存不相关涉。此即所谓"纯构成的终极天道观"。

其次,此纯构成的终极天道有其自身的表现形式,即"天时"。此"天时"并非"时制"、"四时"等具体生活中的时间性规定,亦即天的时间表现("天之时"),而是一种"原发"的"时间体验",只有处于原发的时间体验之中,过去、现在、将来等具体的时间性规定才得以可能,换言之,"天之时"乃是奠基于"天时"。此原发的时间体验,一方面表现出纯构成的特点,另一方

① 张祥龙:《海德格尔思想与中国天道》,第260页。
② 同上书,第238页。
③ 同上书,第296页。
④ 同上书,第287—288页。
⑤ 同上书,第8页。

面“活灵活现于历史人生”[①]:“纯构成”是说它不是某种现成的、固定不变的实体性存在者,而是总表现为一种不断呈现着、展开着自身的生生不息的动态;“活灵活现于历史人生”则是说它并非只是某种与人的存在不相关涉的抽象的概念思辨,而是与每个个体当下的生存息息相关,或者毋宁说,它就展开为生命存在的当下呈现。这种生命存在的当下呈现,既表现为本源性的亲子之爱的情感(孝—慈)的当下显现,也展开为孔子之诗性的礼乐人生。

(二)“孝悌也者,其为仁之本欤”——本源性的亲子之爱的揭示

在对待现象学、尤其是海德格尔思想的态度上,张祥龙自称经过一个从“痴迷”到批判的转变,而使他发生此转变的正是他对儒家的“孝意识问题的思索”[②],后者亦体现为他对儒家本源性的亲子之爱的情感(包括慈和孝)显现的揭示。值得注意的是,其实“情感”一直是中国传统文化,尤其是儒家思想中的一个重要观念。所以,在当代中国哲学界,中国传统文化中的“情感”因素正在逐渐受到越来越多的关注和研究,这一点具体体现在它从原来作为形而下的发用之情(如宋明理学)上升为形而上的本体之情(如梁漱溟、钱穆、李泽厚等),最后上升为本源性的生活情感(如蒙培元、黄玉顺、张祥龙等)。就张祥龙来说,他主要是“通过对人的生存时间样式的现象学分析”,从而达到对作为人类“一切伦理关系”和“非伦理关系”之源头的亲子之爱的原初情感显现的揭示。[③] 作为一种对话,他的分析与所谓“话语霸权”不同,它更多体现为基于共同的思想视域和语言平台而进行的一种互通有无的沟通与交流。

一方面,张祥龙对海德格尔提出了某种“不满”,即“海德格尔总说现代人无家可归,但对‘究竟什么是家’却语焉未详,而且总是在离开人的实际存在的、更高或更低的意义上谈到‘家’”[④]。海德格尔发现了问题的根本所在,但却没有找到解决问题的根本出路。与海德格尔不同,中国的儒家文化

---

① 张祥龙:《海德格尔思想与中国天道》,第240页。

② 张祥龙:《中华古学与现象学》自序,济南:山东友谊出版社,2008年。

③ 张祥龙:《孔子的现象学阐释九讲——礼乐人生与哲理》,上海:华东师范大学出版社,2009年,第188页。

④ 同上。

则从不离开人的实际存在来谈问题,而是时时刻刻都要求回到那个根源性的生存(生活—存在)本身之中,亦即张祥龙所谓"亲子之爱"这一源头处。简言之,即是"亲子源头性"。如何理解此"亲子源头性"?首先,"亲子之爱"揭示的是父母亲与子女之间最原初的关系,亦即张祥龙所谓"亲子关系":"亲子关系乃是一切伦理关系的源头,……也是其他关系——人与人之间的非伦理关系、人与自然的关系、人与神圣的关系的源头。"[①]只有亲子关系使个体生命存在得以可能之后,其他各种关系才得以可能。其次,"亲子之爱"以本源性的仁爱(孝—慈)情感的显现为内容。亲子之爱是我们每个人自一出生就"被抛"(海德格尔语)入的一种生活境域,这种"被抛"境况指示的是一种不可选择性。因为选择总是相对于某个主体性存在者而言的,而这种亲子之爱却是先于任何主体性存在者、并使之存在得以可能的前提。所以,"亲子之爱是无须解释、自发自动而不被任何意识形态所主宰的,是人类能经历的最本源之爱"[②]。此本源之"爱"不仅是人类生存的家园,而且也是当代儒学复兴所必须回到的"源头活水"。

另一方面,张祥龙对此本源之爱的揭示源于其"对人的生存时间样式的现象学分析"。所谓"人的生存时间样式"即是人的生存的时间性(Zeitlichkeit),亦即是亲子之爱的情感显现的时间性。如何理解此本源之爱的情感显现的时间性?"时间性"概念本出自海德格尔《存在与时间》一书,它是指那种与可用钟表测量的物理时间相对的"时间的原本形态",亦即"是由人的体验构成的现象学时间,具有意义构成及存在构成的效应"[③]。并有两个主要特点:一是原发构成性,二是朝向将来,即在过去、现在、将来这三种时间性的绽出样式中,将来具有优先地位。张祥龙正是透过"时间性"的这两个特点来理解亲子之爱的本源性:首先,亲子之爱因其"处于一切主客、彼此的分离之前"发生而具有了一种本源性(或曰"源始性"、"原初性"),后者同时意味着一种整体性、一体性;其次,本源之爱的整体性特点并不妨碍其显现方式的多样性,即它同时显现为慈爱和孝爱两种样式,且慈爱往往厚于孝

① 张祥龙:《孔子的现象学阐释九讲——礼乐人生与哲理》,上海:华东师范大学出版社,2009年,第188页。

② 同上书,第189页。

③ 张祥龙:《思想避难》,第252页。

爱。但这种“量”的不同并不会影响慈爱与孝爱之间的同源一体性，尤其是不会影响孝爱本身的天然发生。当且仅当慈爱与孝爱展开或形成双向互动之时，亲子之爱的整体性或一体性才得以体现，前辈、我辈、后辈才被一起收摄于当下的爱的显现之中。

（三）“兴于诗，立于礼，成于乐”——孔子之诗性的礼乐人生的阐释

要理解纯境域构成的“天道”，不需任何理论，只消我们“反身而诚”，回到当下的生存体验中，去倾听天道的“声音”。此“声音”既表现为本源性的亲子之爱的情感显现，也展开为对此本源之爱的原初领会，后者在孔子那里体现为一种“诗性的礼乐人生”。《论语》载夫子云：“兴于诗，立于礼，成于乐。”[①]诗、礼、乐三者，相传都是孔子授徒的“六艺”之一，是孔子一生中最重要的东西。作为“艺”，它们具有某种特别的“艺”性：“‘艺’不只是指‘技艺’、‘艺术’，也是指人的一种生存方式和思想方式。‘艺’意味着灵巧、机变、有尺度感，在应和中引发出、产生出某种只能在此活动和时机中出现的东西和情境。”[②]若用两个关键词来概括那就是“方式”和“情境”，它们都不与某种现成的实体有关，而只与境域性的构成或显示相涉。所以，作为“艺”的诗、礼、乐其实就是天道之显现、道说。孔子正是通过诗、礼、乐的形式向人们传达、述说着他对天道之“声音”的倾听，亦即对作为存在本身的本源之爱的原初领会，孔子之所以为“圣”亦在于此。

首先从诗的角度来说。古人常谓“诗以言志”，又“志”即“心之所之”[③]，故“诗”作为一种特殊的语言形式，显然表达的是一种与“心”相关的东西，即首先是“情感”的显现，其次才有“理性”的确立。孔子曾说：“《诗》可以兴，可以观，可以群，可以怨。迩之事父，远之事君。多识于鸟兽草木之名。”[④]乍看起来，《诗》的功能包括很多，诸如“兴观群怨”、“事父事君”、“多识草木鸟兽之名”等，但细究以后会发现，“兴观群怨”实已概括了《诗》的全部功能：若说《诗》只有一个功能，那就是“兴”；若说《诗》有三个功能，那就是“观”、“群”、“怨”。孔子说“兴于诗”正是基于“兴”对《诗》之功能的总括

---

① 《论语·泰伯》。

② 张祥龙：《现象学视野中的孔子》。

③ 朱熹：《四书章句集注·论语集注·为政》，北京：中华书局，1983 年，第 54 页。

④ 《论语·阳货》。

义,亦即“根源或发端,也就是起兴”[①];而“观”、“群”、“怨”则分别从物我、人己、天人(或曰身心)等三个不同的侧面阐发《诗》的功能。具体而言,作为根源或发端,具有总括义的“兴”亦即是“起”、“立”,也就是使某种存在者从根源处得以发端,从而获得某种存在的规定性并被“立”起来成为其自身,即如人与自然界(物我)、人与己(人己)、人之身与心(天人或身心)等的确立。当且仅当这些存在者确立之后,“观”(展开为“多识草木鸟兽之名”)、“群”(表现为“事父事君”)和“怨”(显示为“抒发自己的哀怨”,这里不仅涉及感性层面的审美,更涉及如何理性地表达自己的爱慕之情)三者才得以可能。质言之,“诗”不仅教给我们本源的言说,即表达本源的爱的情感;而且还教给我们如何真切地观察世界、认识事物,如何和谐地与别人相处,如何合理地表达自己的情感。

其次从礼的角度来说。如所周知,孔子一生奔波四方及盛言“仁学”,其孜孜以求的正是要复兴“周礼”。孔子曾说:“礼云礼云,玉帛云乎哉?”[②]这是说,礼绝不仅仅只是某些束缚人的动作仪式或道德戒律,更不只是某些牺牲(祭品)或玉帛(礼品)之类,因为这些都只是礼之“文”。要成就真正的君子人格则必须达到“文质彬彬”[③],此所谓“质”就是礼之“质”,亦即是孔子所盛言之“仁”,它强调的正是在践行规范之礼的过程中本源的真情实感的显现流露,后者在儒家亦称为“诚”。值得说明的是,有人将此“诚”仅仅理解为一种形而下的道德原则,即诚信原则,或某种形而上的实体,如牟宗三先生所谓“诚体”,但实际上“诚”首先是指一种先于任何形上理论构造与形下道德规范的、“不学而能”、“不虑而知”(孟子语)的本源的仁爱情感。[④] 只有这本源的仁爱之情的显现才具有一种当场的构成性,才能让“礼”得以充实起来,从而不会流于一种空洞的、无意义的仪式或形式,而是真正成为一种“生—活”的“艺—术”。《中庸》有云:“诚者,非自成己而已也,所以成物也。”[⑤]作为本源之情的“诚”的构成性意义就体现为“成己”和“成物”两个

① 张祥龙:《孔子的现象学阐释九讲》,第105页。

② 《论语·阳货》。

③ 《论语·雍也》。

④ 王念孙曾对“诚”之为“情”作过考证,参见王念孙:《读书杂志·墨子第一·尚同下》。

⑤ 《中庸》第二十五章,朱熹《四书章句集注》本。

方面。

最后从乐的角度来说。尽管都是作为构成性的终极“天道”之自身显示或言说,但与“诗”之侧重于兴发义、“礼”之侧重于挺立义不同,“乐”则主要侧重于成就义,即与“乐”之演奏过程相类似,“乐”在理想人格的塑就上也表现为一种有始有终的特点,后者尤其强调一种成就、完成的意义。另外,与前面强调作为礼之“质”的“诚”,亦即仁爱情感一样,孔子亦云:“乐云乐云,钟鼓云乎哉?”[①]“乐”也绝不仅仅只是指“钟鼓”等乐器,以及由这些乐器所发出之物理声波,而更重要的仍然在于它所表达和唤起的本源之爱的情感。正是基于“乐”的这一特点,张祥龙才说:“乐或诗乐乃是孔子和儒家全部学说的源头,也是中华文明的精神源头。”[②]

综上所述,张祥龙的现象学儒学的思想阐释的根本观点可以被概括为“缘就是源”[③],或亦可倒过来说:“源就是缘”,它表达的就是一种“原发构成性”或“缘构发生性”的思想意义。“缘”强调的是天道显示与情感显现的构成性、发生性、非现成化、非实体化之义;“源”强调的是先行于一切形而上学与科学之理论建构的天道显示与情感显现的根源性、本源性、源始性。张祥龙的这种阐释工作,一方面为儒学的研究打开了一个新的思想视域,即非实体化的、非形而上学化的研究领域,另一方面为儒家文化的保存和复兴找到了真正的基础,即作为形上学、知识论和伦理学之建构的“源头活水”的亲子之爱(或曰“仁爱”)的情感显现。

二 “思想避难”:张祥龙关于建立儒家文化保护区的现实构想

作为保存和复兴以儒学为主体的中国文化的另一条必由之路,张祥龙曾用“思想避难”一语来表达和概括其“建立儒家文化保护区”的构想,并指出:“‘思想避难’至少含有两重意思,第一重是去思考可能的灾难及逃避它的方式,另一重则是:思想本身需要避难。”[④]首先,“思考可能的灾难及逃避

① 《论语·阳货》。
② 张祥龙:《孔子的现象学阐释九讲》,第72页。
③ 张祥龙:《中华古学与现象学》,第331页。
④ 张祥龙:《思想避难》,第1页。

它的方式”乃是就人类的生存而言,它是指科技的扩张和经济的全球化可能将会给人类带来的某些灾难,而我们必须在灾难降临之前寻找到某种“逃避”或解决的方式,此即张祥龙所谓“思想避难”的第一重意思。其次,“思想本身需要避难”乃是就“以儒、道、释为主体、以《易道》为思想象征”[①]的中国传统文化而言的,它是指由于全球化进程导致的中国传统文化在现代中国的衰败或式微已到了“洪水将要没顶的严酷形势”[②]。为了让中国文化不至于在全球化的大潮中被淹没并最终沦为全球化的牺牲品,有必要为中国文化寻找或建立一个避难之所,此即张祥龙所谓“思想避难”的第二重意思。

基于“思想避难”的这两重意思,这一部分对于张祥龙关于建立儒家文化保护区的现实构想的评述将主要分两节:一,从全球化趋势下的中国传统文化危机到道家的隐士情怀——张祥龙“建立儒家文化保护区”构想的缘由;二,张祥龙关于“建立儒家文化保护区”之具体构想。

(一)全球化中的中国文化危机与道家的隐士情怀——张祥龙“建立儒家文化保护区”构想的缘由

(1)全球化的文化本性与中国传统文化的濒危——张祥龙提出“建立儒家文化保护区”构想之现实缘故。

张祥龙将中国传统文化衰败危机的根本原因归于当今世界的全球化潮流。这一看法乍听起来或许会有些耸人听闻,但是张祥龙却是有他的理由的。一方面从范围上说,当今世界的全球化趋势或潮流几乎已经无孔不入,它渗透到了我们生活的每一个角落,甚至也包括我们的心灵;另一方面从实质上来说,全球化其实就是“西方文化的现代形态在全球的扩张”[③],并且这种扩张往往都带有相当的强制性,近代中国曾遭受的一百多年的殖民灾难便是最好的证明。又,基于此扩张的文化形态的“现代”性质,全球化同时也被看作“现代化”。问题是,这种全球化或现代化的潮流何以会具有一种(强制的)扩张性?张祥龙认为这与更深层面上全球化潮流所蕴涵的“普遍主义”(universalism)的“文化本性”是分不开的。这种普遍主义主要有两个特

① 张祥龙:《思想避难》,第4页。

② 同上。

③ 同上书,第3页。

点。一是“它主张最有价值——不管是认知的、伦理的、宗教的、经济的、政治的,还是其他的价值——的东西可以作为命题而得到直接表达,而且这种价值总可以、并且总应该被普遍地推广,或者说被普遍化,形成一种对所有有关现象都无差别地有效的‘标准’(所谓‘无差别’,主要指不考虑时空条件造成的差异)。这种最有价值者或者被称为‘真理’,或者被称为‘正义’、‘至善’、‘知识’等”①。二是“对同一个问题作述说的时候,只有一个真理,就看谁能找到它”②。这就意味着,对于一个真理的追求者来说,当他自认为找到“真理”的时候,他不仅要论证此“真理”的正确性,还要指出别人的不正确性。此“真理”具有一种独“一”无“二”的排他性,它使得该“真理”“唯我独尊”、拒绝对话。而全球化之所以是西方文化的扩张,正是因为西方文化就其本质而言是一种“普遍主义”的文化;也由于普遍主义的“唯我独尊”和拒绝对话的特点,决定了它必然要求将自身无限放大,而对他者则是随意打压,具有扩张性。

与西方文化的普遍主义的本性不同,张祥龙认为中国文化,尤其是儒家文化乃是一种“非普遍主义”(non-universalism)。③ 所谓“非普遍主义”绝不意味着虚无主义、价值相对主义,相反,它承认有确定的终极真理,在这一点上它与普遍主义有某种共同性。但是,普遍主义所追求的确定性乃是超时空的,亦即非境域构成性的,而非普遍主义所追求的确定性则是时机化、情境化、当下化的,它的真理只能是在具体的历史境域中当场构成的。④ 这种非普遍主义特征决定并导致了当中国文化尤其是儒家文化面对其他文化的时候,往往会采取一种对话的方式,而对话的方式中就已经隐含了对对方文化的价值观念体系的尊重,而不是像西方文化那样为了凸显自身的真理性和实现自身的“一尊”去进行野蛮的扩张,并对其他文化采取一种极力“打压”的方式。⑤ 在这种情况下,中国文化最终落入下风、处于劣势便似乎是再

① 张祥龙:《儒家哲理特征与文化间对话——普遍主义还是非普遍主义》,载于《求是学刊》2008 年第 1 期。

② 同上。

③ 张祥龙:《先秦儒家哲学九讲——从〈春秋〉到荀子》,第 22 页。

④ 张祥龙:《儒家哲理特征与文化间对话》。

⑤ 如 2010 年 8 月份在美国曾发生过教会组织计划焚烧伊斯兰教经典《古兰经》的举措。就这一事件的真实内幕来说,其间或许是有某些不轨之徒想以此制造事端,但它在一定意义上也可以看作是西方基督教文化对伊斯兰教文化的“打压”或报复的最好例证。

正常不过的事情了。

但是,对于中国文化的衰微究竟到了何种程度,不同的学者有其不同的看法,有些学者持比较乐观的态度,有些学者则持悲观的态度。张祥龙便属于后者之列,他认为中国文化,尤其是儒家文化在今天已到了"洪水将要没顶的严酷形势",如果"不保护就活不长"了。[①] 面对中国文化这样一种悲凉的局面和仍在愈演愈烈的全球化大潮,张祥龙为了保住中国文化所仅存的那一点血脉,也为了留住中国人唯一的"根",所能做的似乎只有找一处未被全球化、现代化污染的清净之地,让它重新"生根发芽",而不是继续去和全球化、现代化的大潮作正面碰撞。

(2)道家的隐士情怀——张祥龙提出"建立儒家文化保护区"构想之思想缘由。

如果说,全球化给中国文化所带来的毁灭性灾难乃是促使张祥龙思考建立儒家文化保护区之构想的现实缘故,那么,张祥龙心中本有的道家隐士情怀则在相当程度上构成了他提出建立儒家文化保护区之建议的思想缘由。张祥龙曾在一次访谈中提到自己"从根子上倾向于道家,毕业后一心想去过山居生活",尽管后来去了自然保护区,但"主要还是坐办公室",那与他的"天性相抵牾",所以后来还是调到了北京社科院哲学研究所。[②] 尽管他的隐居念想最终并没有实现,但却透露出了他内心的道家的隐士情怀。而且,这一情怀也没有因为后来的出国深造和教书生涯所磨灭,而是深深地扎根在了他的心底里。直到后来与他心中的另一种儒家的救世情节相结合,才结出"儒家文化保护区"的提议之果。在下文的论述中我们将会看到,他的保护区乃是要远离喧嚣的尘世,远离现代化污染的[③]一方"净土"。所以,他的"儒家文化保护区"其实是通过把儒家的"文化物种"种在道家的"土壤"环境中的儒道两家文化相结合的产物。

综上原因表明,张祥龙提出这一构想绝不是随性或随意而发的,相反,

---

① 张祥龙:《思想避难》,第 13 页。

② 陈岸瑛、周濂:《走向思的源头——张祥龙先生访谈录》,载于北京大学哲学系《学园》第四期。

③ 此所谓"现代化污染"不仅仅是指现代化所带来的生态环境上的恶化,而且还包括政治、经济、思想文化等观念层面上的现代化。因为在张祥龙看来,这些"现代化"的观念从根本上乃是与中国文化格格不入的。一言以蔽之,这个"现代化污染"其实也就是全球化潮流。

其中饱含着作者对于中国文化的浓厚情感，尤其是在面对中国文化遭受如此“大劫”后所显现出的惨淡之状时表现出一种深沉的悲情色彩。

（二）张祥龙关于“建立儒家文化保护区”之具体构想

虽然是为了保护濒危的“文化物种”，因为与现实中的具体事物不同，“文化”往往更多呈现为一种隐性的存在，但作为一种现实构想，就必然要涉及具体操作层面的内容，亦即所谓可行性的问题，否则便只能是一种缺乏现实性的“臆想”。依张祥龙自己的叙述，他关于“建立儒家文化保护区”的提议乃是针对蒋庆先生在《关于重建中国儒教的构想》一文中所提出的“上行路线”与“下行路线”之困难的考虑的基础上提出的一条“中行路线”，这也表明，他的这一提议或构想也属于“重建儒教”的一种思考和探索。可见，至少在“重建儒教”这个问题上，张祥龙先生和蒋庆先生，甚至包括许多其他大陆新儒家学者，如陈明、康晓光、盛洪等都在某种程度上达成了共识，差异只在于各人有自己不同的路线。

首先，就重建儒教的必要性来看，张祥龙指出，港台及海外新儒家“注重道德心性（内圣），顺应西方的政治（民主）与知识（科学）形态，以便开出一个中西合璧的‘新外王’”的策略，不仅不能保存和复兴儒家文化乃至中国文化，相反可能会适得其反，即“将儒家送进文化历史的博物馆”。究其原因就在于，他们抛弃了儒家文化的一个最根本的东西，即“人间生活化”或“亲子源头性”[①]，亦即前述本源性的亲子之爱。如果说，以牟宗三等人为代表的新儒家“可能是为了让儒家现代化，让西方人能听得懂，使儒家能在全球传播，但是为此而失去了儒家的最根本的东西”[②]，那么，“重建儒教”则首先就是要保持住儒家文化的这一根本特征。保持这一根本特征不仅能够保护某个“文化物种”，而且它还进一步关系到“保持人的原初本性和抵御各种异化人性、摧残人性的意识形态和技术形态的问题”[③]，后者则是直接与整个人类的生存息息相关的。这也正回应了前述张祥龙所谓“思想避难”的两重意思，即保护某个“文化物种”主要是体现了“思想本身需要避难”的意思，而“保

① 张祥龙：《思想避难》，第274—275页。
② 张祥龙：《中华古学与现象学》，第76页。
③ 张祥龙：《思想避难》，第273—274页。

持人的原初本性和抵御各种异化人性、摧残人性的意识形态和技术形态的问题”则是与“思考可能的灾难及逃避它的方式”这一重意思相关。

其次，就重建儒教的方式来说，蒋庆曾在《关于重建中国儒教的构想》一文中提出了让儒教“进入到政治权力中心”的“上行路线”和“在民间社会中建立儒教团体法人”(即成立类似于中国佛教协会的“中国儒教协会”)的“下行路线”。[①] 针对这两条路线，张祥龙不仅分析了它们所存在的困难，并且总结了它们的共弊：“没有立足于自身优势和生命土壤之所在，而与他人争异化格局中的一日之短长。”[②]基于此，他提出了自己关于重建儒教的“中行路线”：建立儒家文化保护区或儒家文化特区。“这种边缘儒家活体的优势在于：它使儒家有了一个虽然小但却是真实的适合自己的实际生活形态。”[③]他对于这条路线还提出了许多比较详细的举措。[④] 在那些具体构想的阐述中，由于很多方面都表现出一种要求回归“前现代”的社会和生活方式的复古主义色彩，所以很容易被人也理解为某种儒家原教旨主义。但实际上，如果我们将这些提议与构想作一整体性的概观，并稍微发挥下我们的想象力便不难发现，张祥龙的“儒家文化保护区”与陶渊明笔下的桃花源有相当的相似性。其实张先生自己承认了这一点：“它最后给人的外观多半与陶渊明在《桃花源记》中所述相距不太远。”[⑤]毋庸多言，我们似乎也能够想象他的这个构想与陶渊明的桃花源会有某种共同的命运。

在他提出这一建议后，从学术界到民间，有因同情而为之奔走辩护者，有因立场不同而斥之迂阔腐朽者，也有不明内情而对之戏说嘲讽者，等等，可谓众说纷纭，莫衷一是。不过，从总体的反应来看，则是不以为然者、质疑者居多。如有一位叫丁纪的学者就曾提到，在他听到这个想法时“当下的反应是不以为然”，他“甚至有一种感觉，好像有人冒了《海德格尔思想与中国天道》、《从现象学到孔夫子》作者的大名说了一番不着深浅的话，如同有人

① 张祥龙：《思想避难》，第 272 页。

② 同上书，第 280 页。

③ 同上书，第 281 页。

④ 限于文章篇幅缘故，在此对张祥龙所提出的具体措施不作赘述，详见其《建立儒家文化保护区的理由与方式》。

⑤ 张祥龙：《思想避难》，第 17 页。

冒了铁掌裘千仞的大名在外面做着水上漂的把式”[1]。应该说,丁纪先生的这种“当下的反应”具有相当的代表性,即只要是略知张祥龙在学术界的大名者,几乎都会产生这样的反应。而之所以产生此反应则正是因为:人们很难将那样一种独树一帜的现象学儒学研究和关于建立儒家文化保护区这样的提议联系起来,尤其是这两者之间居然还存在着某种内在的关联。这一点从丁纪针对张祥龙所提出的第一个问题中可以看到,即“从这样的主张里,怎么能看出一个现象学者的背景来?至少,我没有看出”[2]。就丁纪本人来说,他实际上是采取了一种回避的方式来讨论这个问题的,即他在提出上述问题之后紧接着就回答道:“但这不重要,因为,对儒家或传统性的温情与敬意,没有人说过一定要有现象学的根基才得以持有与发生。”[3]这样的回答方式放在其他没有现象学研究背景的传统文化的爱好者或同情者身上或许是没有问题的,但就张祥龙来说,事情远没有这么简单。这是因为,我们很难想象和解释一个人在一些比较重大的事件或问题上的决策或行为与他所一贯主张或坚持的思想理论之间没有任何的关联。所以,真正重要的问题乃是在于去挖掘张祥龙的“海化儒学”研究与他的儒家文化保护区构想之间到底存在着何种关联,以及这种关联何以使得张祥龙的“现象学儒学”呈现出一种“后现代主义”的倾向。如果对此视而不见,那么无论是赞成、反对,抑或是嘲讽,这些都还只是停留于某种外在的情绪表达,甚而始终会是一笔糊涂账。

概而言之,张祥龙所谓“建立儒家文化保护区”的这条“中行路线”的要义就在于:“专注于儒教的人间生活化和亲子源头性的特质,以让儒教获得活生生的生活形态为第一要务,由此而焕发出儒教自身的潜在生机。”[4]就目的而言,一方面,唯有如此才能“保存比较纯粹的古朴活种”,亦即保存原本的儒家文化;另一方面,唯有保存并复兴了原本的儒家文化,中国乃至人类世界才有救。

---

① 丁纪:《儒家在生活上和在思想上地位的重建——评张祥龙先生关于“儒家文化保护区”的想法》,参见“思问哲学网”, http://siwen. scu. edu. cn。

② 同上。

③ 同上。

④ 张祥龙:《思想避难》,第 280 页。

三 儒家后现代主义

——对张祥龙“现象学儒学”研究之基本倾向的反思

如前所述,本文对于张祥龙“现象学儒学”的研究,乃是要通过揭示其“海化儒学”的思想阐释与其“建立儒家文化保护区”的构想之间的内在关联,从而展现其“儒家后现代主义”的倾向,并对此种倾向提出某种反思。值得注意的是,“后现代”这个概念或语词,一方面从词源学的角度来说,其由来已久,最早可上溯到19世纪70年代,另一方面从被运用的广度来说,涉及绘画、文学、建筑,甚至是现代影视等多个领域,几乎已经遍布现代人生活的各个角落,并呈现花样百出、泛滥成灾之势。① 所以首先有必要对本文所使用的“后现代主义”一词从概念上作出界定:本文使用的“后现代主义”一词主要是在哲学的意义上。作为哲学概念的“后现代主义”即“post-modernism”乃是由前缀“后”(post)与“现代主义”(modernism)构成:从形式的层面看,所谓“后现代主义”可简单理解为对“现代主义”的怀疑、挑战、批判,甚至还有超越或拒斥等;从实质的层面看,所谓“后现代主义”则可具体理解为对“现代理性主义哲学”的反思、对现代“知识的规则”与“社会的规范”的“合法性”的怀疑和挑战、对现代社会中的“某种专断的话语霸权”的批判、对“现代工业社会的技术统治”的超越或拒斥,以及对“人的存在意义的丧失”的拯救等等。② 质言之,“后现代主义”的概念乃是针对或指向由“现代主义”所导致或产生的各种各样的问题而提出的。问题的多样性不仅指引着不同的思考方向,同时也为提出多种解决问题的方法或方案提供了可能。所以,作为现代西方哲学史上一场较大的思想运动,“后现代主义”既表现出了统一的思想指向,同时也呈现出多样的探寻路向,并且这种思想和探寻似乎还远远没有结束。

---

① 参见高宣扬:《后现代论》,北京:中国人民大学出版社,2005年,第一章“从后现代主义的不可界定性谈起”。

② 参见陈嘉明等:《现代性与后现代性》,北京:人民出版社,2001年,第11—12页。

(一)以回归"前现代性"的方式拯救原本的儒家文化——张祥龙"现象学儒学"的后现代主义倾向

(1)回归"前现代性"——海德格尔的现代性批判及其诉求。

在现代西方哲学中,由于"现代主义"本身在其展开过程中所呈现出的多向度性,"后现代主义"也呈现出多样的探寻路向。"美国学者格里芬曾对后现代主义做出过区分,把它分为'消除性的'与'建设性的'两种类别。"① 海德格尔思想亦被看作是"后现代主义"之众多探寻路向中的一种,这一点尤其体现在海德格尔后期对于科学与技术之"集制"(Gestell,或译作"座架")本质、对主体性形而上学之"表象"特征、对语言的本质等方面的"沉思"。由于海德格尔不是本文的主要议题,所以笔者在此不拟对他的现代性批判的具体思想内容做详细论述,就本文的研究主题来说,这里只消考虑这个问题,即:在"后现代主义"的众多探寻路向中,海德格尔的现代性批判到底属于哪一种类型,以及其批判的最终诉求是什么?笔者认为,海德格尔思想中的后现代主义既非"消除性的",亦非"建设性的",而是在这两者之外的另一种类型,它表达为回归"前现代性"的诉求。海德格尔的这种"另辟蹊径",一方面体现了海德格尔对那种"非此即彼"的思想方式的超越,另一方面也表明了海德格尔自始至终都保持着探寻"一般存在的意义"(the meaning of Being in general)的决心,因为在海德格尔那里,"现代性"的展开在其思想深处本来就蕴藏着"对存在本身的遗忘"这一"宿命"。要想真正通达那最本源的存在显现,似乎就必然意味着要从根源处解构"现代性",回归一种"前现代性"的生活样态。这也从一个侧面指示出,在海德格尔思想的深处,本源的存在本身或天道的显现与以主体性(理性)形而上学为核心特征的"现代性"之间似乎从根本上就是一种格格不入、"非此即彼"的关系。海德格尔对此是否有明确意识我们不得而知,但在思考如何保存和复兴"原本的儒家文化"的张祥龙这里,却得到了清楚的认识和明确的表达。如果说,海德格尔对本源的存在本身或天道之显现的探寻在张祥龙这里被转化为"海化儒学"的研究工作,而海德格尔以回归"前现代性"来超越"现代主义"从而通达本源的存在本身之显现的诉求在张祥龙这里被转化为"建立儒家

① 参见陈嘉明等:《现代性与后现代性》,北京:人民出版社,2001年,第217页。

文化保护区”以保存“原本的儒家文化”这一构想,那么,海德格尔对“一般存在的意义”或本源的存在本身的显现的探寻与其在批判现代性过程中所形成的回归“前现代性”的诉求之间的内在关联,便也在相当程度上标示出张祥龙“海化儒学”研究与“建立儒家文化保护区”的构想之间的内在关联,正是这种关联使得张祥龙的“现象学儒学”研究呈现出一种“后现代主义”倾向。从这个意义上来说,如果撇开海德格尔与张祥龙各自的西方文化和中国文化背景,那么张祥龙其实自始至今一直都是海德格尔思想的追随者,亦即是说,他们以回归“前现代性”的方式来通达本源的存在本身从而实现对“现代性”批判和超越这一点上是没有区别的,而张祥龙所谓对海德格尔思想的“批判”其实也只是出于各自不同的文化背景而已。

(2)以回归“前现代性”的方式拯救原本的儒家文化——张祥龙“现象学儒学”的后现代主义倾向。

限于文章篇幅缘故,笔者不会对张祥龙关于“儒家文化保护区”的具体构想逐条细致分析其与“海化儒学”的思想阐释之间的联系,而是主要打算从目的与方式两个方面对其具体构想进行“思想内涵”上的分析。

首先,从目的上来看,张祥龙提出“建立儒家文化保护区”构想,乃是为了保存并复兴所谓“原本的儒家文化”,因为这不仅只是救中国“儒家”一家,而且还是“救大家”(亦即“世界”)。这里有两点值得注意:第一,通过文化保护区保存“原本的儒家文化”与博物馆收藏某种生物的“死的标本”不同,保护区内的文化乃是“活文化”而非“死文化”。[①] 他所谓“原本的儒家文化”绝非指中国古代某个特定历史时期的某个儒者的儒学思想,而是一种充满构成与生发力度的本源性的生存样态,它以“诗”、“礼”、“乐”等“艺一术”为表现形式,以本源之爱的情感显现为基本内容,以终极天道的自身言说为指向。所以与一般的儒家原教旨主义者的想法有着根本差异。第二,儒家文化的保存与复兴,绝不仅仅只是出于对某个特定学术流派的情感喜好,相反,其更重要的意义在于对整个中国文化所面临之存亡危机,以及对整个世界文明所面临之可能灾难的拯救,它只有倚赖于那具有“原发构成性”的“原本的儒家文化”才是可能的,而“原本的儒家文化”又只能通过“儒家文化保

① 张祥龙:《思想避难》,第18页。

护区"才能保存。

其次,从方式上来看,张祥龙"建立儒家文化保护区"之具体构想可主要概括为三点:第一,从区域选址方面来说,他强调保护区不仅需要有一定的适合人居的地理空间,而且更重要的是这个保护区要与人类当前正发生着的现代化和全球化进程相隔离,是一块未受现代化和全球化进程污染的"净土",在此保护区内不存在任何现代工业技术的产品或痕迹,同时要有相当的独立自主性,不受外界干扰。这是因为,在他看来,现代化和全球化的进程从根本上来说是一种西方普遍性思维的产物,这与从根源上讲求非普遍主义的儒家文化是格格不入的。他甚至认为,真正的儒者不能"玩股票",不能"搞国际电子业",不能"使用全球通手机",也不能"开赛车"等等,因为这些都是现代化和全球化的产物。[①] 仅从这一点,即可看出张祥龙对这些现代性生存方式的"恨之入骨",及与之彻底决裂的决心。正是基于儒家文化与现代性的这种格格不入的关系,用来保存与拯救儒家文化物种的文化保护区当然也必须与现代化的产物,即全球化、工业化等完全隔离开来。这种隔离式的保护,一方面是为了让被保存的儒家文化免受现代化和全球化的侵害,另一方面则是为了让被保存的儒家文化物种在这片"净土"上可以充分地生长发育。

再次,从内部建制与生活方式的角度来说,张祥龙要求保护区内实行家庭和家族制度,采用传统的"耕读传家"的生活方式。[②] 之所以如此,这与他将"耕读传家"看作是儒家的根本命脉有关,后者则是与他所谓儒家"亲子源头性"的根本特点相联系的。揭示儒家文化这一根本特质意味着,要想保存和复兴所谓"原本的儒家文化",则必须回归到此"亲子源头性"上,而这与全球化、现代化也是不相容的,它只有在中国传统的家庭和家族的生存结构中才能得以保存,而家庭和家族的生存结构则又只能在那种前现代的"农耕"社会中实现。所以,要想保证儒家文化的原本性,亦即保存其特有的"亲子源头性",就不得不依赖于"耕"—"读"—传—"家",亦即只有在"耕"与"读"的基础上才能传"家"(家庭和家族),才能保证本源的"亲子之爱"之情

① 张祥龙:《思想避难》,第 276 页。

② 同上书,第 276—277 页。

感的源源不断。这里的"读"是指接下来的第三点。

最后,从生活与教学的基本内容来说,张祥龙要求保护区内"儒者"们的日常教学生活当以传统的"诗"、"礼"、"乐"为主,与此教学内容相应的生活层面的要求则是,诸如用传统农历与孔元纪年,改用古代服装、语言、发式等,简言之曰"儒化"或"华夏古制化"。这是因为,构成性的终极天道的自身言说与本源性的"亲子之爱"情感的自身显现只能通过"诗"、"礼"、"乐"等形式来表达和通达,这是由"诗"、"礼"、"乐"本身所具有的"艺—术"本性决定的。所以,很显然,张祥龙的这一想法绝非只是"发思古之幽情"那么简单,即尽管他也提到实行所谓"华夏古制化",甚至可能走得比原教旨主义者的复古主义更远,但我们应当看到其中的本质区别。海德格尔曾将一切艺术都看作是"诗",[①]强调的正是"诗"所具有的"道说"本性。不难看到,张先生强调"诗"、"礼"、"乐"在通达作为存在本身的构成性的终极天道和本源性的情感的显现的意义,与海德格尔后期的这一想法有相当的关联。

综上所述,张祥龙提出"建立儒家文化保护区"的构想与其"海化儒学"的思想阐释之间是一以贯之的:如果将后者看作是其"现代性"反思在思想层面的体现,那么,前者则可以看作是其"现代性"批判在现实层面的诉求,二者共同构成了张祥龙"现象学儒学"的"后现代主义"性质或倾向。这种倾向并非在于构想中的复古元素,而是在于这种"复古"要求中所蕴涵的对作为存在本身的本源天道、本源情感、本源言说的复归,以及通过这种复归来实现对"现代性"的批判与解构,和"原本的儒家文化"的保存与复兴。

(二)原本的儒家文化何以可能?——对张祥龙"儒家后现代主义"之倾向的反思

在阐明张祥龙"现象学儒学"的基本内容及其"后现代主义"倾向之后,笔者最后将试图对其"儒家后现代主义"做出某种反思:一,对张祥龙之"现象学儒学"本身的反思;二,对儒学与现代性之间的可能关系与出路的思考。

(1)"境域中的非境域性"[②]——张祥龙"现象学儒学"中"构成"与"现

① 张祥龙:《思想避难》,第276—277页。

② 此处借用了严春友《境域中的非境域性——与张祥龙先生商榷》(载于《人文杂志》2005年第1期)一文的标题,不过此处的具体含义则与严文中的意义不尽相同。

成”的捆绑。

虽然前已阐明张祥龙“海化儒学”思想阐释与其“建立儒家文化保护区”的构想之间所存在的内在关联,但是我们也不能忽视两者之间存在的断裂性,后者即体现为:如果说,张祥龙“海化儒学”思想阐释强调一种“构成”的意义,那么,他在“建立儒家文化保护区”的具体构想中将诸如“耕读传家”的生活方式、科举取士、古代的服饰、发型、礼仪等作为保存境域构成性的儒家文化的社会生活“土壤”却又呈现出相当的“现成”性。一方面,这些现成性的东西实质上都是“形而下”之“器”,都是要随着时空的变化而不断发生因革损益的;另一方面,就张祥龙本人强调所谓“原本的儒家文化”来说,其实只限于先秦时期的原始儒家,秦汉以后的儒学则逐渐离开本源进入形而上学化的历史阶段,失去了原始儒家所具有的原发构成性。然而,张祥龙在关于保护区构想中提及的许多所谓“华夏古制”其实正是秦汉以后失去原发构成性的儒学所依托而存在的某些现成的典章制度。这就表明张祥龙在他的“现象学儒学”中实际上并没有将他的境域构成性的“奥义”一以贯之,而且他却又特别强调这些现成者对于保存儒家文化的根本意义,这就使他的“现象学儒学”陷入一种构成性与现成性的杂交式捆绑。这种捆绑无疑是看到了两者之间的内在联系,但却没有看清这种联系的历史性。

除此之外,张祥龙的儒家文化保护区构想还有一个更大的问题,即他所谓“原本的儒家文化”到底是否存在,这直接关系到他通过文化保护区来保存“原本的儒家文化”的期望究竟是否可能实现。张祥龙曾强调保护区须远离现代化和全球化的“污染”以保证其纯粹性或纯洁性。然而,他却没有想到地理空间的纯粹性并不能保证文化本身的纯粹性,因为任何一种文化的传承都离不开人的参与,而人的纯粹性则是很难保证的,甚至是根本不可能的。只要是在现代化环境下生活过的人,不可能不受到过任何现代性观念的“侵蚀”,即使是张祥龙本人亦不例外。所以,很显然他所谓“原本的儒家文化”其实也是子虚乌有的。

(2)重建形而上学与守护现代性——儒家文化的必由之路。

张祥龙的“现象学儒学”之所以呈现出一种“后现代主义”倾向,这与他将儒家文化与现代性完全对立起来有关。所以,他坚持儒学的信仰似乎就必然意味着要反对现代性,这在思想上就表现为一种反对一切科学和形而上学的倾向。然而,笔者认为,形而上学其实是人不可能逃避的“宿命”,正如康德将它称之为“人的自然倾向”一样。

科学与形而上学有其共同点,即它们都是关于存在者的追问:前者是对某个存在者领域的追问,后者则是对存在者整体的追问(科学在西方哲学中其实也属于形而上学的一种,即特殊形而上学)。它们都首先预设了某种存在者的客观实在,但是却没有思考这种存在者到底是如何作为对象被给予思维本身的,这种思考并非指向另一个存在者,而是指向了使存在者之存在得以可能的存在本身。毋庸置疑的是,存在者的客观实在性是我们无法否定的,我们只能思考其何以可能。所以,无论是科学,还是形而上学,我们其实都是无法反对的,究其实质,它们都是人的一种生存状态,尽管不是最本源的,但却也是无法逃避的,因为人自身根本无法逃避作为某种存在者存在的命运。当人意识到自己作为某种存在者而存在的时候,这就是人的“自我意识”的觉醒。自我意识的觉醒同时给出了自我与他者(包括他人或他物),人通过与他者的交往过程中进一步认识自我,从而为进入更加真实的存在状态奠定基础。因此,如果说,张祥龙借助海德格尔所打开的思想视域注意到了原发构成性的存在本身的根源性意义,那么,他通过“现象学儒学”研究所呈现的“后现代主义”倾向,或说是反科学和反形而上学的倾向,则是遗忘了存在者,后者必然蕴涵着对“自我”的遗忘。既然形而上学是我们无法逃避的一种生存状态,所以,我们所能做的只能是,不断地返回到形而上学的基础或源头,然后不断地重建形而上学。

就如何反思现代性所带来的凝固化、板结化、现成化等问题方面,后现代主义给我们提供的某些思维方式和思想视域,毋庸置疑是值得关注和重视的,他们的确给我们打开了一个非平板化、更具活力、更具发生性的意义之域;但是如果我们仅仅因此就要完全反对现代性、否定现代性,这显然是一种因噎废食的做法。所以,对于现代性,我们别无选择,只能一方面反思现代性,另一方面守护现代性。或者毋宁说,对现代性的反思正是为了更好地守护现代性。同样,就儒家思想的研究和阐释来说,回归本源性的亲子之爱对于保存和重现儒家文化中独具特色的因子,无疑也是相当重要的,但这种“回归”不应是一去不复返的。儒学在当代的复兴必须面对儒学的现代性转化的问题，即只能是积极地面对现代性，而不是逃避现代性；不是反形而上学，而是重建新的儒家形而上学，从而更好地调整和守护现代性。

Post-modernism of Contemporary Study of Confucianism

—A Commentary on Zhang Xianglong's "Phenomenological Confucianism"

Yang Shengzhao

Abstract: In the revival of Confucianism of contemporary China, "Phenomenological Confucianism" constructed by Pro. Zhang Xianglong, who is from the Department of Philosophy of Peking University, which includes the interpretation of Chinese ancient thoughts (especially the thoughts of Confucianism) with the vision and approach of western Phenomenology (especially Heidegger's thoughts), as well as the advocation of establishing protection zone of Confucianism culture, has broad repercussions in academic circles. His Phenomenological interpretation of Chinese ancient thoughts represents the elucidation of pure constitutive ideas of the way of heaven, the revealment of original love between parents and children, and the illumination of poetic ritual-music life of Confucius. His advocation of protection zone of Confucianism culture indicates the analysis of Chinese traditional culture crisis in the background of globalization and the concrete ideas of establishing protection zone of Confucianism culture. Academic circles hold the ideas that there is no relationship between his two ideas. On the contrary, this article insists that there are internal connections between the two. The connections make Pro. Zhang's Phenomenological Confucianism present a different thoughts tendency from other mainland Neo-Confucianism scholars, that is not pre-modernism (fundamentalism) and modernism, but post-modernism, which views deconstructing and rejecting all metaphysics. Eventually, this article points out that Pro. Zhang's Post-modernism Confucianism, on one hand, traps in the paradox between constitution and fixity; on the other hand, virtually is an idea of refusing to do what one should for fear of running a risk according to the contemporary revival of Confucianism.

Key words: Zhang Xianglong, Heidegger, Phenomenological Confucianism, horizon constitution, protection zone of Confucianism culture, post-modernism

谢文郁:《道路与真理——解读〈约翰福音〉的思想史密码》

上海:华东师范大学出版社,2012年

谢文郁教授向来以研究希腊哲学而闻名学界。早在读本科时就进入“柏拉图迷宫”之中[①],当年在北大讲授的西方哲学课程还致使“校内冒出不少青年柏拉图主义者”[②]。再次出现于国内学界以后,他也没有放弃希腊哲学。多年来,一直讲授希腊哲学的课程,甚至还想牵手余纪元教授等人,成立希腊哲学研究所,以振兴国内希腊研究。在很多情况下,谢教授都给人留下一个柏拉图主义者的印象。但这是一个假象,他的真实目的其实是要“挑战”希腊哲学!

如果留意一下近些年所发表的文字,我们不难发现他的这个目的。最近出版的《道路与真理——解读〈约翰福音〉的思想史密码》(以下简称《道路与真理》)更是暴露了他的这个“庐山真面目”。在这部50万字著作的序言中,他开篇就宣布:“西方思想史在奥古斯丁(公元354—430)之后就开始了一个全新的时期:希腊哲学失去了动力,而基督教神学主导了思想方向”,“希腊哲学传统中的思想家越来越不像样子,而基督徒思想家说话的底气越来越足”。

作为西方思想史的一个事实,希腊哲学之后就进入基督教神学,这本身倒没有多少可以说的。需要讨论的是谢教授对这个事实的诠释和分析。

---

① 这是谢文郁教授自己的说法,参见柏拉图《蒂迈欧篇》,谢文郁译,上海:上海世纪出版集团,2005年,“自序”,第4页。

② 靳希平语,同上书,“序”,第1页。

一　希腊哲学的困境:认识论的,还是存在论—生存论的?

在谢教授看来,希腊哲学式微的根本原因不在于希腊文明被野蛮人摧毁了,而在于希腊哲学本身的困境。那么,这个困境是什么呢?

谢教授认为,真理问题是希腊哲学的核心问题,而希腊哲学探讨真理的方式可以通过追溯柏拉图哲学而加以展示。正是柏拉图在希腊哲学中"培养了一种挥之不去的真理情结,以及通过理性认识和论证去追求真理的方式"。谢教授把真理问题追溯到柏拉图"人皆求善"的命题:人都是追求善的;所有求恶的人其实也都自认为在求善;之所以求恶是因为对善的认识出了问题;这就涉及什么是真正的善的问题,即关于生存的真理问题;要追求真正的善,要追求真理,就必须拒绝煽动和说服,也就是拒绝信念与意见(δοξα),而坚持自己的独立思考和判断,坚持自己的判断权,通过自己的理性判断而做出选择。于是,对于柏拉图来说,真理之路就在于理性认识。

在《道路与真理》中,谢教授并没有质疑柏拉图及整个希腊哲学的真理情结本身,反倒在某种意义上充分肯定了这种真理情结,他要质疑的是柏拉图通过理性认识来追求真理的这种方式或道路。这确实抓住了柏拉图及整个希腊哲学的要害。谢教授还进一步把真理问题与人之求善的生存需要关联起来,这也是极其富有见地的。

但是,谢教授并没有真正从生存论—存在论的层面来剖析和处理真理问题。他把柏拉图及希腊哲学追求真理的思路叫做"理性认识论",只是从认识论的角度加以批判,并从认识论的角度来指责柏拉图对信任情感的否定。实际上,柏拉图的真理情节与巴门尼德有着割不断的渊源关系,而巴门尼德的"真理之路"是追问存在的道路。柏拉图把作为涌现和显示的存在固化为显示出来的"样子"(ἰδέα 或 εἶδος),又进一步把这种"样子"界定为只有灵魂和理性才能把握的 ἰδέα 或 εἶδος,这才导致他以理性方式来求善,即追求生存真理。所以,柏拉图对生存真理的追求归根结底不是一种认识论,而是一种退化了的存在论层面的生存论。柏拉图之后整个希腊哲学对真理的追求也基本上属于存在论—生存论追求,只在派生的意义上才具有认识论的成分。虽然谢教授清楚地知道在希腊哲学中真理问题是服务于生存问题的,但只因为希腊哲学一直希望在理性论证中寻找真理,他就为之定性为“理性认识论”,而没有看到其“理性存在论”的本质。这是从近现代哲学出发的一种误读。

以理性判断的方式来追求生存真理确实是达不到目的的,柏拉图以此方式也无法最终把握有关善的 ἰδέα 或 εἶδος。但是,大概由于认识论思路的限制,谢教授在《道路与真理》中只是简单勾画出了柏拉图的基本思路,并没有就柏拉图哲学本身深入分析其困境。他是借助于希腊后期的怀疑主义来展示柏拉图及整个希腊哲学之困境的。

人们在真理判断根据问题上往往是从自己的基本预设出发,要求对方接受自己的基本预设,然后证明自己的真理性。这是一种封闭式的循环论证。在这种情况下,任何人只能在接受某种思想体系的前提下谈论真理。当不同的甚至是对立的学说发生冲突时,这些学说无法要求对方接受自己的基本预设,从而只好走向独断论。如果为了解决不同学说之间的对立和冲突,人们设想一个超然于所有学说之上的真理标准,那么,又该如何确立这样一个共同的真理标准呢?这个“真理标准”自身的真理性又将如何证明呢?当人们不得不对“真理标准”进行论证时,必将陷入“真理标准”之真理标准这一无穷后退的论证中。

于是,在怀疑主义思潮的冲击下,希腊哲学就在真理问题上陷入了困境。

令人欣慰的是,尽管谢教授没有从生存论—存在论的角度剖析希腊哲学,但他一开始就是从人的具体生存问题出发的,所以谢教授特别强调,这一真理困境不仅仅是一个思辨困境,而是一个实实在在的生存困境。他说:在柏拉图的人皆求善的论证中,能否把握真正的善并从此出发乃是我们能否继续生存下去的关键所在;如果没有真理,那我们就是在善的名义下追求恶,就是不断毁坏自己的生存。

由此,如何走出这一真理困境就成为一个生死攸关的问题。

二　如何走出希腊哲学的困境?

从存在论—生存论的角度看,谢教授借用怀疑主义所揭示的这种真理困境,其实可以在存在论诠释学的思路内予以解决,即,把真理从理性认识的层面提升到原初解蔽—遮蔽的层面,从 ἀλήθεια 的原初意义上来理解真理,并把人生的本质归结为对真理的追求而不是占有(由于人的有限性,人是不可能占有真理的)。这个思路虽然不同于以柏拉图为首的希腊哲学的思路,却可以与早期希腊思想统一起来。

但是,谢教授没有把以柏拉图为首的希腊哲学与早期希腊思想区别开来,当他发现在柏拉图式的希腊哲学内部无法解决这个困境的时候,未曾顾及早期希腊思想,而是直接诉诸另外一个传统,即来自于希伯来的基督教传统。

对于谢教授来说,由于单纯依靠希腊哲学本身不能走出希腊哲学的困境,所以,虽说有时候"堡垒最容易从内部攻破",但要挑战和克服一个东西,最好还是由另一个东西来实施和完成。也就是说,找到一条非希腊的道路之后,才能真正走出希腊哲学的困境并克服希腊哲学。谢教授在来自于希伯来文明的基督教及其《约翰福音》中所找到的这条"道路"就是,从见证真理的角度谈论真理问题。

另一方面,用来克服一个东西的另一个东西又不能与第一个东西毫无关联,否则就无法挑战和克服第一个东西。也就是说,如果基督教与希腊哲学没有发生任何交流,那么即使已经提供了替代希腊哲学的真理道路,它也不能真正挑战和克服希腊哲学。幸运的是,在《约翰福音》的时代,情况已经不是这样了。根据谢教授对《约翰福音》写作背景的考察,作者使徒约翰于公元67年从犹太文化占主导的耶路撒冷来到希腊文化重镇以弗所,并长期居住于此,这使得其生存关注、思维方式、语言使用、对福音的理解重点和表达针对性等都与以前有所不同。由于以弗所教会的长老们既是在保罗神学思想影响下成长起来的基督徒,同时又受过希腊哲学训练,拥有希腊哲学情结,所以,使徒约翰在与他们的长期交往中,慢慢地了解了希腊哲学的困境以及长老们与希腊哲学的真理情结,从而使得《约翰福音》和希腊哲学有了直接的相关性。这一相关性当然不是说《约翰福音》在概念上多大程度地受到了希腊哲学的支配。这一相关性说的是,《约翰福音》深刻体会到了希腊哲学的根本问题和困境,并“强势地表现出为希腊哲学指点迷津的倾向”。也就是说,“《约翰福音》的写作思路虽然不在希腊哲学传统中,却强烈地表现出挑战希腊哲学的态势”。

关于这种相关性,谢教授又以 λόγος 为例子,来说明《约翰福音》如何既不是希腊哲学又能够挑战希腊哲学。《约翰福音》非常重视 λόγος,但 λόγος 本来是希腊哲学的一个重要概念,而且在《约翰福音》之前,斐洛也曾使用 λόγος 概念来解释《旧约》的创世论。但这并不能说明《约翰福音》受到了希腊哲学的影响,没有任何明确的史料来佐证这一点。谢教授认为,《约翰福音》并不是要发展 λόγος 这一希腊哲学概念,而且它根本就没有把 λόγος 处理为一个希腊哲学式的概念,更没有把 λόγος 看作一种感觉经验之外的理性对象。在《约翰福音》中,λόγος 只是指耶稣的言行或学说,并进一步引申为耶稣本身。《约翰福音》之所以使用 λόγος 这个词,一方面是因为这个词在日常用法中本来就是话语、说法的意思,另一方面,更重要的是,因为《约翰福音》要以耶稣的 λόγος 来替代希腊哲学的 λόγος,进而解决希腊哲学的困境。

虽然谢教授没有通过回归早期希腊思想来挑战和克服柏拉图式的希腊哲学,虽然他仍然在柏拉图哲学的框架内来理解希腊的 λόγος,但不得不承认的是,他所借助的基督教《约翰福音》也确实能够挑战和克服希腊哲学在真理问题上的困境。

问题在于:他对《约翰福音》及其挑战希腊哲学的诠释是否具有思想上的彻底性?对见证真理之路的诠释是否具有生存的源始性?不同于柏拉图式希腊哲学的基督教传统是否也在根本上不同于早期希腊思想?①

三　恩典真理论:是认识论,还是存在论—生存论?

谢教授指出,《约翰福音》仅仅是宣告福音,宣告耶稣的故事和言行,这

---

① 关于最后一个问题,由于不是《道路与真理》所关注的主要问题,所以文中不展开讨论。

种宣告不需要希腊哲学式的论证,但另一方面,由于它不断刺激和吸引着越来越多的希腊学者去阅读、思考、研究和皈依,所以又成为“思想史”发展的主要动力。这里无论是对《约翰福音》的把握还是对其历史作用的评价都是十分中肯的,而且谢教授本人也确实是从“思想史”的角度来诠释《约翰福音》的。

但他的这种“思想史”著作却拒绝“思想”!他说,真理是“不能依靠人的思想”的。谢教授之所以拒绝“思想”,是由于他一方面把思想广义地与神学思想和信仰关联起来,另一方面却又把思想等同于希腊哲学的理性认识和理性论证。他这种把思想等同于理性认识的做法与他始终从认识论上来处理真理问题的做法是一脉相承并且密切关联在一起的。一旦把真理问题弄成了认识论问题,与真理相关联的思想也就会成为理性认识。

由于《约翰福音》以恩典的方式通过耶稣来启示人并拯救人,由于它“强调真理自己在恩典中的不断给予和人在信心中的接受性及其接受能力的更新”,所以,谢教授把挑战希腊哲学的《约翰福音》的真理论叫做“恩典真理论”。这种说法是发人深省并且恰如其分的。

但需要注意的是,无论是巴门尼德的真理问题,柏拉图关于善的真理问题,还是《约翰福音》的真理问题,都是有关生存的真理问题,都是生存论—存在论的真理问题。《约翰福音》是在生存论—存在论层面上以“恩典真理论”来挑战柏拉图“理性真理论”的。但谢教授却说,《约翰福音》的主要思路是回到了“信念认识论”,并因而区别于柏拉图的“理性认识论”。如果“恩典真理论”是以“信念认识论”来区别于“理性认识论”,那“恩典真理论”也就只能是一种认识论了。由此,谢教授对柏拉图的认识论误读也就导致了对《约翰福音》的认识论误读。或者说,他这种把“恩典真理论”与“理性认识论”相区别的说法也只能意味着,他是从认识论的角度,而不是从整个生存的角度,来把握《约翰福音》的。但《约翰福音》作为一部宗教经典,显然是要解决人生问题的,而不是仅仅解决认识问题的。否则它就与科学无异了。当然,如果看一看谢教授的《道路与真理》全书,我们也发现,他实际上并不是仅仅从认识论上来诠释《约翰福音》的。但我们在这里要谈的不是他的这个“实际”,而是他的措辞或概念。

在西方近现代哲学的影响下,谢教授不自觉地把“恩典真理论”处理为一种认识论,把见证真理看作对真理的一种认识。由于谢教授同时又把"恩典真理论"与希腊的理性哲学对立起来,所以,见证真理就成为与理性认识相对立的一种认识。但从存在论—生存论的角度看,见证真理根本不是一种纯粹的认识,而是在生活中见证真理,在生存上接受真理,让生存成为真理中生存。

需要指出的是,虽然在字面意义上谢教授把"恩典真理论"弄成了一种认识论,把见证真理弄成了一种认识,但他的许多说法还是可以还原为存在论—生存论话语的。也就是说,我们可以从存在论—生存论的角度给予更恰当的解读。

比如,谢教授说,对于基督教和《约翰福音》而言,"人在判断中无法认出真理",真理是"一种情感指向",人需要"放弃真理判断权",需要让"真理自己来到人面前宣告自己的真理身份",人自己只需"相信并跟随这宣告者","以他为道路",进而"接受真理"(序言)。

这些说法都可以由认识论话语转变为存在论—生存论话语:

对于"人在判断中无法认出真理",我们可以理解为对认识论真理观的一种否定,即,在判断中的认出总是一种单纯的认识,而真理是不能单纯认识的,它需要从生存上去把握。

对于真理是"一种情感指向",我们可以理解为对真理的生存论把握,即把"情感指向"理解为生存指向,而不是单纯的认识指向。

对于人需要"放弃真理判断权",我们可以理解为,放弃单纯从认识上来判断真理。

对于让"真理自己来到人面前宣告自己的真理身份",我们可以理解为要让真理来到人的生存面前,向人的生存宣告自己的真理身份。

对于人自己只需"相信并跟随这宣告者",我们可以理解为人只需在生存或生活中相信并跟随这宣告者,而不是单纯在认识上把握他所宣告出来的真理。

对于"以他为道路",我们可以理解为,在人生长途上以他为道路,在人生的道路上跟随他,而不是单纯在认识上认可其宣告。

对于"接受真理",我们可以理解为,在生存上接受,在生活中接受,而不是单纯在认识上接受。

四 追求和接受真理如何离不开思想?

一旦把“恩典真理论”把握为“生存真理论”,而不是“认识真理论”,当我们在讨论“恩典真理论”的过程中使用“思想”一词时,这“思想”也就不再是纯粹认识意义上的思想,不是理性认识意义上的思想,而是生存体悟中的思想。这样的思想是一种生存状态,而不是理性认识的一部分。思想因而不再等同于柏拉图的理性哲学,而是一种包括情感指向、信任、信心、信仰和神学在内的思想。这样的“思想”我们就不必再予以拒绝了。

当我们说基督徒也需要在自己的思想中追求真理的时候,这里的思想不再是一种理性认识,而是一种特殊的生存状态。所以,这不是把真理“完全框架到自己的思想观念中”从而制造出一个假真理或“假神”,而是从自己的生存状态出发,并不断调整自己的生存状态,使之最终向真理或神开放。人追求真神和真理无论如何是需要通过自己的思想或生存状态的。虽说人的“生命”是在“交出主权”时被赐予的,但“交出主权”也是一种思想或生存状态,也是在思想或生存中交出的。所以,追求真神和真理也好,“交出主权”也好,都必然是人或人的生存或人的思想的事情。另一方面,人或人的生存或人的思想由于其本质也必然要追求真理和真神,或必然要“交出主权”。关键的问题不在于,人不能通过自己的生存思想去追求真理和真神或“交出主权”;关键在于,人不能通过理性认识去追求真理和真神或“交出主权”。当然,即使是通过人的生存思想去追求或“交出”,由于人的生存思想的有限性,人也是无法占有真理的,也是不可能成为神的。

进一步地说,理性认识不仅无能于追求真理和真神,而且单靠其本身也无能于拒绝真理和真神。如果人在现实中拒绝了真理和真神,如果黑暗不接受光反而拒绝光,那也不仅仅是由于人使用了理性认识。法利赛人拒绝耶稣的基督身份表面上是通过理性判断,实际上却不完全是。除了由于其理性判断之外,还由于其整个的生存状况。

所以,要让人接受真理和真神,还需要改变人的整个生存状态。这种改变除了人自身的努力之外,当然更需要真理和真神的彰显。问题是,如果没有思想(不是理性认识)的配合的话,真理和真神向人的显示就是无法实现的。当耶稣向法利赛人显示自己的基督身份后,由于法利赛人的思想无法配合,所以他们还是拒绝了耶稣。所以,关键的问题是,如何让法利赛人配合真理和真神的彰显。这种如何配合的问题实际上是人的全部生活和整体生存如何不断与真理和真神相适应的过程,是人的整体思想状况如何不断得到提升的过程,是人的知—情—意如何得到全面改造的过程,而不是一个单纯认识问题。

但是,谢教授没有从生存思想整体的角度看待这个问题,尽管他持续不断地批判希腊哲学的理性认识之路,最终还是停留在认识的层面来讨论法利赛人对耶稣的拒绝。当耶稣彰显了基督身份而犹太人仍然不予接受的时候,谢教授把问题归结到"人如何接受神的显现或真理的给予这一点上",但这个如何接受的问题马上又涉及必须让他们相信耶稣的基督身份。由于法利赛人本来就不相信耶稣的基督身份,所以,转了一圈之后,并没有找到任何解决问题的出路。于是,谢教授干脆就消除"我们凭什么相信耶稣是基督,从而把耶稣的话当作真理的见证"这个问题,他说:从人的角度看,人无法凭自己认识神和真理,人没有任何凭据来判断耶稣的基督身份宣告是否为真;从启示的角度看,耶稣的基督身份只能在启示中给予我们,除了在相信中接受这个给予并以之为出发点之外,我们没有资格对这个宣告的真假问题进行判断;因此,相信耶稣的基督身份就是人认识神或真理的道路,这便是恩典真理论的思路。(导论四 · 真理问题)至此,由于谢教授没有摆脱认识论的思路,所以最终只能诉诸毫无道理可言的盲目相信。

宗教信仰问题当然最终总是一个"相信"问题,但这个"相信"实际上也是一个生存的"相信",思想的"相信"。这种"相信"尽管不是一个单纯的认识问题,但也不能建立在纯粹虚无之上。对于纯粹理性来说,也许正因为荒谬所以才相信。但对于生存思想来说,"相信"不是荒谬的,而是可理解的,当然不是派生性的理性理解,而是源始的敞开意义上的理解。也就是说,只有向人敞开之后,人才能相信。只有在生存中见证之后,人才能相信。

(李章印,山东大学哲学与社会与发展学院教授)

王中江:《简帛文明与古代思想世界》

北京:北京大学出版社,2011年

20世纪70年代以来,随着各种简帛文献的陆续出土,简帛研究在海内外的中国学研究中逐渐兴盛起来。对这些新近出土的简帛古书,学界分别从考古学、历史学、文字学、文献学、思想史、哲学史等诸多角度予以探讨,作为一个新兴的研究领域——"简帛学"正在逐渐形成。在这门新兴的学问中,相对来说,文字、文献方面的讨论是比较活跃的,而作为文字考释、文献整理下一步工作,哲学与思想方面的研究则显得比较薄弱。这主要表现于思想义理方面的探讨在整体上开展不够,在已有的一些思想方面的研究中,大多数是从单篇或少数文献出发,着重发掘某个领域的思想内容,对目前所见主要的思想性简帛文献缺乏一种全局性的把握。王中江教授的新著《简帛文明与古代思想世界》在很大程度上改变了这一状况。此书在2011年3月份由北京大学出版社出版,作为现今简帛研究的新成果被"国家哲学社会科学成果文库"收录。此书很大的特色便在于它不是从某个领域孤立地考察某种文献,而是基于一种整体性的研究思路,对现有主要的思想性简帛文献进行系统性的考察,关注这些文本之间的义理关联,通过自己对古代思想文化的深刻理解,为这些简帛文本在古代中国的思想世界中做出应有的定位,所呈现的不仅是简帛文本所承载的思想记忆,与此同时也让我们看到了一幅周秦时代哲学思想的全景式画卷。

正如我们所知道的,简帛文本所蕴涵的思想信息是非常丰富的,如何既全面又有所突出地展现这些文本中的思想记忆,或者说,如何恰如其分地发掘简帛文本对于我们认识古代哲学思想的意义,便成为作者在此书中一以贯之的问题意识。出于这样的问题意识,作者在简帛研究以及古代思想研究上都做出了很多积极的尝试与创新,为简帛思想研究提供了一种新的范式,引领了新的方向。

一　问题意识:如何发掘简帛文献的思想价值

作为一种思想文化的载体,简帛文本中所储存的信息毕竟是零散的、模糊的、凝固的,它不会自动展现出来。如何将这些思想信息释放出来,并且以一种严谨而清晰的面貌展现在世人面前,需要学者们开展各方面的研究工作,诸如竹简的编联、文字的释读、文献方面的梳理以及思想义理上的阐发等。唯有如此,简帛文本中所承载的思想记忆才能在真正的意义上重现出来,否则的话,重现的只是一批简帛材料,而不是其中蕴藏的思想记忆。

但是,出土简帛的数量繁多,且呈现与日俱增的态势,其间所蕴涵的信息量是非常大的,所涉范围也非常广泛。在这数量众多且信息丰富的简帛文献中,如何发掘其间对我们认识和研究古代哲学思想有意义的内容,便成了作者在书中首先反映出来的问题意识。作者并没有零散地、片段式地考察某个文本或思想内涵,而是把握住这些简帛为我们提供的重新认识周秦哲学思想的契机,集中关注其间所蕴涵的新信息。正如作者在书中指出的,新出土文本给古代哲学和思想记忆带来的"复活",给我们展现出的哲学和思想的新世界是广阔而深远的。简帛文本的思想记忆中有很多是我们在传世典籍里无法看到的新信息,在一定程度上改变着我们对古代哲学与思想世界的认知,对于这些新信息以及这些信息给我们带来的认知上的变化,作者称之为"新知"。

关注简帛文本的思想"新知"可以说是贯穿全书的一条主线,也是作者展现简帛思想记忆的基本关切点。"新知"在全书的语境中可以说具有两方面的意义。一是在简帛文本中我们可以看到一些前所未见的新内容或新信息,比如说,郭店楚简《太一生水》、上博楚简《恒先》、《凡物流形》等佚籍所透露的信息都是千古未见的新内容,让我们在古代宇宙生成论方面获得了前所未有的认识。在另一些场合中,"新知"并非指全新的内容或信息,而是指对传统认知也就是"旧知"的一种回归,这便是"新知"的另一层意义。譬如,郭店楚简《性自命出》、《六德》、《语丛一》等篇可以说明儒家经典文明的早成,这便是对"旧知"的一种回归。受疑古思潮的冲击,近代以前的诸多看法仅限于传世文献的支撑已不足为据,需要这些出土简帛提供强有力的证据;但出土简帛材料不会自己去证明,需要学者们去发掘、去论证,从而让这些简帛恰如其分地发挥出它们的证明力,这是作者在书中所说"新知"的又一层含义。第二方面的"新知"对于近代以前的观点而言,固然已经不新鲜,但对于那些疑古思潮影响下的诸多论点而言却是一种难以反驳的"新知"。在简帛佚籍里能看到一些千古未见的新信息,像《太一生水》等一些佚籍那般整篇都是全新的内容,固然是一件让学界欢欣鼓舞的事情;但作者所关注的"新知"并没有局限于此,而是将考察的视野放得更开阔,通过发掘简帛古书的内蕴去证明那些已经被现代学界倾向于否认的传统观点。

通过关注简帛文本的思想"新知"来呈现出土文献给我们带来的认识变化,从而集中地展示简帛文本对于研究古代哲学与思想的重大意义,可以说便是作者促成简帛思想记忆"复活"的一种基本理路。无论是对简帛文本中全新内容的发掘还是基于简帛文本去证明那些逐渐被一些观点所否认的"旧知",其实都是对简帛思想记忆的一种呈现与运用。这种呈现与运用很自然地便会涉及研究方法与理论形态等问题。具体而言,简帛文本中究竟存在什么样的"新知",这些"新知"应当通过何种方式精确地呈现出来,它又是在何种意义上重塑了一个前所未知的思想世界,诸如此类的问题,都会涉及"范式"这个论域。

正如作者对简帛材料保持了长期的关注一样,作者对"范式"问题也有长时间的高度重视,这在作者早期的关于中国哲学"范式"问题的文章中可以获得真切的体会。[①] 在此书中,作者依然保持着这方面的关切与努力,即便作者在行文中没有直接地言明这一点,但是读者仍然可以在字里行间体会出作者在这一方面的苦心孤诣。可以说,作者不仅关注简帛文本当中所蕴涵的"新知",与此同时还很留意如何建构一个简帛研究与古代思想研究有机结合的新"范式",以充分展现简帛文本的"新知"。

如何发掘简帛文本对于我们重新认识古代哲学思想的价值,可以说是

① 如《"范式"、"深度视点"与中国哲学"研究典范"》(《江汉论坛》2003 年第 7 期)、《转变中的中国哲学范式的自我反思和期望》(《河北学刊》2004 年第 1 期)、《中国哲学的"原创性叙事"如何可能》(《中国社会科学》2004 年第 4 期)等等。

作者在书中反映出来的基本的问题意识。出于这样的问题意识,作者集中关注出土简帛中所承载的那些可以给我们带来新认识的思想内容,这就使得出土文献在更大的程度上向我们展现它的思想史意义。为了更好地呈现简帛文本所蕴涵的思想"新知",作者在研究方法及理论形态两个方面都做出了积极的尝试,为简帛研究与古代思想研究的有机结合提供了一个新的范式,以下我们将从这两个方面去分别考察此书的特色与贡献。

二　方法的创新:简帛思想的整体性研究

在研究方法上,此书显著的特色便是针对简帛思想的整体性研究。这种研究的整体性首先就体现于作者对简帛材料以及相关的传世典籍的全局把握与综合运用。一般来说,哲学思想史的研究离不开作为研究对象的原始文献,也就是第一手材料,缺乏第一手材料的哲学史研究就好像地基没有打牢的房子,终究是难有成就。因此,对第一手材料掌握的程度往往决定着研究成果的优劣与研究水平的高低。作为一项基于出土简帛文本发掘古代思想新知的研究工作,作者首先要处理的问题就是如何运用简帛文献。作者在书中所涉及的简帛古书种类颇多,从出土地域来看,涵盖了马王堆汉帛、睡虎地秦简、郭店楚简、上博楚简,并涉及定州八角廊汉简、阜阳双古堆汉简、银雀山汉简、张家山汉简等一些新近出土的主要古书。针对这些简帛资源,作者并没有予以单独的考察,而是关注各种文献之间的内在关联,为它们在古代哲学与思想的世界中找到应有的位置,从而在整体上对这些文献做出系统的考察。此外,书中尤见作者文献功力的是对出土文献与传世文献的综合运用。作者在出土简帛的平台上结合各类传世典籍,将两类文献打并一处,在出土文献与传世文献的有机融合与精细比较当中充分展示了出土简帛文本所蕴涵的"新知"。正如前文所指出的,书中的"新知"具有简帛文本所承载的全新信息与对"旧知"的回归、证明这两方面的意义,事实上,无论哪一方面的意义都离不开研究者对传世典籍的梳理与考察。因此,作者在书中的讨论一直都没有离开传世文献,而是将其灵活地融合到自己的行文当中。譬如,作者在论述上博楚简《鬼神之明》的相关问题时,在对该篇予以充分研读与深刻探讨的基础上又将其与《周易》、《尚书》、《诗经》、

《礼记》、《孔子家语》以及《墨子》、《吕氏春秋》等传世典籍结合起来，进行详细的比较，如此一来，在鬼神的"赏善罚恶"能力这个问题上《鬼神之明》较之早期儒家、墨家的不同立场便昭然若揭，由此也让读者看到了东周时代多元的鬼神世界。[①] 又如，作者在考察老子"大器晚成"的含义时，将帛书本《老子》、竹简本《老子》与河上公的《老子道德经章句》、严遵的《老子指归》、题为张鲁所作的《老子想尔注》、王弼的《老子道德经注》等传世本相互结合，并援引《韩非子·喻老》、《吕氏春秋·乐成》等传世典籍为据，力证帛书本《老子》"大器免成"的"免"与简本《老子》"大器曼成"的"曼"皆不能作"无"解。[②] 诸如此类的情况，不一而足，具体到每一个章节的论述中，我们都可以看到作者对简帛文本与传世典籍这两类原始文献的有机结合与灵活运用。

此书作为简帛思想整体性研究的代表性成果还表现在作者对国内外学术资源的高度整合。一部学术著作的高低优劣，非但取决于研究者对第一手材料的掌控程度，也跟研究者对当今学界成果的把握与运用息息相关。在此书中作者不但成功地将出土简帛与传世典籍相互结合加以灵活运用，而且还广泛参照了海内外中国学研究的优秀成果。作者具备相当开阔的国际视野，将港台、日本、欧美等世界各处在简帛研究或汉学研究方面的一流作品皆放入自己的参照系统。除了对海外汉学研究成果予以广泛整合，作者还灵活化用西方学术的理论资源以辅助、加深对简帛思想内容的解读与阐释。譬如，作者在讨论上博楚简《恒先》篇所见的"根源意识"与"归属感"之时，援引了德国哲学家列奥·施特劳斯的"初始事物"理论作为辅证，从而让我们加深了对《恒先》篇所体现的探求宇宙万物生成根源这种"归属感"的理解。[③] 为了更充分地展现《恒先》篇所见的"同类相生"思想，作者又援引了黑格尔的相关理论以说明此篇强调的是"事物都是按照自身本性而存在与活动的"，从而印证了对简文中"蒐生蒐"、"苇生苇"、"非生非"以及"莪

---

① 参见王中江:《简帛文明与古代思想世界》，北京:北京大学出版社，2011 年，第 138—157 页。

② 同上书，第 377—389 页。作者对"大器晚成"义的考辨并不限于文本上的依据，此外还有义理上的根据。作者从老子思想的内容出发，认为"大器晚成"与紧随其后的"大音希声"是属于同一类的说法，并且与老子在其他地方所说的"大成若缺"在义理上也是相通的，因此，"晚成"不能作"无成"解。

③ 参见王中江:《简帛文明与古代思想世界》，第 60 页。

生蔽"的这种释读是可行的。[①] 在第十八章关于黄老学的讨论中,作者引用了亚当·斯密的经济学理论以加深对黄老学"因循人情"思想的理解。按亚当·斯密的说法,人的自利性使市场交易成为可能,同理,在政治场合中人的这种趋利避害的品性也会使得赏罚的实施具有可行性。由此,作者就发掘出在黄老思想中"因循人情"与"法"的关系——"法"是"因循"趋利避害的"人情"而立,亦即,"法制"的创建是顺应民众百姓的自然本性的,故而它是一种行之有效的统治方法。[②] 作者援引西学理论资源的主要目的在于,借用这些资源来辅助、加深对简帛文本思想内容的解读与阐发,在论述过程中对西学资源的"信手拈来"体现了作者深厚的西学素养,让我们对简帛思想内容的理解具备一种新的视角并达至更高的层次。

在国际性学术视野的观照下,作者对出土简帛的考察虽然以思想义理的阐发为主但并没有局限于此,出于思想研究的需要,作者对于竹简编联、文字释读、文献整理等方面的问题也很是关注。以往的简帛研究一般地会从某种学科角度为我们认识与研究古代思想文化提供了一些有价值的学术成果,所不同的是,此书是从多种学科角度对简帛文本予以系统的考察,其研究范围涉及了考古学、文字学、文献学、史学、哲学等多个学科,是一部集竹简编联、文字考释、文献整理、思想研究与义理阐发等多种研究于一身的综合性论著。思想研究与义理阐发固然是此书主要关注的方面,但是,思想研究需要建立在简帛文字的释读、简帛文献的整理等一些前提工作的基础之上,否则的话,思想义理也就无从究起。因此,作者十分留意文字、文献等方面的工作,以便为自己的思想研究提供坚实的基础。譬如,为了更充分地研究上博楚简《从政》篇与《凡物流形》篇的思想内容,作者对这两篇的竹简进行了重编。关于《从政》篇,作者在重编的基础上又对其文字予以一一的考释与校注[③];关于《凡物流形》篇,作者在原有几种编联的基础上提出新的方案,使得此篇的文义顿时贯通,目前,作者的这种方案已成为《凡物流形》研究者一致接受的编联方式。[④] 总言之,综合运

---

① 参见王中江:《简帛文明与古代思想世界》,第 72—73 页。

② 同上书,第 442—444 页。

③ 同上书,第 556—561 页。

④ 同上书,第 562—568 页。

用多种学科的角度与方法对简帛文本做出全方位的考察,可以说是此书研究之整体性的第三方面表现。

基于这种整体性研究的思路,作者提出了“简帛文明”这一概念。作者在书中指出,“简帛文明”用以“指称古代中国以竹简、木牍和缣帛等为书写材料而保存和传承下来的丰富多彩的古代文明。”比起我们已知的“青铜时代”,“简帛文明”是一个更广泛、更综合的文明概念,它的时间跨度更长,上可溯至殷商,下则持续到魏晋。此外,这一概念所承载的思想文化的信息更丰富,作者指出,“它是中国古代文明创造性时代的写照,它承载的历史、知识和思想信息比任何其他载体都要大,它奠定了后来中国整个历史的基础。”①“简帛文明”这一概念的提出,是作者在简帛研究领域长期耕耘和积淀的结果,在某种意义上昭示着我们的简帛研究正走向新的整合时期。

三 “新知”的呈现:古代哲学与思想的再认识

作为一部典型的整体性研究成果,作者不但在方法上运用了全局综合的考察,而且在内容上也是一种全景式的呈现。针对简帛文本所含思想“新知”的发掘,作者并不限于某个领域作单独的讨论,而是基于一种哲学史的进路,通过对古代哲学与思想的全局性把握,为简帛文本在古代思想世界中做出应有的定位,从而让这些文献恰如其分地释放出它们的新信息。

通观全书,从天道层域的宇宙生成论、宗教神意论到人道层域的心性之学、政治哲学,再者就是与古代学术密不可分的经典诠释、学派谱系等方面的内容,作者的考察范围遍及古代哲学与思想的几个主要领域。作者所从事的工作不仅是在呈现简帛文本所见的思想“新知”,在更深的层次上是基于简帛文献并结合相关的传世典籍为我们重新展示周秦时代的哲学思想史。可以说,作为全书架构的五个领域既是考察简帛材料的五个方面,同时也是重现古代哲学与思想世界的五种理论形态。以下,我们将在每一领域中择取一两处内容,具体说明作者如何基于简帛文本的思想“新知”重新梳理周秦时代的哲学思想史。

---

① 参见王中江:《简帛文明与古代思想世界》,第2页。

在宇宙生成论方面,作者通过对郭店楚简《太一生水》、上博楚简《恒先》、《凡物流形》以及马王堆汉帛《黄帝四经·道原》等简帛文篇的综合考察,为我们展示了一种全新的形而上学思想。作者指出,《道原》篇将“一”与“道”明确结合起来,其他三篇皆以不同的范畴取代了在老子那里作为万物生成根源的“道”,[1]并且生成的模式较之老子的生成论思想也更加细化了。进一步地,作者指出这些都是后世学者对老子的形而上学所做出的一种理论发展。[2] 这四篇佚籍所透露的信息是传世典籍所没有的新内容,这是我们在考察这几篇佚籍时都能发现的,但作者更深一层地关注到这几篇佚籍的义理关联,将它们一同置于道家形而上学的发展脉络中加以系统的考察,从而让我们清楚地看到老子之后的思想家们如何将形而上学推到一个新的阶段。

关于宗教神意论方面的问题,作者基于对上博楚简《鲁邦大旱》、《鬼神之明》、《三德》等简文的系统性研究,对那种将三代到东周的思想变迁化约为“宗教到哲学”的单线式推移的观点予以反思。近代以来,学术界逐渐出现了一种将复杂多样的历史变迁化约为单一直线的历史进步的观念,尤其是近年来,由于受到德国哲学家雅斯贝尔斯“轴心时代”理论的影响,不乏一些观点将三代到东周的思想变迁简单地处理成“宗教到哲学”的单线式变化。对此,作者在综合考察相关简帛的基础上提出了全面的商榷。在第四章对《鲁邦大旱》篇的探讨中,作者认为孔子是在相信鬼神的前提下主张祭祀活动,殷周时代的祭祀礼仪在一定程度上被儒家传承下来。[3] 第五章讨论《鬼神之明》篇时,作者指出儒家、墨家以及后来的墨家旁支或者“别墨”[4]都承认鬼神具有“赏善罚恶”的超能力,只是各家对鬼神之超能力的范围持有不同的看法。[5] 在第六章对《三德》篇的阐释中,作者认为此篇在保持自然理性与天道观的同时,又增添了许多宗教神意的图景,可以说是一种集自然理

① 《太一生水》篇是“太一”;《恒先》篇是“恒先”;《凡物流形》篇是“一”。

② 参见王中江:《简帛文明与古代思想世界》,第 31—104 页。

③ 同上书,第 107—137 页。

④ 作者认为《鬼神之明》篇是作为墨子鬼神学说的修正者与改革者而出现的,大体上可以算作墨家的一个旁支或更疏离于墨子的“别墨”。(参见王中江:《简帛文明与古代思想世界》,第 156 页)

⑤ 参见王中江:《简帛文明与古代思想世界》,第 138—157 页。

性与宗教意识于一身的二重构造。[1] 综合这些考察,作者指出三代的宗教信仰在东周子学的突破中并没有完全消解,真实的历史不是单一的、直线式的推进,而是一种交叉式、迂回式的变化。[2] 事实上,任何思想观念的形成都不可能一蹴而就,需要长时期的积累与酝酿,从大格局的趋势来看,认为三代到东周是"宗教到哲学"的变迁不是不能成立,只是我们需要看到这种概括只是一种理想化的结果,历史发展的真实情况比我们所想象的往往要复杂得多。

在心性美德及经典诠释部分,作者基于各种相关简帛重新审视了儒家经典文明的形成以及孔门后学的思想谱系。关于儒家经典文明的形成,传统的说法一般都认为经过孔子的删定与传述工作,"六经"作为儒家的经典系统开始逐渐形成。然而近一个世纪以来由于受到疑古思潮的影响,海内外的中国学研究中出现了否认"六经"体系在先秦产生的论调。关于这个问题,作者通过对郭店楚简《性自命出》、《六德》、《语丛一》等篇以及马王堆汉帛《二三子问》、《易之义》、《要》等篇的综合考察,做出了儒家经典文明"晚出说"不能成立的论断,认为儒家经典体系确实产生于东周时代的早期儒家。[3] 同样的情形也存在于对孔门后学思想谱系的看法。传统的观点一般都认为孔门后学的传世文献(如《礼记》)大概形成于战国时期,但也受到疑古思潮的影响,海内外汉学界出现了认为这些思想文献形成于秦汉之后的说法。作者通过对河北定县竹简、郭店楚简以及上博楚简等一些材料的考论,认为孔门后学的思想文献不但早成,而且比我们现在所看到的传世文献还要多。[4] 关于儒家经典文明及孔门后学思想谱系的认识,通过作者对简帛文本的展现,我们在很大程度上又回到了传统的看法,这便是前文所提及的可用以证明"旧知"的简帛"新知"。

在经典诠释部分,我们还可以发现作者关于老子"道法自然"的独到见解。针对《老子》第二十五章的"道法自然"一句,历代以来大多数注家和研究者都会将其理解为"道无所效法"、"道自己如此"。作者在第十四章中通

---

① 参见王中江:《简帛文明与古代思想世界》,第158—177页。
② 同上书,第137页。
③ 同上书,第323—339页。
④ 同上书,第24—25页。

过对《老子》楚简本、帛书本、通行本的综合考察,指出“自然”的主语不是“道”而是“万物”,亦即“自然”不是指“道”的活动方式而是指“万物”“自然如此”的存在状态,与“自然”相对的“无为”才是“道”的活动方式。因此,“道法自然”的实义应是“道遵循或顺应万物的自然”。继而,作者又指出在老子的思想构造中存在着“圣人—百姓”与“道—万物”相契应的理论模式,亦即圣人应当效法“道”的“无为”而顺应百姓的“自然”。因此,“道法自然”不纯粹是一个形而上学的问题,同时还是一个政治哲学意义上的论题,老子以此提出“不干涉主义”的政治主张,倡导对政府的权力予以限制。[①] 作者力排众议,对这种流传了两千多年的解释提出了反思与批判,更进一步地,作者由此还提炼出老子哲学的基本架构,通过“圣人—百姓”与“道—万物”相契应的理论模式发掘出“道法自然”所蕴涵的政治意义,为我们理解老子哲学提供了一种新的视角。

在政治哲学方面,我们可以读到作者基于马王堆汉帛、上博楚简等材料详细讨论了黄老学如何将老子思想往政治的方向发展。作者指出,“自然无为”作为老子思想中的最高政治原理是高度抽象的,缺乏可操作性,而黄老学则将法家的“法制”观念纳入到老子的治道中,通过普遍的“法制”为统治者的“无为”提供制度上的保障,而“法制”之所以能够成为衡量人的行为的标准,又因为它符合世人趋利避害的性情。[②] 一般地,我们都会留意到黄老学结合了道、法两家的思想,但作者却是更深一层地发掘到黄老学如何将法家的“法制”观念“移植”入老子的政治思想中,为老子“自然无为”到黄老学“因循人情”的转变何以可能这个问题提供了具体的说明。

综览全书,作者的论域是相当宏阔的,其间的内容也特别丰富,笔者只是在每部分中选取一两处内容为例以作讨论。通过这些引述,我们可以发现作者所做的研究工作不仅仅是在释放简帛文本所承载的新信息,与此同时也是基于这些新材料为我们重新展示周秦时代哲学与思想的世界。随着近几十年来简帛文献的不断出土,学界出现了“重写思想史”的呼声,可以说此书是这项“重写”工作的整合性成果,它在为我们具体呈现简帛文本所蕴

---

① 参见王中江:《简帛文明与古代思想世界》,第357—376页。

② 同上书,第427—470页。

涵的“新知”的同时,也向世人展示了一个古代哲学与思想的新世界,在研究方法以及理论形态上都为简帛研究与古代思想研究的有机结合提供了一个新的范式。

(叶树勋,清华大学哲学系2010级博士研究生,100084)

〔日〕土田健次郎:《道学之形成》

上海:上海古籍出版社,2010年

谈及“道学之形成”的话题,恐怕有两个问题最值得关注:一是道学为何会形成,即道学为何在北宋出现,进而成为对后世中国影响甚大的思想;二是道学是怎样形成的,即道学的形成涉及哪些思想家、道学形成期的面貌如何。日本学者土田健次郎的著作《道学之形成》即围绕上述两个核心问题展开。土田健次郎先生是日本早稻田大学文学博士,现任早稻田大学文学学术院教授,研究领域为中国宋代思想和日本江户时代思想。

土田健次郎先生将程颐看作道学实际上的创立者,关注的是以程颐为中心、朱熹出场之前的道学形成史。除了从道学内部追踪思想本身的发展过程之外,作者也较为留意道学如何应对外部环境而展开其思想性言说的问题。这意味着,本书所涉及的思想家不仅包括道学草创期的核心人物、在朱熹之前对道学有过直接影响的人物,还包括与道学对抗的学派和人物。作者的意图是,“始终把握住自北宋初延绵至南宋的思想动向,从中钩沉出道学形成与发展的历史”①。

① 〔日〕土田健次郎:《道学之形成·中文版后记》,朱刚译,上海:上海古籍出版社,2010年,第482页。

一 思想史的三个转折点

关于道学为何会形成,该书试图从思想史的脉络中找出答案。既然研究的核心对象是以道学为代表的士大夫思想,那么就不能忽略与之发生联动关系的士大夫的社会存在方式。某种程度上,道学的形成过程也是士大夫的社会存在方式从在野向在朝转变的过程。①

从思想史研究的立场出发,作者确认"唐宋变革论"作为理论原则的有效性,但仍然提示读者注意这一变革期中的重要转折点。要理解道学形成的原因,不能忽略唐朝至南宋历史中的三个重要转折点,即唐代中期、北宋庆历年间和宋室南渡。②

已有不少学者留意到唐代中期的变化对道学的影响,土田健次郎先生也认为,中唐韩愈等发起儒教复兴运动、古文运动崛起、佛教方面禅宗和净土宗势力增大、道教开始盛行内丹学说,构成了思想史的全面转向。自初唐至"安史之乱"期间,外向性的氛围充满了社会;而"安史之乱"以后,中国文明逐渐走上以汉民族为中心的内向化道路。③ 这种内向化的趋势,为宋代道学探讨天人性命提供了思想环境。因此,在研究道学形成史的时候,有必要把唐代中期以后纳入视野,将其视为宋代思想的助跑阶段。

在与道学之形成有关的三个转折点中,宋仁宗庆历年间无疑是重中之重。萌动于唐朝中期的新兴潮流,经过一定的酝酿、发展,在北宋仁宗庆历年间开花,从在野的暗流转变为中央士大夫的主流思想。庆历新政不只是政治运动,它连带着新兴的思想运动和文化运动。"唐宋变革"中的"宋",其内容主要指庆历以后的士大夫思想。但以往对庆历前后变革的研究,却一直停留在"大框架的概述或局部性的指点上"。为此,作者在第一章第一节,尝试对庆历时期的具体细节、庆历时期发生巨大转折的详细经过,做出

---

① 土田健次郎先生在书中反复透露出这样的意识:将在朝和在野视为士大夫的生存方式,而不完全理解为现实处境。在野不意味着思想家没有担任实际官职,只是强调他在生活方式上,更注重个人心灵满足和充实;在朝的生存方式指至公的态度和以天下为己任的责任意识。

② 详见土田健次郎:《道学之形成》,序章。

③ 土田健次郎:《道学之形成》,第6—7页。

全面的论述。

唐中期以来的古文运动,不仅是文学运动,也是思想运动。所谓古文,不单是表达方式的问题,在表达的同时,所表达的内容也必须遵从儒教正道。[①] 这股潮流在北宋并没有停止,宋初的古文家以在野的方式进行着这样的自我表达。庆历年间,代表新潮流的古文家们,开始从在野的境地转向面向中央的姿态。作为庆历新政的改革者,它们自觉以儒教作为安身立命的根据。范仲淹是庆历士大夫的代表,他用"公"的态度,将个人的内在生活与他所倡导的外在国家政策结合起来,也就是将在野时的个人精神追求与在朝时的责任意识统一起来,成为士大夫们的典范。在思想姿态上,庆历士大夫正面介入中央变革,对宋太祖、宋太宗以来以模仿唐代为目标的"祖宗之法"加以批判,具体表现为对佛教、道教、注疏之学和西崑体的否定。在否定唐代注疏之学的同时,回到孔孟、继承绝学是庆历士大夫的普遍观念。在思想内容上,思想界开始以天人论和性说为议论的重要主题。在贯穿天人论和性说时,庆历士大夫带有强烈的问题意识,具体表现为"有"与"无"的对立,这既是对《周易正义》的批评,也是被佛老所触发的问题意识的作用。

在讨论庆历前后的思想动向时,作者选择欧阳修和陈襄分别作为中央士大夫和地方状况的代表。[②] 身处中央的欧阳修被看作庆历年间新思想运动的先导人物。他强调人情、崇尚简易、坚持天人分离,试图解答当时士大夫共同关注的问题。陈襄代表的地方动向是对中央潮流做出的敏感回应。庆历新政的文教政策大大刺激了各地的思想家们,他们改变了在野的隐逸姿态,开始对中央政策积极回应,注重以知天尽性为内容的为己之学,成为新型的讲学者。庆历年间的地方思想家,以天人关系和性说为问题意识,为道学的形成与展开营造了浓厚的思想氛围,道学的萌芽正生长于这地方的土壤之中。庆历是产生问题意识的时代,道学则提供了对这种问题意识的一贯性解答。

与道学相关的第三个思想史转折点是宋室南渡。虽然这发生于道学形成之后,但对道学的命运有重大影响。以宋室南渡为界,北宋与南宋的思想

① 参见土田健次郎:《道学之形成》,第 269 页。
② 同上书,第一章"北宋的思想运动"。

面貌被区分开来。在思想氛围上,北宋思想家经常通过奏议表达自己的思想,政论在北宋经常成为议论的中心。相比之下,南宋时,论文、书简、语录之类被更多地使用,哲学性的讨论越来越多。南宋士大夫论争的政治党派性色彩几乎消失,更多地关注哲学问题。[①] 就道学内部来讲,杨时成为这一时期的代表[②]。作者将杨时的主要思想立场归结为两点:反王学和祖述者。杨时主要继承了二程对王学的批判,包括义利之辩、天人性命和佛教影响等内容,完成了对程学的反王学内涵的阐发。他也试图通过二程语录的集成来企求程学内部在理解上的统一,但未及完成便辞世。杨时的工作为道学集大成者朱熹的出现做了准备,朱熹继承了杨时的未竟之业。

关于道学为何形成,作者无意给出几条整齐的答案,事实上,整齐的罗列正是作者要克服的思想史写作偏差之一。作者希望找到另一种回答的可能性,即关注思想本身所处的环境、问题意识和讨论方式,窥见道学形成和展开的脉络。通过对上述三个转折点,特别是庆历年间的具体分析,可以看出道学之形成与唐朝中期的思想变革、庆历年间的文化氛围之间的联系,宋室南渡对道学之展开产生的影响。对道学的性格有影响的因素,在时代复杂的思想背景中逐渐浮现出来。在勾勒道学思想史主线的基础上,作者进入了对道学形成期面貌的描绘。

二　道学形成期的面貌

土田健次郎先生细致描绘了道学形成期的面貌,来回答道学怎样形成的问题。他在书中再三强调,程颐为北宋道学的实际创立者。所谓道学,原本不是一个严整的学派,起初的状况是:在北宋五子中,除了周敦颐,其他四人拥有各自的弟子,以血缘(二程与张载)或地缘(讲学的根据地接近的二程和邵雍)关系为纽带而互相交流。之后,其他三人相继去世,因为思想上的亲近性,这三人弟子的一部分被吸收到最晚去世的程颐周围,至此,才逐形

① 参见土田健次郎:《道学之形成》,第8页。

② 土田健次郎先生在书中按时间顺序,将杨时置于第七章第二节来讨论,作为晚年的程颐和朱熹登场之间的联结点。这里由于行文需要,为了突出对宋代思想史的三个转折点的关注,将对杨时的讨论提前。详见《道学之形成》,第七章第二节“杨时的立场”。

成一个严整的学派。从北宋末期到南宋初期,道学被视为程颐的学派。[①] 基于这样的认识,作者的讨论势必以程颐和被程颐认为与自己一体的程颢为中心,但为了尽可能展示道学形成期的全貌,作者还考察了二程的先行者和对抗者。

胡瑗和周敦颐都是程颐的老师,作者将他们视为二程的先行者。[②] 通过对这两人的考察,或许能够探寻二程的思想来源。以胡瑗为代表的宋初三先生,活跃于庆历时代,是时代思潮的体现者之一。胡瑗将范仲淹理念中相当重要、但在政论中没有充分表达的部分,即士大夫的理想形象问题,表现在他的学问当中。他通过"明体达用"的教育方式和对《易经》的解释,回应了当时士大夫的共同问题意识,勾画了庆历士人的理想存在形象。程颐继承了胡瑗的倾向,并在一种完整的世界观之中解释了《易经》。

相比之下,程颐与周敦颐的关系更为复杂。作者检讨了"周程授受"的神话,重新考虑了周敦颐在宋代思想史上的地位,并将周敦颐定位于古文家之中。无论是二程本人的态度还是程门的整体姿态,都没有特别表彰周敦颐。相反,周敦颐的全部重要思想观念都被二程所忽略,"周程授受"之说并不能成立。周敦颐是用意于求"道"的在野古文家的代表,地方官的职责和在野式的隐逸风姿共存在他身上。二程从周敦颐那里继承的主要是对追求内在之净化学问的重视和对颜回好学的关注。作者强调,无论胡瑗还是周敦颐,跟二程之间都没有思想上的授受关系,这并不是说二程没有向胡瑗和周敦颐学习过,而是说胡瑗和周敦颐都没有作为道学的创立者,把"道"传给二程。真正开启了道学之源头的,应该是二程,特别是程颐本人。[③] 胡瑗和周敦颐对程颐的影响是,前者把中央的问题意识带给了程颐,后者以在野式的思想姿态启发了程颐。

进入道学真正的形成期,作者的讨论以程颐为核心,论及其与程颢、张载、邵雍等初期道学者的关系。将二程、张载、邵雍称为初期道学者,并不意味着他们在世时已经存在一个包含四个人在内的明确学派,只是因为他们

① 这一观点在书中反复被强调,参见土田健次郎:《道学之形成》,第120、399、457页等。

② 同上书,第二章"二程的先行者"。

③ 参见土田健次郎:《道学之形成》,第94页。

对道学的形成做出了重要贡献。[①] 作者着力澄清初期道学家内部的协同感与分歧感的主要内容。四子协同感的底蕴是以“有”为基础的万物一体观。无论是内外、物我还是天人的合一,就是消除内心与外界相区别的意识,使这种内心与外界的反应趋于无意识化,从而达到万物一体的境界。圣人实现了这种境界,普通人应当以圣人为追求目标。可见,初期道学的万物一体观并不单纯是传统式齐物论或性善说的复述,在内心与外界的反应关系这样的问题设定上,还接受了来自佛教的刺激。四子的分歧感源于对万物一体观的把握方式的差异,这正体现了他们的个性。具体而言,程颢只是就一体而说一体,尽管他把万物一体表达得最为生动;张载从气论和太极的角度去把握“一体”;邵雍的一体与数的秩序相关;程颐的一体便归结到“理一”之论。他们之间的相互批评,也以这种差异为基础。

在四子之中,作者主要考察了作为核心的二程兄弟的思想。虽然程颐将程颢看作与自己完全一致,但学者们早已留意到二程之间的思想差异。[②] 作者认为,必须对二程思想的共同点和差异点两方面都加以阐明,以了解道学的形成过程。[③] 程颢对“天理”的用法包含了对善恶两方面的认可,同时又可以表述被全面肯定的理想状况。所谓善恶,是在人类与世界发生关系时产生的,如果人类能正确处理与外界的关系,恶就可以消灭。他主张眼前这个善恶并存的世界的客观姿态和与此相对的人类主观上的自我变革都遵循着实在的法则、秩序。“敬”是人类自我修正的手段,也就是将对己、对他的意识同时消灭,最终在全不夹杂自他意识的情形下,保持内心对外界的自然反应。在程颢那里,善恶并存的伦理现实之所以被强调,是为了批评佛教的幻妄观和道家的“无”,从儒家的立场申明这个世界,特别是伦理性价值的实在性。

程颐以“理一”来构成万物一体思想。[④] 与程颢不同,程颐尽量将“理”限定于肯定性的内容。本来指向个别的日常性秩序的“理”在他那里从根本上被提示为“一”。程颐认为“物”无不有理,物虽不齐而其理则一。“物”的

---

① 参见土田健次郎:《道学之形成》,第 185 页。

② 同上书,第三章“程颢思想的基本结构”。

③ 同上书,第 165 页。

④ 详见土田健次郎:《道学之形成》,第四章“程颐思想与道学的登场”。

不齐与"理"的同一是同时成立的,只有不齐的个别"物"理彻底实现,才能展示出"理一"。"理一分殊"是对理一与物之不齐的并存关系的一种表述。所谓不齐,并不仅指外在事象或内在心象的多样性,也指社会秩序及维持社会秩序的儒家道德规范的层次性。物之不齐与理一同时并存,保证了人与物的区别和人类的独特性,即道德性的成立。"性即理"即指人类心灵活动所具有的秩序性。虽然万物一体观是初期道学者的共识,但将它揭示为"理一",则是程颐的独特性所在。作者试图将程颐研究从朱子学笼罩的框架中解脱出来,反思了对程颐"理气二元论"的评价,论证程颐思想的核心始终只在"理"上,对于气,他并未追求其作为统一理念。通过检讨程颐的理气概念得出的结论是:程颐讲的是理与物的关系论,不是朱熹那样的理气二元论。程颐对于道学首要的意义是确定了"穷理"的学术领域。

通过以上的分析,二程思想的异同就显现出来了。与佛老对抗的态度、赋予理的概念以重要含义、强调敬的工夫和万物一体,是二程的共同点。与程颢就一体而把握万物一体、希望最终达到内外两忘的境界相比,程颐也以万物一体观为基底。但程颐以"理一"把握万物一体的同时,也包含了对万物之不齐的肯定,人类的独特性由此表现在道德规范的完全实现之中。二程的差别最明显地表现于善恶关系和对待训诂的态度上。程颢是在感觉上直接把握万物一体,对人的善恶问题显得淡薄。程颐将万物一体把握为与分殊相表里的理一,确保了人对物的独特性,突出了道德上的严格程度。程颢对经书训诂始终保持冷漠态度。程颐却很重视对经书内容的把握,他继承了胡瑗,在完整的世界观中解释了《易经》,为士大夫的行动规范和存在原理提供了一个系统化的答案。

除了正面分析程颐的先行者、以程颐为中心的道学草创期思想家之外,本书的一大特点是,也将与道学同时、但属于道学之外的思想纳入视野。作者用一定的篇幅考察了道学外部、与道学形成密切相关的因素和道学对抗者的思想,以及这些思想与道学之间的激烈交锋,以便从反面展示道学的品格。与道学发生关系的因素包括佛教和道教①;道学的对抗者主要指王安石

① 详见土田健次郎:《道学之形成》,第五章"道学与佛教、道教"。

和苏轼[①]。

道学与佛教的关系十分紧密而复杂,一方面,佛教提示的问题领域被道学家们所关注,使他们的思考范围向宇宙论、人性论扩展。道学自佛教最大所得,便是对心灵的关注。在道学的议论中,心的问题占据了中心地位。在心的问题上,道学与佛教尖锐对立、时有交涉。另一方面,道学家自觉地与佛教相对抗,除了对佛教幻妄观的否定外,二程等人并不回避佛教的问题领域,相反,他们带有强烈的问题意识突入了这些领域,并展开了具有体系性的儒家式论述。佛教劝人们放弃对世界的执著,特别宣扬消灭规范意识。程朱的格物穷理,则确认了日常生活中被信赖的价值规范和逻辑推理的巨大意义,认为这个"有"的世界,存在着人们应该遵守的规范。在修养方法上,道学的静坐虽与佛教有一定程度的类似,但道学系统的人物及其周围的士大夫始终自觉带有与佛教相区别的姿态。道学确立了以经书为依据的独特修养方法,就是"敬"。此外,作者从二程气论与道教的角度考察道学与道教的关系。就全体来看,道学意图将道教(包括道家)的意义限定在养生的方面,不认可其具有进一步的哲学意义。

书中亦特辟一章讨论程颐的对抗者王安石和苏轼。王学与道学有着共同的关怀领域,但在思路推展方式上存在分歧。道学对王学的批判之所以成为可能,是因为二者的出发点和终点正好相互冲突。道学把以性命问题为中心的格物致知看作学问的起点,以治国平天下为最终结果;王学的方向却正好与此相反,以制度和文字为起点,认为对制度和文字的理解自然能带来道德性命问题上的一致。道学和王学都具有强烈的体系化倾向,在结构上正好相互对立,因此道学能够把批判的矛头指向王安石主要著作的全部。

苏轼对天人关系和性说的问题意识本身加以检讨。作为文学家和思想家的苏轼,直率地承认天人相关现象的实在,将逻辑性的分析停留在最小的限度,把议论的对象严格地限定在可以获得共同认识的范围内。充分认识到思想性理解之有限性的苏轼,对于以程颐为代表的道学从思想上给予反驳。而道学对苏轼的回应,在程颐那里还未出现。程门弟子杨时开始对苏轼的道论、性说进行学说上的批判。朱熹则将道学对苏轼的批判持续深化,

① 详见土田健次郎:《道学之形成》,第六章"对立者的思想"。

提示人们警惕苏轼文章魅力背后混杂着佛老的思想危害。

在本书的前六章中,作者从正面和反面叙述了道学形成期的思想史,展现了道学所处时代、与道学形成相关的思想全貌。但作者并未就此搁笔,而是继续将着眼点置于道学本身,追溯了道学形成之后一段时间内的发展线索。这一部分内容包括晚年程颐的经历、杨时的立场,和朱熹的道统论。[①] 到程颐晚年,道学已经获得可以贯穿中央与民间两种场合的一贯原理,展现出极大的影响力。在程颐去世以后,通过杨时等人的努力,道学得以在南宋扎根。[②]

全书以朱熹的道统论结尾。朱熹的道统论是对儒学中的道学、道学中的朱学这两重正统性的主张,浓重地反映出了当时的思想状况。朱熹后学则将道统法则化、形式化为一条直线式的思想传承过程,并以此突出朱熹的地位。而作者写作本书的目的,就在于摆脱这种经过思想润色的道统论的羁绊,重新构建道学的形成史。

三 总 结

本书的原型是土田健次郎先生的博士学位论文《道学形成史之研究》。本书的日文版由创文社于 2002 年 12 月刊行,也已出版韩语版,中文版终于在近年问世。作者将本书定位为叙述道学形成过程的一部思想史。总体上看,该书的特色主要体现在以下几点:

第一,全书并没有局限于哲学概念分析,而是采用社会性、政治性的分析方法,将思想与思想者的现实处境、问题意识和思想结果联系起来,成为一部思想史著作。在方法上,尽力克服思想史写作常见的偏差。[③]

作者在序章中强调,各个个别思想本身和思想被记忆的面貌,往往有所乖离。记忆者因自己的问题意识而改变思想面貌、思想家为了阐明自己的思想具有必然性和正当性而利用、重新叙述思想史,牺牲了对思想史的客观

① 详见土田健次郎:《道学之形成》,第七章"道学的形成与展开和全书结语"。

② 至于杨时在道学发展史当中的地位,前文已经说过,此处不再讨论。

③ 详见土田健次郎:《道学之形成》,序章。

记述、对思想史整齐的梳理,都是思想史写作的偏差。本书的基本方法是,注重思想背后的社会、政治因素,展示广阔的社会思想图景,写成一部克服以往思想史偏差的思想史著作。在研究道学之形成的主题时,作者希望返回思想本身产生的时地去把握,如实地展现论述对象的时代状况、问题意识、论证方法和表达手段。在其中既关注思想史的普遍问题,也注重思想家的个别性。即使在分析思想家提出的概念时,也不会忽略概念背后的时代关怀。

作者对道学的分析始终没有离开庆历以来士大夫共同的问题意识,即天人关系和性说这条主线。从道学形成期到道学内部的分裂期,再到晚年程颐、杨时和朱熹试图寻求道学内部的统一,所有的儒者都以天人论和性说为关注焦点,进而提出自己的看法。比如,当庆历士人的潮流成为主流之后,士大夫内部对天人性命的认识却出现了分裂。此时,苏轼试图框定思想性言说的界限,道学则对思想性言说的可能性抱乐观态度。这些都属于面对道学当时状况做出的反应。再如,作者注意到程颐的时代和杨时的时代在思想环境上的差别,这实际上是道学形成期和传承期面对的不同问题。全书坚持社会性、政治性和历史性的立场,认为道学的天人性命论,是建立在同时代广泛议论的基础上,时代的思考方向影响到思想家的表达方式和对于议论重点的处置方式。

第二,本书试图涵盖道学形成史的全貌。从整体上看,书中从正反两面全面突出初期道学的特点。道学草创期的思想家们都采取了与佛老对抗的态度、赋予理的概念以重要含义、强调敬的工夫和万物一体,这是正面讨论道学的核心问题。此外,作者讨论了道学与佛教、道教等相关的思想因素和王安石、苏轼这样的道学对抗者,从反面廓清道学的特点。比如,在对佛教的批评中,初期道学家们对秩序观念加以突出强调,并阐明了与佛教相区别的"敬"的修养方法对士大夫的重要意义;在与王安石的交锋中,道学思想家强调了伦理价值相对于政治制度的优先地位;在与苏轼的对比中,可以看出道学是如何面对士大夫内部天人性命观的分裂局面的。

从对个别思想家的分析来看,作者希望涉及其思想的各个方面和一贯性内容。对于实践性较强的思想家如欧阳修、王安石,试图找出其思想与政论的联系。对于苏轼这样兼具文学家和思想家双重身份的人物,则考察他在文学和思想表达中的根本一致性。作者还特别注重思想家的生活历程与其思想面貌的关系,比如,对程颐晚年生涯进行详细的考察,可以发掘道学与社会、政治互动的线索,明了道学家的政治处境、道学家与其他思想家的交游,有助于更好地理解道学的根本观点。

从对思想家的评价来看,作者自觉反思思想史可能出现的偏差。比如,打破"周程授受"的神话,将周敦颐重新定位在古文家中。再如,对于在历史上被认定为文学家的苏轼,从思想史的角度给予重新解读。

第三,作为宋代思想研究者,作者在书中谨慎地检讨了学界的一些成说。这些被学者们共同默认的前提,实际上有暧昧不清之处,比如唐宋之间的连续与转变、周程授受、二程同异、程颐的理气二元论是否成立、道学与华严教学的关系、宋室南渡后道学的发展状况、传统思想中对"体用"的用法等问题。作者在书中对这些问题都给予细致分析,并提出自己的看法,因此不妨将本书看作是反思以往研究成果基础上的思想史著作。

第四,作为一部日本的宋代思想史研究学者的作品,本书以相当规模的日本学者研究成果为基础。多数情况下,当谈及某个受到较多关注的问题时,书中会加入注释来综述该领域学者,特别是日本学者的主要观点和代表作品。本书既是作者的博士论文,也以已经发表的论文为基础。因此,作者还把在自己相应部分的论文发表后面世的、与书中内容相关但不雷同的成果适当添注于书中,可见其严谨的治学态度。

作为一位日本学者,作者显然意识到了道学在整个东亚地区的影响,希望探寻道学产生如此巨大影响的原因:"在近世的东亚,道学特别是朱子学基本上成为一种普遍思想,其之所以能够如此,是因为对于当时该地域的士人来说,道学为他们所关心的全部问题提供了可能解答或可以期待其解答的一种思想体系。"[①]道学之所以产生如此大的影响,很大程度上是因为道学对当时士人关注的问题给予了体系化的解答。这样的话,关注道学问题意识的产生、理清道学给出的体系化解答、还原道学独特的表达方式,就成为应该关心的问题。这也是作者坚持从思想和社会的互动关系考虑程颐"理一分殊"的思想意义的原因。

---

① 土田健次郎:《道学之形成》,第294—295页。

土田健次郎先生的大学毕业论文,以江户时代的儒者伊藤仁斋为探讨对象,可见他的思考起点是以朱子学为代表的道学对日本思想界的影响。在博士阶段,他又回溯道学在起源地中国的形成过程。正是这双重的视角,使他能够留意到一些被学者们忽略的问题。本书对思想与社会、政治之间关系的重视,有助于学者们了解以道学为核心的宋代思想面貌,为以北宋道学为对象的进一步哲学式研究,奠定了良好的基础。

(于文博,北京大学哲学系2011级博士,100871)

杨立华:《郭象〈庄子注〉研究》

北京:北京大学出版社,2010年

显然,"玄学之外"至今只是一个尚待展开的尝试向度。然而,正因为它是一条未完成的道路,它也才有可能在一种朝向古代思想的研究中最低限度地安置自由思考的愿望和激情。

——杨立华:《玄学之外的可能:魏晋思想研究中的玄学话语》

一 《郭象〈庄子注〉研究》内容简介

魏晋玄学被纳入中国哲学现代研究的视野当中并得到重视,肇始于汤用彤先生于上世纪三四十年代的一系列相关研究工作。虽然因种种变故,老汤先生没能将其计划当中的《魏晋玄学》著就成书,但现今所见的收于《魏晋玄学论稿》中的数篇文章、授课提纲等相关文献,则已经在冯友兰先生的中国哲学通史写作之外,开创了断代史研究的传统,奠定了魏晋玄学研究的基本架构。后来者如汤一介、许抗生、余敦康等老一辈学者,基本上是沿着老汤先生所确立的模式,对魏晋玄学作了更为深入的研究和详尽的勾画,而使得这一学科在中国哲学研究领域始终不失其光耀。

在这样的学术积累与背景之下,杨立华先生的《郭象〈庄子注〉研究》显示出其独特之处来。与王弼被视作魏晋玄学的典范相对,郭象一般被视作魏晋玄学发展的顶峰,而如汤一介先生的《郭象与魏晋玄学》一书,即是从魏晋玄学发展的脉络当中来考察郭象之学。但杨立华先生的《郭象〈庄子注〉研究》,则是试图摆脱现有的魏晋玄学三阶段论的前在视域,而提供一种基于回到具体语境的对文本的深入阅读与细致的概念辨析的阐释方式。本书的整体架构简明清晰,既包括对前辈学者研究成果的反思与汲取,也有在这一反思的基础上阐明郭象思想的新尝试,叙述郭象思想从总体的时代精神到其本体论的建构,最终到对现实政治哲学思考这一整个过程。书中虽然讨论了有无、自生、独化、自然、逍遥、齐物等一些深刻的哲学概念、范畴乃至思想宗旨,但都坚决拒斥语焉不详的先在的预设,而始终坚持从文本当中寻找概念、范畴之间的勾连,尽量让文本内部的结构自身展现出来,从而尽可能客观地勾勒出郭象《庄子注》的原貌。因此,此书虽然直接面对历来已久的各种纠缠不清的学术公案,如《庄子注》与《庄子》本意的关联,郭象逍遥义的理解等,但都能够提出自己独到、有据的见解而不流于一偏。另外,作者也并不为自身的专业视野所限制,大量援引历史、文学的相关研究成果,以助益于对魏晋玄学的历史处境及其精神风貌的理解,并进而影响到对魏晋玄学及其现代研究范式的整体判断。

本书正文共有八章,另有“导论”与“附录”两个部分:“导论”讨论魏晋玄学的兴起,涉及汉魏之际的政治与士风变迁,及其与清议、清谈的关系;第一章简单叙述了郭象的生平与著述情况,而将重点的讨论置于《庄子序》与“《庄子》后语”[①]的真伪考辨,以及《庄子》郭象注与向秀注的关系上,为研究郭象《庄子注》准备文献学上的支撑;第二章为“注释的技艺”,将郭象的《庄子注》视为对《庄子》文本的整理与统一性建构,以确立作者解读《庄子注》的基本理路;第三章为“有无之辨”从“《崇有论》辨正”开始,力图破除将裴

---

① “《庄子》后语”系《天下》篇末二百零二字的文章,由日本镰仓时代高山寺旧钞残卷本中所得,不见于今所见的其他本子。但因其中有与《释文序录》引郭象云者极为相近,武内义雄、狩野直喜、王叔岷等皆以为郭象所述。

頠纳入到魏晋玄学的变迁当中而建立起的从贵无到崇有乃至最终到两者合题的这一思想史叙述的先入之见,以试图重新界定魏晋玄学的脉络尤其是郭象与王弼之间的思想史关联;第四章至第八章分别为“自生与独化”、“性分与自然”、“逍遥”、“齐物”、“治道”,此五章乃是本书讨论郭象《庄子注》的主体部分,其中第四章讨论万物的生成方式,第五、六两章讨论万物的存在方式,尤其是在世的个人如何面对其生存处境,第七章讨论圣人问题,并直接延伸至第八章关于郭象政治哲学的讨论;“附录”当中包括五篇文章,《在世的眩晕:重提魏晋风度中的药与酒》、《物境之开敞:以无为用,或天地之心》、《玄学之外的可能:魏晋思想研究中的玄学话语》、《时代的献祭》与《〈人物志〉与魏晋思想的政治哲学基础》,这几篇文章既有关于魏晋风度及其中个人遭际的勾勒,也有关于既有的魏晋思想研究模式的回顾,但基本上都是围绕着魏晋玄学研究的新可能而展开的。总体而言,全书在对既有的研究模式的反思之下,基于对文本的详细深入阅读,细致详尽地分析了郭象《庄子注》当中所启用的一些重要概念,勾勒出这一文本的内在结构,因而在已有数位前辈学者的研究成果之下,仍能够做出精彩的论述,颇有所创获。

书中多有可观赏之处,但此处则只能就其中较为深切者作一些介绍、讨论,以此窥见作者关于《庄子注》的研究思路及关键的释读。首先,是对既有研究的一个除蔽。在作者看来,既有的以有无之辨为基本线索来重构魏晋思想的研究,实际上是一种观念先行式的思想史解读,表面上是构造出了整齐系统的思想史,但实际上不过是将思想史写作变成了对预设的印证和加强,“去古人学说之真相愈远”(陈寅恪语)。因而,作者在正式开始讨论郭象《庄子注》的文本前,先立“有无之辨”一章,在对魏晋时期总体的学术思想境况和新学风的兴起的把握之下,凭借对裴頠《崇有论》的辨正,有理有据地将《崇有论》界定为“固有的儒家思想对魏晋新学风的反弹,而不是魏晋玄学发展的一个阶段”[①]。如此,则郭象的思想不可被简单地归结为崇有或贵无与崇有的合题,从而使得对《庄子注》的讨论能够回归到扎实的文本阅读上来。而与此相关的是,如何界定魏晋玄学的问题。在既有的研究框架之内,许抗生先生这样概括玄学:“玄学,就是以研究‘三玄’而著称的。但是魏

---

① 杨立华:《郭象〈庄子注〉研究》,北京:北京大学出版社,2010年,第93页。

晋玄学又不是重复先秦老庄哲学与《周易》哲学,而是有着以下几个特征:一、以'三玄'为重要研究对象。二、以辩论'有无'问题为中心课题。三、以讨论宇宙的本体之学为其哲学的基本特征。四、以讨论名教与自然的关系问题,为其哲学的根本目的。"[①]这是对既有的魏晋新学研究的一个全面概括。然而细究这里所提到的四个方面,其实不难发现是以"名教与自然的关系"问题为其前提的,"三玄"不过是这一问题得以展开的文本,而本体之学、"有无"问题不过是这一问题的深入与展开。[②] 由此也就不难理解为何以自然、名教、有无等为核心词汇来构造和描述玄学发展的各阶段。但这样一种问题先行的哲学史研究,非但不能深入理解问题本身,反而将哲学史变成了对这些问题的各种回答的罗列,变成了纯粹的概念游戏。在这样的反思之下,杨立华先生力图转向对文本本身的关注,指出郭象乃是将庄子视为超越了学派立场的哲学家,而将《庄子》文本视为对真正的哲学问题的探究和表达。[③] 如此,也就使得《庄子》文本而非"自然与名教"、"有无"之类的哲学问题成为郭注首先所需要面对的,由此也指向了《庄子注》在郭象思想研究当中本位意义的确立。

其次,是对聚讼不已的学术公案的澄清。例如对于郭象《庄子注》是否把握了庄子的本意这一问题,"褒之者称郭象之注'真可谓得庄生之旨','其高处有发庄义所未及者',贬之者则认为郭象的庄学曲解了庄子的原意,阉割了庄子的精神"[④]。从现代学术研究来看,郭象对一些重要概念的运用方式及其对许多关键文字意义的阐发,并非《庄子》本有的,但郭注所呈现的庄子,往往与庄子的精神气质相冥合,从而能够被收摄到对庄子本意的可能

---

① 许抗生:《三国两晋玄佛道简论》,济南:齐鲁书社,1991 年,第 1—4 页。杨立华先生也很敏锐地指出,若以此标准来衡量既有的玄学研究,实际上也会发现不少的不合之处,如所谓"竹林玄学"。

② 汤用彤先生即以此来界定魏晋新学及其演变,他曾说道:"三国以来的学者,在'名教'与'自然'之辨的前提下,虽然一致推崇'自然',但是对于'名教'的态度并不完全相同。"见汤用彤:《魏晋思想的发展》,收录于《魏晋玄学论稿》,北京:三联书店,2009 年。

③ 作者关于郭象眼中《庄子》文本的这一观点,乃是借鉴瓦格纳关于王弼那里《老子》文本的看法,见杨立华:《郭象〈庄子注〉研究》,第 63 页。这种看法,可以说是对中国古代学术、思想局面的一个澄清,即中国古代思想并非只是不同学派立场的并列,而是首先有着共同的(最少在某一特定阶段)思想资源和言说方式,也就是以经典为中心来展开思考和讨论。例如,《汉书·艺文志》即是以六经为经典体系,作为儒、道等学派之上的权威。

④ 余敦康:《魏晋玄学史》,北京:北京大学出版社,2004 年,第 387 页。

理解当中来。因此对郭注或褒或贬,都是持之有据的。而对于这一问题,作者并没有简单地采取任何一方的观点,而是注意到郭象对于《庄子》文本的整理与重建。这一工作不仅包括对当时流行的《庄子》篇目进行取舍,更为重要的是将这一充满分歧的文本赋予统一性。也就是说,作者充分注意到《庄子注》与《庄子》之间的张力及其对话关系。如此,郭象的《庄子注》就既非对《庄子》文本的简单重复,亦非借《庄子》来表达己见,而是围绕着经典的某种可能性所展开的叙述。这样一来,作者也就能够不局限于一偏,而在考虑到郭象所面对的文本境域之下作同情的了解。同样,对于有待逍遥与无待逍遥,作者也在具体的文本境域当中做了细致的分析和明晰的澄清。

再次,是对既有研究成果的批评和深入。在作者看来,既有的魏晋玄学研究带入了许多不必要的理论预设,因而表面上建立起了清晰整齐的玄学发展体系,但实际上未能深入分析一些重要的概念、范畴,而颇多含混不清的理解。例如冯友兰先生在解释郭象所讲的"自然"时,从"性"和"命"两方面言道:"郭象所讲的自然,那是从'独化'这方面的,也就是从'性'这一方面讲。从这方面讲,一切事物都是自己而然('自然'),好象是很自由自在。但是,从'命'这一方面讲,郭象所讲的自然,也是对事物的一种决定,一种限制。"[①]从命的方面将自然理解为"一种决定,一种限制"是没有问题的,但从性的方面将自然理解为"自己而然"、"自由自在",很明显是带有后来宋明理学的痕迹,而与郭象关于性的致思方向是不一致的:虽然性都具有内在意义,但郭象更多的是从性的限制、不可变更方面展开,而非宋明理学的"成性"方面。因而从性、命两方面来讨论"自然"本身也是值得商榷的。而之所以造成这样的含混,杨立华先生认为,乃是由于对"自"理解上的偏差。作者指出,在郭象的哲学话语当中,"我"与"自"之间有着显明的区分:"'我'涵盖和指涉的是每个事物可以自我决定和掌控的部分。而'自'恰恰是指那些'不由自主'的东西。"[②]"我"在郭象哲学当中具有怎样的意义,还可以作进一步的探讨,但这里对"自"的界定无疑是精准的,如所谓"自生耳,非我生也。我既不能生物,物亦不能生我,则我自然矣"(《齐物论》注)。这一廓

① 冯友兰:《中国哲学史新编》第四册,北京:人民出版社,1986 年,第 147 页。

② 杨立华:《郭象〈庄子注〉研究》,第 104 页。

清,就使得作者能够在此基础上讨论自然、自生、独化等核心概念,并进一步勾勒出郭象形上学的基本面貌。如此类者,还有自为、有待、有迹与无迹(所以迹)等概念。

最后,作者对既有研究成果的深入也很值得注意。其中最为著名者,是对《人物志》文本的细致分析。《人物志》一书对于魏晋思想的意义,经由汤用彤先生的提点,已被相关研究所广泛注意,即使不依循老汤先生《魏晋玄学论稿》而独辟蹊径的牟宗三先生,在《才性与玄理》一书中亦对《人物志》给予了充分的注意,指出《人物志》的人物品评是建立在个殊性上的"美学的判断",或"欣趣判断","不能建立进德之学"。[①]《人物志》虽然受到如此重视,但一直缺乏对文本本身的细致分析。杨立华先生则承担了这一工作,力图就其文本的固有脉络来揭示其中的思想意蕴。在他看来,《人物志》乃是以"性""质"为主线贯穿全篇,着眼于人的性格与识见,并特别注重对偏才之性的分辨以及相应的察人之法。而这一讨论才性的方向,一则与曹魏的用人政策相呼应,更为重要的是,其中人的修身成德、政治的教化功能等方面的缺失,反映出《人物志》持着"偏材之性,不可转移"的政治哲学理念,因此只关注如何识人以及将不同材质的人安排到合适的职任上。而这一基本理念,构成了魏晋新学的深层共识,如嵇康、王弼、郭象等,都在以各自的方式表达出对两汉时期德礼政教和个人成德的拒绝。由此也构成了魏晋新学区别于其他学术、思想形态的一个显著特征。杨立华先生的这些疏解,可以说是对既有研究的一个细化与深入。

以上就《郭象〈庄子注〉研究》一书中几处精彩点做了简要的叙述。书中其他地方,如关于郭象与王弼的思想关联、圣人之德、圣人之治等,都做了细致的分析与清楚的表述。特别是"与王弼、嵇康的'自然'观的比较"一节,极富眼力地指出郭象对于"自然"一词的哲学性阐发,从而使得自然不再是一般性的词汇,而获得论述中的结构性意义。而这一点,也容易使我们联想到程氏二兄弟屡屡言及的"自然"、"理自然"等语汇。当然,这两者间是否有思想上的关联以及具体是怎样的关联,还需探究。

---

① 牟宗三:《才性与玄理》,台北:学生书局,1974年,第44、57页。

二　玄学研究的反思与新的可能

《郭象〈庄子注〉研究》,仅从书名,就能够让人想到另外一本魏晋玄学的研究著作:瓦格纳的《王弼〈老子注〉研究》。对于王弼、郭象这种以经典注释的形式出现的哲学文本,应该以何种方式来处理呢?既有的研究或者只是以其为探求老庄本意的一个借鉴,或者只是作为注释者本人的单纯哲学建构。但瓦格纳尝试了另外一种可能。杨立华先生在译介此书时说道:"瓦格纳(Rudolf G. Wagner)教授的《王弼〈老子注〉研究》在这样的整体氛围当中是一个辉煌的例外。作者首先致力于揭示王弼的注释技艺。他向读者呈现出了这样一个王弼的形象:在自觉地接受文本的内在约束的前提下,在致力于消除文本的多义性的同时,将《老子》本文中所蕴含的哲学可能性发阐到了一个空前的高度。"[1]也就是要回到注释者所处的文本境域,将注释作为对经典的注释文本本身,而非仅以这一形式出现的表达注释者己意的哲学文本,从而注释与文本之间的对话与张力成为其研究的入手处。而这一点,正是杨立华先生向瓦格纳所借鉴的。因而,作者在正式讨论郭象《庄子注》的思想意涵之前,先立"注释的技艺"一章:这一做法及其中的一些具体内容,我们很容易发现其与瓦格纳《王弼〈老子注〉研究》之间的对应关系,如关于文本统一性的建立、文本潜能的释放、对孔子形象的讨论等。

不过,作者在借鉴瓦格纳的同时,也充分注意到,相比于《老子》,《庄子》文本的开放性要大得多且复杂得多。或者说,《庄子》文本就具有巨大的分歧:不仅是与其他思想经典之间的分歧,更为重要的是当时流行的《庄子》篇目芜杂及其之间的相互冲突。因此,在面对《庄子》文本时,郭象无法像王弼那样自觉接受文本的约束,试图从文本本身当中细绎出严格的解释原则与方法,而更多的是要首先致力于辨明《庄子》一书的思想旨趣,然后才能展开对文本的具体注释。故其冠于全书之前的《庄子序》,可以看作是郭象对于庄子及其书的整体判断:"夫庄子者,可谓知本矣",那么庄子便不会去讨

① 〔德〕瓦格纳:《王弼〈老子注〉研究》,杨立华译,南京:江苏人民出版社,2009 年,"译者的话"部分第 1 页。

论刑名法术,更不会涉及怪力乱神之类的东西,亦不会与圣人(孔子)相违逆。因而,郭象对当时流行的《庄子》篇目进行删定整理,采取"寄言出意"的方式来解释《庄子》文本当中的孔子形象及不同形象之间的冲突,以至于强力扭转文句本身的意义等等,就并非是郭象对《庄子》文本的恣意编造了,而是将《庄子》文本提升到经典的高度,从而证成这一文本对魏晋思想以及后来者的意义和影响。

然而,与瓦格纳相比,杨立华先生所要面对的,并非仅仅是以解释学的方法来处理一个特定的注释文本,而更是整个魏晋玄学现代研究的范式问题。因此我们可以在《郭象〈庄子注〉研究》当中看到一些似乎与本题没有直接关联的文字,例如"导论"当中关于魏晋新学的兴起以及"附录"当中魏晋风度的讨论。但一些看似游离的文字,实际上构成了作者更为广阔和深入的思考,而其关于郭象《庄子注》的研究,也只有在这一思考之下才能透露出作者所寄予的根本期许。

作者在讨论魏晋新学的兴起时所写下这一段文字,颇值得观看:

> 一种思潮或时代的精神趋向的形成,终归是历史主体在具体的历史情境当中扭曲和挣扎的结果。在这里,历史性主体的主观精神总要在"客观"的历史处境当中具体化为时代的精神主体;与此同时,客观的或物质性的历史处境也必定要经由作为客观精神的历史文化传统和作为主观精神的个人意志的"加工"方能具体化为精神展开的历史情境。此种旨在揭示时代之精神趋向的"客观"历史处境的哲学史或思想史写作,也许可以被称为"历史唯物主义的精神史"。①

相似的说法我们在作者的另外一本研究著作当中也能看得到。② 从这段文字及其所被置于其中的语境,我们很容易看出作者的意图之所在:将魏晋新学放回到具体的历史境遇当中,并进而以收摄历史主体与历史情境的时代精神为观看魏晋新学的起手处。魏晋玄学的兴起自然是与当时的历史处境尤其是政治氛围的变迁有着千丝万缕的关联,但绝非教条化的唯物史观所

① 杨立华:《郭象〈庄子注〉研究》,第18页。

② 见杨立华:《气本与神化——张载哲学述论》,北京:北京大学出版社,2008年,"导论"部分第一节。

说的“经济基础决定上层建筑”,亦非纯粹概念或范畴在不同历史阶段的展开。这两者只会使得历史与思想被本质化为对所谓哲学问题的回答,而忽视其中的异质性,最终使得历史与思想成为一个已经完成的封闭境域。换句话说,本来是用来寻求时代及其思想的观念、工具,现在反过来成为界定时代的标准,成为编织关于时代言说系统的隐秘“格栅”(Grid),决定着对话题、现象的选择。

具体到魏晋玄学的研究来说,“三玄”、有无、自然与名教等范畴和命题,便成为玄学研究的格栅,因而裴頠这一与魏晋风度格格不入的传统儒者,竟然也被纳入到玄学的演变进程当中来,并出现所谓“贵无”、“崇有”之类的思想划分。与此同时被忽视的,乃是王弼、郭象等对孔子与老子、庄子关系的看法、对《论语》文本的重视,以及嵇康文本的言说方式、清谈与玄谈之间的实质差异,诸如此类涉及魏晋时期总体学术、思想特征的问题。而这些玄学研究当中的先在观念,据杨立华先生的看法,乃是来自于汤用彤先生对王弼作为玄学典范的强调:“王弼的问题意识被简单地等同为时代的问题意识,魏晋时期思想史的展开根本上取决于不同的思想家对这些时代问题的不同回答。”[①]老汤先生在草创阶段对王弼的解释在一些问题上有误读是很自然的,例如自然与名教这一问题在王弼那里实际不存在,但这些误读的影响至今还没有得到应有的纠正,正是由于这些解读已经成为魏晋研究的先在条件,对它们的变动则意味着研究范式的整体转换。

然而在这样的反思之后,如何重新通向魏晋玄学?杨立华先生决定性地转向了对历史境域的诉求(当然,这一过程本身也包含着反思,或者说反思实际起于对历史境域的关注)。在对陈寅恪、唐长孺等先生关于魏晋时期思想局面的论述做了回顾之后,作者按诸《世说新语》、《晋书》等相关典籍,对玄学(玄谈)与清谈之间的关系作了细致的区分,指出清谈只是在当时以洛阳为中心的河南地区流行的风尚,与东汉的清议不可等同;而玄学(玄谈)并非当时的一般学术,甚至并非清谈,而只是清谈当中极少一部分的内容。如此,以清谈与玄谈之间的等同构建起来的对魏晋时期有着统一气质的想象也就自然消逝,而建立在这一统一气质上的统摄玄学话语的“问题”也就

---

① 杨立华:《郭象〈庄子注〉研究》,第233页。

显示出其无法建立统一的标准而不得不采取不同的叙述策略的局促来。同样,对"魏晋风度"这个混沌的说法的分析,也显示出魏晋时期即使在新学风的内部,也存在着不可弥合的差异与断裂。① 在这样的基础上,作者进一步将魏晋玄学看作对于先前时代的一个突变,而非在某些预设之上的连续中的差异。而这,乃是对于线性发展的中国哲学通史写作的拒绝。

对于魏晋玄学所处的历史境域的揭示,既意味着对已有的研究范式的反思,也意味着作者重新理解魏晋玄学的起点。反思并不是要改变所研究的对象,而是要注意到这些对象所暗含着的具体的提问与思考的方式及其所启用的思想资源。也就是说,要注意到思想本身的境域及其得以展开的内在结构。只有如此,才能尽量撇开不必要的可能预设,回到思想本身的脉络当中来。更具体的,是回到文本本身的脉络当中来。文本在这种情况下才能展现出其历史境域,成为时代精神的载体和研究得以展开的中心。而思想史、哲学史的写作才有能够脱离单纯概念的变化组合、不同答案的罗列的状况,转而成为对时代的触摸和对真正哲学问题的思考,并延伸出对于当下思考的意义。

最后,需要提及的是,无论是汤用彤先生的魏晋玄学研究,还是冯友兰先生的中国哲学史写作,都是"作为在西方中心主义的普世语境中拒绝中国文化的客体地位的一种努力"②,也就是作为开启和建立现代中国主体意识的努力。不论他们的思考与书写是否真的造成了对固有思想肌理的误读,导致了对中国文化客体地位的证成,如何重新发掘我们的固有传统,参与到现代中国主体意识的建构中来,则是无法逃避的共同问题。而杨立华先生对郭象《庄子注》研究的尝试,对魏晋玄学既有研究乃至整个中国哲学史写作的反思,其中最为本始的激情,恐怕也正是在于此吧。

(白辉洪,北京大学哲学系 2011 级硕士研究生,100871)

① 这样一种讨论魏晋玄学的进路,也容易让我们联想到从北宋的政治状况、中唐以来的古文运动以及同时期的其他新学等维度来探寻北宋道学的兴起。

② 杨立华:《郭象〈庄子注〉研究》,第 228 页。

聂敏里:《存在与实体——亚里士多德〈形而上学〉Z卷研究(Z1-9)》

上海:华东师范大学出版社,2011年

亚里士多德的《形而上学》Z卷被誉为古代哲学的珠穆朗玛峰,它的主题有关最崇高的存在者,而向崇高存在者的攀登绝不是一件容易的事情;前进的道路上满布荆棘和陷阱,但那种神圣思想的光辉吸引着一代又一代的学者,为之殚精竭虑,孜孜不倦。聂敏里于2011年出版了研究《形而上学》Z卷的新作《存在与实体》,为攀登古代哲学的珠峰开辟了一条新的道路,让我们在拨云见日的喜悦中瞥见存在本身。

《存在与实体》一书采用"整体论"的视角,在当代亚里士多德形而上学研究中力排众议,提出Z卷不应当被分解为几个平行的"非线性"部分来解读,[①]它是一个连续的向同一主题推进的整体;这个主题就是"这一个"形式是第一实体。而《范畴篇》的第一实体指的是"本质个体",即作为个体的形式,因此Z卷的实体观并不是对《范畴篇》的实体观的否定或抛弃,而是对它的深化和发展。聂敏里特别将重点放在对Z7-9的解读上,他认为这几章的"插入"不仅没有破坏Z卷的整体,而且更是必要的,因为通过从存在论到生成论的转换才能真正使我们了解形式作为实体有哪些具体的内容——存在只在生成中展开自身,而这种展开就表达为从质料到形式的自我实现。

① M. F. Burnyeat, D. Ross 以及 M. Frede 和 G. Paztig 都主张将《形而上学》Z卷分成不同的部分来解读,这些部分彼此平行,并未构成一个连续的整体。Burnyeat 特别将这种解释方式称为"非线性"的;可以说"非线性"的理解模式已经成为当代研究Z卷的主流观点。即便 M. Wedin 力图把 Z1-6 和 Z10-17 解释为连续的不断推进的整体,他也把 Z7-9 作为一个平行的插入部分,因此,他实际上未能对Z卷给出一个"整体论"的解释。参看 M. F. Burnyeat, *A Map of Metaphysics Zeta*, Pittsburgh: Mathesis Publication, 2001. 以及 M. Wedin, *Aristotle's Theory of Substance*, Oxford: Oxford University Press, 2000.

Z 卷的讨论建立在许多基础性和准备性的理论之中,正是这个特点使我们的研究和理解倍显艰难,因此充分澄清这些基础性的理论就是非常必要的。《存在与实体》一书的特色正是注重了这些准备性理论的研究,将 Z 卷的解读置入了恰当的哲学系统中。《范畴篇》、《形而上学》第四卷 1—2 章以及第五卷第 7 章关于存在的意义和结构的讨论是 Z 卷的实体研究的理论基础,因此对它们的澄清构成了 Z 卷的预备性研究。而 Z7-9 章的预备性研究则是从《物理学》第一卷论生成的存在意义开始的。

一 存在本身的结构和《范畴篇》的实体观

形而上学关注的首要问题是"什么是存在",而这个问题归结到"什么是实体",因此 Z 卷的主题乃是探讨"什么是实体"。然而,为什么对存在的追问可以归结到对实体的追问? 要回答这一点我们必须先从存在本身的意义和结构开始谈起。

聂敏里首先讨论了《形而上学》Δ7 所讨论的存在的多种意义。亚里士多德将存在(τὸ ὄν)的意义分为四类:"就偶性而言的存在"、"就本身而言的存在"、"作为真的存在"和"作为潜能和现实的存在"。对 τὸ ὄν 的这些分类不仅是语义学上的——即对系词"是"的谓述功能的分类,更是存在论上的——即对存在的类型或方式的研究。

"就本身而言的存在"是和范畴类型相对应的,有多少范畴类型就有多少"就本身而言的存在"。亚里士多德在《论题篇》第一卷第 9 章中指出,"就本身而言"的谓述方式有十种,这就是十个范畴,"每一类范畴类型所揭示的正是所谓述的东西本身的存在。每一种范畴类型中由个别种到属到最高属的等级序列,最终向我们揭示的就是一类作为本身的存在"[①]。因此,形而上学要研究的存在本身正是"就本身而言的存在"。

《范畴篇》向我们展示了存在本身的结构。一种流行的看法认为亚里士多德仅仅通过语词意义的简单考察和区分就得到了各类范畴,但聂敏里指

① 聂敏里:《存在与实体——亚里士多德〈形而上学〉Z 卷研究(Z1-9)》,上海:华东师范大学出版社,2011 年,第 53 页。(以下对此书的引用简称为,聂敏里:《存在与实体》)

出,这是一个严重的误解。这个误解造成了很多研究者对《范畴篇》前四章的忽略。实际上,亚里士多德对范畴的划分所依据的存在本身的结构原则正是在前四章中被提出来的。《范畴篇》第一章对三种语言现象进行了分析,即“同名异义”、“同名同义”和“同源派生”。“同名异义”的事物有相同的名字和不同的定义,它涉及的是在确立事物本身的过程中的差异性原则;“通过对‘同名异义’的辨析,事物表面的偶然的联系被清除了,事物彼此之间严格的差别被建立了起来,它们回到了各自本身,作为各自本身而存在。”①而“同名同义”蕴涵着同一性原则,“它要求我们不仅能够将不同的事物严格区分开来,而且能够明确地指认出每一个事物的本身来”②。

《范畴篇》第二章提出了两个标准,即“是否谓述一个主词”和“是否在一个主体之中”,这两个标准被组合起来使用,我们得到了四种类型的存在者:1. 谓述一个主词和不在一个主词之中的;2. 在一个主体之中和不谓述一个主词的;3. 谓述一个主词和在一个主体之中的;4. 不在一个主体之中和不谓述一个主词的。4是后面谈到的第一实体,而1是第二实体,2是个体属性,而3是普遍属性。“在一个主体之中”的东西不是主体的部分但离开主体它不能存在,因此这个标准涉及的是“依存性原则”;据此,存在者被分为依存性的和非依存性的,即实体与非实体。“是否谓述一个主词”标准区分的表面上是主词与谓词,而实际上是个体与普遍者,因为只有个体性的存在者才是严格意义上的主词。聂敏里称这个原则为“谓述性原则”。因此,对存在本身的划分依据四个原则:同一性原则、差异性原则、依存性原则和谓述性原则。“前两个原则分别负责将存在本身划分为不同的范畴类型,而后两个原则分别负责在不同的范畴类型之间建立起一种主从关系、在同一个范畴内部建立起一种谓述关系。”③

按照这些基本原则对存在本身进行划分的过程中,有一类特殊的存在者首先显现出来,这就是实体。聂敏里认为《范畴篇》第五章对实体范畴的分析同《形而上学》Z卷的研究有着本质的关系,即前者奠定了有关实体的

---

① 聂敏里:《存在与实体——亚里士多德〈形而上学〉Z卷研究(Z1-9)》,上海:华东师范大学出版社,2011年,第62页。

② 同上书,第64页。

③ 聂敏里:《存在与实体》,第70页。

基本原则,而后者是对这一理论的发展和深化。因此,亚里士多德哲学中并不存在两个冲突的实体理论或者两个形而上学体系。[①]《范畴篇》确定了实体的这样一些基本原则:第一实体是"不在主体之中又不谓述一个主词"的终极主体。"只有实体范畴中的底层概念才是严格意义上的主词,因为,它不仅相对于同一范畴内部的高一级的概念,即实体范畴中的种概念或属概念是主词,而且相对于其他范畴中可以充当主词的底层概念来说也是主词,因为后者在它之中,可以对它构成一种基于偶性关系的谓述。"[②]主体性原则是实体的首要原则。另一个原则是个体性原则:第一实体的一个本质特征就是它表示"这一个"(τόδε τι),即它是不可分的并在数量上为一。在这里,聂敏里特别强调我们不应当被流俗的见解所左右,从而认为这里的个体实体与形式是相对立的,亚里士多德在《范畴篇》讨论第一实体时根本没有提到"形式",而在《形而上学》Z 卷中他告诉我们形式就是第一实体,它与个体事物是同一的。因此《范畴篇》所指的个体事物是"本质个体",它是自我同一的单纯个体,其实就是那个具体的形式。

二 实体的合法候选项与"是其所是"

在对这些准备性的理论做了充分澄清之后,现在研究正式转向了《形而上学》Z 卷,聂敏里将 Z1-6 作为《存在与实体》一书的第二部分来撰写。他强调说:"Z 卷的主题(即'什么是实体')就是我们如何在对象领域确定一个严格意义上的本质对象物的问题,以及如何对这个本质对象物展开更为深入的分析和说明的问题。"[③]

在存在的多种意义中,"就本身而言的存在"是核心,而在"就本身而言的存在"中,实体是核心,因此实体是诸存在者中最首要的存在,它就是"作为存在的存在"。实体在存在论上的核心意义在《形而上学》Γ1-2 章中被讨

---

① 罗斯是认为《范畴篇》的实体观与《形而上学》Z 卷的实体观有冲突的代表者。他主张 Z 卷的实体理论是对《范畴篇》的实体理论的颠倒,即《范畴篇》中作为普遍的类的第二实体在《形而上学》Z 卷中被认为是第一实体。参看 W. D. Ross, *Aristotle's Metaphysics*, Vol. 2, Oxford: Clarendon Press, p. 160。

② 聂敏里:《存在与实体》,第 80 页。

③ 同上书,第 110 页。

论过,而在 Z1 中亚里士多德又专门谈到了这个问题。“存在”尽管有多种意义,但这些意义之间并非狭义的同名异义的关系,而是各种意义都关联和植根于一个核心意义;“存在”的核心意义就是实体,而其他所有存在者都必须依赖实体才能存在。因此,亚里士多德在 Z1 中指出实体是存在的核心和基础,它在描述上、认识上和时间上都具有优先地位。

亚里士多德按照他的写作惯例在 Z2 中检讨了人们对实体的一般看法。在 Z3 中正式开始了他对实体问题的研究。Z3 向来是非常有争议的一章。不少研究者将它看作 Z 卷的纲领,认为在 Z3 的开篇亚里士多德提出了实体的四个候选项:是其所是、普遍者、属和主体,而在以后的章节中分别讨论它们,以便确定哪一个是严格意义上的实体。这种解释方式把四个候选项之间的关系看作平行的,对其中一项的研究结论并不代入对另一项的研究中,因此 Z 卷并不是一个整体而是由平行的部分构成。罗斯和博涅特(M. F. Burnyeat)是这种观点的代表。聂敏里指出这种解释方法具有严重的误导性,Z3 不是 Z 卷的纲领,四个候选项也不是并列关系。首先,在行文方式中,主体是单独列出是其所是、普遍者和属来说的;它们在句法上并非平行关系。其次,主体这个候选项不是单纯的,它由三个子项构成,即质料、形式以及质料和形式的合成物。这些候选项之间的关系是层层递进的[①],主体之中包含形式,而对形式的理解又包括是其所是,普遍者和属。如右图所示:

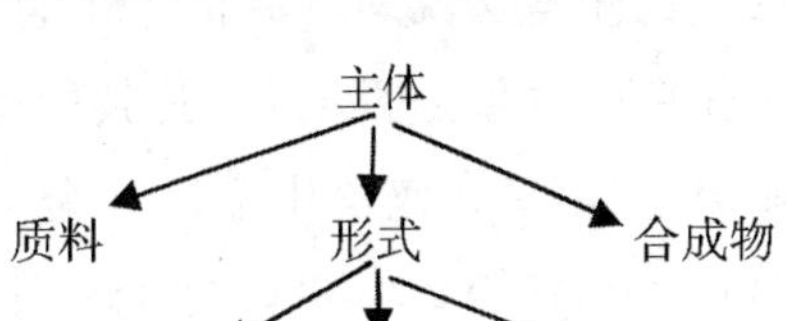

聂敏里指出 Z3 不仅没有否认《范畴篇》中提出的实体的主体性原则,而且通过运用这个原则说明了质料和质形复合物不是严格意义上的主体,只有形式才是真正的主体。Z3 的论证充分揭示了如果质料是主体将产生的种种不可能性——例如,质料既要作为终极主体又是没有任何规定性的。他批评了对 Z3 的两种流行的解释,其一是把主体从载体和质料的意义上来理解,认为 Z3 中否定的是载体是实体的观点,这种看法以罗斯为代表;其二是亚里士多德在 Z3 中否认了主体是实体的观点,这种看法以陈康为代表。

① 聂敏里:《存在与实体》,第 126 页。

在实体被确认为主体以及真正的主体是形式之后,最紧迫的问题就是形式具体是什么,这就落实到"是其所是"如何理解的问题上。这便是Z4-5章的工作。"是其所是"是对一个事物自身的寻求,它涉及的是"就本身而言的谓述"而非"就偶性而言的谓述",它就是对一个事物自身之实体的揭示,但将事物自身与事物的种种偶性区别开来却并非一件容易的事情。在Z4中亚里士多德问道"白人"是否像一个人那样也是一个作为本身的存在,或者"白人"是否拥有"是其所是"呢?论证的语言比较晦涩,但亚里士多德的核心意思是"只有严格意义上的'这一个'才是事物本身,才具有就其本身而言的'是其所是'。'这一个'不像人们通常所理解的那样是一个偶性意义上的个体事物,相反,它是一个本质意义上的个体事物。"[①]"白人"只是偶性意义上的个体,实际上是两种不同范畴的组合,因此他并不在严格意义上拥有"是其所是"。聂敏里认为亚里士多德在Z4中以极其明确的方式表明"是其所是"和定义唯一地属于种之下的个体事物,[②]并且唯一地和首要地属于个体实体;其他范畴中的个体在次要的意义上拥有"是其所是"和定义。

亚里士多德在Z5中针对"只有本质个体拥有是其所是"提出了这样一个问题:一个固有属性与实体紧密结合的整体是否能够作为一个单纯的自身存在呢?这就是著名的"扁鼻"问题。"扁鼻"作为只能以耦合的整体方式存在的对象是否也有"是其所是"和定义?在希腊语中,"扁鼻"是一个单纯词,而不像在汉语中是一个复合词,扁鼻的凹陷无法脱离鼻子而被理解,因此"扁鼻"具有一种特殊的整体性。文本的论证乍看非常吊诡,聂敏里指出这个论证的费解之处更多来自语言本身,如果我们要把"扁鼻"一词的所指理解为单纯的自我同一之物,那么"就会陷入到语言的无限的循环之中,这就是,我们非但会造出'扁鼻的鼻子'这样的已经多少有些不通的词语,而且由于我们要强调'凹陷的'和'鼻子'的那样一种基于事物本身的严格的自我同一的紧密联系,我们就会无限循环下去"。[③]这种无限循环揭示了将一

---

① 聂敏里:《存在与实体》,第150页。

② 同上书,第152页。

③ 同上书,第161页。

个复合的存在理解为一个单纯的存在是不可能的。因此,“是其所是”和定义只属于严格的个体之物,即就其本身而言的“这一个”。

聂敏里指出“是其所是”这个概念把对实体问题的探讨从一般存在论的领域引入到了更为深刻的本质论领域,存在的问题最终和本质的问题关联在一起,因为实体不仅是首要的存在,更是本质存在。[①]然而,本质论中的一个重要问题就是:一个事物的存在与一个事物的本质是否是同一的?这便是Z6的主题。亚里士多德的回答其实非常直接,即就偶性而言者,事物的存在与本质是不同的,但就本身而言者,事物的存在与本质是同一的。经验认识中的每一个东西由于总是和它的种种偶性存在纠缠在一起,总是以种种偶性表现出来,因此它的存在与“是其所是”是不等同的。然而,本质论中的个体事物本身与它的“是其所是”是同一的,它就是以“是其所是”而存在的。因此,个体事物本身是一个本质对象意义上的存在。Z6专门针对柏拉图的理念来展开对“是其所是”和每一个东西之本身的同一性论证。“因为,每一个东西之本身,对亚里士多德来说是每一个东西的实体,但是,对柏拉图来说是每一个东西的理念。”[②]如果像柏拉图那样认为事物的存在与是其所是相分离的,那么,或者在探寻实体时会陷入无穷倒退——这其实就是柏拉图遇到的“第三人”困境;或者对于事物我们便没有知识——因此本质便无法存在。所以,“就其本身而言的‘这一个’,不仅是指它自身的存在,同时也是指它自身的本质”[③]。

所以,在《范畴篇》中得到确认的实体的个体性原则并未在《形而上学》Z卷中被抛弃,而是以极其明确的方式被表明为“这一个”所指的是就本质而言的个体存在。这个人、这匹马不是就任何偶性意义上的这个人或这匹马,而是就这个人、这匹马的个体本质而言的,从而它们不仅和作为其本质的“是其所是”亦即形式没有丝毫的对立,而且是密不可分的。[④]

---

① 聂敏里:《存在与实体》,第169页。

② 同上书,第177页。

③ 同上书,第183页。

④ 同上书,第184页。

三 从存在到生成:Z7-9 的预备性研究

紧接 Z6 的 7-9 章在整个 Z 卷中是非常特殊的一部分,它们具有明显的"插入"的性质。在它们之前的 1-6 章在主题逻辑上和行文的篇章结构上都具有很好的连续性,而在它们之后的 10-16 章与 Z4-6 的主题也是明显衔接的。Z7-9 在主题和结构上具有相对的独立性,甚至在文本中能够找到内证来说明这一点[①],这些特征使很多研究者相信它是作为一篇独立的论文被"插入"到 Z 卷的论述中。然而,Z7-9 是"插入"的是一回事,但它的"插入"是否是必要的和合理的又是另一回事。我们不能仅仅根据它的"插入"性质就断定它对于 Z 卷的论述是不相关的甚至是不合理的。聂敏里承认 Z7-9 是插入的,但他认为这种插入对于 Z 卷的研究主题来说不仅不是无关的,而且是必要的,实际上它是对实体研究在生成论上的推进。亚里士多德在 Z4-6 中确认了实体是形式或"是其所是"之后,随着认识的深入,他所面临的任务是超出单纯逻辑上的对事物本身和本质的确证,来对本质之内容做具体的规定,这就是在具体的生成中探究一个事物的形式或本质。"'存在'现在不再是一种单纯的存在,一种抽象的品质,'存在'现在是动词,它意味着'去存在',而正是在这'去存在'的生成活动中,他的内在的本质规定才被实现出来。"[②]

然而,不得不说 Z7-9 对生成论的引入是突兀的,在文本上没有任何明确的交代,因此,本质论的主题为何必须进入生成论的论域中来讨论?亚里士多德如何将生成问题引入存在论中?这些问题就是十分紧迫的了。聂敏里指出 Z7-9 与《物理学》第一卷有着极其密切的关系,《物理学》第一卷对存在和生成的问题做了详细的考察。因此,对《物理学》第一卷的研究构成了对《形而上学》Z7-9 的研究的基本理论前提。

《物理学》第一卷是亚里士多德为他的整个物理学研究进行形而上学奠

---

① 最重要的内证被认为是 Z11, 1037a21-b7 和 H 1, 1042a4-22 两处,因为在这两段总结式的文字中似乎并未提及 Z7-9 的内容,D. Ross 和 M. F. Burnyeat 是这个观点的代表。

② 聂敏里:《存在与实体》,第 209 页。

基的一卷,它要解决一个非常基础的问题,即物理学作为研究物性和事物变化的学科如何可能?换言之,变化和生成是否存在,以及它如何存在?巴门尼德否认生成,他认为生成概念是不合法的,因为“一切是存在”,存在拥有绝对的单纯性,所以从非存在到存在或者从存在到非存在的生成便是不可能的。亚里士多德必须为生成的合法性正名,这便是《物理学》第一卷第三章的工作。他表明“存在”概念不像巴门尼德认为的那样“仅仅是存在”——绝对的存在,而“非存在”也不是绝对的非存在。“存在总是具体的存在,而作为具体的存在,它就是在这方面存在,在那方面不存在,在这方面是,在那方面不是,它同时既是又不是,它是存在和不存在的统一。”①生成不是从绝对的不存在到绝对的存在,而是从具体的不存在到具体的存在;变化着的东西总是具体的存在者,而不是存在本身。

亚里士多德的生成的存在观复兴了古希腊自然哲学家的传统,而他自己也从对这些哲学家的观点的考察中得出关于生成的本原或结构性原则。在《物理学》第一卷 4-6 章中他发现,无论是主张生成是基于某种单一的基础性物体(水,或者气,或者火)的一元论者,还是主张生成是多种基础物体的混合或分离的多元论者(恩培多克勒、阿那克萨哥拉),都承认一些基本的原则,即“无中不能生有”以及生成是对立面之间的转化。对立面之间具有一种特殊的关系,它们不仅彼此相互限定,而且它们是相对的有和无,生成便是在这种相对的有和无之间进行的。因此,对立是生成的本原。然而,仅仅有对立面作为生成的本原是不够的,生还成必须有一个主体,因为对立的双方彼此不能相互作用,它们是从属于生成主体的,是对生成主体的谓述。所以,对立应当作为生成主体本身的生成的内在规定来理解,它们不是别的,就是“盈余和欠缺”之间的对立。因此,聂敏里认为,对立者是生成主体的形式的具有和缺失之间的对立,而不是形式与形式的对立(即一个形式与另一个形式的对立),这一点并未与《范畴篇》中所说的“实体没有对立者”相矛盾。②

---

① 聂敏里:《存在与实体》,第 240 页。

② 陈康先生认为,这里所说的是形式和形式之间的对立,因此《物理学》第一卷是亚里士多德思想发展的一个早期阶段,这时他承认个体事物是实体,但否认了形式的实体地位,只是经过《形而上学》Δ 卷的过渡,在《形而上学》Z 卷中他才明确把形式看作第一实体。参看 Chung-Hwan Chen,“Aristotle's Concept of Primary Substance in Book Z and H of the 'Metaphysics'”, *Phronesis*, Vol. 2, No. 1, 1957。

两个对立面和一个生成主体在《物理学》第一卷第7章中作为生成概念的要素和生成的结构被确定下来。第7章从语义分析的角度入手,对生成的分析具有一般性,亚里士多德最终在这里确立了关于生成的存在论。所有的生成都可分为两个部分,即被生成者(τὸ γεγνόμενον)和所被生成者(ὅ γίγνεται)。[①]对语义的分析表明在生成中有某个持存的东西,它就是生成的主体,它保证了生成在存在上的统一。生成只是这个统一的主体本身的变化,而不是在任意两个东西之间的变化。

然而,真正核心的问题是,这个在生成中持存的主体究竟是什么?从亚里士多德的例子看,似乎是个体实体,因为个体实体在变化中保持自身而改变的仅仅是它的种种属性。但是,"绝对的被生成仅属于实体"(190a32),因此个体实体是被生成的,它不可能是持存的主体;生成主体是比个体实体更基础的概念。个体实体作为生成物,它具有一个主体和从属于这个主体的对立面的生成结构,正是在这个意义上它是合成的。这一点与《范畴篇》中的个体实体作为不可分的终极主词,是两个完全不同的概念,它们并不矛盾。聂敏里因而批评了将《范畴篇》中实体的不可分性与《物理学》第一卷中实体的可分性相混淆的观点,拒绝了"发展论"的解释策略。[②]然而,生成中的持存者,即那个主体,究竟是什么呢?是原始质料?还是形式?在《形而上学》Z3中原始质料已经被否定掉了。那么生成的主体是形式么?这正是《形而上学》Z7-9要回答的问题。

四 实体的生成结构:Z7-9的解读

与其说Z7-9是对复合实体的生成的探讨,不如说它们是对实体的生成结构中的形式的探讨。这三章是从生成论的角度对形式或本质的研究,而不是某种与Z卷的讨论不相关的插入,无怪乎"形式和是其所是是第一实体"(1032b2)这个Z卷中最重要的命题,是在这里被明确地提出来的。因此Z7-9从生成论方面的"插入"真正地推进了Z卷对于实体和形式的探讨。

---

① 聂敏里:《存在与实体》,第266页。

② 同上书,第272—273页。

Z7在一开篇就给出了实体的生成结构:所有被生成物都被什么(ὑπό τινος)被生成,从什么(ἔκ τονος)被生成,和被生成为什么(τί)。“被什么被生成—从什么被生成—被生成为什么”这一结构与对立面和主体的结构并不矛盾,因为“从什么被生成”与“被生成为什么”就是对立面,而主体便是对立面之中的统一。不同的是,Z7中的生成结构突出了“被什么被生成”这一项。“被什么被生成”并不是超出于质料、形式以及生成主体之外的别的东西,它虽然是不同于被生成物的东西,但它却和被生成物具有相同的形式。因此,这个生成结构凸显了形式的特殊地位,而Z7向我们表明的正是形式在整个生成中的支配性和在先性。“生成过程从一个具有‘被生成为’的形式的东西开始,然后,经过一个这个要‘被生成为’的形式的缺失的状态,亦即质料阶段,最终达到同样具有该形式的一个具体的东西的被生成。”[①]生成就是一个形式从具体的无到具体的有的实现。形式主导生成,推动生成,并规定着生成的目的;可以说形式贯穿了生成的始终,它才是生成的真正主体。聂敏里指出,亚里士多德在Z7中对技术生成的分析不是要表明技术生成与自然生成的差异,而是要阐明它们所体现的共同的生成结构;形式的支配性和在先性在技术生成中是非常明显的。

Z8在Z7-9三章中具有核心地位,它承接Z7提出的以形式为中心的生成结构,并阐明了形式的不被生成以及形式与质料的不分离。聂敏里指出形式的不被生成暗示了亚里士多德的柏拉图主义立场,它表达了先验论的或预定论的实体观,而形式与质料的不分离则表明了亚里士多德特色鲜明的反柏拉图的立场。[②]关于形式的不被生成,亚里士多德这样说:“正如一个人不生产这个主体铜一样,同样,他也不生产这个球形,除非依据偶性,因为,这个铜球是球形,而这个人生产那个铜球”(1033a28-1033a31)。被生成的东西总是某个具体的事物,而不是这个事物具有的形式;形式本身支配着整个生成过程,它是没有生成或毁灭的。换言之,被生成的东西总是“在质料之中的形式”,而绝不是脱离了质料的所谓的形式本身。

然而,不被生成的形式如何参与到一个具体的生成过程中去?这是柏

---

① 聂敏里:《存在与实体》,第290页。

② 同上书,第304页。

拉图面临的困难,也是亚里士多德在这里必须解决的核心问题。这就是 Z8 的后半部分和 Z9 的主题。作为具体的被生成物的形式,它与质料和个体实体是不分离的;整个生成活动就表现为本身具有质料的形式由潜在到现实的转化,当其尚未实现时,它就是潜在的具有质料的形式,当其完全被实现出来时,它就是现实的具有质料的形式,即现实的个体实体。①不存在没有形式的质料,也不存在没有质料的形式。不带有质料的形式是抽象的类本质,并不是“这一个”实体。同质料不相分离的形式就是“这一个”。聂敏里指出 1033b22-24 的这句话(如果是这样的话,那么它就不可能成为这一个,而是表示这类,而且不是确定的这个,但是一个人却从这个生产和生成这类,并且一旦它被生成,它就是这类的这个。)并不能证明作为实体的形式是普遍的类,而恰恰证明了形式是个体的。②他的处理方式不能在这里详述,我提供一个语法上的解释以确证他的观点。ἤ οὐδ ἄν ποτε ἐγίγνετό, εἰ οὕτως ἦν, τόδε τι…这个句子是由“εἰ…ἄν”引导的条件从句,条件从句 εἰ οὕτως ἦν 中的谓语是 ἒστι 的过去非完成时时态(imperfect),而主句 οὐδ ἄν ποτε ἐγίγνετό 中的谓语是 γίγνομαι 的过去非完成时时态,这种谓词时态的搭配表示条件从句是现在时的虚拟语气。因此这个句子在假设若形式与质料相分离(球形在这些球之外,和房子在这些砖石之外),那么它就不生成“这一个”,而实际的意思便是:形式与质料不相分离,形式就生成为“这一个”。所以,作为实体的形式是个体。

在 Z8 的末尾,亚里士多德重申了个体事物是第一实体(1034a4)的观点,那么这与形式是第一实体的观点是否矛盾呢?《形而上学》Z 卷究竟有没有否认《范畴篇》中的实体观?聂敏里指出,它们是不矛盾的,因为形式是具有质料的“这一个”,它就是这个具体的个体事物。形式是就个体事物的本质而言的“这一个”,而个体事物是就形式的有质料的存在而言的“这一个”。③因此,Z 卷承接和发展了《范畴篇》中的实体观,个体事物不是偶性集

---

① 聂敏里:《存在与实体》,第 316 页。

② 这句话是“形式是个体的还是普遍的”之争论的战场。罗斯和欧文都主张从这句话中亚里士多德表明形式是普遍的类而非个体之物。聂敏里的处理意见详见《存在与实体》,第 318—323 页。

③ 聂敏里:《存在与实体》,第 333—334 页。

合意义上的个体,而是具有形式规定的本质个体。或者说,形式作为第一实体是从本质论的论域中对生成论中的个体事物的本质的阐明。

Z9 是对 Z8 的形式与质料不相分离的主题的一个申论,因为这里面临着一个特殊的疑难,即与自发的生成不同,在按照技术的生产中,产品的形式似乎是通过技术而赋予的,而质料中并不包含形式。然而,这仅仅意味着一些东西的质料自身不能按照技术所要求的特定方式来运动,却并不意味着它自身完全不能以某种方式运动。技术既不能生产形式,也不能生产质料,它创造某个东西必须依赖于某个具有形式潜能的质料,因此技术并不是凭空地把形式强加到质料中去,而是指示和引导了具有潜能的质料向现实的形式的生成。技艺模仿自然,无论是在按技术的生成中还是在自发的生成中,形式与质料都是不分离的。

质料是潜在的形式,而形式是现实的质料,二者的不分离就体现于一个具体事物的生成。亚里士多德把形式和质料的这种统一关系概括为"同名异义",它们是同一个存在就潜在和现实而言的差异。生成就是同一个存在者从潜在到现实的自我实现。因此,聂敏里指出,形式和质料是相对于实体生成的两个方面或两个阶段而言的,它们不是构成实体的不同部分或要素;而是相对于一个事物从属于其生成的作为潜能和现实的存在而言的,并不是就事物本身的存在而言的,事物本身总是单纯的和同一的。[①]这就是亚里士多德把"就本身而言的存在"作为生成物而推进到"作为潜能和现实的存在"的研究中去的思想道路。因此,对潜能和现实的研究并不是独立于或无关于对本质的研究的,而是对实体研究从本质论向生成论的实质性推进。

在《存在与实体》一书的结尾,聂敏里这样说:"在 Z7-9 表明了如何有必要从对'就本身而言的存在'的研究转向对'作为潜能和现实的存在'的研究,从而至少是部分地暗示了进入 HΘ 卷对实体的基于潜能和现实关系的生成的原因结构的研究的必要性之后,亚里士多德仿佛暂时打断了这一思路而转入对 Z10-17 的相关主题的探讨,这究竟是出于什么理由?"是本质和定义的统一性在形式和质料的分析中受到威胁,需要进一步厘清?还是形

① 聂敏里:《存在与实体》,第 351—352 页。

式和质料的区分为我们辨别一个事物的本质提供了更丰富的视野? 对于Z卷的下半部分的研究,我们拭目以待。

(曹青云,云南大学哲学系讲师)

徐凤林:《东正教圣像史》

北京:北京大学出版社,2012年

近些年,国内宗教学研究渐渐变暖,但是东正教研究依旧萧索。北京大学徐凤林教授属于这一冷门中的大家,或者说是冷寂中默然前行的孤独者。东正教圣像画的资料收集和研究需要史学、神学、哲学、文学和艺术等多重文化进路的修为,《东正教圣像史》一书正是这一跨学科研究的重要成果。

在基督宗教传播的早期以及很长一段时间,圣像画肩负的历史使命是相当重要的。与文字诠释和演讲布道相比,圣像画更具有特殊的魅力,使广大白丁信众走上虔诚的信仰道路,与其说是视觉艺术倒不如说是视觉法术,从古至今视觉的可受性远胜于抽象的文字,画面信息的丰富性和弹性也是经文所难以企及的。而东正教圣像画是基督宗教发展史上的一个重要环节,从古希腊到拜占庭到希腊修道院时期再到俄罗斯的圣像画,都构成了一道灵与美的风景线。其实古希腊的绘画和雕像艺术对于整个人类宗教史意义深远,例如,公元前的佛教是没有多少绘画和雕像的,纹饰象征也很简单,正是在中东和中亚的传播过程中受到了基督教圣像画的影响和促动,其后佛教也走上了经文与画像、雕像并重的双重传播途径。

圣像(икон,icon)一词来源于希腊语的画像(εικων),εικων 则是来源于动词 ΕΙΔΟ(看见,知道)。在古希腊文中 εικων(画像、雕像、幻象、鬼影)以及同根词 ειdωλον(形象、肖像、偶像、幻象、鬼影)本来并没有太强的情感色彩和价值判断,但是置于基督宗教的语境之后,就不再是简单的形象问题和艺术问题了,而成为了附着着神学意义的艺术问题,或者说是一种"色彩思辨"(умозрение в красках)[①]。这种神学意义在东正教神学家看来分为三种:"教义的意义;救赎论的意义和宗教神秘体验的意义。"[②]这就要求圣像画的画师不仅具有高超的艺术造诣,而且具有深刻的宗教理解力。如此,虽然圣像画兼容艺术和宗教的双重意义,但也会造成符号象征与神学真理的二元分野。我们知道,人的认知或精神活动大致可以分为知、情、意三重维度,其中艺术侧重于情感,宗教侧重于意志。在神学家们看来,圣像画则恰恰是知、情、意以及真、善、美的完美统一,圆融无碍。但是对圣像画具体的审美体验和认知实践,就不那么简单了。例如,神的全部本质是不可言说、不可描绘的,那么圣像画何以可能?为何每个民族神的圣像画总是与本民族的人种、外貌特征类似?面对同一幅圣像画,非信徒固然也会觉得不俗,但与信徒的丰富体验一样吗?圣像画是人描绘出来的,还是神的启示?画像背后的本质意义是什么,或者说艺术背后的神学是什么,如何才能保证二者的统一而不是分裂?圣像的绘制如何保证不会走火入魔,从而变成偶像崇拜式的理解?

其实,这些问题也是一直困惑画师们和神学家的终极问题,尽管第七次大公会议(787 年)对圣像画的制作和理论做出了一些规定,但问题并没有得到根本上的解决。在神学家们看来,基督宗教圣像画的特殊性就在于神学与艺术的统一,这是高于其他宗教画像或世俗画像的。例如,埃及的法尤姆陵墓画像与基督教圣像画的区别就在于:"法尤姆画像永远是悲剧性的。圣像则相反,总是对生的见证,对生战胜死的证明。圣像是从永恒的观点来画的。圣像也可以保留所画人物的肖像特征——年龄、性别、社会地位等。但圣像中的面孔(лицо)是朝向上帝的面容(лик),是在永恒世界中被变容的个性。圣像的本质是复活的快乐,不是生离死别,而是与永恒相遇。圣像画在自己的发展中从肖像走向面容,从现实的肖像走向理想的面容。"[③]

这里涉及艺术学的一个重要问题,即"像"与"相"的区别。在俄文日常

---

① 徐凤林:《东正教圣像史》,北京:北京大学出版社,2012 年,第 25 页。

② 同上书,第 26 页。

③ 同上书,第 33 页。

运用中 лицо 和 лик 区别不大,都是指脸面、面孔、面貌、和面容等,只是 лицо 用法较多,也较为常用,而 лик 则较为书面语化,一般在中俄文互译中也不会太在意。但是,东正教神学家的著作中常常对它们在有差别的意义上使用,这就造成了中文翻译上的困难。徐凤林教授的《东正教圣像史》中有两处论述或引述 лицо 和 лик 的地方,但中文译文并不相同,除上文引述的那句之外,还有一段:"肖像所描绘的不是'面貌'(лицо),而是画家所看到的'面相'(лик)"①。笔者认为,后一处的中文译法要好于前一处。因为将 лицо 和 лик 翻译成几乎是同义词的"面孔"和"面容",并没有反映其中的差别,而"面貌"和"面相"毕竟有所区别,"相"这一语词经过佛学的改造后,在中文中已经具有了"本质"的意蕴。徐凤林教授在书中提到借鉴中国画论中的形似与传神来理解 лицо 和 лик 较为契合,笔者深以为然。

东正教圣像为了做到信仰意义上的传神,采用了特定的艺术表现手法。这正是教堂圣像与一般绘画及宗教绘画的区别。拜占庭画师以及之后的俄罗斯画师所描绘的圣像大多数人物的外形都是瘦弱枯干的,画像人物的头部与身体比例一般是1:9,甚至能达到1:11,这样身体就被拉长了,这既是对人的生理比例的否定,也是对神的生理比例的推测和向往,如此就产生了不同于凡人的神秘感。除此之外,最关键的一点是,一般绘画以及宗教绘画多采用正透视法(прямая перспектива),而东正教圣像画多采用反透视法(обратная перспектива)。② 正透视法是大多数画作和照片的成像原理,也符合日常的视觉习惯,即画面的景物在前,焦点在后,景物或人物前大后小,近大远小。简单地举例,我们站在人民英雄纪念碑前拍照时,被拍摄的人物如果尽量往镜头前站立,那么人物甚至会比纪念碑高大。但是东正教圣像画的反透视法则是焦点在前,景物在后,前小后大,而且圣像中人物的前后关系不具有透视意义,作为观者的信徒正好站在前面的焦点位置,感觉自己越渺小,画中的人物或者神就会显得越宽广博大。"这样,圣像画中的世界仿佛是反过来的,不是我们看它,而是它看我们,包围着我们。我们进入圣像画的空间越深,看到的范围越宽。圣像的世界是无限的,就像对神的世界

① 徐凤林:《东正教圣像史》,第59页。

② 同上书,第42页。

的认识是无限的一样。”[①]头部和身体比例的失调以及反透视法的运用使得东正教圣像画中的人物或者神给人一种变形感,但正是这种变形感强化了信众内心的神秘感,甚至产生了启示作用。在色彩上,东正教圣像画多采用金色,并不做明暗对比,如此,视觉冲击力就会大大加强。此外,笔者体会到,东正教圣像画的人物往往瘦长柔弱,显得虚己谦卑,但是柔弱中又饱含着刚健和力量;而普通绘画的人物本身就是丰满、健康而力溢于外的。不仅如此,东正教圣像画人物或神的眼睛里表现出更多的是忧郁、痛苦以及恐怖,甚至像是满含着泪光。东正教圣像画的基调是阴郁的,但阴郁的画面中总会流露出些许神的光亮,更显得弥足珍贵。

有趣的是,在希腊文中圣像画(εικων)与柏拉图哲学的理念(ιdea)一词具有相同的词源“ΕΙΔΟ”(看见,知道)。其实 ιdea 本身有形象的意蕴,但也指本质,因此陈康先生坚持将其翻译成“相”。似乎从古希腊和基督教两大源头可以揣测西方文化是一种视觉文化,注重眼见为实,但是这个“实”并不是指实物,而是要上升到终极阶段的绝对理念的实在(Reality)。所以东正教圣像画所要实现的目的就是通过实物的“像”(Лицо)这一中介达致实在的“相”(Лик),这也是信众观瞻圣像画而达致神化(обожение)的过程。当然,也有观点认为“像”与“相”之间是绝然不同、鸿沟赫然的,因为圣像容易造成偶像之嫌,而《旧约》中是明确反对制造偶像的,这种观念实际上也间接促成了 8—9 世纪东罗马的圣像破坏运动。“像”与“相”类似于能指和所指的关系,但是由于圣像画必须符合教义和教会传统,东正教圣像画对此又有着特殊的规定。公元 781 年第七次大公会议对大马士革的约翰的圣像神学基本原理做出了具体说明,例如:“不可见的上帝是不可能画出来的,在圣像上能画的只是道成肉身的基督”;“圣像是宗教崇拜的对象,但‘给予圣像的崇敬是对原型的崇敬’”;“‘发明’崇敬形象是教父的事,而不是画家的事”;“圣像是纯粹模仿的画像,它与原型只有外部的(而不是本体的)相似性,只是‘名称’是共同的,而‘不是本质’是共同的”。[②] 这些规定首先明确了上帝不可成像,而耶稣可以成像的基本原则,上帝不成像符合《旧约》传统,耶稣

① 徐凤林:《东正教圣像史》,第 43—44 页。

② 同上书,第 21 页。

以及圣母、圣徒成像又符合《新约》传统。此外,画师绘制圣像画本身不是创造发明,因为在基督教神学看来,只有上帝有创造和发明的能力,人只有模仿能力和发现的能力。那么,画师通过绘画技法与信仰传统(或者说是启示下)的双重作用可以绘制出一个相似于上帝本质之"相"的"像",而信众也可以通过这个"像"来理解和感知上帝之"相",观者眼中的他者其实不是"像",而是"相"。"当东正教信徒崇敬圣像的时候,他们的尽心祈祷所指向的不是眼前的对象——画板和颜料,而是形象背后的人物原型。"[①]如此种种,圣像画之"像"是神之"相"的符号象征,其实也可以说是一种能产生宗教体验和效用的图腾。那么,"像"与"相"既分别又统一的内在张力,正类似于神学文本所带来的言意之辨,最终是要实现由"形似"到"神似",由"名"到"实",由言到意,由"像"到"相"。

(景剑峰,内蒙古大学哲学学院讲师)

① 徐凤林:《东正教圣像史》,第 25 页。

更正声明

本刊2012年第2卷(总第26辑)第81页《亚里士多德的质料概念》一文部分内容有误,现做出如下更正:

1. 作者(曹青云)信息"北京大学哲学系博士研究生"更正为"云南大学哲学系讲师"。

2. 第99页第一自然段末尾"所以,我们说潜在者具有存在上的双重性:它既存在又不存在。"增加如下脚注:

> 柏拉图在《智者篇》讨论到某物G"不是"另一物F,因此对某物我们既可以说它存在,例如它是G,又可以说它不存在,例如它不是F。然而,潜在者在存在上的双重性不同于此,某一潜在者既是F又不是F。潜在者的存在或不存在是相对于同一个东西之存在来说的。另外,对于亚里士多德的潜在者在存在上的双重性的理解,参看J. Johnson,他比较了亚里士多德的质料概念与德谟克利特和柏拉图的差异,并指出亚氏的质料既不像德谟克利特的那样是完全的存在,又不像柏拉图的那样是非存在。J. Johnson, "Three Meanings of Matter: Democritus, Plato and Aristotle", *Journal of the history of ideas*, Vol. 28, No. 1, 1967, pp. 3-16.

3. 第99页中间一行希腊文音标有错误,现更正为:Πότε δὲ δυνάμει ἔστιν ἕκαστον καὶ πότε οὔ, διοριστέον. Οὐ γὰρ ὁποτεοῦν.

4. 第102页"亚里士多德在Θ8中把这个关系称为'现实者在实体上优先于潜在者'。"一句的注释拼写错误,现更正为:

> Τὰ μὲν δὴ οὕτω λέγεται πρότερα καὶ ὕστερα, τὰ δὲ κατὰ φύσιν καὶ οὐσιαν, ὅσα ἐνδέχεται εἶναι ἄνευ ἄλλων, ἐκεῖνα δὲ ἄνευ ἐκεί νων μή.

对于工作中的失误,我们深表歉意。特此声明!

《哲学门》编辑部

《哲学门》稿约

为了不断提高我国哲学研究的水准、完善我国的哲学学科建设、促进海内外哲学同行的交流，北京大学哲学系创办立足全国、面向世界的哲学学术刊物《哲学门》，每年出版一卷二册（每册约30万字）。自2000年以来，本刊深受国内外哲学界瞩目，颇受读者好评。

《哲学门》的宗旨，是倡导对哲学问题的原创性研究，注重对当代中国哲学的"批评性"评论。发表范围包括哲学的各个门类，马克思主义哲学、中国哲学、西方哲学、东方哲学、宗教哲学、美学、伦理学、科学哲学、逻辑学等领域，追求学科之间的交叉整合，还原论文写作务求创见的本意。目前，《哲学门》下设三个主要栏目：论文，字数不限，通常为1—2万字；评论，主要就某一思潮、哲学问题或观点、某类著作展开深入的批评与探讨，允许有较长的篇幅；书评，主要是介绍某部重要的哲学著作，并有相当分量的扼要评价（决不允许有过度的溢美之词）。

为保证学术水平，《哲学门》实行国际通行的双盲审稿制度。在您惠赐大作之时，务必了解以下有关技术规定：

1. 本刊原则上只接受电子投稿，投稿者请通过电子信箱发来稿件的电子版。个别无法电子化的汉字、符号、图表，请同时投寄纸本。
2. 电子版请采用Word格式，正文5号字，注释引文一律脚注。
3. 正文之前务请附上文章的英文标题、关键词、摘要、英文摘要和作者简介。
4. 通过电邮的投稿，收到后即回电邮确认，3个月内通报初审情况。其他形式的投稿，3个月内未接回信者可自行处理。

在您的大作发表以后，我们即付稿酬；同时，版权归属北京大学出版社所有。我们欢迎其他出版物转载，但是必须得到我们的书面授权，否则视为侵权。

《哲学门》参考文献的格式规范

第 1 条 正文中引用参考文献,一律用页脚注。对正文的注释性文字说明,也一律用页脚注,但请尽量简短,过长的注文会给排版带来麻烦。为了查考的需要,外文文献不要译成中文。

第 2 条 参考文献的书写格式分**完全格式**和**简略格式**两种。

第 3 条 **完全格式**的构成,举例如下(方括号[ ]中的项为可替换项):

著作:作者、著作名、出版者及出版年、页码

吴国盛:《科学的历程》,湖南科学技术出版社,1995 年,第 100 页[第 1—10 页]。

R. Poidevin, *The Philosophy of Time*, Oxford University Press, 1985, p. 100[pp. 1-10].

译作:作者、著作名、译者、出版者及出版年、页码

柯林武德:《自然的观念》,吴国盛等译,华夏出版社,1990 年,第 100 页。

Martin Heidegger, *Being and Time*, trans. by John Macquarrie & Edward Robinson, Harper & Row, 1962, p. 100[pp. 1-10].

载于期刊的论文(译文参照译作格式在译文题目后加译者):

吴国盛:《希腊人的空间概念》,《哲学研究》,1992 年第 11 期。

A. H. Maslow, "The Fusion of Facts and Value", *American Journal of Psychoanalysis*, 23(1963).

载于书籍的论文(译文参照译作格式在译文题目后加译者):

吴国盛:《自然哲学的复兴》,载《自然哲学》(第 1 辑),吴国盛主编,中国社会科学出版社,1994 年。

T. Kuhn, "The History of Science", in *International Encyclopedia of the Social Sciences*, ed. by D. L. Sills, Macmillan, 1968.

说明与注意事项:

1. 无论中外文注释,结尾必须有句号。中文是圆圈,西文是圆点。
2. 外文页码标符用小写 p. ,页码起止用小写 pp. 。
3. 外文的句点有两种用途,一种用做句号,一种用做单词或人名等的简写(如 tr. 和 ed.),在后一种用途时,句点后可以接任何其他必需的标点符号。

4. 书名和期刊名,中文用书名号,外文则用斜体(手写时用加底线表示);论文名无论中外一律用正体加引号。

5. 引文出自著(译)作的必须标页码,出自论(译)文的则不标页码。

6. 中文文献作者名后用冒号(:),外文文献作者名后用逗号(,)。

7. 中文文献的版本或期号的写法从中文习惯,与外文略有不同。

第4条　简略格式有如下三种:

第一种　只写作者、书(文)名、页码(文章无此项),这几项的写法同完全格式,如:

吴国盛:《科学的历程》,第100页。

Martin Heidegger, *Being and Time*, p. 100.

吴国盛:《自然哲学的复兴》。

T. Kuhn, "The History of Science".

第二种　用"前引文献"(英文用 op. cit.)字样代替第一种简略格式中的书名或文章名(此时中文作者名后不再用冒号而改用逗号),如:

吴国盛,前引文献,第100页。

吴国盛,前引文献。

Martin Heidegger, op. cit., p. 100.

T. Kuhn, op. cit..

第三种　中文只写"同上。"字样,西文只写"ibid."字样。

第5条　完全格式与简略格式的使用规定:

说明与注意事项:

1. 参考文献在文章中第一次出现时必须用完全格式。

2. 只有在同一页紧挨着两次完全一样的征引的情况下,其中的第二次可以用第三种简略格式,这意味着第三种简略格式不可能出现在每页的第一个注中。

3. 在同一页对同一作者同一文献(同一版本)的多次引用(不必是紧挨着)的情况下,第一次出现时用第一种简略格式,以后出现时用第二种简略格式。下面是假想的某一页的脚注:

① 吴国盛:《科学的历程》,第 100 页。

② M. Heidegger, *Being and Time*, p. 100.

③ 吴国盛,前引文献,第 200 页。

④ 同上。

⑤ M. Heidegger, op. cit., p. 200.

⑥ T. Kuhn, "The History of Science".

⑦ Ibid.

4. 在同一页出现对同一作者不同文献(或同一文献的不同版本)的多次引用时,禁止对该文献使用第二种简略格式。

编辑部联系方式:

电子信箱:pkuphilosophy@gmail.com

通信地址:100871 北京大学哲学系《哲学门》编辑部

传真:010—62751671

北京大学哲学系

北京大学出版社